国家出版基金项目
NATIONAL PUBLICATION FOUNDATION

中国共产党治国理政丛书
主编 武国友

中国共产党领导的

国防和军队建设

(1949—1978)

杨贵华 著

海峡出版发行集团 | 福建人民出版社
THE STRAITS PUBLISHING & DISTRIBUTING GROUP | FUJIAN PEOPLE'S PUBLISHING HOUSE

图书在版编目（CIP）数据

中国共产党领导的国防和军队建设 ：1949—1978 / 杨贵华著. --福州 ：福建人民出版社，2025.4（2025.6 重印）.（中国共产党治国理政丛书）. -- ISBN 978—7-211-09617-6

Ⅰ. E25

中国国家版本馆 CIP 数据核字第 2025NP7288 号

中国共产党领导的国防和军队建设（1949—1978）

ZHONGGUOGONGCHANDANG LINGDAO DE GUOFANG HE JUNDUI JIANSHE

著　　者： 杨贵华
责任编辑： 林俊杰
美术编辑： 陈培亮
责任校对： 林　芬
出版发行： 福建人民出版社　　**电　　话：** 0591-87533169(发行部)
网　　址： http://www.fjpph.com　　**电子邮箱：** fjpph7211@126.com
地　　址： 福州市东水路 76 号　　**邮政编码：** 350001
经　　销： 福建新华发行（集团）有限责任公司
印　　刷： 福建新华联合印务集团有限公司
地　　址： 福州市晋安区福兴大道 42 号　　**电　　话：** 0591-88208420
开　　本： 787 毫米×1092 毫米　1/16
印　　张： 28.75
字　　数： 426 千字
版　　次： 2025 年 4 月第 1 版
印　　次： 2025 年 6 月第 2 次印刷
书　　号： ISBN 978—7-211-09617-6
定　　价： 114.00 元

《中国共产党治国理政丛书》编委会

总　序

中国40多年的改革开放取得了举世瞩目的成就，整个国家和社会发生了翻天覆地的变化。在这个时候，世界上关心中国改革发展的政治家、经济学家，又会再次思考这个曾使他们深感困惑的问题：中国的改革为什么会如此成功？中国经济社会的持续发展与改革开放前29年的建设探索究竟有着怎样的深层联系？

基于此，我们把改革开放前29年的历史经验，分别从经济、政治、文化、社会、国防和军队建设、党的建设几个方面加以总结，编纂成《中国共产党治国理政丛书》，共6种，以献给这一伟大事业的创业者和建设者，献给行将参加到这一事业中来的新的建设者，献给世界上一切关心中国发展的朋友们。

在中华民族的文明史上，中华人民共和国的历史是最辉煌的篇章之一。在社会主义革命和建设时期，尽管经历了一些曲折、失误，但各项事业都取得了前所未有的成就。前29年的探索、实践向世人宣告，有着古老文明的中华民族，在中国共产党的领导下，依靠社会主义制度，完全有能力在比较短的时间内，以较快的发展速度，迎头赶上发达国家，跻身于世界先进民族之林。

中国共产党领导的社会主义革命和建设的历史，是一部艰难的社会主义创业史。其原因，一是由于旧中国各方面的基础太差，社会主义建设的起点太低；二是没有在经济基础极其薄弱的条件下建设社会主义的经验；三是受到国际上严峻的冷战环境的制约。怎样把一个贫穷落后的半殖民地半封建的旧中国改造和建设成为一个富强先进的社会主义新中国，不仅在中国的历史上前无古人，而且在世界范围内也缺乏先例。中国虽然可以参考和借鉴别国的一些经验，但从根本上来说只有依靠自身的力量，独立地认识和把握特殊的国情，勇往直前地、创造性地实践，以严格的科学精神，探寻出一条中国自己的建设社会主义的道路。在战争年代，中国共产党把马克思主义基本原理和中国革命实际相结合，形成了适合中国国情的新民主主义革命道路。新中国成立以来的历史实践同样表明，能否把马克思主义普遍真理和中国建设实际相结合，是我国社会主义事业成败的关键。

我们这套丛书，将中国人民为建设新中国付出巨大努力，备尝创业艰辛和失误痛苦的建设史，如实地呈现于世人，以此烘托党的十一届三中全会以后，中国共产党总结前 29 年正反两方面的历史经验，在探索建设中国特色社会主义的道路上，进行了一系列具有重大创新意义的改革，取得了重大的成就。对此，邓小平指出："把马克思主义的普遍真理同我国的具体实际结合起来，走自己的道路，建设有中国特色的社会主义，这就是我们总结长期历史经验得出的基本结论。"

不断深入地总结以往的经验教训，在中国共产党的领导下，全国各族人民扎扎实实地艰苦奋斗，就一定能把中国建设成为富强民主文明和谐美丽的社会主义现代化强国。作为党史、国史、军史的研究工作者，我们有责任把中国走过的道路和取得的经验认真地、系统地总结出来，与人民共享，与世界共享。中国人民必能从中吸取到道路自信、理论自信、制度自信、文化自信的可贵教益，国外一切关心中国的人们也能够由此增进对中国特色社会主义的了解。这就是我们编撰出版这套丛书的目的。

《中国共产党治国理政丛书》遵循实事求是的科学精神，以可靠翔实的资料，如实地反映改革开放前 29 年社会主义建设的历史，力求为后代留下一部可资鉴戒的信史。我们深信，只要把前29年社会主义建设的成功和挫折，运用马克思列宁主义、毛泽东思想、邓小平理论、“三个代表”重要思想、科学发展观、习近平新时代中国特色社会主义思想一一加以科学的总结，就会使之成为传诸后世的信念支撑和智力支撑。

历史经验的可贵，在于提供给人们继续前进的力量，在于给人们研究和解决新问题以智慧和启示。而今，为了实现中华民族伟大复兴的中国梦，必须不断提高改革的科学性和预见性，努力驾驭时局，推动国家社会不断走向发展进步。在全面深化改革的新的历史条件下面临的重大新课题，虽然不可能从既往的历史经验中找到现成的答案，但是仍有助于我们在正确总结社会主义革命和建设的历史经验的基础上，把握其中规律性的认识，去迎接我们全面建成社会主义现代化强国、实现中华民族伟大复兴的中国梦的崇高使命。

从书编委会

目　录

第一章
解放全国大陆，保卫人民政权

中国共产党领导中国人民和军队，经过28年艰苦卓绝、波澜壮阔的斗争，终于推翻了压在中国人民头上的帝国主义、封建主义、官僚资本主义三座大山和国民党反动政权的统治，取得了新民主主义革命决定性的胜利。1949年10月1日，毛泽东在天安门城楼庄严宣告：中华人民共和国成立了！这标志着中国开启了历史新纪元。

中华人民共和国成立后，中国共产党在军事上作出总体部署，领导中国人民和军队，继续向全国胜利进军，实现全中国大陆的完全统一；开展巩固新生的革命政权、保卫国家安全的斗争；适时对党的工作重点实行战略转移，确定建设强大经济力量和强大国防的目标，展开现代化国防和军队建设。

一、新中国成立时的军事形势和军事任务

新中国诞生后，中国共产党冷静分析面临的国内军事、政治、经济等形势，对军事任务进行总体部署，开始进行国防建设，领导开展新的军事斗争。

（一）新中国成立时的军事形势和党对军事任务的部署

中国共产党领导中国人民进行的革命斗争取得了伟大胜利，但面临的形势是严峻的，任务更艰巨，更复杂。从军事上说，人民解放战争虽

已取得基本胜利，但还没有完全结束。全国尚有三分之一的大陆地区还在国民党的统治之下，还有100多万国民党军队盘踞在中南、西南、西北和华东部分地区及沿海岛屿。许多大城市还掌握在国民党之手，国民党军成建制的和残余的武装在负隅顽抗。新疆国民党军虽已通电起义，但人民解放军还没有进军新疆。

在新解放区，人民政权正在建立或刚刚建立，基层政权还不健全，除东北和华北部分地区外，大部分新解放区的土地改革尚未进行。国民党军队在溃逃时，遣散许多残余力量化整为零，派遣大批特务潜伏下来，与地下武装和反动势力相互串通，进行武装破坏或爆炸暗杀活动。他们明目张胆地破坏工厂、矿山，烧毁仓库、民房，抢劫粮食、财物，造谣惑众，组织骚乱，残杀干部和群众中的积极分子。仅1950年统计，新解放区即有近4万名干部和群众被杀害。在老解放区，也有潜伏的反革命分子从事破坏活动。在北京，也发生了特务分子一次纵火烧毁59辆电车和密谋炮轰天安门的事件。由于国民党撤逃时对工厂机器和生产设施进行了破坏，致使许多工厂停产，工人、职员、知识分子失业，学生停课，许多大、中、小城市社会治安、交通、生活秩序混乱。国民党政权垮台前，滥发纸币，造成通货急剧膨胀，物价飞涨，物资奇缺，市场混乱。加之革命政权刚刚建立，新旧政权正处于更替，新政权机器刚刚开始运转，反动分子乘机造谣、蛊惑，群众思想混乱、人心不稳。因此，保卫和巩固新生的革命政权，在军事保卫之下建立基层各级人民政权组织机构，维护社会治安和生活秩序，保卫工厂设施，保护人民生命财产安全，恢复人民正常生产生活的任务，十分艰巨。

1949年9月中国人民政治协商会议第一届全体会议通过的《中国人民政治协商会议共同纲领》中规定："中华人民共和国中央人民政府必须负责将人民解放战争进行到底，解放中国全部领土，完成统一中国的事业。"毛泽东在会议开幕词中指示全党全军："我们的国防将获得巩固，不允许任何帝国主义者再来侵略我们的国土。在英勇的经过了考验的人民解放军的基础上，我们的人民武装力量必须保存和发展起来。我们将不但有一个强大的陆军，而且有一个强大的空军和一个强大的海军。"10

月 1 日，中华人民共和国成立时，朱德总司令向人民解放军发布命令："中国人民解放军全体指战员、工作员，坚决执行中央人民政府和伟大的人民领袖毛主席的一切命令，迅速肃清国民党反动军队的残余，解放一切尚未解放的国土，同时肃清土匪和其他一切反革命匪徒，镇压他们的一切反抗和捣乱行为。"上述表明，在新中国成立后，党不仅要领导全党全军全国人民，将革命进行到底，彻底消灭国民党军残余军队，解放尚未解放的国土，继续完成统一中国的伟大事业，而且还要巩固革命成果，保卫人民政权，清剿新解放地区的武装匪特，镇压一切敌对势力的反抗和捣乱行为，安定社会秩序；在对新解放区进行军事管制的基础上，建立人民当家作主的新型人民政权。同时，还将建设新的军兵种，建立正规的各种军事制度，把人民军队建设成一支现代化、正规化的国防军；建设巩固的国防，防止和抵御帝国主义侵略。

1949 年 10 月 20 日，中央人民政府人民革命军事委员会（简称中央军委）在北京举行第一次会议，讨论了人民解放军向待解放地区进军和今后的建军等问题。毛泽东在会上就整个作战情况及部署等问题发表讲话。他说，现在我们对付帝国主义有两个中心：一是上海，一是天津。第一野战军 4 个兵团，40 余万人，进军西北；第二野战军 3 个兵团 50 万人进军西南；第三野战军 4 个兵团 60 万人，负责东南，主要对付帝国主义；第四野战军由北京南下 80 万人，解放中南。会议前一天及这次会议，中央军委和毛泽东重申和进一步明确了进军西南地区的作战方针：为了迅速彻底地歼灭国民党残余军队，不给敌人喘息和逃跑的机会，对中南、西南之敌应采取大迂回、大包围的方针，即不顾敌人的任何临时部署，以主力大胆从两翼迂回到敌深远后方，断其退路，然后再回打；对华东、西北之敌，穷追猛打，辅以小迂回包围的作战方针。①

具体部署为：第一野战军第二、第六军（欠第十八师），向新疆进军，进驻全疆各个重要城镇和军事要地，接管西部边防。第二野战军继

---

① 参见《建国以来毛泽东军事文稿》上卷，军事科学出版社、中央文献出版社 2010 年版，第 35—41 页。

续向西南进军，执行解放四川、贵州、云南、西藏的作战任务。第三野战军解放华东大陆后，以部分兵力执行解放东南沿海国民党军盘踞的岛屿的任务；与此同时，以主要力量进行解放台湾的各项准备。第四野战军和中南军区部队，在衡宝战役后，在第二野战军配合下，解放广东、广西全境，以第四十、第四十三军两个军的兵力进行解放海南岛的作战准备；并集结主力，随时准备担负战略机动任务。华北军区和东北军区的部队除剿匪外，已没有大的作战任务，主要担负两个战略区特别是环渤海的防卫。海军、空军的主要任务是开办学校，修理接收起义和缴获的军舰和飞机，修理、整顿和新建基地、港口、机场和工厂，开办学校，改造国民党军起义部队人员，从苏联引进装备和着手组建作战部队，尽快担负起配合解放沿海岛屿，保卫海、空防安全的任务。

各部队除消灭国民党军残余部队和解放未解放的国土外，同时组织力量剿灭内陆和海上的土匪，进驻边防，执行城市军管任务，维护社会治安和保卫新生的革命政权。

1949 年 10 月 31 日，毛泽东在给第四野战军司令员林彪的电报中，提出新中国国防部署的基本构想："全国国防重点是以天津、上海、广州三点为中心的三个区域。二野入云、贵、川、康后，三野只能防守华东，置重点于沪、杭、宁区域，以有力一部准备取台湾，没有余力兼顾华北。现在华北只有杨成武三个军及其他六个二等师位于京、津、山海关一线，一旦有事，颇感兵力不足。除令一野以杨得志兵团（三个军十万人）位于宝鸡、天水、平凉区域，有事可随时调动外，四野在广西问题解决后，拟以五个军位于两广，担任广州为中心之两广国防；以三个军位于河南，准备随时增援华北；其余各军，位于湘鄂赣三省并以主力位于铁道线上，可以向南北机动。"①

新中国宣告成立后，中共中央、中央军委指挥人民解放军，继续完成解放全中国的任务，开展巩固人民政权斗争，进行大规模剿匪作战和

---

① 《毛泽东军事文集》第 6 卷，军事科学出版社、中央文献出版社 1993 年版，第 35—36 页。

肃匪反特斗争，开始现代化国防和军队建设，按照全国军事战略部署，开展保卫国防安全的斗争。

（二）新中国成立时的国家武装力量

新中国成立时，经历战争洗礼，人民解放军得到空前发展壮大，已建设发展成为一支以步兵为主，有一定数量的炮兵、铁道兵、装甲兵、工兵、通信兵、骑兵等技术兵种的强大武装力量。同时，通过解放战争后期的缴获和修造，拥有了一部分舰艇和飞机，具备了建设海军、空军的基础。

据 1949 年 10 月初统计，中国人民解放军总人数为 448 万人，共 61 个军 245 个师（步兵师 231 个、骑兵师 10 个、炮兵师 4 个）。部队的武器装备基本是在战场上缴获的。武器装备非常杂。火炮口径小、威力小、机动性能差。海军有舰艇 134 艘，型号复杂，性能落后；空军有 150 多架飞机，型号达 20 多种，其中能战斗使用的歼击机、轰炸机只有 40 余架。

此时，人民武装力量分为主力部队、地方部队，另有民兵等武装力量，三结合的武装力量体制已得以巩固和完善。主力部队即野战军，主要是执行机动作战任务；省军区、军分区（含二级、三级军区）的任务是组织地方部队和民兵配合主力部队作战或独立作战，组织人力物力支援战争，组织和领导根据地的各项军事建设。中华人民共和国成立后，根据战略需要和中共中央局及国家大行政区的设置和划分情况，设立了大军区。1950 年 1 月，中央军委决定，华中军区改称中南军区；2 月，又建立了西南军区，至此，全国形成了东北、西北、华北、华东、中南、西南六大军区。全军共设 6 个一级军区（即大军区）、18 个二级军区、24 个三级军区、192 个军分区。除 6 个一级军区是按与中央局相对应的原则设立外，二级军区至军分区均设立在国家行政区划的省（自治区）、市、专（地区）所在地，其级别区分是根据所属部队的数量、任务轻重划分。一般为：相当兵团级者为二级军区，相当军级者为三级军区，相当师级者为军分区。

1. 野战部队①。

第一野战军和西北军区，下辖 4 个兵团（第一、第二、第十九、第二十二②兵团）、13 个军、40 个师（含 4 个骑兵师），共 66 万人。

第二野战军（1950 年 2 月兼西南军区），下辖 4 个兵团（第三、第四③、第五、第十八兵团）、12 个军、40 个师和 1 个特种兵纵队，共 124.5 万人。

第三野战军和华东军区，下辖 4 个兵团（第七、第八、第九、第十兵团）、14 个军、60 个师，共 118.5 万人。

第四野战军和华中军区（1950 年 1 月改为中南军区），下辖 4 个兵团[第十二、第十三、（第十四）、第十五、第二十一兵团]④、17 个军、71 个师（含 4 个炮兵师、1 个高射炮兵师），另有 1 个特种兵司令部、1 个铁道纵队（后扩编为铁道兵团）、1 个战车师、1 个骑兵师及 6 个后勤分部等，共 150 余万人。

华北军区部队编有 1 个兵团、5 个军、28 个师，共 38 万人，归中央军委直接指挥。

东北军区部队共 16.6 万人，编有 11 个师。另正在组建海军和空军部队。

2. 特种部队。

炮兵。解放战争中，人民解放军炮兵有较大的发展。各战略区利用

---

① 新中国成立前后，由于战争中的伤亡加上国民党军起义、投诚部队等，人民解放军人数变动较大，故文中野战军及军区的人数及所辖各部队，采用了 1950 年 3 月的序列及人数，并参考了《中国人民解放军军史》第 4 卷、《中国人民解放军精简整编史》等著作中的数字。

② 第二十二兵团 1949 年 12 月由新疆国民党军起义部队改编。第十八兵团原隶属第一野战军，1949 年 11 月 26 日至 12 月中旬，向秦岭以南追歼国民党军胡宗南集团；后为配合第二野战军进军西南，由西北军区司令员贺龙率领入川作战，后归西南军区建制。

③ 1949 年 7 月中旬，第四兵团归第四野战军指挥，向华南进军。参加两广战役后，于 12 月归回第二野战军建制。

④ 第四野战军原辖第十四兵团，1949 年 8 月兵团部与中央军委航空局合并，组成中国人民解放军空军领导机关，所属部队转隶野战军直属和其他兵团。第二十一兵团由 11 月长沙起义的国民党军第一兵团改编，归第四野战军建制。

缴获和收集的火炮扩充炮兵，部队发展很快。1947 年 6 月，全军有 2 所炮兵学校、21 个炮兵团、47 个炮兵营，其中预备炮兵有 1 个旅、11 个团。东北民主联军总部和新四军兼山东军区成立炮兵司令部，晋察冀军区设立炮兵室，晋冀鲁豫军区在军政大学中设立炮兵科，统一领导各炮兵部队的作战和建设。1947 年 7 月以后，纵队或军编有炮兵团、营，师和旅编有炮兵营、连，团编有迫击炮连；预备炮兵先后组成 6 个师；第二、第三野战军成立特种兵纵队，第四野战军和华北军区成立特种兵司令部。中华人民共和国成立时，全军炮兵有 3 所学校、5 个师部、80 个团，拥有各型火炮 2 万余门，已成为具有相当规模的战斗兵种。

铁道兵。1945 年 12 月 20 日，成立东北人民自治军护路军。1946 年 6 月，东北民主联军成立了铁道司令部。1948 年 7 月，组成东北人民解放军铁道纵队，下辖 4 个支队，总兵力 1.8 万人。1949 年 5 月 16 日，东北人民解放军铁道纵队改编为中国人民解放军铁道兵团，并将（北）平保（定）筑路工程总队、华北军区铁甲列车总队、军委铁道部机械筑路工程总队等单位调归铁道兵团。

装甲兵。1945 年 12 月 1 日，成立东北人民自治军坦克大队，1946 年 7 月改称战车大队，下辖 3 个坦克队、1 个汽车队、警卫连、修理厂、材料库等，拥有各型坦克 20 辆、牵引车 10 辆，装甲车和汽车 30 辆。1946 年 8 月、1947 年 3 月和 1948 年 2 月，相继成立晋冀鲁豫军区坦克队、华东军区坦克队与晋察冀军区坦克区队。1948 年 7 月，晋冀鲁豫军区坦克队与晋察冀军区坦克区队合编为华北军区坦克队。1949 年 1 月，成立第二野战军战车大队。到 1949 年 11 月，中国人民解放军坦克部队拥有 9700 余人，410 辆日、美式坦克，编成 2 个战车师和 2 个战车团。

通信兵。1947 年 3 月，中央军委参谋部三局抽调骨干加强各大战略区新成立的通信联络分局（处）。各野战军、各大军区及所属部队加强或增设通信部门，增编通信分队。随着解放战争的节节胜利，三局抽调大批通信干部接管国民党政府遗留下来的邮政、电信、广播等部门和电信工厂，迅速组织恢复电报、电话、邮递业务，建立和发展人民广播事业和电信工业。中华人民共和国成立时，人民解放军通信兵兵力达到总兵力的8%以上。

工兵。1946年3月，东北民主联军组建全军第一所工兵学校；1947年3月，华东野战军组建中国人民解放军第一个工兵团，即华野特纵工兵团。各军、师、团均建立了工兵分队，各大军区（野战军）均成立了工兵指挥机构。

3. 海军、空军部队。

海军的筹建。1949年4月23日，华东军区海军在江苏泰州白马庙正式成立，张爱萍任司令员兼政治委员。海军设司令部、政治部、后勤部。当日，国民党海防第二舰队、第一机动艇队和第五巡防艇队共25艘舰艇、1271名官兵在舰队司令林遵率领下在南京以东笆斗山江面起义，另有第三机动艇队23艘舰艇在镇江附近江面起义。为接收这些起义的国民党海军人员和装备，华东军区海军在南京成立了办事处。人民解放军另一部分海军，是广州解放时，以广州市军事管制委员会海军接管处和两广纵队二师部分人员为基础组成的广东军区江防司令部，广东军区副司令员洪学智兼任司令员。1950年5月25日解放万山群岛战役前，江防司令部共有舰艇（船）30余艘（只），能作战的有2艘美国和英国造的登陆舰、10余艘杂型小炮艇和9艘小型登陆艇。2艘登陆舰大的排水量为358吨。人民海军诞生后，至新中国成立时，陆续从陆军调部队参加海军建设，接收、修复国民党舰船上百艘、海军人员近4000人，建立了2所海军学校。

空军的筹建。抗战胜利后，东北民主联军成立了航空总队，1946年3月成立航空学校。到1949年7月，该校共培养各类航空技术人员560余名。1949年3月17日，军委航空局成立，下设作战教育处、航空工程处、情报科、供给科、航空管理处、秘书处、政治处等。随后，各大军区（野战军）先后成立了航空处（或空军部）。在军委航空局领导下，各地接管航空器材和收容航空技术人员。到1949年10月底，共收集和接收国民党空军飞机113架、航空发动机1278台，接管飞机修理厂、航空配件厂、飞机装配厂、氧气厂、通信器材厂等32个，收容航空技术人员2267人。加上原有的飞机和航空技术人员，人民空军初建时共有航空技术人员 2938 人，飞机 159 架。

4. 军事院校。

经过解放战争，人民解放军的学校建设也有较大发展。解放战争中，人民解放军迅速发展壮大，为了解决干部的严重不足并加强对干部的培养训练工作，各战略区十分重视加强军事政治学校和专业技术院校的建设。各战略区以抗大分校为基础，与各军区、各野战军军政学校和随营学校、步兵学校整合，先后组成了东北军政大学、华北军政大学、西北军政大学、西南军政大学。各战略区军政大学下设若干分校。随着人民解放军重型技术装备的增多及作战的需要，各种类型的技术学校也相继诞生。如 1946 年 3 月 1 日，东北民主联军航空学校在吉林通化成立；1946 年 5 月，东北民主联军测绘学校在长春成立；1949 年 5 月，中国人民解放军安东海军学校在安东（今辽宁省丹东市）成立；1949 年 8 月，华东军区海军学校成立；1949 年 8 月，军委后勤军械学校在通州成立；1949 年 9 月，中国人民解放军高射炮兵学校在沈阳成立。此外，晋察冀、晋冀鲁豫、华东、中原等军区以及各野战军还成立了一些兵种学校和医务、供给、汽车等后方勤务学校。到新中国成立前夕，全军先后共开办了 60 余所不同类型的军事学校，形成了适应战争和军队建设需要的军事院校教育体系。

（三）建立国家军事领导体制

《中国人民政治协商会议共同纲领》规定，中华人民共和国建立统一的军队，即人民解放军和人民公安部队，受中央人民政府人民革命军事委员会统率。中国人民政治协商会议第一届全体会议通过的《中华人民共和国中央人民政府组织法》总纲规定：中央人民政府委员会组织人民革命军事委员会，以为国家军事的最高统辖机关。组织法中“人民革命军事委员会”一章，对中央人民政府人民革命军事委员会的组成和职责作了具体规定：人民革命军事委员会统一管辖并指挥人民解放军和其他人民武装力量；人民革命军事委员会设主席一人，副主席若干人，委员若干人；人民革命军事委员会的组织及其管理指挥系统，由中央人民政府委员会制定之。人民革命军事委员会主席、副主席、委员，人民解放军的总司令、副总司令，总参谋长、副总参谋长，总政治部主任和副主任，由中央人民政府委员会任免。1949 年 10 月 1 日，中央人民政府委员会第一次会议任命毛泽东为中央人民政府人民革命军事委员会主席。10 月 19 日，中央人民政府委员会第三次会议公布人民革命军事委员会全体成员名单：主席毛泽东；副主席朱德、刘少奇、周恩来、彭德怀、程潜；委员贺龙、刘伯承、陈毅、林彪、徐向前、叶剑英、聂荣臻、高岗、粟裕、张云逸、邓小平、李先念、饶漱石、邓子恢、习仲勋、罗瑞卿、萨镇冰、张治中、傅作义、蔡廷锴、龙云、刘斐等共 22 人。① 1949 年 11 月 11 日，中央军委办公厅成立，与总参谋部办公厅合署办公。

中央人民政府人民革命军事委员会下设总参谋部、总政治部和总后方勤务部，各部名称前均冠以“中央人民政府人民革命军事委员会”，简称军委总参谋部、军委总政治部、军委总后勤部。10 月 19 日，中央人民政府委员会任命徐向前为总参谋长，聂荣臻为副总参谋长（徐向前因病休养，11 月起聂荣臻代总参谋长）；刘少奇兼任总政治部主任，傅钟任副主任；杨立三任总后方勤务部部长。

此时的军区体制，仍为 1948 年 11 月至 1949 年春中央军委对全军进行整编时统一的体制编制，此后，兵团下属部队隶属关系进行了部分调整。新中国成立时，全军共有 4 个野战军即第一、第二、第三、第四野战军；5 个大军区，即西北军区、华东军区、华中军区、华北军区、东北军区，西北、华东、华中（后改称中南军区）军区分别由第一、第三、第四野战军兼。军区划分为一、二、三级军区和军分区，五大军区为一级军区，统一指挥和领导战略区的各地方武装力量。各战略区下设的二级军区和三级军区，一般保持编制一个至数个师（每师 7000 人左右）。各军分区保持编制在 1000～1500 人的一至数个独立团的部队。各县建立县大队（100～400 人左右）。

中华人民共和国的成立，为军队向现代化迈进创造了条件。

---

① 1951 年 11 月 5 日，增补林彪、高岗为人民革命军事委员会副主席。

二、向全国进军，实现中国大陆的统一

中华人民共和国成立时，人民解放军正在继续举行战略追击作战，追歼溃逃的国民党军残部。在华东、东南战场上，第三野战军解放了福州，正在进行漳（州）厦（门）战役。在中南战场上，第四野战军发起衡（阳）宝（庆）战役，围歼白崇禧集团。在西北战场上，1949 年新中国宣告成立前夕，国民党新疆省警备总司令陶峙岳和新疆省政府主席鲍尔汉宣布起义，新疆和平解放，第一野战军经过 10 个月的行军作战，解放了陕、甘、宁、青、新五省。在西南战场，第二野战军在第一、第四野战军各一部配合下，进军西南，继而担负了解放川、滇、黔、康诸省和进军西藏的任务。中华人民共和国成立后，人民解放军按照中共中央、中央军委的部署，继续向全国进军，完成解放和统一全中国大陆的任务。

在追歼残敌，向全国进军的过程中，中央军委针对不同的敌情和地理条件，制定不同的作战方针，提出不同的作战要求。国民党军在大势已去的情况下，力求保存实力，避免与人民解放军决战，并随时准备向边远省份逃跑，甚至逃亡到境外。因此，用什么方法将残存的敌人截住并歼灭于国境内，就成了追击作战中的重要的战略性作战方针问题。在中南、西南方向，国民党军主力白崇禧集团和胡宗南集团，既企图负隅顽抗，同时又随时准备撤退或逃出国境。对这样的敌人，如果实行正面穷追猛打，可以抓住一部，但必定会有大部逃到边远地区或境外。在东南方向，国民党军残部仓皇撤向闽南及东南沿海诸岛屿，重新组织防御，企图通过控制东南沿海地区及近海岛屿，屏障台湾，但后撤的余地不大。根据上述情况，中央军委决定对中南、西南之敌应采取大迂回大包围的方针，即不顾敌人的任何临时部署，以主力大胆从两翼迂回到敌深远后方，断其退路，然后再回打；对华东地区之敌，穷追猛打，辅以小迂回

包围的作战方针。

（一）进军东南，解放沿海岛屿

1949年6月13日，中央军委命令华东军区与第三野战军领导机构合并为一个机构，其番号仍各自保留。7月10日，华东军区、第三野战军机关由上海移至南京。福州战役后，为迅速解放福建全省，第十兵团决定除以一部担任新区城市警力及剿匪任务外，兵团主力由叶飞率领，乘胜南下。

解放厦门岛。9月25日，第十兵团完成了漳厦战役第一阶段的作战任务，解放了以漳州为中心的闽南大陆，歼灭国民党军1.7万人，厦门、金门国民党军暴露在解放军的攻击面前。9月28日，第三十一、第二十九、第二十八军及闽粤赣游击纵队对退守金、厦的汤恩伯所率第八、第二十二兵团残部4.5万人形成了三面包围态势。攻击部队经过半个月准备后，于10月10日至13日先后攻占大、小嶝岛。15日黄昏，第三十一军及第二十九军主力发起厦门战役，17日解放全岛，歼敌第八兵团2.7万余人。

金门作战失利。在攻打厦门的同时，第十兵团积极搜集船只，进行攻打金门的作战准备，至10月下旬，共搜集到一次可运送3个团的船只。由于厦门解放后，兵团以主要精力抓城市接管，第十兵团首长决定：攻取金门的作战任务，由第二十八军首长负责指挥，共有第二十八、第二十九军各一部共7个团兵力；以第三十一军一部夺取小金门岛。由于船只不够，第十兵团首长决定，首先集中所有船只，一夜运送两次共5个团兵力夺取大金门，得手后，再攻取小金门。

24日夜，第二十八军2个团又2个营、第二十九军1个团启航，发起金门战斗。渡海途中，攻击部队遭到金门国民党军炮火拦截，船队队形被打乱。25日2时，各船陆续在龙口、古宁头附近靠岸登岛。登陆部队向敌岛上猛攻猛插，占领部分滩头阵地。此时，敌第十二兵团第十八军登岛加入战斗，协同守军在坦克和炮火支援下向人民解放军登陆部队猛烈反击，人民解放军登岛部队被迫退守古宁头阻击敌人。此时，我登岛攻击部队全部登岛后，正值退潮时间，运送登陆部队船只全部搁浅，遭敌飞机和炮火猛烈轰炸，全部被毁，致使后续部队无船可渡，登岛部队处于后续无援、独立作战、敌众我寡、无炮火更无空中支援作战的境地。

25日晚，后续部队靠四处搜罗的仅够运送4个连兵力的船只启航渡海，支援攻打金门第一梯队战斗。26日3时，第二四六团2个连在湖尾乡登陆，与坚持古宁头作战的部队会合，第二五九团2个连在航行途中遇大风，船被吹散，仅4个排在古宁头登陆。26日晨，国民党军东南军政长官公署罗卓英、第十二兵团司令官胡琏抵金门督战，金门国民党军在飞机、火炮火力支援下，向人民解放军登陆部队连续发起攻击，坚守古宁头、林厝约1.8平方公里地幅的人民解放军登岛部队顽强阻击敌人。战至夜间，坚守古宁头阵地的人民解放军登陆部队组织突围，退至海边后，未寻到船只，便向山区退却。血战至28日下午，人民解放军登岛部队弹尽粮绝，9000多人大部壮烈牺牲，一部被俘，至此，攻取金门作战失败。

金门作战失利的主要教训是：高级指挥员严重轻敌，战斗任务未完成，便将工作重心转为接管城市；仓促发起战斗，作战准备特别是船只准备严重不足，没有运送第二梯队，更不用说运送第三梯队部队的船只；没掌握潮汐规律；不同建制的3个团没有统一的指挥；登陆作战部队作战经验不足，没能及时巩固和扩大滩头阵地，还如在陆地作战一样只顾大胆穿插，形成各自为战局面，被敌各个击破；对国民党军岛上部队数量情况掌握不准，在得悉敌第十二兵团将增援金门岛后，片面强调战机，致使登陆部队不占优势，违背了人民军队几十年作战的基本原则。10月28日，第三野战军在发给第十兵团和福建省委的电报中说："查此次损失，为解放战争以来之最大者。其主要原因，为轻敌与急躁所致"。10月29日，中央军委下发了《关于攻击金门失利教训的通报》，并向各野战军、各大军区转发了第三野战军的这封电报。同时指出："当此整个解放战争结束之期已在不远的时候，各级领导干部中主要是军以上领导干部中容易发生轻敌思想及急躁情绪，必须以金门岛事件引为深戒。对于尚在作战的兵团进行教育，务必力戒轻敌急躁，稳步地有计划地歼灭残敌，解放全国，是为至要。”①

解放舟山群岛。舟山群岛拥有大小岛屿400多个，由舟山防卫司令部率第七十五、第八十七、暂编第一军（后缩编为第七十一师）等3个军共10个师6万人防守。人民解放军第七兵团决定以第二十二军与第二十一军第六十一师共4个师4万余兵力攻取舟山。8月18日，渡海部队分三路向舟山外围岛屿发起进攻。战斗中，人民解放军攻岛部队遭国民党军海、空军联合反击，伤亡千余人。战至11月6日，人民解放军攻占岛屿30余个。此时，国民党军第五十二、第十九军增援舟山，守军达12万余人。1950年3月后，人民解放军华东军区、第三野战军又抽调第二十四、第二十、第二十六军和部分炮兵参战，使参战总兵力达到6个军10个炮兵团。此时，新组建的空军和海军一部也已进驻上海、宁波，准备联合攻歼舟山之敌。在此情况下，蒋介石担心舟山部队被全歼，遂调集舰艇44艘，自5月13日开始，将舟山守军撤走。19日，人民解放军解放舟山群岛。

自1949年7月至1950年5月，第三野战军向华东南进军中，歼敌10万余，解放了福建省及东南沿海大部分岛屿。

（二）进军中南

对全歼白崇禧集团的作战，早在7月16日毛泽东即致电第四野战军：“判断白崇禧准备和我作战之地点不外湘南、广西、云南三地，而以广西的可能性为最大。但你们第一步应准备在湘南即衡州（即湖南衡阳）以南和他作战，第二步准备在广西作战，第三步在云南作战。”并强调：“和白部作战方法，无论在茶陵、在衡州以南什么地方，在全州、桂林等地或在他处，均不要采取近距离包围迂回方法，而应采远距离包围迂回方法方能掌握主动，即完全不理白部的临时部署，而远远地超过他，占

① 《建国以来毛泽东文稿》第1册，中央文献出版社1987年版，第100—101页。

领他的后方，迫其最后不得不和我作战。”[①] 9 月 12 日，军委再发电给邓张李，并告林邓谭[②]：“总之，我对白崇禧及西南各敌均取大迂回动作，插至敌后，先完成包围，然后再回打之方针。”[③]依据上述方针，9 月 9 日，中央军委发出指示，对第四野战军大迂回作战进行了具体部署。根据中央军委的指示，为歼灭白崇禧集团，第四野战军司令员林彪、第二政治委员邓子恢遵照中央军委主席毛泽东关于对白崇禧集团取大迂回动作，插至敌后，先完成包围，然后再回打的方针和部署，统一指挥第四野战军第十二、第十三、第十五兵团和第二野战军第四兵团，分成中、西、东三路进军华南，同时发起衡宝战役和广东战役。

西路军以第十三兵团第三十八、第三十九军组成，由程子华指挥，经湘西直插广西，割断白崇禧部退往云南、贵州道路；东路军以第四兵团第十三、第十四、第十五军和第十五兵团第四十三、第四十四军组成，由陈赓指挥，首先歼灭广东之敌，解放广州，然后第四兵团由广东迂回至广西，与西路军形成大钳形合围；中路军以第十二兵团第四十、第四十一、第四十五、第四十六军和第十三兵团第四十九军组成，第二野战军第十八军暂归十二兵团指挥，由萧劲光指挥，由北向南，首先歼灭湘南之敌，向广西推进，协同东西两路军聚歼白崇禧部于广西境内。

参加衡宝战役的中、西两路军共 40 万人。9 月 13 日，西路军第十三兵团第三十八、第三十九军向沅陵、芷江挺进，至 10 月 5 日，从右翼突破了白崇禧“湘粤联合防线”，切断了白部主力西逃云、贵的道路。中路军第十二兵团第四十、第四十一、第四十五军，于 9 月中旬和下旬西渡湘江，于 10 月 5 日停止于衡宝以北。此时，东、西两路军已分别逼近曲

---

① 中共中央文献研究室编《毛泽东年谱（一八九三——一九四九）》下卷，人民出版社、中央文献出版社 1993 年版，第 596—597 页。

② 邓张李，指第二野战军政治委员邓小平、副政治委员兼政治部主任张际春和参谋长李达；林邓谭，指林彪、邓子恢、谭政，当时他们分别任第四野战军兼华中军区司令员、第二政治委员、政治部主任。

③ 《毛泽东军事文集》第 5 卷，军事科学出版社、中央文献出版社 1993 年版，第 670 页。

江（今韶关）、靖县（今靖州），威胁广州、桂林。10日后，第四野战军集中主力对敌发起压缩攻击，战至16日，湘西全部解放，为第二野战军经湘西进军西南创造了条件。衡宝战役歼敌4.7万余人，解放县城24座。

在发起衡宝战役同时，第四、第十五兵团主力挺进广东，10月2日发起广东战役。林彪、叶剑英、陈赓遵照中央军委、毛泽东主席“先以必要力量直出广州、梧州之间，切断西江一段，断敌西逃之路，不使广州敌向广西集中”的电示，采取断敌退路、分割围歼的战役手段。14日，从东、北、西三面对广州形成包围态势，残存的国民党政府及“代总统”李宗仁仓皇乘飞机逃往重庆。人民解放军第十五兵团占领了广州。第四兵团经七昼夜急行军，将敌二十一兵团部及4个军包围于阳江地区，粉碎了敌人经雷州半岛逃往海南岛的企图。至26日，4万敌人全部被歼灭。驻守江门的国民党海军第四巡防联合舰队舰艇11艘500余人，于25日宣布起义。

湖南、广东解放后，人民解放军西路、中路、南路军立即挥师入桂，围歼白崇禧集团。广西的国民党军白部连同逃往广西的余汉谋部共近20万人。针对惊弓之鸟之敌，第四野战军于11月4日向中央军委报告了作战部署：以西路军第十三兵团第三十八、第三十九军迂回百色、果德（今平果市），断敌入滇退路，以南路军第四兵团西进郁林（今玉林）、博白之线，阻止白部经雷州半岛逃向海南岛；以中路军第十二兵团待西、南两路军断敌退路后由湘桂边南下，围歼白崇禧集团。中央军委于11月6日批准上述部署，9日又进一步指出：“白崇禧部在无法逃往云、贵时，将逃往越南……我四兵团应着重切断白匪退越南的道路。”[①] 按照既定部署，第四野战军于11月6日发起广西战役。在作战中，以大迂回封闭断敌南逃、外逃之路为首要，分割围歼敌人。战至12月7日，全歼白部主力于广西境内，共歼敌17.3万余人。由于14日先敌占领、控制了中越

---

① 转引自军事科学院军事历史研究部：《中国人民解放军战史》第3卷，军事科学出版社1987年版，第356页。

边境，仅少数敌人逃入越境。

广西战役一结束，第四野战军便以第十五兵团之第四十、第四十三军并配属炮兵、高射炮兵各1个团和工兵一部，共10万余人集结雷州半岛，组成渡海作战兵团，由第十五兵团邓华司令员、赖传珠政委指挥，准备解放海南岛。登陆作战部队于1949年12月底进驻雷州半岛及沿海地区。在当地人民政府协助下，征集大小帆船2000余只，动员参战船工4000多人；开展海上练兵，培训了6000多名水手；琼崖纵队在岛上以反“清剿”牵制国民党军兵力，做接应准备。1950年2月1日至2日，第十五兵团在广州召开作战会议，中共中央华南分局第一书记、广东军区司令员兼政治委员叶剑英到会作了重要指示，会议根据中共中央军委和毛泽东主席的指示，确定采取“积极偷渡、分批小渡与最后登陆相结合”的战役指导方针，即首先以小部队分批偷渡，加强岛上力量，为大规模强渡作有力策应；而后以主力在琼崖纵队及先登陆的部队接应下强行登陆，力求全歼国民党守军。12月18日，毛泽东根据金门战斗失利的教训，指示四野首长：“渡海作战完全与过去我军所有作战的经验不相同，即必须注意潮水与风向，必须集中能一次运载至少一个军（四、五万人）的全部兵力，携带三天以上粮食，于敌前登陆，建立稳固滩头阵地，随即独力攻进而不要依靠后援。”① 1950年1月10日，毛泽东又致电四野首长：“请要十五兵团与冯白驹建立直接电台联系，并令冯白驹受邓、赖、洪②指挥”③。四野首长和叶剑英根据中共中央军委和毛泽东的指示精神，组织召开作战会议，认为：“如一次以一个军登陆，则船只问题极难解决，同时又无法对付敌之海空军扰乱”，因此决定“积极偷渡、分批小渡与最后登陆相结合”的作战指导方针，并进行详细部署。解放海南岛战役于3月5日开始，至4月1日组织了4批偷渡，共登岛8400余人。4月16日人民解放军主力分东、西两路渡海作战，至5月1日，解放海南岛

① 《毛泽东军事文集》第6卷，军事科学出版社、中央文献出版社1993年版，第62页。

② 邓、赖、洪，指第十五兵团司令员邓华、政治委员赖传珠、第一副司令员兼参谋长洪学智。

③ 《毛泽东军事文集》第6卷，军事科学出版社、中央文献出版社1993年版，第73页。

全境。

（三）进军西南

1949 年 10 月中旬，华东、西北、中南大部地区先后解放，国民党政府被迫由广州迁往重庆，其残存于大陆的军队主要是胡宗南集团和白崇禧集团，分别盘踞西南各省和广西一隅。早在 5 月 23 日，中央军委即指示第二野战军：在一个时期内，准备协助第三野战军对付美帝国主义可能进行的武装干涉，待上海、宁波、福州等地解放，美帝国主义武装干涉的可能减少后，即可在第一野战军一部的配合下向西南进军，解放并经营川、黔、康三省。7 月 16 日，中央和中央军委进一步规定："陈赓之三个军则于完成广西作战后出昆明，以占领并经营云南为目标"；"由刘、邓、贺[①]等同志组成西南局，经营川、滇、黔、康四省"。10 月 13 日，中共中央、中央军委又指示，西南局的分工是邓小平、刘伯承、贺龙分别任第一、第二、第三书记，贺龙任西南军区司令员，邓小平任政治委员，刘伯承任西南军政委员会主任，经营滇、黔、川、康及西藏。

5 月 23 日至 10 月 19 日，中央军委和毛泽东主席先后就进军西南的作战方针和部署等作了一系列指示："胡宗南全军正向四川撤退，并有向昆明撤退消息。蒋介石、何应钦及桂系正在做建都重庆、割据西南的梦，而欲消灭胡军及川、康诸敌，非从南面进军断其退路不可"[②]；应"取大迂回动作，插至敌后，先完成包围，然后再回打之方针"；第二野战军主力，待广州解放和国民党政府迁至重庆后，在第四野战军发起广西作战的同时，以大迂回动作，取道湘西，直出贵州，挺进叙府（现宜宾）、泸州、重庆之线，切断胡宗南集团及川境诸敌退往云南的道路及其与白崇禧部的联系。以位于宝鸡地区的第一野战军第十八兵团等部，在李井泉指挥下，积极吸引、抑留胡宗南集团于秦岭地区，待第二野战军将川敌退往康滇的道路切断后，即迅速占领川北及成都地区，而后协同第二野

---

① 刘邓贺，指刘伯承、邓小平、贺龙。

② 《毛泽东军事文集》第 5 卷，军事科学出版社、中央文献出版社 1993 年版，第 592 页。

战军聚歼胡宗南集团。[①] 中央军委和毛泽东的这一部署，主要目的是力争通过多层次的远距离迂回动作，首先切断敌向康、滇和逃出国境的通路，而后再分割歼灭胡宗南集团等于川、黔、滇境内。

第二野战军根据中央和毛泽东的作战方针和部署，进行周密计划和充分准备。各部于 9 月初开始行动。第四兵团按照军委指示，第一步协同第四野战军出广东、广西，然后迂回昆明。为了迷惑敌人，保证我军大迂回大包围行动的突然性，新华社公开发布了刘伯承、邓小平率部经徐州、郑州西进，并在郑州召开群众大会准备进军四川的新闻报道，制造人民解放军主力由陕入川的假象。10 月中旬，第三、第五兵团先后进入常德、邵阳等集结地域，为迂回四川创造了有利条件。

11 月 1 日，第二野战军第五、第三兵团和第四野战军第四十二、第四十七、第五十军等部在南起贵州天柱，北至湖北巴东约 500 公里的地段上向敌实施多路攻击。此举完全出乎敌军的预料。解放军 15 日占领贵阳，21 日攻占遵义。25 日和 27 日，中央军委决定第五十、第四十七、第四十二军归第二野战军指挥，入川作战；第一野战军第十八兵团归二野指挥，牵制胡宗南部，配合二野第三、第五兵团大迂回、大包围动作。在人民解放军强大军事攻势和政治争取下，国民党云南省政府主席兼云南“绥靖”公署主任卢汉，西康省政府主席刘文辉，西南军政长官公署副长官邓锡侯、潘文华等，于 12 月 9 日通电起义，云南、西康宣告和平解放。与此同时，刚组成的国民党军第二十二兵团司令郭汝瑰率领第七十二军在四川宜宾宣布起义。

紧接着，第二野战军先后发起成都战役、滇南战役和西昌战役。自 1949 年 11 月初开始进军西南以来，解放军以大迂回、大包围动作，先后解放了湖北省西部、贵州全省和四川省东部、南部广大地区，并从东、南、西三面逼近成都。由第一野战军转隶第二野战军建制的第十八兵团在西北军区司令员贺龙指挥下，于秦岭地区完成抑留川陕甘边区“绥靖”

---

① 军事科学院军事历史研究部：《中国人民解放军战史》第 3 卷，军事科学出版社 1987 年版，第 383 页。

公署主任胡宗南集团的任务后，于12月初兼程南下，对南撤的胡宗南集团跟踪追击，从北面逼近成都。至21日，数十万国民党军全部被包围于成都地区。国民党军第十六兵团，第十五、第二十兵团残部，第七、第十八、第三兵团一部共30万兵力先后宣布起义。国民党军第五兵团节节退缩，溃不成军，27日，5万余人被迫投降，成都宣告解放。30日，第二野战军第十八兵团进驻成都。

滇南战役，人民解放军先封锁中越边境，控制机场，切断敌军退路，使敌绝望。人民解放军歼敌2.7万余人，解放云南全境。西昌战役，人民解放军南北夹击，3月27日解放西昌。至4月7日，退往西南的国民党军残部被歼灭，川、黔、康、滇四省均告解放。第二野战军在第一、第四野战军各一部的配合下，在进军西南的作战中，歼灭退踞云、贵、川之国民党军90余万人，粉碎了蒋介石以西南为基地待机反攻的企图，把国民党反动统治的最后势力逐出大陆。

1950年2月下旬，第四兵团之第十四、第十五军，由广西进至昆明及其东、西地区。从此，该兵团即担负起守卫祖国西南边疆的任务。

（四）和平解放西藏

西藏是中国领土不可分割的一部分。1949年冬，在人民解放军进军西南获得决定性胜利的形势下，西藏地方当局在帝国主义支持下，扩充军队，购置军火，驱逐汉族群众，策划“西藏独立”，妄图把西藏从中国分离出去。为完成解放全国的历史使命，中共中央决定采取军事进攻与政治争取相结合的方针，一面命令人民解放军着手进军准备，一面制定驱逐帝国主义势力、实行民族区域自治、维持西藏现行制度、尊重藏族宗教信仰、人民解放军进驻西藏等10项政策规定，作为和平解放西藏的基本条件，与西藏地方当局谈判。

1949年下半年，中共中央、中央军委就已着手解决西藏问题。8月6日，毛泽东致电第一野战军司令员兼政治委员彭德怀、西北军区司令员贺龙和政治委员习仲勋：“班禅现到兰州，你们攻兰州时请十分注意保护并尊重班禅及甘青境内的西藏人，为解决西藏问题作准备。”① 11 月 23 日，毛泽东致电彭德怀并告贺龙、习仲勋和刘伯承：“经营西藏问题请你提到西北局会议上讨论一下。”“就现在情况看来，应责成西北局担负主要的责任，西南局则担负第二位的责任。因为西北结束战争较西南为早，由青海去西藏的道路据有些人说平坦好走，班禅及其一群又在青海。解决西藏问题不出兵是不可能的”。②

12 月 30 日，彭德怀根据调查的情况，向中央详细报告了由新疆、青海入藏的道路和气候情况，提出由西北入藏困难甚大，建议由西南入藏为宜。31 日，毛泽东主席发出“进军西藏宜早不宜迟”的指示。为了维护中国领土主权的完整和国家的统一，党中央从西藏的历史、民族、宗教等方面的实际出发，决定对西藏问题采取军事进攻和政治争取同时进行的方针，争取西藏和平解放。这样有利于揭露帝国主义挑拨离间的阴谋。

1950 年 1 月 2 日，已赴苏联访问的毛泽东主席，对西藏问题放心不下。他从莫斯科发电给党中央及彭德怀、邓小平、刘伯承和贺龙，对进军西藏问题进行了新的部署。指出：“西藏人口虽不多，但国际地位极重要，我们必须占领，并改造为人民民主的西藏。由青海及新疆向西藏进军，既有很大困难，则向西藏进军及经营西藏的任务应确定由西南局担负。”③ 1 月 24 日，刘伯承、邓小平向中共中央建议：由康、滇、青、新四省对西藏采取“多路向心进兵”。党中央同意了他们的方案。

根据中共中央、中央军委的命令，西南局和西南军区决定，第十八军在第十四军四十二师一二六团配合下，担负进军西藏的任务。为配合十八军行动，西北局、西北军区决定，由第一、第二军组成骑兵支队和独立骑兵师分别从青海和新疆进军西藏。1950 年 2 月 15 日，西南局、西南军区及第二野战军联合发布《解放西藏政治动员令》，进军西藏部队开始进行紧张的准备。

人民解放军即将进军西藏，帝国主义惊恐万状，不遗余力地企图阻

---

① 《毛泽东军事文集》第 5 卷，军事科学出版社、中央文献出版社 1993 年版，第 655 页。

② 《毛泽东军事文集》第 6 卷，军事科学出版社、中央文献出版社 1993 年版，第 44 页。

③ 《毛泽东军事文集》第 6 卷，军事科学出版社、中央文献出版社 1993 年版，第 68 页。

止人民解放军向西藏进军。帝国主义在西藏设立了多处电台，互相通报情况，一面协助对藏军进行部署，一面策划新的阴谋。

人民解放军大军经过多方面准备，开始向昌都进军。藏军与人民解放军摆开了决战的架势。1950 年 9 月底 10 月初，西南军区进藏部队和西北军区派出的青海骑兵支队，从东、南、北三个方向逼近昌都地区。同时，新疆独立骑兵师派出的先遣连 135 人于 8 月 23 日进至阿里改则县西北扎麻芒保。这时，西藏地方当局将藏军一部置于阿里、黑河（今那曲）地区，企图阻止解放军从新疆、青海南下；将全部美、英装备的 7 个代本全部和 3 个代本一部共 4500 余名藏军和 3500 名土兵、僧兵配置在昌都和金沙江西岸地区，阻止解放军从康西、青南和滇西北进藏。

进藏部队遵照中共中央、中央人民政府指示，为求得和平解放西藏，没立即发起武力攻击。从 2 月开始，中央政府即通知西藏当局派出和谈代表团到北京谈判。但西藏地方当局口中应允“和谈”，派出的代表团却滞留印度，迟迟不起程赴京。其目的是拖延时间，使藏军有充裕的抗击人民解放军进藏部队的准备时间。在一再拖延的情况下，甘孜白利寺格达活佛在众多僧俗支持下，自愿前往拉萨，做西藏上层人士的工作。格达活佛以西南军政委员会和谈代表的身份，于 7 月 24 日到达昌都。但昌都总督、西藏地方政府噶伦和英国特务福特软禁了这位爱国活佛，不久，格达活佛神秘地“暴亡”了。

西藏地方在美国等国支持下，决意同中央政府对抗到底，同人民解放军决一死战。在这种形势下，10 月 6 日，人民解放军发起昌都战役。各部队按预定作战计划，多路向昌都藏军发起进攻。战至 19 日，藏军遭重创，人民解放军达成对昌都的钳击态势，切断了藏军撤逃退路。20 日晨，昌都总督阿沛·阿旺晋美噶伦在撤退无望的情况下，派人与人民解放军取得联系，于 21 日命令所部 2700 名官兵停止抵抗，放下武器。24 日，昌都战役结束。

1950 年 11 月 14 日，十四世达赖喇嘛丹增加措亲政，亲帝国主义的西藏首席噶伦达扎摄政下台。1951 年 2 月 12 日，西藏地方政府决定派出以阿沛·阿旺晋美为首席代表的代表团，4 月 22 日代表团到达北京。5

月 21 日，签订了《中央人民政府和西藏地方政府关于和平解放西藏办法的协议》。

西藏位于青藏高原，平均海拔约 4000 米，素有“世界屋脊”之称，气候寒冷，交通不便，政治、民情复杂，进军困难很大。人民解放军遵照中共中央和毛泽东关于“进军西藏，不吃地方”的方针，决心克服艰难险阻，劈山筑路，打通进军西藏的道路。据此，各进藏部队在进行组织和物资准备的同时，在人民群众支援下，突击抢修公路，相继修通了四川省雅安至甘孜、云南省大理至中甸（今香格里拉）、新疆于阗（今于田）至西藏阿里的公路以及青海省湟源以西至玛多县黄河沿镇一线的急造公路。从 7 月开始，进军西藏部队分路向西藏首府拉萨及各地区进军：第十八军机关一部率第五十二师 1 个团向拉萨和日喀则地区进军，第五十二师师部率 2 个团向嘉黎、太昭地区进军，第十四军四十二师一二六团向察隅地区进军，青海骑兵支队向黑河地区和拉萨进军，新疆骑兵部队向阿里地区进军。

9 月 9 日，从昌都出发的第十八军先遣支队进抵拉萨。第十八军主力历尽千辛万苦，于 10 月 26 日抵达拉萨。其余各路进军部队相继到达指定地区，将红旗插上世界屋脊各边防要塞。从此，结束了有史以来中央政府在西藏有边无防的历史。西藏解放了，帝国主义策动西藏地方反动上层搞“藏独”的阴谋彻底破产。

三、巩固新生的革命政权

（一）对新解放城市实行军事管制

城市军事管制，是人民解放军在新占领城市实行的短期的军事管理制度。对城市的管理，中国共产党曾有过一些经验，如在抗日战争和解放战争初期，中国人民解放军先后攻占过张家口、长治、烟台、威海卫、承德、赤峰、安东（今丹东）、哈尔滨、佳木斯等城市，取得了一些接管城市的经验。但是，由于占领时间较短，而且常常不能保住这些城市，是“走州过府”的拉抽屉式的。部队攻占这些城市后，通常的做法是：除对私有财产、工商业进行保护外，对国民党政府机关的财产物资，一些重要仓库，包括国有银行、企业，作为战利品收缴。到了解放战争中后期，随着人民解放战争形势的迅速发展和解放区的不断扩大，人民解放军攻占和解放了一批批大中城市。如何接收和管理好城市，是摆在中国共产党面前、实现党工作重点转移的重要的新课题。

解放战争进入战略进攻后，人民解放军在各个战场陆续解放一些新的城市，一些部队把城市中的政府机关甚至企业、商店、医院，看作是在国民党政府统治下的资财，出现了一些乱搬东西、乱拆卸、乱占乱住的现象。鉴于此，1948 年 6 月 10 日中共中央东北局发出《关于保护新收复城市的指示》，指出：在过去所收复的城市中，除少数城市外，都曾发生过违犯党的城市政策和工商业政策的行动。东北局、东北军区司令部和政治部，虽曾经屡次对攻城部队和地方党委指示，必须严格执行党的城市和工商业政策，并在这方面已经有了许多改进，但一直到攻占四平、鞍山，收复吉林时，违犯城市政策和工商业政策的现象仍然继续发生。东北局强调：“现在形势已经根本变化了。我们不仅占领了很多城市，而且这些城市已巩固地为人民所有。战争已是大规模的大兵团的集中作战，不仅要依靠广大的农村，而且要依靠城市。如果我们不改变过去的观点，还以旧的观点来看待城市，那就是错误的了。在内战时期、抗战时期，我们长期没有城市，感受没有城市的痛苦。现在我们有了城市，就应当爱护城市，发挥城市的作用，使城市产生更多的军需品和日用品来支援战争，来繁荣解放区的经济。……应该严格遵守党和政府的工商业政策……不但这样，现在即使某些城市在占领后还可能同敌人反复争夺，也不应加以破坏，因为那些城市迟早也是属于人民的。”①

1948 年 1 月 9 日，毛泽东就西北地区所反映的我军攻克高家堡时发

---

① 《中共中央东北局关于保护新收复城市的指示》，中共中央文献研究室、中央档案馆编《建党以来重要文献选编》第 25 册，中央文献出版社 2011 年版，第 339 页。

生的违反政策和破坏纪律的行为情况批示："我军到任何地方，原则上不许没收任何商店及向任何商人捐款。官僚资本，在该地成为根据地时，亦只许民主政府接收经营，不许军队没收或破坏。军队给养应取给于敌人仓库，地主阶级，土地税及政府向商人征收之正当的营业税及关税。没收敌军官佐家属的财产，亦是完全错误的。高家堡破坏纪律的行为，应追究责任，并向全军施行政策教育与纪律教育。"① 同年 2 月 19 日，中共中央工委在给各地并中央的电报中，就收复石家庄后，部队和民兵不少照过去一样拿取东西，鼓动贫民去搬运物资，后来发展到抢劫私人财产、煤粮、公共物资等，以及后来实行戒严，严格政策界限，颁布法令纪律，维护了城市秩序等情况，进行通报，并对部队攻取城市后入城纪律及接管工作政策作了初步规定，对经验进行了总结。强调：第一，攻城前和攻城中训令部队及民兵干部注意保护机器、物资及一切建筑物，不准破坏和自由搬取；进城后采取果断措施制止市民哄抢，禁止任何机关部队乘机搜集、搬走与购买物资，同时设立统一的物资委员会，有计划地搜集、购买与分配物资。第二，向进城干部和部队宣布我们在石家庄的工作方针是建设，而不是破坏，不准私人拿取一点东西，不准大吃大喝，缴获物资要归公，保持艰苦朴素的作风。第三，审查原地的秘密党组织的人员，管理城市主要依靠外面派去的干部，但这些干部有对城市不熟悉、搬用农村工作的经验的缺点。第四，及时制止急于组织工会、贫民会及各种无政府主义行为，宣布除政府及公安局可以依法逮捕与没收财产外，禁止任何团体和个人没收财产及逮捕、殴打任何人，同时政府委派人员建立人民法院，接受人民申冤，惩治罪大恶极的汉奸、恶霸，限期登记国民党员和一切伪公务员。第五，召集各界座谈会，宣布政策，成立临时参议会，筹备选举正式市人民代表大会，筹备复工，保证工人实际工资不继续降低并分发实物。

东北地区，是解放战争形势发展最快，解放战争城市解放较早地区。

---

① 《毛泽东军事文集》第 4 卷，军事科学出版社、中央文献出版社 1993 年版，第 368 页。

东北局及东北的部队注重总结解放接管城市的经验。1948 年 6 月 10 日，中共中央东北局发出《关于保护新收复城市的指示》，在这个指示中，使用了“军事管理时期”一词。“后方党政军民机关应遵守事项：甲、一切后方机关人员（包括东北一级和各省市县级党政军民机关团体），在军事管理时期，除派驻新收复城市担任一定工作者外，均不得派人到新收复城市去购买物资或做生意。乙、经过东北一级一定机关批准的人员，在进入新收复城市后，必须在城市军事管理机关及以后的市政府、市委领导下进行工作。凡发现此项人员有破坏工商业政策及城市政策者，当地市政府得随时取消其在该市留住之权，并给以处分。丙、各地党委、政府、农会，尤其是该城附近的县区组织，并必须教育当地农民，不得进城自行逮捕人犯及没收物资。如必须进城抓恶霸和罪犯时，必须经过市政府批准，并须由市政府合法地进行。”①

随着人民解放战争形势的迅速发展，到解放战争中后期，新解放的大中城市越来越多，中国共产党工作的重心加快由农村向城市转移，接管新解放的城市，是工作重心转移的首要任务。在这种形势下，中国共产党进一步加强了对接收大中城市的领导和指导。

1. 建立军事管制委员会及组织机构。

新解放的城市，有的是人民解放军武力攻占解放的，有的是和平解放的。如何对新解放城市进行有效的接收和管理，由于全国总体上处于战争状态，根据对以往中小城市攻占解放后的一些经验，中共中央决定，在新解放城市中，人民民主政权机构的设置必须分两步走，第一步先建立临时的军事管理机构，过渡一段，待局势稳定后，再行第二步，即建立正规的城市人民民主政权机构。城市军管会即在这种特定的形势下产生了。1948 年 6 月 10 日，中共中央东北局发出的《关于保护新收复城市的指示》，决定：“在新占领城市实行短期的军事管理制度。在占领城市初期，必须由攻城部队直接最高指挥机关担任该城的军事管理，所有入

① 《中共东北中央局关于保护新收复城市的指示》，中共中央文献研究室、中央档案馆编《建党以来重要文献选编》第 25 册，中央文献出版社 2011 年版，第 343 页。

城工作的地方党、政机关及工作人员，一律听其指挥。为此，可以组织军事管理委员会，吸收地方党政负责人参加，将保护新占领城市的全部责任，交由军事管理机关担负。担任军事管理的司令员和政委，必须向党、向民主政府、向解放军、向人民采取最负责的态度，来保护新收复城市。军事管理期间的长短，依我军情况或城市情况，由更高的军事指挥机关规定之。在城市秩序大体稳定后，即命令宣布取消军事管理，把城市管理的全部权限交给城市市委、市政府，并指定一定部队为城市卫戍部队。卫戍司令部市委领导，市委书记兼卫戍部队的政委。在办理交代时，必须实行正式移交手续，不得马虎，并应开会检讨军事管理的时期的工作，分清责任。”城市军管会全称为“中国人民解放军城市军事管制委员会”，军管会是由解放军总部、军区（大战略区）司令部或前线司令部委任、授权的。军管会主要领导人由当时当地主要军事首长担任，由中共中央和中央军委任命。如：北平市军事管制委员会主任兼市长由叶剑英担任，天津市军事管制委员会主任由市委书记黄克诚兼任，南京市军事管制委员会主任由刘伯承（后粟裕）担任，杭州市军事管制委员会主任由谭震林担任，上海市军事管制委员会主任由陈毅担任，武汉市军事管制委员会主任由谭政担任，西安市军事管制委员会主任由贺龙担任，长沙市军事管制委员会主任由萧劲光担任，福州市军事管制委员会由韦国清担任，兰州市军事管制委员会主任由张宗逊担任，西宁市军事管制委员会主任由冼恒汉担任，银川市军事管制委员会主任由杨得志担任，等等。

新解放的中南、西南各大城市也先后建立军事管制委员会。1949 年 10 月 21 日，广州市军事管制委员会成立，叶剑英任主任，赖传珠任副主任。11 月 22 日，贵阳市军事管制委员会成立，苏振华任主任，赵健民任副主任。12 月 3 日，重庆市军事管制委员会成立，张际春任主任，陈锡联、张霖之任副主任。1950 年 1 月 1 日，成都市军事管制委员会成立，李井泉任主任，周士第、王新亭、阎秀峰任副主任。3 月 4 日，昆明市军事管制委员会成立，陈赓任主任，周保中任副主任。①

军事管制委员会在人民解放军总部与军区（大战略区）领导下，为该市军事时期统一的军政领导机关。其下设机构依城市情况有所不同，一般设有：(1) 警备司令部，执掌肃清一切反革命武装残余，执行军纪、军法及戒严、防空等事项。(2) 市政府，下设公安局、工商局、劳工局、卫生局、公用局、工务局、地政局、财政局、教育局、民政局、秘书处等，负责市区民政、公安、司法、交通、卫生、消防、财经、贸易、金融、文教以及有关外国侨民等事项。(3) 公安部，下设警察局、反动党务机构接收处、特务机关接收处。(4) 若干接管委员会等。如上海市军事管制委员会，设置为：(a) 军事接管委员会，下设军事、海军、空军、训练、后勤等部，负责接收国民党在上海的一切军事单位。(b) 政务接管委员会，下设政务、司法两个接收处，负责接收国民党行政、司法机关，并领导 20 余个市区的接管委员会。(c) 文化教育接管委员会，下设市教育机关接管部、伪国立学术教育机关接管部、宣教机关接管部。(d) 财政经济接管委员会，下设财政部、金融部、贸易部、轻工业部、重工业部、农林部、铁道部、邮电部、航运部、工务部、公用事业部、敌产调查清理部等。此外，还设有外侨管理处、公共房屋分配委员会、办公处、交际处、总务处、秘书处等直属单位等。

2. 进一步明确军事管制和接收城市的政策。

1948 年 11 月 1 日，中央向全国各个战略区率军作战的领导人和中原、华北、华东局，转发了东北局报中央的长春市委书记石磊关于接收长春的经验报告。紧接着，11 月 15 日，中共中央下达了《关于军事管制问题的指示》。根据这一指示及取得的对城市军事管制的经验，形成了《中国人民解放军关于新解放区军事管制条例（草案）》，于 1948 年 12 月下达。条例规定：凡中国人民解放军新解放之一切地区，在解放后的最初一个时期内，均须由人民解放军的前线司令部或当地军区司令部负

---

① 《中国人民解放军军史》编写组编《中国人民解放军军史》第 4 卷，军事科学出版社 2011 年版，第 123—124 页。

责实行军事管制，在人口达五万以上的新解放城市或工业区，其军事管制由人民解放军前线司令部或当地军区司令部就城市及其近郊划定一定地区，设置军事管制委员会主持之。在人民解放军的军事管制时期，应实行下列各项任务：(1) 完全肃清一切残余敌人的武装部队、土匪武装部队及散兵游勇与任何进行武装抵抗的分子，消灭一切混乱现象，恢复并维持正常的社会秩序；(2) 保障人民的生命财产，保障一切革命的人民团体及民主党派活动的自由，建立革命的秩序，建立人民警察及法院；(3) 保障人民政府所属各机关接管一切公共机关、公共产业及其他一切公共财产；(4) 收缴隐蔽在民间的一切反动分子的武器、弹药、无线电收发报机及其他违禁品；(5) 镇压一切反革命分子的活动，解散中国国民党、三民主义青年团、中国青年党、中国民社党及其他一切反动党派、团体和特务组织；(6) 根据人民解放军总部所宣布的政策逮捕并审讯战争罪犯及恶极的反革命分子；(7) 保障人民解放军的供给及人民生活必需品的供给，镇压经济反革命分子，取缔奸商的投机操纵与囤积居奇；(8) 根据人民解放军总部所宣布的政策没收官僚资本；(9) 根据人民解放军总部及当地人民政府所宣布的政策和法令实行减租减息与土地改革；(10) 在政治上、组织上、物质上协助工人、农民、青年、学生、妇女组织工会、农会、学生会及青年团体与妇女团体，并吸收这些团体中的积极分子参加人民民主政权的建立；(11) 召集地方的临时人民代表会议。条例规定了各地军区司令部或军事管制委员会或地方人民民主政府为实行前条各项任务，在军事管制期间，必要时得为下列各项之处置：动员人民为革命战争及人民公共利益进行服务；宣布戒严与解严；暂时地断绝交通；暂时地征用人民的运输工具；暂时地征用一部分房屋及其他用具；为实行前条各项任务而宣布各种法令和命令。条例还规定：新解放城市之军事管制委员会由人民解放军前线司令部或当地军区司令部任命之。除委员会主任委员外，城市警备司令，临时市政府市长，市公安局长，中国共产党市委员会书记，均为当然委员。其组织细则另定之。各地军事管制之撤销，由人民解放军总部以命令行之。

到解放战争后期，中国人民解放军对城市军管工作已有了成熟的经验，各项政策已十分完善，组织机构设置日益健全，军管人员对各项工作内容程序也已十分熟悉，为顺利开展新解放城市的接收和管理，完成军管工作向新选举的城市人民政府移交，奠定了有利的基础。

3. 指导城市军管工作的实施。

城市军事管制工作，分为两大部分，第一类对原国民党政府机关和经济、金融、邮政、电讯、文化、教育、企事业单位进行接收；第二类是接收国民党军原各军事单位，恢复城市正常的生产生活秩序，维护社会治安，打击各种犯罪和破坏活动，清剿明暗国民党特务及机关、流散的残余军警、散兵游勇、反动帮会组织、惯匪等反动武装，收缴其武器，严厉打击其破坏活动。第一类工作由军事管制委员会各专项接收委员会负责接收，迅速建立党领导下的政府机构和各工作机关，对国民党各军事单位的接收和第二类工作，主要由军队军事接管委员会、城市警备司令部和部分部队负责。早在 1948 年 11 月，中共中央就在《关于军事管制问题的指示》中明确提出："肃清反革命的一切残余势力"为军管会的重要任务。为维护城市社会治安，打击国民党特务和各种反动势力的破坏活动，在军管会领导下，新解放的城市普遍成立警备司令部，由军队相当一级的领导任警备司令部司令员和政治委员。如：南京警备司令部，陈士榘任司令员，袁仲贤任政治委员；上海警备司令部，宋时轮任司令员，郭化若任政治委员；西安市警备司令部，张经武任司令员，徐立清任政治委员；武汉市警备司令部，萧劲光任司令员，谭政任政治委员；西宁市警备司令部，兴中任司令员，曹光琳任政治委员；贵阳市警备司令部，汪乃贵任司令员，胡华居任政治委员；重庆市警备司令部，王近山任司令员兼政治委员；成都市警备司令部，张祖谅任司令员，袁子钦任政治委员；等等。① 各城市解放后，军事管制委员会军事接管委员会或接管军事部门的组织和城市警备司令部，迅速担负起接收国民党军事单位（部门）、稳定城市、恢复城市秩序、维护社会治安、打击一切破坏活

---

① 《中国人民解放军军史》编写组编《中国人民解放军军史》第 4 卷，军事科学出版社 2011 年版，第 124 页。

动、巩固人民胜利果实等工作，为顺利实施城市接收、接管，建立人民民主政权，作出了重大贡献。

对国民党军队驻城市军事机构的接管，是城市军管会接管工作的一项重要内容。在人民解放军攻占城市的过程中，抵抗的国民党军队被消灭或逃之夭夭，也有整兵团、整军、整师的国民党军队起义、投诚或接受改编。人民解放军攻占城市后，不仅留下大批装备物资，还留下一些军事机构及财产。这样，军事管制委员会成立了军事接管部门，负责接收上述机构、物资、人员。

北平市军管会设立了军政部，下设军教处、航空处、战车处、营房处、公产处、军资搜集处等接管机构，人员共 374 位，共调查接收、接管军事单位如国民党河北省政府及保安司令部、热河省政府及保安司令部、国民党联勤第五司令部、空军第二军区司令部、空军第四大队等 10 余个。接收营房 32 处，接管军用物资，包括军械、军火、车辆、电讯器材等。其中各种枪支共 4.18 万余支，各种炮 844 门，掷弹筒、火箭筒、火焰喷射器 2258 具，子弹、手榴弹等 38.8 万余发（枚），炮弹 73.3 万余发，铁甲车 81 辆，有线、无线电报机 3070 部，各种飞机 28 架，发动机 320 余台，其他发动机 304 台，以及其他物资大批。

杭州市军管会下设军事接管部，接管国民党军在杭州的军事单位，弹药库 13 个，工厂和修理厂 5 个，被服厂 6 个，卫生库 5 个，雷达研究所 1 个，军医院 1 个，汽车材料库 1 个，敌留守处 1 个，零星物资 5 处等。

上海市军事接管委员会，设立训练、政工、后勤、空军、海军五部，对口接收国民党政府国防部及下属各军事机构数十个。其中接管陆军营房 39 处，后勤部接管补给、修械、被服、医务等机构共 116 个，空军接收部接收 122 个单位，空军人员 1220 名，民航人员 1.45 万名，航空工程师 40 名，房屋数千间；海军接收部共接收 18 个单位。① 南京市解放后，

① 刘宋斌：《中国共产党对大城市的接管（1945—1952）》，北京图书馆出版社 1997 年版，第 160—162 页。

南京市军管会共接管原国民党行政、立法、司法、党、宪、警等单位749个，各种火炮800余门，枪10万支，子弹2000余发。① 成都市军管会设立军事接管部门，陆军处接管伪军校、保安司令部等11个单位，医院1个，接收人员7200余人，接收的物资有战车11辆，各种炮84门，各种枪3180余支，各种汽车47辆，黄金1900两；后勤处接管敌联勤系统第七、第四补给区四十四分区及敌国防部系统下属各单位，共107个，人员4.27万余人，接收和查出物资汽车1752辆，各种枪支2100支，黄金4890两，银1.32万两等；空军处接管敌空军部门之机场、仓库、工厂55个单位，各种汽车150辆，好坏飞机21架，各种枪1600余支（挺），高射炮8门，高射机枪3挺等；军事接管部接收汽车2辆，步枪300余支，轻重机枪22挺，迫击炮15门，各种报话机40部等。②

肃清反革命残余势力，恢复和建立良好的社会生活秩序，维护社会治安。各地军管会根据中共中央“首恶者必办，胁从者不问，立功者受奖”的政策，和“宽大与镇压相结合”的方针，开展了肃特肃匪工作。

根据毛泽东主席、朱德总司令颁布的《中国人民解放军布告》“一切散兵游勇，均应向当地人民解放军或人民政府投诚报到，并交出所有武器”的规定，各地军管会积极开展收容散兵游勇工作。上海市军管会成立有警备部队、公安局、民政局等单位参加的市、区治安委员会，统一指挥收容散兵游勇和协调处理全市治安问题。1949年6月13日，中国人民解放军淞沪警备司令部发布命令，责令散兵游勇限期到指定地点报到集中，对拒不报到的，公安机关紧密配合警备部队和民政部门进行收容，两次收容8477人，解放前还乡在乡军人有3000余人进行申报登记，并交出一批枪支。到1949年底，共收容散兵游勇2万余人。上海市军管会到1949年底，破案417起，捕获各类特务分子1499名，缴获敌特使用的收发报机109部，枪200支。其中破获潜伏电台36起，抓获111人；破

① 《中国人民解放军军史》编写组编《中国人民解放军军史》第4卷，军事科学出版社2011年版，第126页。

② 刘宋斌：《中国共产党对大城市的接管（1945—1952）》，北京图书馆出版社1997年版，第160—162页。

获武装特务案59起，抓获500人；还捕获了一批从台湾、舟山派遣来的特务分子。①

1949年10月14日广州市解放后，治安状况十分混乱。全市有国民党散兵游勇10万余人，旧警察和自卫队1万余人。大街上公开设有许多赌摊。国民党特务部门还常将流散到港澳的特务和散匪有组织地派往内地，有时一天派回400多人。他们携带凶器，进行抢劫、盗窃、杀人等破坏活动。广州警备司令部协同公安部门，经过调查，掌握各地下组织活动情况，张贴布告，限令他们定时定点集中，进行突击行动，查封国民党中统、军统特务机关。当时广州社会上出现了100多个打着军管等旗号的组织，招摇撞骗。有的假冒解放军接管企业、团体。10月18日，警备司令部发出书面通知，“邀请”各个组织的主要领导人到警备司令部开会，“商讨工作”。19日晚，对到会的各个组织主要领导人全部实行扣留，责令其交出已经接管的单位，然后分别情况进行审查、清理，向全市发布非法组织公告。在短期内，全市各街道建立起办事处和公安派出所，组织起7000多个居民小组，还组建7000人的人民纠察队，形成了比较系统的社会治安组织。11月初，全市统一部署和行动，一举查封各种赌场、妓院100多处，随后进行多次查禁行动，破获烟赌案750余宗，扫荡赌摊1000多处。全市当时收容2万妓女并组织就业；遣散、收容流民、乞丐近2000人；收容、遣送回原籍的国民党遗弃官兵及家属达4万多人。在清匪反特中，先后扣押反革命分子960余名，收缴各种枪支3900多支。②

西南地区的重庆是解放战争后期解放的城市。国民党军盘踞时间长，是残余武装活动比较狡猾猖獗的地区之一。1949年12月20日，为严厉打击潜伏的国民党匪特分子、流氓、惯匪、惯盗、散兵游勇对新生政权进行的破坏活动，重庆警备司令部在重庆解放后，迅速担负起机关、工厂、矿山、仓库、飞机场等重要目标的警卫任务，维护交通秩序，在码

---

① 张国星、何明：《共和国开国岁月》，中共党史出版社2001年版，第107页。

② 《广州文史第五十七辑·曙光耀羊城》，广东人民出版社2000年版，第50页。

头、街道、车站、重要公共场所等设置游动哨和哨卡，担负警卫、巡逻、治安检查和维护秩序等任务。在公安机关配合下，重庆市把打击惯匪作为中心工作，半年时间内，实行3次紧急戒严，镇压匪首35人，逮捕特务、惯匪1600余人，收容散兵游勇、游民、乞丐、妓女2.86万余人，捕获偷、扒、窃犯9000余人，破获各种案件1300余件。全市的生产生活逐渐恢复正常。①

打击奸商、稳定市场物价。由于国民党反动政府滥发纸币，人民解放军新攻占、解放的城市，不仅社会治安状况很差，而且无一例外地遇到恶性通货膨胀、金融投机活动猖獗、市场混乱、物价飞涨、粮食紧张、日用品短缺等严重经济问题。针对这种恶劣的状况，各城市军事管制委员会加强金融市场的管理，公布人民币比价和兑换办法，严厉取缔各种证券交易场所，打击银元贩子和各种金融投机分子。上海市解放不久，一批奸商大搞银元投机，囤积居奇。国民党放出狠话，“让共产党土包子进得来，管不了，站不住”。对此，上海市军管会决定，由警备部队配合公安人员，全市突击行动，搜查了奸商和投机分子活动的大本营——证券大楼，将操纵金融的投机奸商一网打尽，封闭了证券大楼。军管会的行动，有力地震慑了投机奸商。同时，从周边农村和小城镇调运粮食，分配供应，迅速稳定了人心。第二天，上海市银元、大米、食油纷纷跌价，使市民生活有了基本保障。这些行动，影响了整个华东地区乃至全国的大小城市。

广州市军管会于12月5日下令全市戒严，命令警备部队、公安总队、人民纠察队5000余人，统一联合行动，搜查太平南路的170余家地下钱庄、470余档“剃刀门楣”，收容金融炒卖分子1016人，猖獗在金融市场的害人虫被一扫而光。② 成都市解放后，军管会摸清了暗藏特务与奸商勾结破坏经济、哄抬物价、制造混乱的情况，调运粮食由政府大量出售，很快稳定了粮价，安定了社会秩序。在开展稳定金融秩序开展粮食、

---

① 《重庆市志》第14卷，西南师范大学出版社2005年版，第479页。

② 《广州文史资料第五十七辑·曙光耀羊城》，广东人民出版社2000年版，第51页。

人民生活物品供应斗争中，许多部队官兵为此献出宝贵生命。贵阳市解放时，全市粮仓仅剩下 25 万斤粮食，仅够全市 23 万人吃两天，盐仓存盐也所剩无几。贵阳市军管会和第五兵团派出大批干部下乡镇征粮，还派出 3 个连队护送 100 余台运粮车辆到四川运盐。路上，运盐队打退了土匪一次又一次袭击。第一三八团二营连长杨殿元在运盐途中，与土匪遭遇，英勇护盐，壮烈牺牲。第一七八团一个班在团政治部主任朱向离带领下在成都市郊区征粮时，遭土匪伏击，全部壮烈牺牲。许多地方干部、教师、学生也加入到部队运粮队伍中。1950 年 9 月 18 日，刘胡兰式的地方干部丁佑君，在四川西昌盐中区协同部队征粮时，不幸落入土匪手中。土匪用极其残忍的手段百般摧残折磨丁佑君，她坚贞不屈，拒绝向土匪吐露区里存粮和解放军的运粮情况，惨遭土匪枪杀，时年仅 19 岁。根据她生前要求，中共西昌县委追认她为中国共产党党员。在她牺牲的地方，军民一起修建了纪念碑，在她的家乡四川五通桥建了烈士纪念馆，为她立了半身铜像。①

恢复和发展生产。刚刚解放的城市，许多工厂停工停产，学校停课，大批工人失业，交通不畅，群众生活受到严重影响。努力恢复生产，使群众安居乐业，是稳定城市、打开局面的关键。军管会在集中力量抓好城市治安整治、打击各种犯罪，稳定物价，建立良好的城市生活秩序的同时，下大力抓好工厂复工、学校复课，商业、事业单位迅速开始营业工作。军管会依靠各级党团组织、工会和其他民众进步团体，努力恢复和发展生产，恢复文化、教育和宣传报业等工作。上海解放时，1.2 万家工厂有 70%停止了生产，有的资本家将资金、设备带运到香港或国外，留在上海的资本家工厂，资金短缺，工人发不出工资，劳资矛盾严重。上海市军管会抓住几家重要工厂，如对申新纱厂由银行给予低息贷款，帮助恢复生产，推动了上海工商业恢复生产和营业。军管会还组织大批干部、战士，组成军代表和工作组进驻 147 家工厂，帮助厂方解决困难，

① 《当代中国》丛书编辑部：《当代中国军队群众工作》，中国社会科学出版社 1988 年版，第 66—67 页。

恢复生产。重庆市的几十家大的工厂，都遭到国民党的严重破坏。重庆市军管会在工人和社会各界的帮助下，组织与国防建设、经济建设关系密切的大厂逐步复工。各地还帮助私营企业和小工厂解决资金、原料等困难，恢复生产。各城市的军管会，抽调部队和调集力量，抓好市政建设和市政交通。广州解放时，国民党军队溃逃中将横跨珠江的广州海珠大桥炸毁。1950 年 4 月，广州军区和广州市军管会在财政十分困难的情况下，决心修复好关系广州市民生和人民生产生活的这座重要桥梁，抽调铁道工程部队第三支队和铁路员工，经六个半月奋战，使大桥在当年 11 月 8 日通车。贵阳市军管会抽调工兵部队，组织铁路、公路员工，抢修铁路、公路桥梁，至 1950 年 5 月，修复公路桥 73 座，铁路桥 13 座。① 至 1949 年底，没收和开工的官僚资本企业，已占全国大型工业总产值的 40%，控制了全国的电力、煤炭、钢铁、水泥、交通运输业的绝大部分或大部分。私营工商企业也有了很大发展。人民解放军派出大批部队，同工人纠察队一同担负重要工矿企业的警卫、保护任务，清除城市中影响生产的各种障碍，抢修被毁坏的发电厂、钢铁厂、粮食加工厂和被炸毁的铁路、公路、桥梁、港口、机场、通讯设施和其他重要市政设施，对城市恢复生产发挥了重要作用。②

在军管会领导下，各城市军管会下属各委员会，多方面同时展开各项工作。政务和文化教育机构，依靠各界各民主人士、进步人士、进步群众，召开各种会议，宣布政策，落实各项各系统的恢复和整治。各城市接管后，一般 3 天至 5 天，多则一周时间，报纸、广播电台、剧院、体育馆、文化馆等，即恢复营业和进入正常工作，医院从未间断过收治病员。

至 1952 年底，随着全国镇压反革命运动的结束和土地改革的基本完成，各级人民代表会议和人民政府已逐步健全。1953 年 1 月，中央人民

---

① 《当代中国》丛书编辑部：《当代中国军队的群众工作》，中国社会科学出版社 1988 年版，第 65 页。

② 《中国人民解放军军史》编写组编《中国人民解放军军史》第 4 卷，军事科学出版社 2011 年版，第 127—128 页。

政府委员会第 20 次会议通过《关于召开全国人民代表大会及地方各级人民代表大会的决议》，确定在 1953 年召开由人民用普选方法产生的地方各级人民代表大会，并在此基础上召开全国人民代表大会。至此，对新解放城市的军事管制工作遂告结束。

（二）剿匪作战

1. 中华人民共和国成立时匪患情况和中共中央剿匪决策部署。

1949 年 10 月 1 日中华人民共和国成立时，大陆一些边缘省区和沿海岛屿还盘踞着国民党的残余军队。在人民解放军的猛烈追击下，这些部队除少数逃往台湾外，大部相继被歼灭。然而，国民党当局有计划地在大陆一些新解放区和部分沿海岛屿留置了大量土匪特务武装，为患甚烈。早在 1949 年 4 月，人民解放军突破长江天堑解放南京时，国民党当局就在其成都陆军军官学校和贵阳市开办“游击干部研究班”，训练土匪特务武装的领导骨干 4700 余人。后来，国民党当局派遣这些人和一批特务潜往各新解放区，与溃散的国民党残余部队相结合，乘新解放区社会秩序尚未安定之机，积极网罗旧官僚、恶霸地主、散兵游勇、地痞流氓、反动会道门成员及惯匪，聚众结伙，打着所谓“救国军”“自卫军”“保民军”等旗号进行破坏活动，企图以此推行所谓“游击计划”，建立“大陆游击根据地”，与人民解放军进行长期斗争，伺机配合台湾国民党军反攻大陆。

这些土匪特务武装，主要分布在一些省份的边远山区和沿海岛屿。1949 年下半年，部分地区虽陆续开展了剿匪斗争，但到 1950 年初，全国仍有土匪特务武装 108 万余人。其中，西南地区约 65.5 万人，中南地区约 28.8 万人，华东地区约 5.9 万人，西北地区约 4.2 万人，华北地区约 3 万人。在一段时期内，其数量还不断增加。特别是美国发动侵朝战争和派遣第七舰队进入台湾海峡后，这些土匪特务武装活动更为猖獗。其活动方式和斗争手段是：袭击基层人民政权、封锁或占领一些小城镇，控制农村；破坏城乡交通，抢劫物资；杀害地方党政干部和群众，绑架勒索，奸淫妇女，扰乱社会秩序；骚扰和妨碍人民解放军的作战行动，偷袭、抓捕和残杀解放军零星外出人员；制造谣言、蛊惑人心，发展武装，组织暴乱等。

中共中央和中央军委对新解放区可能出现的严重匪情早有预见，及时作出了剿灭匪患的决策。1949 年 3 月，毛泽东主席在中共七届二中全会上指出：南方解放后，地方党组织和人民解放军要在乡村中有步骤地开展清剿土匪的斗争。人民解放军渡过长江不久，毛泽东又指出：剿匪是肃清残余反动力量的一个重要部分，又是保障实施各种政治、经济、文化、国防建设的一个先决条件。1949 年 10 月 1 日，朱德总司令在开国大典上发布的命令中，要求人民解放军全体指战员肃清土匪和其他一切反革命匪徒，镇压他们的一切反抗和捣乱行为。中共中央、中央军委后来还规定了在剿匪中实行“军事打击、政治瓦解、发动群众三者相结合”的方针和“镇压与宽大相结合的政策，即首恶者必办、胁从者不问、立功者受奖的政策”。

1949 年 5 月至 1953 年底，人民解放军遵照中共中央、中央军委的指示和部署，先后共抽调 6 个兵团部、41 个军部、140 个师、2 个旅另 20 个团和海军、空军各一部，共 150 余万人的兵力，在各新解放区执行剿匪作战任务。各地区的剿匪作战，一般经过了三个阶段：第一阶段，集中优势兵力，重点进剿大股土匪；第二阶段，实行分区驻剿，歼灭小股土匪；第三阶段，结合土地改革，肃清潜藏散匪。

2. 华北地区剿匪。

在华北的河北、察哈尔、山西、平原、绥远等省区，共有土匪达 3 万余人，每股数千人至数十人不等。1949 年 5 月，华北军区司令员组织召开剿匪工作会议，制定了剿匪的方针和政策，提出积极发动群众，开展政治攻势，地方武装与正规部队联合剿匪。华北军区剿匪部队根据该区土匪特点和分布情况，决定以绥远、平原和察北地区为重点，采取灵活战术，用大包围、暗掏窝等方法对股匪实施清剿。从 1949 年下半年开始，剿匪部队采取时集、时分的方式，在地方党委的统一领导下，对河北、察哈尔、山西、平原等省股匪展开进剿。1950 年 3 月至 12 月，华北军区又组织骑兵第一、第三、第四、第五师，步兵第二十二、第二〇二师和3个骑兵支队，以及各军分区武装等，开展大规模进剿作战。与此同时，各军分区、各剿匪部队还抽调精干人员组成武装工作队，深入农村，广泛发动群众，侦察土匪情况，配合主力作战，发挥了很好的作用。经过两年多剿匪作战，至1951年底，华北地区共歼匪特5.3万余人，缴获火炮10余门、各种枪8800余支以及部分其他武器物资，保证了全区的政权建设、土地改革、经济恢复和抗美援朝运动等项工作的顺利进行。

3. 华东地区剿匪。

在华东地区，包括山东、江苏、安徽、浙江、福建五省的陆上和沿海岛屿上的土匪武装，至1949年7月，华东大陆上共有土匪武装746股，千人以上的股匪12股，达11.3万余人。其中浙江省有4.7万余人，福建省有4万余人，安徽皖南、皖北有1.5万余人，江苏的苏南、苏北有8600余人，山东省有3000余人。1949年8月，华东军区下达剿匪作战命令，以第二十五军协同浙江军区下属4个二级军区和军分区，负责剿灭浙皖边区等地土匪；第二十四军第七十一师、第三野战军直属骑兵团等，进剿以金寨为中心的大别山区股匪；以第二十军协助苏南军区继续剿灭苏州至上海铁路沿线地区的土匪；以军区和鲁中南军区剿灭陇海铁路徐州至上海铁路沿线地区的土匪；以第三十五军和浙江军区，剿灭钱塘江以南浙闽边区、浙赣边区及浙江沿海地区的土匪。自8月27日起，第二十四、第二十五、第三十五军共7个师的兵力，及第十兵团的4个营，展开剿匪作战。至1950年2月，剿灭土匪3.4万人，除福建外，华东大陆大股土匪基本被剿灭。

1950年初，华东军区针对台湾当局对华东地区土匪的控制，作出新的部署：以主力部队为主，并把部分部队转为军分区和县级武装，在地方部队和民兵相配合，重点清剿鲁苏、浙皖、苏浙和浙闽4个边区。至6月，华东军区又歼灭“中华民族自救军闽北指挥部”“闽西反共救国军第六纵队”“漳厦游击司令部”“国防部第三纵队”“苏皖第三纵队”等股匪2.7万余人。1950年朝鲜战争爆发后，国民党向大陆空投匪特，网罗散兵地痞等，华东土匪增至4万人。据此，华东军区共投入剿匪部队18个师参加剿匪作战。至6月，华东大陆又剿灭土匪11.4万余人。华东沿海一些岛屿解放后，各部队积极开展剿灭海匪和岛上土匪的斗争。至1953年6月，在历时4年的剿匪斗争中，第三野战军及华东军区，共动用5个军部、19个师、1个旅又15个团，共歼各类土匪24.6万余人，其中毙、伤2.4万人，俘13.1万人，投降和自新9.1万人；缴获各种枪12.6万余支，迫击炮585门，舰船224艘，枪炮弹346万余发。

4. 西北地区剿匪。

西北较大的股匪有470余股，约13万人。其中，陕西160股，3万余人；甘肃140多股，3万人；宁夏24股3300人；青海105股，1.5万人；新疆近50股，约5万人。股匪主要分布在陕西的陕南、关中，甘肃的临夏、陇东、陇南及河西地区，宁夏的贺兰山区，青海的大通、门源、贵德，新疆的北疆，以及青、甘、新和青、甘、川交界地区。为消灭西北地区匪患，第一野战军暨西北军区先后出动2个兵团部、11个军部、39个师（旅）共70多个团的兵力，共14.4万人。第一野战军暨西北军区从西北少数民族众多的实际出发，制定了适合西北地区情况的特殊政策和策略。即：军政兼施、区别对待；对少数民族中的反革命武装叛乱首恶分子坚决镇压，以保护广大人民群众的利益。针对西北匪情严重、自然环境艰苦、剿匪任务艰巨，提出各部队要树立长期剿匪的思想，军事上要打得稳、打得准、打得狠。朝鲜战争爆发后，西北军区针对匪情变化，将剿匪斗争转入分片包干，联防驻剿；打破原有的区域界限，成立联防剿匪指挥部，实施统一领导，军地协同。同时，结合减租、反霸、土改等社会改革，发动群众，摧毁匪特的社会基础。剿匪作战自1949年6月开始，至1953年12月结束。分别在陕、甘、宁、青、新五省（区）及其交界地区展开。在陕西，消灭了流窜于陕（西）绥（远）交界、华山、华县、蓝田、大荔、蒲城、宝鸡等地股匪共50多股2万多人，争取21股6000多土匪投降；消灭了“忠义救国军”“反共救国军”等反动武装；缴获各种炮167门、各种枪1.8万余支。在甘肃，第一军、第三军、第四军、第六十二军各一部兵力，西北军区骑兵部队、回民支队、民兵等，消灭当地土匪10股土匪共4900余人；击毙匪首以云山及组织的“忠义救国军”8000余人；剿灭了流窜于酒泉、张掖、玉门、敦煌等地土匪和国民党第九十军残部。在宁夏，宁夏军分区独立第一师和骑兵第六师、第六十五军一部等部队，剿灭了盘踞在贺兰山马绍武、张廷芝、郭栓子等股匪；第三军一个师与骑六师及宁夏军分区协同作战，消灭了在甘肃陇东地区和宁夏西吉、海源、固原地区发动暴乱的聚匪 6200 余人，平息了暴乱。在青海，第一军分进合击，收复了大通、湟中、门源县城和西宁以东地区，歼灭流窜于循化、民和等地的马忠义等匪首和大通、互助县及贵德昂拉地区土匪 1.5 万余人。在新疆，根据中央军委和西北军区指示，新疆军区于 1950 年 4 月成立剿匪指挥部，代司令员兼政治委员王震任总指挥，成立北疆前线指挥所，调集第二、第五、第六军各一部共 1.59 万余兵力，歼灭了乌斯满匪徒 3300 余人，1.7 万余土匪投降，解救被裹挟群众 8.6 万余人。在新疆南疆等地区，平息暴乱，消灭土匪 4.8 万余人，解救被裹挟群众 11 万余人。西北军区还集中兵力，经 7 个月 30 余次作战，会剿流窜于甘、青、川三省边界的土匪武装。西北地区剿匪自 1949 年 6 月开始，历时 4 年半时间，共歼灭匪特和国民党军残部武装 12.9 万余人，缴获各种枪 3.6 万余支，子弹 18 万余发，各种火炮 370 余门，炮弹 3900 多发，电台 70 余部，牲畜 19.2 万余头。剿匪部队伤亡 4360 人。

5. 西南地区剿匪。

西南地区，是当时匪患最为严重的地区之一。1950 年 3 月，人民解放军先后解放了四川、贵州、云南、西康等省后，溃散的国民党军残部与当地土匪、反动会道门相勾结，组成各种名目的反动武装，进行反革命暴乱。中共中央、中央军委高度重视西南地区剿匪斗争，指示将西南地区剿匪作为解放大西南的第二战役。1950 年 2 月初，西南军区向全区发出第一号剿匪指示，指出："为迅速扑灭匪患，保证征粮任务的完成，要求各部队根据匪特活动特点，抓紧控制交通枢纽与匪特活动要点，全力作通盘剿匪计划。"西南局第一书记邓小平要求西南全党、全军坚决贯彻中共中央制定的"军事打击、政治瓦解、发动群众三者相结合"的方针，正确执行镇压与宽大相结合的政策。在剿匪步骤上，首先应剿灭腹心富庶地区之匪，特别要迅速净化四川腹地，而后扩展至边沿贫瘠山区。

3月15日，西南局、西南军区发出关于开展一元化剿匪斗争的指示，决定各地迅速成立剿匪委员会，统一领导剿匪斗争；将一定数量的野战部队地方化，建立县区基干武装。先后调用参加剿匪的兵力有第三、第四、第五、第十八兵团和西北军区第二兵团第七军等共13个军部、37个师又2个团。整个剿匪作战分为进剿大股土匪和肃清残匪两个阶段。第一阶段，进剿大股土匪。1950年，西南军区以腹心富庶地区为重点，在川、黔、滇、康四省全面展开剿匪作战。至1950年底，在四川川东地区，第十一、第十二军6个师，歼灭土匪武装19.3万人；在川南地区，第十、第十八、第十五军共8个师，歼灭土匪武装29.3万余人；在川西地区，第六十、第六十二、第七军共7个师，歼灭土匪武装8.3万余人；在川北地区，川北军区歼灭土匪武装8万余人。在贵州地区，第五兵团除留少数部队实施军管和警备城市工作外，全力进行剿匪，另调第四十五、第一八六、第三十一师等部队入黔参加剿匪作战。到1950年底，歼灭了国民党新成立的第十九兵团和原国民党军第三十五军残部组成的土匪武装共19万余人。在云南地区，第十三、第十五军和第十四军各一部兵力，分别对楚雄、玉溪、新关、昭通、华坪、永胜等地股匪展开清剿，作战1700余次，歼灭匪特6.2万余人。此外，西康军区部队集中兵力，分区清剿雅安、西昌、康定等地股匪，共歼1.5万余名。西南地区人民解放军和民兵，经过一年多作战，共剿灭土匪武装92万余人。1951年1月28日，毛泽东致电西南局和西南军区予以嘉勉，并指示迅速肃清残匪。

在甘、青、川边地区。1952年10月，中共中央、中央军委在成都召开会议，决定调骑兵1个师又1个团、步兵2个团、工兵1个团，分左、右、中3个纵队由北向南进剿。为保证剿匪部队的后勤供应，中央军委决定由西南军区空军第十三师三十九团派出运输机5架，执行空投物资任务。自3月27日至7月底，共进行大小战斗30余次，歼灭土匪1860余人，缴获火炮3门，机枪49挺，步马枪、冲锋枪等520余支。

在四川黑水地区。1952年，军统特务傅秉勋搜罗国民党军残部，编为15个联队、15个独立支队，共3000余人。西南军区为迅速剿灭这股恶匪，于同年夏决定以公安军及川西军区联合组成黑水前线剿匪指挥部，由西南军区公安部队副政治委员郭林祥为司令员兼政治委员，抽调 7 个步兵团又 5 个营、2 个炮兵营，共 2.1 万余人，担负剿匪任务。中央军委根据该地区地形特点，以及台湾当局有可能派飞机向该匪空投武器、人员、物资等情况，决定由空军派轰炸机、歼击机各 1 个大队支援陆军作战。与此同时，西北军区对甘肃南部西仓、双岔、阿木去乎之匪实施进剿，以策应黑水地区的剿匪作战。7 月 20 日，进剿作战开始。至 9 月 21 日，黑水地区的土匪全部被肃清，共歼土匪 3635 人，缴获火炮 9 门、机枪 41 挺、各种枪 3772 支及其他军用物资。

西南地区第二阶段剿匪，自 1951 年初开始至 1953 年底结束，剿匪部队分区对流窜的散匪进行会剿围歼，共歼灭土匪 24 万余人。经过近 4 年的剿匪作战，西南地区共歼灭土匪武装 116 万余人，缴获各种火炮 800 余门，各种枪 60 余万支及其他大量装备物资。全区有近 70 万名民兵（四川 45 万人、贵州 19 万人、云南 5 万人）参加了剿匪，作战万余次。

6. 中南地区剿匪。

中南地区包括河南、湖北、湖南、江西、广东和广西等省区，该地区解放后，国民党军共潜伏和组织被击溃部队、保安团等编为“反共自卫军”“游击总队（支队）”，土匪武装共 28 万余人。第四野战军兼中南军区遵照中共中央有关剿匪方针、政策，于 1949 年 12 月 29 日颁发《关于 1950 年上半年剿匪指示》，决定从 1950 年 1 月起，所属各部队全面开展剿匪作战。中南军区在三年中先后动用 4 个兵团部、12 个军部、1 个纵队（即两广纵队）部和 46 个师的兵力，分别以划区包干、成建制转为地方武装和兼省军区、军分区的形式，投入剿匪作战。剿匪大体经历了三个阶段。

第一阶段：1949 年 7 月至 12 月，边进军边剿匪。1949 年 7 月 1 日，河南军区以第四十二军第一二五、第一五五师和第五十八军第一七三、第一七四师 1 个团，在地方武装配合下，首先对豫西股匪展开进剿，而后东移伏牛山区。至 10 月，大股土匪基本被歼，共歼匪 3 万余人。湖北军区统一指挥第四十二军第一二六师、第三野战军所属第二十四军第七十一师、湖北军区独立第三师和安徽警备第一、第二旅 3 个团，以及部分军分区武装，对大别山股匪展开进剿，至 9 月下旬，全歼大别山区股匪 1.5 万余人。湖南是中南六省匪患较为严重的地区之一。自 8 月开始，第四十六、第四十七军部队分赴股匪猖獗的湘西、湘南地区开展重点进剿。至年底，湖南军区部队共歼股匪 12.6 万余人，其中收编 8 万余人，歼灭 4.6 万余人。江西于 1949 年 6 月大部解放。7 月，江西军区首先歼灭南昌、抚州地区中心区的股匪，而后，将打击重点转到赣西南和鄱阳湖地区，至 12 月底，全省共歼股匪 4 万余人。广东省将匪患最为严重的北江、西江、珠江、东江、潮汕和南路地区作为重点，第四十八军第一四三师 2 个团于 12 月开赴粤北，与北江军分区部队共同发起连阳剿匪战役，解放连县（今连州市）、连南、连山、阳山 4 个县城，剿灭土匪武装 3600 余人。

第二阶段：1950 年 1 月至 1951 年 5 月，分区剿灭股匪。第四野战军兼中南军区继发出《关于 1950 年上半年剿匪指示》，决定实行各剿匪部队划分地区、包干清剿，并打破省、地界限，组织边沿区会剿。根据中南军区的部署，中南各省军民于 1950 年展开大规模剿匪作战。先后歼灭大瑶山、六万大山、十万大山、灵山、永淳和钦州等重点地区土匪武装 47 万余人。

第三阶段：1951 年 6 月至 1952 年 8 月，肃清残匪。1951 年 6 月，中南军区决定对流窜边沿区的散匪组织会剿，中南各省清剿部队先后抽调 2.7 万名干部和 3000 名老战士组成工作队，在地方党委统一领导下，深入各地区发动群众，开展全面清匪反霸斗争。同时，组织“飞行”小组和便衣队，搜捕匪首和散匪。对逃入深山密林的散匪，各清剿部队结合政治攻势进行有重点的搜山清剿，将其歼灭在封锁圈内，并争取部分胁从分子投降。到 1952 年 3 月底，歼匪 11 万余人，毙俘重要匪首 190 人。中南剿匪历时 3 年零 1 个月，共歼土匪 115 万余人，缴获各种火炮 1278 门、各种枪 103 万余支以及其他大量军用物资。

人民解放军的剿匪作战，至 1953 年底基本完成，共毙伤俘土匪和争取土匪投降自新 270 余万人。历时四年的剿匪斗争，结束了中国匪患久远、危害甚深的历史，粉碎了台湾国民党当局在大陆建立“游击根据地”，以策应其反攻大陆的企图，巩固了新生的人民政权，保障了人民生命财产的安全，安定了社会秩序，保证了国民经济的恢复和民主改革的完成，为社会主义革命和建设事业的顺利进行创造了重要条件。

四、初建新中国边防

人民解放军在向全国进军解放全国大陆过程中，向祖国边防派驻兵力，建立边防地区的军分区，接管口岸，建立起中华人民共和国边防。

在解放战争进行过程中，中共中央、中央军委和毛泽东等中央领导十分重视国防和边防兵力的总体部署。早在 1949 年 5 月，为防美国海军协同国民党海陆军向人民解放军之后方袭击和扰乱，中央对保卫华北、华东地区海边防作出部署：“除已令杨成武兵团及钟赤兵炮纵在秦皇岛、塘沽布防外，特作如下部署：甲、杨得志兵团和十八兵团一道继续向凤翔方向前进，准备在各兵团会合后，歼灭胡、马在陕甘边境上的主力。如此战能达目的，而华北情况又有需要，则准备将杨得志兵团留在宝鸡、凤翔区域待机，同时尽可能赶快修复洛阳、宝鸡段铁路，以利运输。乙、林罗留一个军位于河南，平时担任剿匪，有事增援开华北。丙、陈饶粟以一个军附必要数目的炮兵开青岛附近，待命夺取青岛，尔后即任青岛守卫。南京、镇江、苏州区域已有两个军，浙江区域已有三个军，甚好。吴淞、上海区域应有七个军，特别注意加强吴淞、江阴两区的炮台设备。以上各军，除担任城市守备及乡村剿匪任务者外，均应迅即部署整训。”①

华北、东北地区边防。中华人民共和国成立后，华北军区和东北军区的部队除剿匪外，已没有大的作战任务，主要担负两个战略区特别是

① 《毛泽东军事文集》第 5 卷，军事科学出版社、中央文献出版社 1993 年版，第 600—601 页。

环渤海的防卫。

华东地区的边防。第三野战军解放杭州、上海、福州、厦门等大城市后，在接管城市同时，向海防派驻兵力；组织兵力攻占解放沿海岛屿，建立边海防地区军分区，组织民兵武装，共同建立海防前沿阵地，担负海岸防务任务。南京解放后，第八兵团一部与第三十四军合编为南京警备司令部，担任南京警备任务；第二十四军调归山东军区，与第三十二军共同担任山东防卫任务；东南大城市和部分沿海岛屿解放后，第二十三军接管杭州防务；上海解放后，以第三十三军军部为基础组建淞沪警备司令部，指挥第三十、第三十三和第三十四军一〇〇师，担任淞沪地区警备任务。第二十五军接管崇明岛防务；同时，以第九兵团指挥第二十、第二十六、第二十七、第二十三军，进驻东南沿海地区，准备执行解放台湾的任务。①

中南地区边防。1949 年 9 月 9 日，在第四野战军休整即将结束，准备继续向中南进军，向两广挺进时，中央军委即指示第四野战军前委，留置河南 1 个军、赣西南 1 个军、湖南 3 个军，担任工作队。这些部队除担负剿匪任务外，还担负了国防战略预备队的任务。第四野战军解放中南地区广西地区和广州、海南岛等地后，第四兵团命令所部封闭中越边境，切断国民党军退往越南道路。第十三军 3 个师攻占边防重镇东兴、公安圩；第三十九军攻占上思、明江、镇南关、隆安；第四十三军攻占边防要镇隘店等。第十五兵团攻占海南岛后，1950 年 5 月 25 日至 8 月 4 日发起解放万山群岛战役，先后实施了垃圾尾海战（战后，为纪念“桂山”号登陆舰作战牺牲的英雄，垃圾尾岛改名为“桂山岛”），夺取大、小万山群岛作战、三门岛伏击战等作战，共击沉国民党军舰艇 4 艘，击伤 12 艘，缴获艇船 11 艘。在此前后，实施了解放海山岛（1 月 9 日）、解放南澳岛（2 月 23 日）、解放南澎岛（8 月 9 日）作战。上述岛屿的攻占，使人民解放军在中南地区建立起巩固的边、海防。

---

① 军事科学院军事历史研究部：《全国解放战争史》第 5 卷，军事科学出版社 1997 年版，第 153 页。

西部边防的建立。根据中央军委决定，第一兵团部率第二、第六军（欠第十八师）接管新疆。从10月10日起，进军新疆的部队在4个汽车团和40架运输机的支援下，以空运、车运和徒步行军方式，由酒泉、玉门、安西地区西进。王震司令员率第一兵团部于11月6日乘飞机抵达迪化（今乌鲁木齐）。部队开进途中，指战员们战胜了戈壁沙漠、气候严寒、地广人稀、供应不足等困难，严格执行党的民族宗教政策，妥善处理一些地区发生的暴乱事件，团结教育广大起义官兵。至1950年3月，第二军先后进驻南疆的阿克苏、喀什、和田、焉耆、库尔勒和若羌等地，第六军进驻北疆的哈密、迪化、伊宁等地，完成了进军新疆任务，建立起了西部边防。

西南边防的建立。1950年2月下旬，第四兵团第十四、第十五军，由广西进至昆明及其东、西地区，担负起守卫祖国西南边疆的任务。第十八军进藏部队到达拉萨后，第一五四团两个营分别进驻江孜、日喀则，主力于1952年7月5日进驻亚东边防重镇；第一五五团于1月23日进驻山南地区隆子宗。由云南进藏的第十四军第四十二师一个团，于1951年10月1日至25日先后进至察隅、科麦、沙马。由新疆进军西藏的先遣支队，于1951年进驻西藏阿里地区，4个连和支队部进驻噶大克、普兰宗、日土宗，并向定哈里普山口、达马山口、科甲、新张等边防要地派驻分队守卫边卡。后来，根据边防斗争需要，于1952年至1956年，相继在普兰、强拉山口、乌热、什布奇、扎西岗、新张、地拉、那卡、斯潘古尔等要地建卡设防。

在进行边境地区布防同时，中共中央着手建立中国的边防体制，创建边防领导机构，加强边境和口岸管理，积极开展边防军事斗争。根据中共中央的决定，新中国成立初期的边防工作，在中央军委、总参谋部领导下，由军委和军区公安部队司令部及其指挥的边防公安部队负责。1949年11月，中共中央决定成立公安部边防局，同时指派部分作战部队担负边、海防武装警卫工作。1950年初，总参谋部根据中央人民政府关于在公安部门设立边防机构和边防公安部队的决定，调一些质量较好的部队改编为省以下公安部门的边防机构和边防公安部队。1950年公安部召开全国第一次边防保卫工作会议后，先后建立了4个大行政区的边防局、15个边境省的边防局、42个边防分局。1952年，边防机构和边防部队的初建工作初步完成，人民解放军部署在沿海和陆地边境的边防公安部队（不含新疆、西藏、海南）的员额为8.1万人，编成5个边防师、21个边防团、11个海防巡逻队、55个边防检查站。

五、进行解放台湾准备

早在渡江战役开始时，毛泽东和中共中央军委就已开始研究并筹划攻打台湾战役。1949年6月14日，中央军委在答复粟裕、张震、周骏鸣关于第十兵团入闽时间的建议时指示："请开始注意研究夺取台湾的问题。台湾是否有可能在较快的时间内夺取，用什么方法去夺取，有何办法分化台湾敌军，争取其一部分站在我们方面实行里应外合，请着手研究，并以初步意见电告。"[①] 6月21日，中共中央又电示华东局、粟裕等：在目前几个月内，你们面前有四件大工作：经营以上海为中心的苏、浙、皖、赣新占城乡广大地区；占领福建及厦门；帮助二野西进；准备占领台湾。关于攻台时间，中央军委提出："必须推迟到我方空海两军（特别是空军）条件充分具备之时。" 7月10日，毛泽东在给中央军委副主席周恩来的信中指出，我们必须准备攻台的条件，建立空军，组成一个攻击部队，掩护渡海，准备明年夏季夺取台湾。[②]

根据中共中央、中央军委的指示，第三野战军副司令员粟裕命令所属部队积极做解放台湾的各项准备工作。中共中央和第三野战军首长深知，渡海登陆作战，不同于在陆地上同国民党军周旋。国民党军虽已败退台湾，但还拥有一支美国武装起来的基本上没遭到大的损失的海军和

---

① 《粟裕文选》第2卷，军事科学出版社2004年版，第860页。

② 《中国人民解放军军史》编写组编《中国人民解放军军史》第4卷，军事科学出版社2011年版，第111页。

空军。人民解放军攻台登岛作战，没有像陆地那样隐蔽的、运动自如的地形地物可利用，将完全暴露在海面上。没有制空权和制海权，而且运输工具也多为木帆船。人民解放军仅有的一点海军是刚刚建立起来的华东军区海军，装备了屈指可数的国民党海军起义过来的舰艇，还不能同国民党军在海上决战。因此，攻台作战，需要的准备工作是相当复杂的，面临的困难也是相当大的。另外，人民解放军擅长于陆地作战，大规模渡海登陆作战还是个新的作战样式。新建的海军和陆军的协同作战，也几乎没实施过。这些都要在准备中一个一个地解决。但是，第三野战军首长和部队，解放台湾的决心是坚定的。粟裕认为，只要抓紧时间认真准备，一切困难都会克服。国民党军现正惊魂未定，这种准备越快越好，越早攻打台湾，对人民解放军越有利。粟裕在边指挥进军东南沿海地区同时，心中时刻筹谋着攻台作战准备和计划。

1950 年 7 月 30 日，粟裕及华东局向中央军委建议："现旧海军人员尚未能掌握，自己干又不熟悉海上生活，兵舰尚未修理，在敌舰封锁长江口情况下，很难开往青岛，且为与集训之四个军配合演习便利计，以暂缓北开为宜。我只能尽能力所及加强海军及攻台准备……请军委指示。"① 中央军委接到电报后，8 月 2 日复电："同意粟裕陷午电意见，张爱萍海军系统暂时不迁青岛，并仍归华东系统即归粟裕指挥"；"你们积极准备攻台是正确的，必须从各方面准备攻台，打破干部中的畏难心理"。② 关于攻台时间，毛泽东指出："攻台时间，如有内应，则可早日举行，否则必须推迟到我方空海两军（特别是空军）条件充分具备，故具体时间目前不能确定。"③

为了保卫新中国的国防，为了建设新中国强大的国防，更为了尽快实施台湾战役，新中国加速建立海军和空军部队。1949 年 11 月，华东军

---

① 《粟裕文选》第 2 卷，军事科学出版社 2004 年版，第 870 页。

② 中共江苏省委党史工作办公室编《粟裕年谱》，当代中国出版社 2006 年版，第 306 页。

③ 《中国人民解放军军史》编写组编《中国人民解放军军史》第 4 卷，军事科学出版社 2011 年版，第 111 页。

区海军第一、第二两个大队宣告成立。新中国海军有了第一支战斗部队。同时，海军抓紧修造舰船，仅上海江南造船厂从 1949 年 9 月到 1950 年 5 月，就抢修、改装舰艇 130 余艘。

人民解放军空军成立前后，抓紧培训飞行员和购买各种作战飞机，修理缴获的日军、国民党军旧飞机。1949 年 8 月至 10 月，中苏两国政府通过协商达成协议，苏联帮助中国创办 6 所航校（后来又增加 1 所），其中轰炸机航校 2 所，歼击机航校 4 所。卖给中国各型飞机 434 架，派出专家 870 名来中国帮助组建空军部队和培训空军人员。10 月底 11 月初，6 所航校相继创建。速成飞行学员经过一段理论学习，1 月中旬和 2 月各航校学员陆续开飞。1950 年初，毛泽东根据国土防空和渡海登陆作战任务急需，面示刘亚楼：必须迅速增强空军力量。刘亚楼为落实毛泽东的指示，迅速提出了扩大航校培训规模的计划。1 月和 2 月，轰炸机航校由原来培训 2 个团扩大为培训 4 个团的规模，4 个歼击机航校由原来培训 5 个团扩大为培训 7 个团规模。各大军区为空军选调空勤学员 884 名，地勤人员 1664 名。为了快速培训一批营、团职飞行人员，5 月，中央军委决定再次追加训练任务，解决组建航空兵部队所需的指挥干部。毛泽东对此事十分关心，他在七届三中全会上对各大军区负责人说：分配给各军区选调数量，要迅速如数选调。各大军区遵照中央军委和毛泽东的指示，迅速选调了符合飞行条件的营团干部 93 名，其中 17 名到第一航校学习轰炸机，76 名到第三航校学习歼击机。

在加紧组建海军和空军的同时，中央军委和毛泽东主席还根据渡海登陆作战的需要，决定组建一支空降兵部队。在第二次世界大战中，空降兵在渡海登陆作战中发挥了重大作用。空降兵可以以快速的空中机动方式，突然出现在敌后，打乱敌人的作战部署，抢占要点和重要战略战役要地，袭击敌人的指挥机关、机场、港口、重兵器阵地等重要目标，配合正面登陆作战部队攻占滩头阵地。实施大规模渡海登陆作战，一支作战能力较强的空降兵部队是取得作战胜利的重要力量。当时，人民解放军仅有一支伞兵部队，是国民党军起义过来的伞兵第三团。1949 年 4 月 13 日，国民党伞兵第三团奉命从上海乘登陆舰调往福建。当时在该团工作的中共地下党员团长刘农峻等，根据上海地下党的指示，机智勇敢地做好起义准备工作。4 月 14 日在航行途中，刘农峻率领全团官兵宣布起义。毛泽东听到此消息，立即致电祝贺，希望他们“努力于政治上的技术上的学习，为建设新中国的新伞兵而奋斗”。毛泽东对这支部队十分重视。1950 年 2 月上旬，正在苏联访问的毛泽东给粟裕发来电报，询问国民党军起义过来的伞兵第三团情况，指示说：“这批伞兵盼加强对他们的政治训练，我们需要以这批伞兵作基础训练一个伞兵部队，作为台湾登陆作战之用。”粟裕于 6 月 23 日给毛泽东发电报建议：“为补助我海军之不足和发挥陆军的威力，建议除建设两百三十架之海军航空队（性能及设备与陆军航空队不同）外，陆军航空队最好能扩充八百架左右飞机，并有足够之运输机以运输跳伞部队。”同时建议将四千伞兵“扩编为二万五千人”。[①] 后来，以这支部队为基础，组建了中国人民解放军第一支空降兵部队——空军陆战第一旅，以后不久又扩建为空军陆战第一师。

各军兵种抓紧组建和训练，人民解放军新生的作战力量和华东军区部队在粟裕的领导下，加紧进行渡海登陆作战的训练和演习。1950 年 2 月，经中共中央、中央军委和毛泽东同意，粟裕调 4 个师准备进行海战演习。为胜利完成人民解放军前所未有的战役——攻打台湾渡海登陆作战，实现祖国的完全统一，粟裕殚精竭虑地思考攻台作战计划，并根据变化的情况作了几次重大修改。上海解放后，第三野战军第九兵团 3 个军（第二十、第二十六、第二十七军）投入战前准备，后来，又决定第二十三军归第九兵团建制，作为攻台作战的第一梯队。1949 年秋，第三野战军又制定了 8 个军攻台作战计划，以 4 个军为第一梯队，4 个军为第二梯队。在金门、登步岛登陆作战失利后，台湾国民党军加强盘踞岛屿的防守，并准备招募外籍雇佣军固守台湾。台湾的守军达 20 万人。粟裕据此提出攻台作战修改意见。他在给中央军委的电报中建议，目前台湾守军 7 个军 20 万人，估计其战斗力为十三四万人，如果把雇佣军估计在内，则台湾国民党军战斗力可以 20 万人计算。这样，原拟 8 个军参战已

---

① 《粟裕文选》第 3 卷，军事科学出版社 2004 年版，第 50—51 页。

属不够，攻台作战必须三野全部参加（增加第二十四军），加上后勤人员及特种部队共约50万人，并请四野以1个军移驻苏州，华北1个军移驻山东，以策应海防。

海南、舟山两岛相继解放后，海南岛、舟山群岛国民党残部共19万人逃往台湾，台湾守军增加至40万人，比原兵力增加一倍。针对这一重大变化，人民解放军第三野战军再次对攻台作战计划进行修改。决定第九、第七两兵团作为第一梯队，三野各军作为第二梯队，参战兵力增至50万人。同时，三野首长粟裕建议中央军委：为使攻台作战有把握取胜，如能从其他野战军抽出3至4个军作为第二梯队或预备队则更好。随着时间的推移，台湾方面敌情的变化，预案攻台作战的规模也在扩大。这样大规模的大兵团渡海登陆作战，战场范围广阔，组织准备和实施极其复杂。

1950年3月下旬，第三野战军召开陆海空联合作战座谈会，研究攻台作战中的有关问题，第三野战军司令部汇总各方面的意见，拟定初步作战计划并编制出预算，上报中央军委后得到批准。4月下旬，第三野战军发出《陆海空军两栖作战训练纲要》，部署第七、第九、第十兵团和军区兵种部队及指挥机关的渡海登陆作战训练：自1950年7月至1951年5月为训练期，前9个月各军兵种分练，后两个月进行陆海空协同登陆合练。然后，三军协同攻取台湾。

拟参战部队共50万人，运送作战物资的千吨以上的船只需要五六百艘。运送第一梯队登陆作战部队10余万人，就需要登陆艇四五千艘。抽调这么多的运输艇船，对于工业基础十分薄弱、刚刚成立的新中国，困难重重，任务艰巨。加上海空军刚刚组建，空军飞行员还刚进行培训。因此，为了保证攻台作战有绝对把握取胜，准备工作加速进行，而攻台作战发起时间却向后推延。攻台作战虽然困难较多，但中共中央、中央军委解放台湾的决心是坚定的，人民解放军对攻取台湾的信心随着准备工作的越来越充分不断增强。5月17日，第三野战军前委下达《保证攻台作战胜利的几个意见》，确定部队转入渡海登陆作战准备。海军和空军部队全力进行人员培训、部队组建和装备购置工作。华东军区拟定了攻台作战时间表：1950 年 7 月至 1951 年 3 月，各军兵种部队分别训练；1951 年 4 月至 5 月，进行陆海空协同登陆进攻合练。然后三军协同解放台湾。

1950 年 6 月上旬，在中共中央召开的七届三中全会上，第三野战军副司令员粟裕汇报了攻打台湾的准备情况和作战方案：参战部队包括第三野战军全部，加上其他野战军 4 个军，并建议中央军委直接指挥或派刘伯承、林彪主持攻台作战，自己作为华东地区的军事领导人全力协助战役的组织指挥。毛泽东宣布，攻台战役由粟裕负责指挥。

正在人民解放军即将发起台湾战役之际，东北亚风起云涌，台湾海峡形势骤变。6 月 25 日，朝鲜战争爆发，美国立即进行武装干涉，同时命令第七舰队侵入台湾海峡，公然宣称将阻止中国人民解放军解放台湾。美国出兵朝鲜，中国东北亚安全和东南沿海地区安全受到严重威胁，中共中央和中央军委根据形势的发展变化，决定“支援朝鲜人民，推迟解放台湾”。

第二章
现代化国防和合成军队的初建

中华人民共和国成立后，特别是随着大规模战争的结束，中国共产党领导的人民军队及武装力量的职能发生了根本性转变，即由夺取国家政权，转到巩固人民民主专政，保卫社会主义革命和建设，巩固国防抵御侵略，保卫国家安全和领土主权完整上来。为使军队等武装力量担负起这一职能使命，中共中央、毛泽东及时地提出建设一支现代化国防军的目标，领导人民军队和武装力量，迅速展开现代化、正规化建设。

一、确立建设现代化国防的指导思想

毛泽东在中国人民政治协商会议第一届全体会议的开幕词中指示全党全军："我们的国防将获得巩固，不允许任何帝国主义者再来侵略我们的国土。在英勇的经过了考验的人民解放军的基础上，我们的人民武装力量必须保存和发展起来。我们将不但有一个强大的陆军，而且有一个强大的空军和一个强大的海军。"①

（一）确立国家基本军事制度

1949 年 9 月 29 日，中国人民政治协商会议第一届全体会议通过的《中国人民政治协商会议共同纲领》，对中华人民共和国基本军事制度作

① 《毛泽东军事文集》第 6 卷，军事科学出版社、中央文献出版社 1993 年版，第 4 页。

了初步的原则规定。

关于武装力量体制。在革命战争时期，中国共产党领导下的解放区和人民武装，通过长期的战争实践，逐步形成、发展和完善了主力军(野战军)、地方军、民兵三结合的武装力量体制。野战军属于正规兵团，为战略战役集团，主要担负机动作战任务，是人民解放军的主要部分；地方军和民兵则主要担负保卫地方的任务，并且是野战军的后备力量。三结合武装力量体制，是中国共产党依靠人民、广泛发动群众赢得战争胜利的法宝，在战争实践中积累了丰富的建设经验。中华人民共和国成立后，正规军、地方军（公安部队和人民武装警察部队）、民兵三结合的武装力量体制得以继续施行。共同纲领规定："中华人民共和国的武装力量，即人民解放军、人民公安部队和人民警察，是属于人民的武力，其任务为保卫中国的独立和领土主权的完整，保卫中国人民的革命成果和一切合法权益。中华人民共和国中央人民政府应努力巩固和加强人民武装力量，使其能够有效地执行自己的任务。"共同纲领第二十三条明确规定："中华人民共和国实行民兵制度"。这样，中华人民共和国仍实行正规军、人民公安部队和人民警察、民兵三结合的武装力量体制。

关于国防领导体制，共同纲领明确：中华人民共和国建立统一的军队，即人民解放军和人民公安部队，受中央人民政府人民革命军事委员会统率，实行统一的指挥、统一的制度、统一的编制、统一的纪律。革命战争年代延续下来的总部体制、军区体制，是国防领导体制的重要组成部分。

关于军队组织体制，共同纲领规定中国人民解放军建立合成军体制，"中华人民共和国应加强现代化的陆军，并建设空军和海军，以巩固国防"。人民解放军和人民公安部队根据官兵一致、军民一致的原则，建立政治工作制度，以革命精神和爱国精神教育部队的指挥员和战斗员。

关于战争动员体制、兵役制度，共同纲领也初步作了明确：中华人民共和国实行民兵制度，保卫地方秩序，建立国家动员基础，并准备在适当时机实行义务兵役制。在军人优抚政策制度方面，共同纲领作了原则规定：革命烈士和革命军人的家属，其生活困难者应受国家和社会优待。参加革命战争的残废军人和退伍军人，应由人民政府给以适当安置，使能谋生立业。共同纲领还强调，中华人民共和国的军队在和平时期，在不妨碍军事任务的条件下，应有计划地参加农业和工业的生产，帮助国家的建设工作。

在确立国家基本军事制度的同时，军队坚持和改进并加强战争年代建立、形成并发展完善的政治工作领导体制和制度，改革后勤保障体制。

（二）确立建设现代化国防军和学习苏军的指导思想

进入和平建设时期，军队由战争年代建军的“初级阶段”向建军的高级阶段迈进。确定怎样的指导思想，中共中央、中央军委进行了多次研究，上至军队统帅及领导人下至军队各高级将领积极思考这一重大发展方向和指针问题。1949 年 10 月 20 日，中央人民政府人民革命军事委员会举行第一次会议，研究了今后的国防建设问题。副总参谋长聂荣臻在报告了军事情况后即提出部队的正规化问题，强调今后部队的教育训练，各军区要抽专门人才，设专门学校来做，武器装备要统一和标准化。但由于进军西南等问题迫在眉睫，会议对国防军建设的研究只是提出了问题，未能展开讨论。根据一些委员的建议，毛泽东决定，在军委之下成立国防研究小组，以便对国防建设问题进行总体设计。①

1. 确立建设现代化军的指导思想。

对于建设现代化国防军，遵照中共中央和毛泽东的要求，军队许多领导人和高级将领展开认真研究。1949 年 9 月 24 日，朱德在中国人民政治协商会议第一次全体会议上发言指出：我们“一定要建立一支统一的、现代化的、政治上坚定地为人民服务的强大的人民军队，只有这样的军队，才能充分有效地保卫我们的伟大的祖国和人民”②。聂荣臻在 1950 年 3 月 10 日给毛泽东《关于军委机关及军事院校建设问题的报告》中，提出准备整编国防军工作和正规国防军建设，包括加强空军、海军、特种

---

① 《中国人民解放军军史》编写组编《中国人民解放军军史》第 4 卷，军事科学出版社 2011 年版，第 11—12 页。

② 《朱德军事文选》，解放军出版社 1997 年版，第 708 页。

兵部队建设及有关领导人人选，总部机关建设方案建议，军事学校建设方案等建设现代化国防力量问题。

1950 年 4 月，朱德在一个会议讲话中讲道：人民解放军今后的任务是建设“近代化国防军”和“学习正规化”。① 5 月 16 日，朱德在全军参谋长会议上说：“我们的主要对象是帝国主义，它现在与我们接触着”，“以我们现在的部队、现有的武器去对付帝国主义，那还是不够的。所以，现在就要开始很好地整顿我们的队伍，使之成为现代化的国防军。同时，另组织一部分公安部队”。② 8 月，朱德为人民解放军题词：“建设现代化的国防军，反对侵略，保卫和平！”

通过结合中国人民解放军实际进行深入研究探讨，中共中央、中央军委领导人对如何建设现代化、正规化国防军，在指导思想和内容上越来越明确。1951 年 4 月中央军委机关刊物《八一杂志》创刊，朱德在撰写的发刊词中指出：“这支强大的正规化、现代化的国防军，在政治上必须服从共产党的领导，以马克思列宁主义、毛泽东思想把自己武装起来，必须具有高度的爱国主义、国际主义与革命英雄主义的精神。在军事上，必须通晓与掌握联合兵种作战的指挥及各兵种学术，并且有坚强的后方勤务工作。这支国防军必须有高度的组织性、纪律性、计划性与准确性；必须有正规的生活秩序及具有相当高的文化水平。总之，必须有高度军事素质和政治素质。”③ 庆祝建军 24 周年之际，刘伯承在《八一杂志》发表《为建设正规化现代化国防军而奋斗》的文章，论述了建设正规化、现代化国防军的内容，指出：“今天我们军事建设的内容就是：建设新兵种及其学术；建设正规化国防军队的生活秩序。”“军事学院的任务，就是训练与培养善于组织与指挥现代化的诸兵种协同动作的指挥员。”“现代化兵种的协同动作，最要紧的就是计划性、组织性、准确性和纪律性。”

---

① 转引自《中国人民解放军军史》编写组编《中国人民解放军军史》第 4 卷，军事科学出版社 2011 年版，第 12 页。

② 《朱德军事文选》，解放军出版社 1997 年版，第 727 页。

③ 《朱德军事文选》，解放军出版社 1997 年版，第 779 页。

1952 年 7 月，毛泽东在给军事学院的训词中强调："我们现在已经进到了建军的高级阶段，也就是进到掌握现代技术的阶段"，"与现代化装备相适应的，就是要求部队建设的正规化，就是要求实行统一的指挥、统一的制度、统一的编制、统一的纪律、统一的训练，就是要求实现诸兵种密切的协同动作。"为此，"必须加强整个工作上、指挥上，而首先又应该是从教育训练上来培养的那种组织性、计划性、准确性和纪律性"。[①] 毛泽东提出的"五统""四性"，成为人民解放军建设正规化、现代化军队，由低级建军阶段向高级建军阶段迈进和转变的指针和科学遵循。

2. 学习苏联军队。

在确立建设正规化、现代化国防军思想的同时，中共中央、中央军委还确立了向苏军学习的指导思想。学习苏军是人民解放军在 20 世纪 50 年代建设现代化正规化革命军队的一种途径，也是中共中央、中央军委确定的建设人民解放军成为现代化正规化国防军的发展模式。中国和苏联同属社会主义国家，人民解放军和苏军都是共产党领导下的军队，都有着领导人民为推翻反动阶级压迫、反击帝国主义侵略，进行革命战争和斗争的光荣历史，和平时期都担负着反对帝国主义的侵略、保卫本国国防、保卫社会主义政权的任务。苏军有着几十年和平建设的经验，现代化程度较高，而中国军队刚进入和平建设，没有和平时期建设现代化正规化革命军队的经验。因此，以苏军为榜样，是当时两个国家、两支军队的性质决定的，是人民解放军建设现代化、正规化革命军队的必然选择。

同时，向苏军学习，也是当时两大阵营形成对立的政治环境决定的。早在 1949 年 1 月，美国总统杜鲁门在内阁会议上，否决了美国经济合作署署长继续对华经援的提案，提出"我们不能和共产党政权打任何交道"。美国在蒋介石败退台湾后，禁止向中国出口一切直接的军事物资和装备，及重要的工业、交通、通信物资和设备等，支持和配合国民党对

---

① 《建国以来毛泽东军事文稿》中卷，军事科学出版社、中央文献出版社 2010 年版，第 38—39 页。

大陆沿海港口的封锁。从 1949 年 6 月下旬起，国民党当局对南起闽江口，北至辽河口的中国东部沿海港口实行封锁，禁止一切外国船只驶入。同时，美国继续对蒋介石集团进行经济和军事上的援助，阻挠人民解放军解放全中国，部署对新中国实行军事包围和武装威胁。在这种形势下，1949 年 6 月 30 日毛泽东在为庆祝中国共产党成立 28 周年所作的《论人民民主专政》一文中，公开宣布了“一边倒”政策：“我们在国际上是属于以苏联为首的反帝国主义战线一方面的。”1950 年 2 月《中苏两国友好同盟互助条约》签订后，全党全军掀起学习苏联的热潮。1953 年 1 月 1 日毛泽东在一份报告上的批语说：“一定要将苏联的一切先进经验都学到手，改变我军的落后状态，建设我军为世界上第二支最优良的现代化的军队，以利于在将来有把握地战胜帝国主义军队的侵略。”①

1950 年 5 月，全军参谋会议在确定军队整编时，即明确人民解放军编制的发展方向应以向苏军看齐为目标。人民解放军总司令朱德在会议开幕式中指出：“我们的编制要向苏联学习”，“我们要与苏联的编制接近，学习它们的经验。学习它们打仗的经验。同时它们也有整编军队的经验”。② 1951 年 1 月中国人民解放军军事学院开学，中央军委为学院发了祝词：“望全体同志努力学习，总结我军作战经验，发扬我军的优良传统，学习苏联的建军经验，掌握正规化的军事科学与指挥艺术，根据马列主义的建军原则与毛泽东同志的建军思想，从我军现有基础上，为建设更强大的中国人民的国防军而奋斗。”

1952 年 12 月召开的全军参谋长、政治部主任联席会议，除重点部署 1953 年军事训练及其各种准备外，进一步明确把向苏军学习作为人民解放军正规化、现代化建设的指导思想。会上，副总参谋长张宗逊就学习苏军经验问题作了《统一军训思想明确军训方针改进工作作风》专题报告；聂荣臻在报告中专题讲了“向苏联学习”问题；彭德怀作了《学习苏联先进经验建设现代化的国防军》的总结讲话。至此，人民解放军全

① 《建国以来毛泽东文稿》第 4 册，中央文献出版社 1990 年版，第 1 页。

② 《朱德军事文选》，解放军出版社 1997 年版，第 731—732 页。

面展开学习苏军热潮。

开展向苏军学习，对提高中国军队建设起点，加快正规化现代化建设，无疑是最好的捷径。学习苏军指导思想和建军模式确定后，采取各种措施，通过各种渠道，全军全面展开向苏军学习活动。20 世纪 50 年代特别是抗美援朝战争期间至 1958 年前，中苏关系为“蜜月”时期，除一些尖端武器装备项目外，苏联军队基本是全面向中国开放，对中国军队现代化正规化建设方面给予了巨大的支持和帮助。

赴苏学习考察。中国军队高级将领特别是海军、空军和特种兵将领，频繁赴苏军考察。1950 年 11 月和 1954 年 9 月，萧劲光率海军代表团考察了苏联海军发展建设情况，萧劲光回忆，考察“不仅使我比较系统、全面地学到了一些海军科学知识，也使我开阔了视野，看到了我国海军建设同世界上那些大国海军建设的巨大差距”。苏联海军 10 多位高级将领和部门负责人，向中国代表团介绍了苏军海军建设经验，讲解了海空军的组成和使用、各种轻型舰艇的战斗与使用、登陆与反登陆作战的计划与组织、造船设计、舰艇的保养修理等技术科学知识。1954 年 9 月，彭德怀、刘伯承率团赴苏参观了苏军在“使用原子弹条件下军事进攻战斗实兵演习”；10 月，副总参谋长张宗逊率团观摩了苏军在原子条件下的抗登陆演习。1954 年 7 月和 1955 年 12 月，人民解放军公安部队组织以边防局局长邓少东为团长的参观团，考察了苏军边界守卫机制、检查站工作制度、边防军实施侦察的原则以及其他边防勤务问题，了解苏军内卫、边防部队学校的组织编制，教学编组、内容、方法以及内卫和边防部队组织、任务、指挥、建设等方面的情况。1956 年 6 月至 10 月，总军械部副部长封永顺率军械代表团，赴苏联学习考察苏军总军械部各局处、军区军械部和部队修械所的组织编制、业务项目，以及派驻兵工厂的军代表工作任务，参观苏联军械有关科研和试验单位。等等。

留学深造或到苏军部队中培训技术兵种。为培养现代指挥员，人民解放军陆续派出文化较高、有实战经验、比较年轻和有发展的海军、空军和陆军各专业技术军官，后勤军事医学、军械技术、军需、运输等专业技术和勤务军官，到苏联军事院校学习现代军事科学和技术。1953 年中国海军高级指挥员海军副政治委员兼政治部主任刘道生、海军参谋长张学思等9人被派往苏军伏罗希洛夫指挥学院学习。海军在1951年至1953年先后派出166人赴苏学习，另外还选派了275名官兵到驻旅顺苏联潜艇部队学习。苏方派出10名考官和2名潜艇员负责中方人员训练。潜艇学习队于1954年6月毕业，毕业时，独立操作从苏联购买的2艘潜艇于6月29日抵达青岛基地，组建了中国人民解放军第一支潜艇部队。空军和其他技术兵种也陆续派出人员赴苏联军事学院学习。空军先后派遣了6批军事干部赴苏联红旗空军学院留学，新组建的空军部队，成建制地到苏联驻中国航空部队学习或请苏联派专家、教练，采取“专家包教，我们保学，突击速成”的培训方法，从空中飞行、作战指挥到地勤服务和飞机维护，“一级带一级，一套教一套”，兵对兵，官对官地进行训练。装甲兵派出3批军官赴苏联装甲兵学院学习坦克战术和坦克专业技术。

聘请苏联专家、顾问。中国解放战争后期，苏联即派出过专家、顾问帮助中国恢复经济和进行军队建设。据有关资料披露：最初负责专家工作的科瓦廖夫回忆，到中华人民共和国成立的时候，苏联在华专家已有600多人。这个数字除刘少奇带回的220名专家外，还包括东北铁路及其他企业中的苏联专家和工程技术人员。当时来中国的还有大量军事顾问和军事专家。1950年1月前来过中国的有海军专家711人、空军专家878人。根据中、苏两军签署的协议，苏军向中国军队陆续派出各军兵种指挥、技术专家和顾问，帮助中国军队进行现代化建设和正规训练，学习掌握先进武器。从1949年10月至1960年8月苏联撤出全部在华专家止，苏联军事专家和顾问总数达万余人次，仅海军聘请的苏军顾问、专家累计达3390人次。派来中国的84名苏联海军专家帮助中国军队创办新中国第一所海军学校（大连海校）。1949年8月至10月，苏军派出878名专家帮助中国创办6所航校，至1950年初，苏联帮助中国空军共创办了7所航校；派出22名炮兵专家帮助创办沈阳高射炮兵学校。1950年7月，中国空军组建第一支空降兵部队——陆战第一旅，苏军派出40多人的顾问团，从旅长、政委、参谋长到机关的炮兵、伞降、通信、工兵和后勤、医务等部门，以及7个营长等，都安排了顾问。苏联军事顾问、专家在人民解放军总参谋部设军事总顾问团和总军事顾问，在各军种、兵种、大区军分别设首席军事顾问。根据有关资料统计：朝鲜战争结束前夕，当年在中国陆军系统的顾问294人，辅助人员79人；在海军系统的顾问103人，辅助人员12人；在空军的顾问200人左右，加上在院校、机关等的顾问，常年在人民解放军的苏军顾问一般为600名左右。1956年年中国家统计：当年在华的苏联专家共3500余人（年底可达4000人以上），其中军事系统顾问专家592人。[①] 从1949年10月至1960年8月，先后担任中国人民解放军总顾问、副总顾问的有：驻华武官柯托夫中将、副总参谋长扎哈罗夫大将、克拉索夫斯基空军上将、彼特鲁塞夫上将、杜鲁方诺夫中将、朱道夫少将、华锡烈中将等。苏联军事顾问和专家在华时间，根据中苏两军商定和需要，任期一般短则几个月，长则为4年至5年，遍布于人民解放军总部机关、军区、军兵种、军事院校和国防科研单位，特别是海军、空军、炮兵、装甲兵等机关和部队。苏军顾问协助中国人民解放军总部机关和军兵种机关制订建设规划、计划，指导训练和建设，帮助创办院校和担任教学，指导人民解放军指挥员学习现代战争理论知识，指导部队军事训练，帮助制定、编写条令、条例和教材，等等，对中国军队正规化、现代化建设做了大量工作。

购买苏军武器装备。1950年至1954年，中国人民解放军的现代主战兵器基本购买自苏军。特别是抗美援朝战争期间，根据中国国防工业基础薄弱、技术落后的状况，中国军队大量购买苏联武器装备，使空军、海军和各技术兵迅速发展，武器装备实现制式化、现代化。至1955年底，中国共进口和接收苏式武器装备计有各种枪80余万支（挺）、炮1.1万余门、坦克和装甲车3000多辆、飞机5000余架、舰艇约200艘（含转让制造部分）、雷达和探照灯1400多部、无线电和有线电通信机1.2万多部、舟桥15套、主要工程机械500多部、防化兵用车100多辆及各种弹药和配套装备等。换装和新装备了106个步兵师，9个骑兵、守备、内

---

① 参见沈志华：《苏联专家在中国》，中国国际广播电台出版社2002年版，第197页。

卫师，17个地面炮兵师，17个高射炮兵师，4个坦克、机械化师，33个航空兵师，9个舰艇支队。[①] 至50年代中期，人民解放军完成了由单一陆军向陆海空诸军兵种合成军队的转变，海军和空军的装备已粗具规模，陆军各技术兵种的装备迅速发展，淘汰了革命战争时期缴获日军和国民党军的旧杂式武器装备，基本上实现了武器装备的制式化。其中一些武器还接近和达到当时的世界先进水平，大大缩短了与先进国家在武器装备上的差距。50年代，苏联在帮助中国建设现代化国防和军队过程中，卖给中国武器装备，提供技术资料，并派专家来中国帮助工作，使人民解放军武器装备的水平在比较短的时间内得到了较全面的提高。对此，中国不会忘记。

二、调整体制编制，初建合成军队

中华人民共和国成立后，根据人民解放军职能任务的新变化，按照建设强大的国防和强大的现代化正规化国防军的指导思想和目标，在中国共产党领导下，人民解放军建设开始由低级阶段向高级阶段、由单一军种向诸军兵种合成军队转变。

（一）调整总部和军区领导体制

1. 军委各总部的变化。

随着国防军现代化、正规化建设的展开，适应战争时期的那种简便、精干的总部机关与新的形势任务已不相适应。自1950年初开始，人民解放军总部机关进行了充实和调整。1950年9月，为加强对全军干部工作的统一管理，中央人民政府人民革命军事委员会决定组建总干部管理

① 《当代中国》丛书编辑部：《当代中国军队的军事工作》（下），中国社会科学出版社1989年版，第110、111页。

部[①]，形成了总参谋部、总政治部、总后方勤务部、总干部管理部四总部体制。从1950年6月至1953年6月，各总部根据职能任务，调整了机构设置。

总参谋部。中央人民政府人民革命军事委员会负责全国武装力量建设和作战指挥的军事领导机关。下设作战部、情报部、技术部、联络部、通信部、军事学校管理部（简称军校部）、军事运输司令部、军务部、军事训练部（简称军训部）、兵器装备计划部（后改称装备计划部）、人民武装部、测绘局、气象局、军事出版局、直属政治部、办公厅等部门。1953年6月10日，中央军委决定，原属总参谋部建制的军训部和军事学校管理部改为直属中央军委领导，同时决定，原属军委各特种兵司令部建制的军训部（处）和军校部（处），一律改归各兵种首长直辖。

总政治部。中央人民政府人民革命军事委员会领导全军政治建设的机关，负责军队中党的工作和政治工作。在解放战争时期，总政治部曾下设第一、第二研究室和秘书处。新中国成立后，为适应新形势和任务的需要，于1950年4月，在原有基础上进行了加强和调整。调整后的总政治部下设组织部、宣传部、保卫部、文化部、青年部等，后增设联络部。

总后方勤务部。中央人民政府人民革命军事委员会领导全军后勤工作的机关，负责领导和管理军队后勤的各项专业勤务，组织实施军队的各种后勤保障。1949年11月，原来的中央军委后方勤务部改为中央军委总后方勤务部。在战争年代，人民解放军的后勤工作实行“统一领导，分散经营，独立保障”的方针，因此，总后勤部机关的人员较少，机构简便。新中国成立后，适应形势和任务的变化，对全军实行集中统一的供应，中央军委对总后方勤务部机构进行了较大充实，建立了各业务部门。至1950年底，总后方勤务部下设财务部、军需部、军械部、卫生部、运输部、油料部、营房管理部等7个业务部和秘书处、计划处、检查处等3个直属处，后又增加了政治部、干部管理部、训练部、车辆兽

---

① 1952年7月改称总干部部。

力管理部和兽医局、马政局、军用公路管理局等部门。

总干部管理部。中央人民政府人民革命军事委员会领导全军干部工作的机关。下设考核处、军衔奖励处、调查统计处、抚恤保健处、秘书处，后又调整为一般兵种干部处、特种兵干部处、军衔奖励抚保处、秘书处。1951 年底，报经毛泽东批准，总干部管理部下设各处改为局。1952 年 7 月，总干部管理部改称总干部部，下属各局改称部，即一般兵种干部任免部、特种兵干部任免部、组织统计部、军衔奖励部、抚恤保健部、办公室。1953 年 9 月，经中央军委批准，撤销抚恤保健部，其工作分别移交给总后勤部卫生部、政务院内务部和本部的组织统计部。

军委总部领导机构的充实与调整，适应了新中国成立后形势和任务的变化，对贯彻中央军委的战略方针和战略决策，对实现全军的集中统一领导，对建设现代化、正规化强大国防军，以及对指挥和保障人民解放军当时所担负各项任务的完成，发挥了巨大的作用。

2. 军区体制的变化。

中华人民共和国成立后，根据战略需要和中国共产党中央局及国家大行政区的设置与划分情况，调整了大军区。1950 年 1 月，中央军委决定，华中军区改称中南军区；2 月，建立了西南军区，至此，全国形成了六大军区。全军共设 6 个一级军区，18 个二级军区，25 个三级军区和 192 个军分区。除 6 个一级军区即大军区是按与中央局相对应的原则设立外，二级军区至军分区均设立在国家行政区划的省（自治区）、市、专（地区）机关所在地，其级别区分是根据所属部队的数量、任务轻重划分。一般规定：相当兵团级者为二级军区，相当军级者为三级军区，相当师级者为军分区。

大军区是辖区内最高的军事工作机构和合成军队的高级领导指挥机关，设有司令部、政治部、后勤部等领导指挥机关。主要职能是：在中央军委及其总部机关的领导指挥下，根据总的战略意图，拟制本区作战计划，组织协调本区内陆军、海军、空军三军部队的合同作战行动和演习；直接领导所属陆军部队的组织建设、军事训练、行政管理、政治工作和后勤保障等；领导本区的民兵、兵役、动员、人民防空和战场建设等工作。

东北军区。统辖辽东、辽西、热河、吉林、松江和龙江六省[①]内的军事力量，下辖2个三级军区、4个军事部、1个军分区、11个师和11所军事院校等。2个三级军区为辽东军区、辽西军区。4个军事部和1个军分区为热河军事部、吉林军事部、松江军事部、龙江军事部、黑河军分区。

西北军区。统辖陕西、甘肃、宁夏、青海、新疆五省区内的武装力量，下辖13个军、3个二级军区、7个三级军区和31个军分区。13个军为第一、第二、第三、第四、第五、第六、第七、第九、第六十三、第六十四、第六十五军、独立第二军（原国民党军马惇靖部改编）、独立第三军（原国民党军蒋汉城部改编）。3个二级军区为陕西军区、甘肃军区、新疆军区。7个三级军区中直属西北军区的，为宁夏军区（第六十五军兼）、青海军区（第一军兼），隶属于陕西军区的，为陕南军区和陕北军区，隶属于新疆军区的为迪化军区（第六军兼）、伊犁军区（第五军兼）、喀什军区（第二军兼）。31个军分区中隶属于甘肃军区的10个，为天水、平凉、庆阳、岷县、会宁、临夏、武都、武威、张掖、酒泉军分区；隶属于陕西军区的6个，为大荔、三原、邠县、渭南、咸阳、宝鸡军分区；隶属于陕南军区的3个，为商洛、安康、汉中军分区；隶属于陕北军区的2个，为榆林、黄龙军分区；隶属于迪化军区的3个，为迪化、哈密、焉耆军分区；隶属于伊犁军区的3个，为伊犁、塔城、阿山军分区；隶属于喀什军区的4个为喀什、莎车、阿克苏、和田军分区。

华北军区。统辖河北、山西、察哈尔[②]、绥远[③]、平原[④]和内蒙古六省区内的武装力量，下辖1个兵团、5个军、3个二级军区、3个三级军

---

① 辽东省，辖今辽宁省东部，1954年撤销。辽西省，辖今辽宁省西部地区和吉林省四平市、双辽市、梨树县，1954年撤销。热河省，辖今河北省东部、辽宁省西部及内蒙古自治区赤峰市，1956年撤销。松江省，辖今黑龙江省东南部，1954年与龙江省合并为黑龙江省。龙江省，辖今黑龙江省西北部，1954年与松江省合并为黑龙江省。

② 察哈尔省，辖今河北省西北部、山西省北部，1952年撤销。

③ 绥远省，辖今内蒙古乌兰察布市、鄂尔多斯市、巴彦淖尔市、呼和浩特市和包头市，1954年撤销。

④ 平原省，辖今山东省西南部、河南省北部地区，1952年撤销。

区、32个军分区。1个兵团为第二十兵团。5个军为第三十六、第三十七、第六十六、第六十七、第六十八军。3个二级军区为山西军区、绥远军区、内蒙古军区。3个三级军区为河北军区、平原军区、察哈尔军区。32个军分区中隶属于河北军区的10个，为唐山、天津、通县、保定、定县、沧县、石门、衡水、邢台和邯郸军分区；隶属于山西军区的7个，为忻县、兴县、榆次、汾阳、长治、临汾和运城军分区；隶属于平原军区的6个，为新乡、安阳、聊城、濮阳、菏泽和湖西军分区；隶属于察哈尔军区的3个，为雁北、察南和察北军分区；隶属于绥远军区6个为绥东、绥南、伊盟、乌盟、包头和河套军分区。

华东军区。统辖上海、山东、江苏、安徽、浙江和福建六省、市内的武装力量，下辖3个兵团：第七、第九、第十兵团。华东军区下辖14个军、3个二级军区、7个三级军区、43个军分区和1个特种兵纵队。14个军为第二十、第二十一、第二十二、第二十三、第二十四、第二十五、第二十六、第二十七、第二十八、第二十九、第三十一、第三十二军、淞沪警备司令部（兼第三十三军）、南京警备司令部（兼第三十四军）。3个二级军区为浙江军区、福建军区、山东军区。7个三级军区中直属华东军区的4个，为苏北军区、苏南军区、皖南军区、皖北军区；隶属山东军区的3个，为胶东军区、渤海军区、鲁中南军区。43个军分区中隶属苏北军区的5个，为盐城、淮阴、泰州、扬州和南通军分区；隶属苏南军区的4个，为镇江、常州、苏州和松江军分区；隶属皖北军区的6个，为六安、滁县、巢湖、安庆、阜阳和宿县军分区；隶属皖南军区的4个，为池州、宣城、芜当和徽州军分区；隶属于浙江军区的10个，为嘉兴、宁波、衢州、建德、温州、临海、云和、金华、临安和绍兴军分区；隶属于福建军区的8个，为建阳、南平、福安、福州、晋江、龙溪、永安和龙岩军分区；隶属于胶东军区的4个，为东海、北海、南海和滨北军分区；隶属于鲁中南军区的2个，为台枣和滨海军分区。

中南军区。由第四野战军兼中南军区改称，统辖河南、湖北、湖南、江西、广东、广西六省区内的武装力量，下辖4个兵团：第十二、第十三、第十五、第二十一兵团（国民党军起义部队改编）。中南军区下辖16

个军、6 个二级军区、2 个三级军区和 56 个军分区。16 个军为第三十八、第三十九、第四十、第四十一、第四十二、第四十三、第四十四、第四十五、第四十六、第四十七、第四十八、第四十九、第五十、第五十一、第五十二、第五十三军。6 个二级军区为河南军区、湖北军区、湖南军区、江西军区、广东军区、广西军区。2 个三级军区为赣南军区（第四十八军兼，隶属江西军区）、湘西军区（第四十七军兼，隶属湖南军区）。1950 年 5 月，海南岛解放后，建立海南军区。56 个军分区中隶属河南军区的 10 个，为陈留、商丘、淮阳、信阳、潢川、陕州、洛阳、郑州、许昌和南阳军分区；隶属于湖北军区的 9 个，为黄冈、大冶、孝感、沔阳、荆州、宜昌、襄阳、恩施和两郧军分区；隶属湖南军区的 7 个，为长沙、衡阳、郴州、常德、益阳、零陵和邵阳军分区；隶属湘西军区的 3 个，为沅陵、会同和永顺军分区；隶属江西军区的 6 个，为南昌、九江、袁州、抚州、浮梁和上饶军分区；隶属赣南军区 3 个，为吉安、南康和宁都军分区；隶属广东军区的 8 个，为潮州、兴海、东江、北江、西江、珠江、台山和南路军分区；隶属于广西军区的 10 个，为桂林、柳州、平乐、梧州、武鸣、宜山、龙州、百色、南宁和郁州军分区。

西南军区。统辖四川、西康、云南、贵州和西藏五省区内的军事力量。西南军区下辖 4 个兵团、12 个军、4 个二级军区、4 个三级军区、29 个军分区[①]和 1 个特种兵纵队。4 个兵团为第三、第四、第五、第十八兵团，12 个军为第十、第十一、第十二、第十三、第十四、第十五、第十六、第十七、第十八、第六十、第六十一、第六十二军，4 个二级军区为川东军区、川西军区、云南军区、贵州军区，3 个三级军区为川南军区、川北军区、西康军区。29 个军分区中隶属于川南军区的 4 个，为宜宾、乐山、泸州和内江军分区；隶属于川北军区的 4 个，为剑阁、遂宁、达县和南充军分区；隶属于西康军区的 4 个，为雅安、西昌、康定和昌都军分区；隶属于贵州军区的 8 个，为遵义、铜仁、毕节、安顺、兴仁、

---

① 1950 年 3 月尚未进军西藏，未成立西藏军区；云南军区辖区内的军分区尚未组建。故此处的西南军区所辖三级军区的数不包括后来建立的西藏军区，军分区数不包括云南军区和西藏军区所辖的军分区。

独山、镇远和贵阳军分区；隶属于川东军区的 5 个，为璧山、大竹、万县、涪陵和酉阳军分区；隶属于川西军区的 4 个，为眉山、温江、绵阳和茂县军分区。

1951 年 10 月，中央军委和总参谋部颁发陆军各特种兵部队及防空部队领导关系的决定，明确了一级军区、二级军区对驻本区内陆军炮兵、装甲兵、工兵和防空部队的建制领导关系，从而使一、二级军区领导机关成为合成军队战役指挥机构和所属陆军部队建设及区内地方性军事工作的管理部门。

（二）大规模整编复员，建立统一的编制

1. 1950 年 6 月的大规模整编复员。

新中国成立时，人民解放军总兵力约近 450 万人。随着解放全国大陆战略追击作战规模的扩大，大量收编国民党军起义和投诚部队，军队数量迅速扩大。1950 年 3 月统计，人民解放军的总兵力达 550 万人。毛泽东提出，全国军队可整编缩减为 400 万人。4 月上旬，中共中央政治局召开会议，研究财政经济、土地改革和军队整编等问题，决定：为了适应整个国家的军事、政治和经济情况，人民解放军进行整编复员，在 1950 年内由 550 万人整编为 400 万人。为贯彻中共中央政治局的决定，中央军委专门进行研究。5 月 16 日至 31 日，中央军委在北京召开全军参谋会议，对整编复员工作进行研究、讨论和部署。中共中央和中央军委对这次会议非常重视，朱德、刘少奇、周恩来、陈云、聂荣臻等党、国家和军队领导人出席会议并先后作了报告和讲话。会议一致认为，无论是为了减轻国家财政负担，恢复国民经济，还是为了加强现代化国防力量建设，特别是加强空军、海军和其他兵种建设，都有必要对军队进行整编复员。随着大规模战争的基本结束，这种整编复员，也完全具备了可能性。

会议决定，将全军的总员额压缩到 400 万人，并根据海空军发展的需要和各大军区国防战备任务确定了具体分配方案。陆军总数为 381.86 万人，其中国防军（包括军委直属各机关、学校）363.86 万人、公安部队 18 万人；空军定额为 12.64 万人，1951 年 3 月底前，编成 9 个驱逐机

(歼击机)团280架飞机，8个轰炸机团160架飞机，3个运输团90架飞机，1个侦察机团30架飞机，以及探照灯、雷达部队等，另1个4000人的空降师。海军定额为5.5万人，到1950年下半年组建海岸炮兵团（海岸炮122门），新组建海军航空兵团（装备战斗机42架、教练机21架），舰艇增加到84艘（其中扫雷舰2艘、驱逐舰6艘、鱼雷快艇24艘）。各大军区具体分配数额是：华东军区99万、中南军区98.7万、西南军区78.8万、西北军区59万、华北军区29万、东北军区9万。会议形成《全军参谋会议决定》，并报中共中央，7月，中共中央批准了这个方案。

全军参谋会议决定，全军大规模整编工作和复员工作同时进行。为做好复员安置工作，会议对复员工作进行了专门研究和讨论，特别对确定复员对象和安置去向及待遇方面可能遇到的矛盾和问题进行了分析，研究了复员的基本原则、基本方法和基本政策。鉴于复员工作十分复杂，政策性非常强，会议专门组成复员小组会议，并责成军委总后勤部部长杨立三、政务院财政部副部长戎子和、政务院内务部副部长武新宇和6个大军区的参谋长一起，起草中央军委、政务院《关于人民解放军一九五〇年的复员工作的决定》，对复员原则、复员组织、复员程序和复员人员的待遇作出具体规定。

这次全军参谋会议，是中华人民共和国成立后人民解放军历史上一次重要会议，以研究部署整编复员为中心，全面研究部署了国防军建设，对中华人民共和国成立初期人民解放军的建设具有重要的意义。6月30日，毛泽东主席和周恩来总理发布中国人民解放军复员150万人的决定。

这次整编和大规模复员，是中华人民共和国成立后人民解放军的第一次。整编后，陆军分为国防军和公安部队两类，国防军的军、师两级归一、二级军区和个别省军区建制领导；撤销了一部分兵团领导机构，充实了大军区。经过精简，陆军员额压缩，实际精简17.1%，并统编为国防军和公安部队；海、空军及各特种兵有了较大发展，总兵力达60余万人。这是人民解放军合成化的起步。由于朝鲜战争爆发，为了满足抗美援朝和保卫国防的需要，这次精简整编计划未能完全实现，不久部队又进行了扩编。

2. 1952年的精简整编。

1951年底，朝鲜战场形势基本稳定，中共中央决定进行精简整编。朝鲜战争中，人民解放军的规模迅速扩大，到1951年10月，全军总员额达到627.9万人。庞大的军队规模，保证了抗美援朝战争的需要，也使得国家财政增加沉重负担。战争和军费支出占国家财政总支出的55%。1951年2月中旬，中共中央政治局扩大会议确定“三年准备、十年计划经济建设”，将从1953年起有计划地开始大规模国家经济建设。中共中央、中央军委认识到，从抗美援朝战争的进行和发展可以看出，美军在战争中拥有整个战场的制空权和制海权，实行陆、海、空联合立体作战，中国人民志愿军仅靠地面部队作战，基本上以数量优势弥补武器装备质量上的巨大差距，取得目前的胜利已相当不容易，靠的是正确的战争指导和指战员的英勇牺牲精神。目前赢得了抗美援朝几次大的战役的巨大胜利，战场基本稳定，朝鲜停战谈判已经开始，这就为我们开始展开大规模经济建设和建设现代化国防创造了条件。必须加速进行现代化军队的建设，提高军队打现代化战争能力。然而，既要加强国防建设，加强人民解放军空军、海军和特种兵建设，提高陆军现代化水平，加强国防基本设施建设，保证志愿军取得抗美援朝战争的胜利，同时又要保证国民经济恢复工作按时完成，这就使国家财政面临巨大压力和困难。

1951年10月上旬，中共中央政治局召开扩大会议，确定实行“精兵简政，增产节约”的方针。在朝鲜战场上继续采取持久的积极防御的作战方针，以争取战争的完全胜利。同时，在国内“整编军队，精简机关，厉行节约，增加生产，继续加强抗美援朝的工作，以支持朝鲜战争，保证国内财政状况及市场物价继续稳定和国家建设主要是国防建设加紧进行”①。10月9日，中央军委确定，人民解放军进行精简整编，部队员额减少到300万人左右。11月中旬，中央军委召开整编会议，对军事整编的原则、内容和步骤等进行了研究与部署。12月5日，中共中央书记处对《军事整编计划（草案）》进行讨论。1952年1月5日，毛泽东批准

---

① 《周恩来军事文选》第4卷，人民出版社1997年版，第251页。

了整编计划。

根据整编计划，至1952年底，国防部队共精简19个军部73个师，近200万人，全军员额减少到422.9万。野战军领导机构撤销；兵团一级领导机构，除参加抗美援朝战争的第三、第九、第十九、第二十兵团暂时保留外，其余全部撤销；二级军区，仅保留山东、福建、华南、云南、西藏、新疆6个；军区体制由原来的四级军区统一调整为大军区、省军区、军分区三级军区体制。

陆军（包括志愿军）。由现有的53个军共185个师，精减为37个军共110个师，连同军分区以上机关、部队和院校，共376.5万人，占全军员额的89.74%。一部分师整编为重装师，师辖3个步兵团、1个炮兵团、1个坦克团。轻装师无坦克团。110个师中，步兵人数为168万，占84.8%；技术兵人数为30万，占15.2%。

海军。从现有1个护航舰队、1个登陆艇舰队、1个混合舰队、1个水雷大队、4个巡防大队、8个巡逻艇队、4个快艇大队、7个海岸炮团、2个高炮团、5所海校、1所航校，共10.3万余人，增加到12.6万人，占全军总人数的3.01%。

空军。从46个团、7所航校共21万人增加到30万余人，加上防空部队10万余人共30.4万人，占全军总人数的7.25%。

公安部队，正规公安部队共精简6个师，保留的公安部队整编为17个师。

这次精简整编，是1950年6月大规模整编复员的继续。通过调整整编，编制达到统一，军委总部体制、军区体制、军兵种体制、院校体制基本形成，为现代化正规化建设打下了较好的基础。

三、建立海军、空军和加强各特种兵

为实现建设强大的正规化、现代化的国防军，中共中央、中央军委决策下大力加速海军、空军、陆军和各技术兵种建设，使人民解放军由单一陆军向陆、海、空诸军兵种合成军队转变，以担负起保卫国防安全新的使命。

（一）海军领导机构的成立和部队的组建

早在1949年1月8日，中共中央政治局在《目前的形势和党在一九四九年的任务》的决议中即指出："国民党政权已经在基本上被我们打倒"，但中国尚有许多敌军有待消灭，有许多地区有待占领。决议分析指出："我们从来就是将美国直接出兵占领中国沿海若干城市并和我们作战这样一种可能性，计算在我们的作战计划之内的。""一九四九年及一九五〇年我们应当争取组成一支能够使用的空军及一支保卫沿海沿江的海军，这种可能性是存在的。"①

中国是一个有着1.8万多公里海岸线、6500多个岛屿、300多万平方公里海洋国土的濒海大国，中国的东部和南部，面向着浩瀚的大洋。中华民族曾在海洋上创造过领先世界的文明。然而，到了近代，古老的中华却蹒跚落伍了。中国面向的海洋，给中华民族带来的却是屈辱和磨难。1840年，一支来自英国的舰队，用大炮轰开了中国紧闭的国门，从此，列强争相从海上踏上这块古老的土地，使中国沦为半殖民地半封建社会。列强掠夺和烧杀，中国山河破碎，满目疮痍，大片国土沦丧或被割让，中华民族从此处于水深火热之中。从1840年到1949年，列强从海上入侵中国达470余次之多。

由于经济基础、地理环境、历史背景、文化传统等多种因素决定，也囿于长期的内陆生活和地理环境和感知，中国历代形成了重陆轻海的观念。国防的概念长期限于划土为疆，特别是在近代，中国的海军建设越来越落后于世界。在帝国主义列强的逼迫下，19世纪60年代开始，中国有识之士进行历史反思，林则徐等人提出"师夷长技以制夷"、制炮造

① 《毛泽东军事文集》第5卷，军事科学出版社、中央文献出版社1993年版，第473—475页。

船、加强海防等主张，清政府开始倡导兴建中国海军。经过二十几年的苦心经营，到了19世纪末叶，中国曾建立起了粗具规模的海军，在李鸿章督办下，从国外订购的装甲舰、巡洋舰装备北洋水师，实力不仅居亚洲之首，而且还居美国之上。但是由于朝廷的昏庸无能、战略思想的落后、作战指挥上的失误，这支海军在中日甲午海战中全军覆没，在中国历史上写下的不是辉煌，而是悲壮、惨烈的一笔。

辛亥革命后，中国政府也曾致力于建设一支海军力量，但由于工业落后，远远不能跟上世界海军力量发展的步伐。国民党政府的海军，在抗日战争爆发前，建成了中央海军、东北海军和广东海军，总共有120余艘舰船，但事实上并未改变有海无防的历史。在抗日战争中，这支海军在日本侵略军大举进攻面前，虽采取了江阴沉船封锁航道等行动，但未能阻挡住日本强盗从海上入侵。国民党海军在日本军国主义的侵略舰船面前，抗战仅三个月，便损失殆尽。

惨痛的历史教训告诉人们，一个濒海国家没有海上力量不行，只有海上力量而没有正确的海洋战略和作战指导思想同样难以建立巩固的海防。在帝国主义包围遏制新中国的情况下，没有强大的海军，就难以有效地保卫领土主权和海防安全。

历史的惨痛教训使新中国的领导人认识到必须建立一支强大的海军。而现实斗争的严峻形势，促使新中国领导人加速建设一支能尽快用于作战的海军。

逃到台湾及东南沿海岛屿的国民党军，依靠军舰实施海上封锁。1949年6月，台湾当局作出了封锁大陆海区、摧毁大陆经济的决定：范围包括“自闽江口以北，东经119度40分、北纬26度15分之点起，往北至辽河口东经122度20分、北纬40度30分之点止”，“口岸目前包括永嘉、宁波、上海、天津、秦皇岛在内”，并向世界各国宣布，在上述海区“严禁一切外籍船舶驶入”，“一切海外商运均予停止”。国民党实际上对所有控制的航道、岛屿都实施了海上封锁。美国继续扮演着支持蒋介石集团、遏制共产主义的角色，纠集英、法、澳、比、加等西方16个国家实行对华禁运政策，妄图把新生的中华人民共和国扼杀在摇篮里。

中国共产党对保卫海疆有着清醒的认识，并把建立强大海军保卫海疆作为巩固国防的重要任务。1949 年 12 月，中央军委发布了建立人民解放军海军的电令，1950 年 1 月 12 日，毛泽东主席签发中华人民共和国中央人民政府人民革命军事委员会命令，任命萧劲光为第一任中国人民解放军海军司令员。1950 年 4 月 14 日，海军领导机构在北京成立，王宏坤为副司令员，刘道生任副政治委员兼政治部主任，罗舜初任参谋长。自此，人民海军正式成为中国人民解放军的一个新的军种。

海军领导机构组建后，抓紧建立海军部队，修造购买舰艇装备，培训人才。

成立领导机构。1950 年 2 月，步兵第三十军和第三十五军军部及其直属队共 1 万余人调归华东军区海军；4 月，华东军区海军归属中国人民解放军海军建制，9 月，组建舟山基地。7 月和 9 月，广东军区江防司令部先后改称广东军区海军司令部和华南军区海军司令部。12 月 3 日，第一七三师直属队、第四野战军补训第二师部分人员充实广东军区江防司令部，扩建成中南军区海军。1950 年 4 月，抽调第四野战军后勤二分部人员和第十二兵团机构及人员为基础，组成青岛基地筹备委员会，9 月 9 日，与第二野战军第十一军军部和直属队合并组建，于 10 月 10 日正式成立海军青岛基地。

组建海军部队。第一支护卫舰部队组建于 1949 年 11 月，拥有的舰艇是渡江战役后接收、征用的一些陈旧舰艇。人员三分之二是在海校经过短期培训的陆军官兵，三分之一是原海军人员。1950 年 4 月该部队扩建为华东军区海军六舰队，1955 年改名为护卫舰六支队。第一支鱼雷艇部队组建于 1950 年 8 月。这支部队是海军快艇（鱼雷艇）学校 897 人经过一年零两个月培训成立的，共 4 个鱼雷艇大队，42 艘鱼雷艇。第一支常规动力潜艇部队从 1951 年开始组建，275 人组成潜艇学习队到苏联太平洋舰艇驻旅顺潜艇部队学习，在学习期间，周恩来、朱德、彭德怀、刘伯承、罗瑞卿等中央和军委领导人先后到学习队视察，鼓励学员们刻苦学习，为创建中国第一支潜艇部队作贡献。周恩来还为学习队写了“遵照毛主席指示，学会潜艇作战”题词。1954 年 6 月 19 日，中国人民解放军海军第一支潜艇部队即海军独立潜艇大队成立，接收和购买了4艘苏联旧式潜艇。第一支驱逐舰部队于1954年3月开始筹建，从护卫舰六舰队和从苏联学习回国的人员中抽调500余名干部、战士，组成了两套准备接收苏联驱逐舰的人员，命名为海军青岛基地第一、第二训练大队；1954年7月22日命名为中国人民解放军海军驱逐舰大队。10月13、14日，从苏联购买的2艘驱逐舰抵青岛。此后，1954年10月，又组建了第三、第四训练大队，于1955年6月28日又接收了2艘从苏联购买的驱逐舰。第一支海军航空兵部队于1950年初中央军委批准开始建立，首先建立海军航空兵学校，从苏联进口了各型飞机31架，在苏军专家帮助下进行培训。1952年6月，在上海组建了海军航空兵第一师，组成水鱼雷轰炸机团和歼击机团，编有苏制杜-2型水鱼雷轰炸机4架，乌拉-2型教练机2架，拉-9型驱逐机19架，乌拉-9型教练机2架。与此同时，海军还陆续组建了高射炮兵部队、岸防兵即海岸炮兵部队。1954年12月9日，以海军原有的一个陆战团及水陆坦克教导团为基础，抽调华东军区水兵师师部及水兵第二团，组成海军第一个陆战师。①

培训人才。海军是一个技术相当复杂的军种，一艘军舰，技术分类数十种。初建起的海军，除一部分是原国民党海军官兵外，大多数还是从陆军选调来的。经过认真筹划，1949年9月14日，在南京原国民党海军总司令部旧址，华东海军学校正式开学，在短短的时间里，就突击培训了4800余名学员。1950年12月，华东海校扩建为中国人民解放军海军联合学校，培养了大批水面舰艇军士和水兵。1949年8月，中央军委派张学思将军赴苏联进行考察，张学思在苏联参观了几所海军学校，同苏联进行商谈，聘请了84名苏联海军顾问，帮助中国人民解放军办海军学校。1949年11月22日，中国人民解放军海军第一所培训水面舰艇初级干部的海军学校在大连成立，正式命名为“中国人民解放军海军学校”（简称大连海校），萧劲光任校长兼政治委员，张学思任副校长兼副政治委员。1950年8月海军首届建军会议制定的海军

① 该师于1957年撤销，编为上海警备区守备部队；1979年又重新组建海军陆战部队。

发展三年计划特别指出："培养干部、训练水兵是建设海军的基本环节。"根据海军建设发展和作战的需要，海军加速了学校的建设和发展，陆续建立了一批学校：1950 年 6 月在青岛筹建海军航空学校，11 月 1 日开学；1952 年，该校扩建为第一、第二两所航空学校；1950 年 8 月，在青岛组建了海军炮兵学校和海军快艇学校；1952 年 11 月，开始筹建海军潜艇学校，1954 年 3 月 28 日开学。到 1957 年，海军已拥有各类学校达 10 所，预备学校 6 所。各类学校通过艰苦努力，克服物质条件差、教学力量弱、器材简陋等重重困难，取得了显著成绩，仅至 1957 年，就培训出各级指挥干部和技术干部 1.49 万余名，专业军士和专业兵 2.15 万名。

修造、购买装备。中华人民共和国成立时，为了战争解放沿海岛屿急需，中央和海军领导决定：一是向外国购买，二是加紧维修旧舰艇、建造小型舰艇。这一任务交给了上海江南造船厂等船修理厂。在造船工业技术极度薄弱的情况下，工人和技术人员发挥聪明才智，夜以继日地工作，经过不懈努力，从 1949 年 9 月到 1950 年 5 月，共抢修改装舰艇 130 余艘次，尽最大努力保障部队作战、训练的急需。在攻岛战斗中，华东军区还组织修造厂的技术工人组成抢修队，流动修理舰船，把战斗征用、调拨的船只改装成作战舰艇。仅在 1950 年，就为 123 艘舰艇安装了 799 门炮。5 月，华东军区下达了把 4 艘登陆舰改装成扫雷舰的任务，为扫除国民党军封锁长江口的水雷，职工们加班加点，奋战六昼夜就完成了一个半月的任务。

1950 年初，经中央军委批准，海军从香港购进美、英、日制造的超龄舰船 48 艘，后来，又同英国商人订购了 4 艘护卫舰、4 艘扫雷舰。但到了 1950 年下半年，抗美援朝战争爆发，帝国主义国家极力封锁中国，英政府下令英商不准将舰艇出售给中国。港商准备出售的 3 艘扫雷艇、4 艘护卫舰，英国也不许卖给中国，并将其拆散。这样，从香港购买的路子被卡死了。在购买军舰已经不可能的情况下，上海造船厂继续加大修造任务，到 1955 年，由海军自行设计、建造了各型巡逻艇、登陆艇、自动驳船、运水船等，共计 230 多艘。

1953年，中国同苏联签订了《关于海军交货和关于在建造军舰方面给予中国以技术援助的协定》（简称“六四协定”）。协定规定：苏联政府保证在1953年至1954年内交付中国舰艇81艘，其中成品舰艇32艘，转让制造49艘，飞机148架，各种炮155门，及炸弹、炮弹、水雷、鱼雷、通信、雷达等。

以后，中国海军又接受了苏联旅顺海军基地一部分舰艇和其他装备，海军武器装备建设大大改观，到1955年底，人民海军已拥有战斗舰艇519艘，辅助船只341艘，共计860艘；各种飞机515架，各种海岸炮343门，高射炮336门。经过艰苦创业，一道钢铁海岸线正在悄然形成。

武器装备的改善，各类人才的培养，为海军建立各兵种创造了条件。从20世纪50年代初开始，人民海军陆续建立了水面舰艇部队、潜艇部队、海军航空兵部队、岸防兵部队、海军陆战队五大兵种和专业、后勤保障部（分）队。到1955年底，海军先后组建的各兵种部队已有23个舰艇大队，包括驱逐舰、护卫舰、登陆舰、猎潜舰、鱼雷艇、护卫艇、潜艇和辅助舰艇，6个航空师和2个航空独立团，19个海岸炮兵团、8个防空兵团以及各种专业勤务部队。在短短几年，人民海军建设已粗具规模。

（二）空军领导机构成立和部队的组建

1949年7月11日，中共中央书记处召见刘亚楼，就组建空军的问题，当面作了指示。遵照中共中央、中央军委的指示和部署，刘亚楼收集有关资料，同军委航空局局长常乾坤、政委王弼等几位领导进行认真研究筹划，短时间内，他就向中央提出了组建空军领导机关及空军主要领导干部配备的设想和建议，中央军委立即批准了这一方案。

根据中央的安排，8月11日，刘亚楼率王弼、吕黎平等一行到达莫斯科。根据中央指示精神，正率中共中央代表团在苏联访问的刘少奇向苏联提出：中国准备用一年左右建成中国空军战斗部队，拟向苏联订购飞机、聘请专家，并同斯大林作了初步交谈。斯大林当即表示赞同和支持。

接待刘亚楼的是苏联国防部长华西列夫斯基和空军司令员维尔希宁，苏联方面答应向中国出售飞机，派遣专家和顾问，开办航校。刘亚楼又参观考察了苏联空军司令部、飞行航校、航空工程学院、飞机制造厂、飞行部队等。10 月 5 日，华西列夫斯基告诉刘亚楼，斯大林和联共中央已经批准中苏空军合作协议，第一批苏联专家很快便可动身。

成立空军领导机构。10 月 25 日，中央军委任命刘亚楼为空军司令员，第四野战军第十三兵团政治委员萧华为空军政治委员兼政治部主任，第二野战军第十七军军长王秉璋为空军参谋长。11 月 11 日，任命原军委航空局局长常乾坤为空军副司令员兼训练部长，原军委航空局政治委员王弼为空军副政治委员兼工程部长，同日，中央军委通告各大战区、各野战军，中国人民解放军空军现已成立，原军委航空局着即取消，其所有干部及业务移交空军接收。后来，中央军委确定，1949 年 11 月 11 日为中国人民解放军空军成立日。

1949 年 3 月中央军委成立军委航空局后，各大军区陆续组建了航空处，归军委航空局领导。11 月 11 日空军司令部成立后，各大军区在航空处的基础上，先后组建军区空军司令部。1950 年 8 月，东北军区司令部航空处扩编组建为东北军区空军司令部，司令员段苏权；同月，华东军区司令部航空处扩建为华东军区空军司令部；9 月，中南军区司令部航空处扩建为中南军区空军司令部，司令员刘震；同月，西南军区司令部航空处扩建为军区空军司令部，司令员傅传作，政治委员余非；10 月，华北军区司令部航空处扩建为华北军区空军司令部，司令员徐德操，政治委员漆远渥；12 月西北军区司令部航空处扩编为西北军区空军司令部，司令员罗元发。各军区空军司令部受军委空军司令部和大军区双重领导。各战略区（大军区）对军区空军主要为作战指挥关系，军委空军对各战略区（大军区）空军为建制领导指挥关系。

创办第一批航空学校。空军是技术复杂的军种，不经过专门训练学习是难以担任各项工作的，因此，办好航校是空军建立和发展的基础。在空军建立前，唯一的一所航校，人们通常称其为“东北老航校”。要组建空军部队，一所学校远远不能满足需要。刘亚楼给中央军委和毛泽东的书面报告中，提出关于空军领导机关组织建设的原则：在目前只有学校没有空军部队的情况下，应集中主要力量把航校办好。毛泽东当即批准了刘亚楼的报告。10 月 6 日，中央军委批准了创办 6 所航校的方案，经过同苏联专家一起实地考察，10 月 30 日和 11 月 1 日，刘亚楼报毛泽东和中央军委批准，从东北老航校中抽调校长，从各野战军中选调政委，迅速组建了 6 所航校。第一轰炸机航校在哈尔滨，第二轰炸机航校在长春，第一歼击机航校在锦州，第二歼击机航校在沈阳，第三歼击机航校在济南，第四歼击机航校在北京。中央军委向各野战军、各大战区发出指示，要求从陆军作战部队和各地军政大学中选调飞行学员和地勤人员，并规定了严格的选调条件。经空军全面复查，接收飞行学员 930 名、地勤学员 1980 名。为充分利用东北老航校整编后留下来的日本航空人员和日式器材，11 月 8 日，空军党委报中央军委批准，在牡丹江组建了一所航空学校，培训运输机空地勤人员。12 月 20 日，中央军委颁布命令，将上述航校依次定名为中国人民解放军第一至第七航校。

各航校如期开学，刘亚楼陪同朱德总司令、聂荣臻代总参谋长到北京南苑机场参加第四歼击机航校的开学典礼。在典礼大会上，朱德勉励大家要“努力学习，建设人民空军”。

遵照中央军委指示，空军机关组织航校于 1951 年 4 月，从华东军政大学和航空预科总队中选调了 55 名女学员，进入牡丹江航校学习，其中飞行员 14 名。在航校的严格训练下，仅用 7 个月时间，这些连汽车都没驾驶过的女学员，即掌握了飞行技术。1952 年 3 月 8 日，首都各界妇女代表 7000 多人和 50 多个国家驻华使节的夫人、记者来到北京西郊机场，参加了庆祝第一批女航空人员“三八”起飞典礼大会。下午 1 时，女飞行人员驾驶着 6 架里-2 型飞机通过天安门广场上空。24 日，毛泽东、刘少奇、周恩来等领导人在中南海接见了参加大会的女飞行人员，毛泽东在接见时问刘亚楼：“她们都成器了？”刘亚楼说：“都成器了，能够独立执行任务了。”毛泽东夸赞道：“细妹子不简单，飞得好高啊。”

组建第一支航空兵部队——空军第四混成旅。1950 年 5 月，各航校培训的速成班学员毕业。空军有了组建航空兵部队的基本条件——空勤与地勤人员。空军领导向中央军委上报了组编空军第一支部队的计划，提出从陆军各野战军中抽调建制师、团领导机构，组成空军部队领导机构。中央军委和毛泽东立即批准了这个计划，1950 年 6 月 19 日，空军混成第四旅在南京成立。第一支航空兵部队称混四旅，其意谓要继承和发扬毛泽东在井冈山创建红四军的光荣传统，使人民空军建设好，发展壮大。8 月 1 日，中央军委任命华东军区空军司令员聂凤智兼任空军第四旅旅长，李世安任政治委员，王志增、刘善本任副旅长，王香雄任参谋长，谢锡玉任政治部主任。空军第四旅下辖 2 个歼击机团、1 个强击机团、1 个轰炸机团，每团 3 个大队，共有米格-15、拉-11 歼击机 30 架，伊尔-10 强击机 30 架，图-2 轰炸机 20 架。

空军其他部队的组建。1950 年 7 月 26 日，第一支人民解放军空军空降陆战第一旅在上海组建，下辖狙击、坦克、迫击炮、战防炮等 7 个营和高射机构、工兵、运输、通信、侦察、警卫、汽车等 7 个连队，共 5000 余人。12 月，该旅改为师。同年 11 月 24 日，空军第一个运输航空兵团（高空运输团）在四川新津组建，下辖 3 个大队，装备 C-46 和伊尔-12 运输机。①

与此同时，空军还迅速组建了一批战斗勤务保障部（分）队。1950 年 4 月 22 日，在南京成立了第一个雷达营；5 月 25 日又在上海成立了 1 个雷达营。1949 年 11 月，在北京南苑机场建立空军第一个气象台。1950 年在支援进军西藏的空投任务中，为掌握高原天气变化情况，曾在康定山口的营官寨、拉萨当雄等地建立了气象台。到 1953 年底，空军基本上形成以各级气象室为枢纽，以气象台、站为基点的气象保障体系，空军气象保障组织已粗具规模。

气象管制是根据国家颁布的飞行规则，对在空中飞行的航空器进行监督和强制性管理。其目的是维持空中秩序，保障飞行安全。空军初创时期，在空军、军区空军司令部以及各航空兵部队、航校所驻机场设立专门的航行高度机构，建立了飞行管制系统。1950 年 11 月 1 日，毛泽东主席发布命令，颁布了第一个《中华人民共和国飞行基本规则》，明确规

① 《中国人民解放军军史》编写组编《中国人民解放军军史》第 4 卷，军事科学出版社 2011 年版，第 54 页。

定，凡在中国境内飞行的航空器不论为何方所属，均应遵守这个规则。1951年4月颁发的《航行管制令》又进一步规定，空军和民航飞机的飞行以及外国飞机在中国领空飞行，均须向空军司令部或军区空军司令部申请，经批准后方能实施。从此，确定了空军统一领导全国飞行管制的组织指挥体制。

从1950年10月至1954年初，空军在边打边建的情况下，陆续分5批共组建了28个航空兵师、70个航空兵团，拥有各型飞机3000余架，建成了一支由各种航空兵组成的有战斗力的空中力量。美国空军参谋长范登堡将军曾惊呼："共产党中国几乎在一夜之间就变成了世界上主要空军强国之一。"

（三）防空部队的组建和国土防空部署

1948年后，解放战争节节胜利，大中城市相继解放。中国共产党及人民解放军在领导各大中城市人民建立政权、恢复生产的同时，也面临着一个严峻的任务：开展防空斗争，保卫人民生命财产安全。

国民党军不甘心失败，他们在陆地上被人民解放军打败后，便利用人民解放军没有空军和防空力量缺少和薄弱的情况，依仗其空军力量，对人民解放军新解放的城市实施疯狂的扫射和轰炸，新解放的大中城市人民的生命财产安全受到严重威胁。如1949年5月27日上海解放后，台湾国民党当局宣称：共产党能攻占上海，但保卫不了上海。随之，国民党军的飞机不仅对上海，而且对杭州、南京、青岛、徐州、广州等其他新解放城市骚扰破坏。仅1949年10月至1950年2月，上海先后26次遭到空袭，尤其是1950年2月6日，台湾国民党空军出动美国为其装备的12架B-24、2架B-25型轰炸机，1架P-38型、2架P-51型战斗机，共计17架飞机，分4批轮番轰炸上海电力公司、沪南和闸北水电公司等地，投弹60余枚，炸毁房屋2000多间，死伤居民1400余人，使发电量减少97%，大部分工厂停产，造成巨大经济损失。1950年，国民党军为阻挠人民解放军建立海军，对国民党军溃败时来不及撤走的炮艇和起义投诚的军舰，进行了追踪式毁灭性轰炸。原国民党海军"重庆"号巡洋舰起义后，国民党空军连续 4 天以重型轰炸机对其轰炸，使这艘起义军舰在舰身多处受伤的情况下，不得不自沉于葫芦岛码头。在一些船舶修造厂停泊的舰艇更是国民党空军轰炸的目标，仅 1950 年 1 月 25 日的一次轰炸，就有“常州”号、“万寿花”号等 26 艘舰船被炸伤炸毁。刚解放时，几乎所有的大城市都遭受过国民党空军的轰炸和袭击，特别是沿海浅近纵深地区，防空袭几乎是家常便饭。

为了保卫空中安全，保护人民生命财产和安宁的生活，需要迅速建立人民解放军防空部队。早在 1948 年 8 月 9 日，中央军委就针对国民党空军的空袭日益增多的形势，提出城市要地实行“积极防空”的方针，并决定在各大城市及各军区司令部驻地，设立防空司令部，负责组织指导该地区的防空工作。遵照中央军委的指示，各主要城市相继建立了防空司令部。

1949 年 4 月，华北军区成立了平津卫戍区防空司令部。

4 月 23 日，南京刚解放，迅即成立了南京防空司令部。

7 月，上海淞沪警备司令部成立了上海防空处。在国民党空军大规模轰炸上海等地后，1950 年 3 月，根据中央军委决定，以华东军区航空处为主，组建了上海防空司令部。

1950 年 9 月，中央军委为了统一对城市防空的领导，加强国土防空建设，准备应付朝鲜战争日益扩大的局势，决定成立中国人民解放军防空司令部。12 月 16 日，中国人民解放军防空司令部正式成立。同日，任命谭家述为防空部队副司令员兼参谋长。12 月 23 日，毛泽东主席签发命令，任命周士第为防空部队司令员，钟赤兵为防空部队政治委员。

人民解放军防空司令部成立前后，1950 年至 1952 年间，人民解放军华东、东北、华北、中南军区相继成立了防空司令部。

朝鲜战争爆发后，为加强东北地区防空，1950 年 8 月 7 日，以原高炮第二师师部为基础，组成东北军区防空司令部。

1951 年 2 月 4 日，经总参谋部批准，京津卫戍区防空司令部改为华北军区防空司令部。

1951 年 3 月，中央军委特种兵会议决定，华东军区防空领导机关与上海防空司令部合并，组成华东军区防空司令部兼上海防空司令部。

1951 年 3 月 15 日，以高炮第一师师部为基础，组成广东军区防空司令部，负责中南地区防空工作。5 月，广东军区防空司令部改为华南军区防空司令部。翌年 6 月，华南军区防空司令部又改为中南军区防空司令部。

1953 年 4 月 6 日，中央军委决定在中朝人民空军联合司令部直辖下，建立安东防空司令部。

这些防空指挥机构的建立，加强了各地防空组织领导，也为发展防空部队奠定了基础。

新中国成立时，人民解放军防空部队“家底”很薄。其时，人民解放军共有 16 个高炮团，分别部署于沈阳、鞍山、抚顺、北京、上海、南京、武汉、长沙等地。为了加强对高射炮兵的领导，统一作战指挥，1950 年 2 月至 5 月，先后组建了第一、第二、第三高射炮兵师。

抗美援朝战争爆发后，根据抗美援朝战争和国土防空的需要，人民解放军高炮部队得到迅速发展，人民解放军从苏联购进大批高射武器和装备。到抗美援朝结束时，人民解放军防空部队共有 2 个高射炮兵师(原第一、第三师已被分别改编为中南军区防空司令部和野战高射炮兵师)、33 个高射炮兵团、8 个独立高射炮兵营。

当时的防空部队，除包括高炮部队外，还编制有探照灯部队、雷达兵和对空情报部队。探照灯部队是夜间照射来犯敌机配合高炮部队对空射击的兵种。1950 年 8 月 10 日，人民解放军抽调华东军政大学等单位的干部、学员 1100 余人，在上海成立了第一个防空探照灯团，担负上海地区的防空作战任务。至抗美援朝战争结束时，共有 4 个探照灯团。到 1957 年 5 月，发展到 6 个团零 3 个营，主要部署在北京、上海、天津、福州等城市周围。

雷达兵和对空情报部队是在防空情报组织基础上发展起来的。开始，由于缺少雷达装备，主要组织对空监视哨。1950 年 10 月，上海防空司令部利用新接收的苏军雷达和原有的部分日造雷达及 25 个对空监视哨，组织了上海地区的雷达防空情报网。朝鲜战争爆发后，建立了辽东地区雷达防空情报网。同年 12 月，为加强北京地区的防空，中央军委决定，从华东军区和东北军区调 4 个雷达中队，隶属华北军区防空司令部，配置在塘沽、蓬莱、荣成、海阳沿海一线。1951 年 1 月，华北军区又新建 4 个对空监视营，从而构成了华北地区雷达防空情报网。1953 年 2 月 23 日，防空部队第一次会议提出：在 5 月底以前，争取基本上完成从北满到广州的第一线雷达网的衔接任务。1955 年至 1957 年，雷达装备不断得到发展，基本完成了防空情报由目测观察向雷达探测的过渡。

防空部队组建后，在国土防空和抗美援朝战争中，不畏艰险，英勇作战，在极其艰苦的环境下，利用有限的武器装备，以劣势装备同先进的美蒋空军飞机作斗争，创造了辉煌的战绩。

在抗美援朝战争中，防空部队先后以 21 个高射炮兵团又 10 个高射炮营，1 个探照灯团又 5 个探照灯营，2 个对空监视团和 1 个雷达营组成的中国人民志愿军防空部队，与志愿军空军和野战高射炮兵部队并肩作战，英勇地抗击了侵朝美军的空中突击，保卫了交通线、桥梁和重要目标的安全。在整个抗美援朝作战期间，志愿军防空部队与美空军共作战 10038 次，击落（照落）美机 413 架，击伤 1559 架，取得了防空作战的宝贵经验。

在国土防空作战中，防空部队担负起主要大城市和交通枢纽的防空任务，特别在抗美援朝战争期间，防空部队以三分之二的兵力部署在北京、上海、南京、鞍山、沈阳、广州、武汉、杭州、福州、厦门等地，以一定力量加强福建和粤东沿海地区的对空防御，狠狠地打击了窜至大陆上空袭扰的美蒋飞机。在防空作战中，共击落入侵的美国和国民党空军飞机 42 架，击伤 136 架。

防空部队经过几年的建设，形成了沿海和内地的对空防御网，成为一支能打善战的保卫国家领空安全的重要作战力量。1955 年 8 月 11 日，国防部正式颁布命令：将中国人民解放军防空部队的总称改为中国人民解放军防空军，杨成武任防空军司令员。到 1957 年 5 月，防空军共有沈阳、北京、南京、广州等 4 个防空军领导机关，1 个防空军军部，11 个高射炮兵师师部、32 个高炮团、6 个探照灯团、25 个雷达团、5 个通信团又 1 个通信营，8 所学校。此外，在小丰满、杭州、南京、天津、武汉、汕头、南昌、旅大等地还设有防空指挥所等指挥机构，形成了以高射炮兵、探照灯兵、对空情报兵等组成的具有较强作战能力的防空军，总人数达 14.9 万人。在国土防空作战中，共作战 503 次，击落敌机 42 架，击伤 36 架，为保卫国家政治经济文化中心等大中城市、工业基地、交通枢纽和海空军基地等重要目标，发挥了重要作用。

（四）成立陆军各技术兵种领导机构，加强各兵种部队建设

20 世纪 50 年代，是人民解放军陆军各技术兵种大发展时期，随着各兵种机构的建立，专业兵种的数量在不断增大，武器装备在不断更新，逐步由单一的步兵发展成为诸兵种合成的军种。

1. 炮兵。

炮兵是人民解放军建立最早的兵种之一。早在南昌起义时，起义部队里就有炮兵。井冈山斗争初期的 1928 年 5 月，红军第四军就有了一个炮兵连。之后，红军利用缴获敌人的火炮，又相继组建了山炮连和炮兵营。抗日战争中，人民军队炮兵得到较大发展，1938 年 1 月 28 日，八路军总部炮兵团成立。到抗日战争末期，还建立了一所炮兵学校——延安炮校。解放战争开始时，人民解放军炮兵发展到 14 个团、17 个独立营又 38 个连，并组建了炮兵旅高射炮兵大队，各型火炮 2100 多门。经过解放战争，人民解放军的炮兵部队已达到 5 个师部、80 个团，3 所学校，另有大量炮兵营、炮兵连，共有火炮 2 万多门。

新中国成立后，中央军委决定把炮兵发展作为兵种发展的重点，提出“大量发展新的炮兵，同时加强老的炮兵”的方针。但当时全军尚没有统一指挥炮兵的机关。1949 年 12 月，中央军委电令第四野战军特种兵副司令员苏进到北京组织炮兵领导机关的筹建工作，并于 1950 年 3 月任命苏进为炮兵副司令员兼参谋长；4 月，任命陈锡联为炮兵司令员。8 月 1 日，人民解放军炮兵领导机关成立。各大军区也相应成立了炮兵领导机构，1950 年成立了华北、西南、华东军区炮兵司令部；1951 年至 1952 年，成立了东北、西北、中南军区炮兵司令部。1955 年后，大多数军区

仍然保留了炮兵司令部，少数军区在司令部内设炮兵部。

20 世纪 50 年代初期，根据抗美援朝战争的需要，中央军委和炮兵领导机关制订了炮兵发展规划，从苏联购进大量火炮，迅速组建了一批炮兵部队，包括预备炮兵、队属炮兵和高射炮兵部队，先后抽调 16 个步兵师改编和扩建成炮兵师，突击组训 80 个独立高炮营配属步兵执行作战任务。原有和新建的 26 个高炮团及 2 个高炮师部划归新成立的防空司令部，调整和加强步兵师炮兵，逐步使师有炮兵团、高炮营和防坦克炮营，团有炮兵营，营有炮兵连。到 1953 年底，全军炮兵共有 23 个师部（含火箭炮师 2 个、高炮师 6 个）197 个团，另有 15 所炮兵学校（含 6 所文化学校）。

1955 年，根据抗美援朝战争的经验，对预备炮兵进行了调整，撤销了火箭炮兵师，成立了加农炮兵师，使预备炮兵形成了包括加农炮兵师、榴弹炮兵师、防坦克炮兵师、高射炮兵师四类炮兵师的编制体制。1955 年后，重点增建军属炮兵，改装师属炮兵，充实步兵团、营属炮兵。

2. 装甲兵。

装甲兵以快速的突击力、较强的火力和快速的机动力的特点，在第二次世界大战期间和以后越来越受到重视。人民解放军历史上最早的坦克部队是 1945 年 12 月建立的。1945 年 11 月，延安炮校随部队挺进东北进驻沈阳，利用搜集到的缴获日军的 5 辆坦克及其他车辆，12 月 1 日，在东北沈阳马家湾子成立了我军第一支坦克部队——东北坦克大队，开始了人民解放军装甲兵建设的历史。

经过抗日战争和解放战争，人民解放军华北坦克队和华东坦克队也先后组建。1949 年 2 月，第四野战军在天津组建了第一个特种兵战车师，拥有战车 120 辆，装甲车 143 辆。第二野战军也于 1949 年 1 月组建了战车大队，后又扩编为战车第三团。1949 年 4 月，华北坦克队在北京南苑扩编为华北战车团，命名为战车第七团；1949 年 11 月，华东战车团在上海扩编为战车师，拥有坦克 179 辆、装甲车 95 辆，中央军委正式将其命名为战车第二师。到中华人民共和国成立时，全军已拥有各型坦克 410 辆、装甲车 360 余辆。在开国大典上，人民解放军战车第一师和战车第七团在天安门广场加入受阅序列。代表一支新的战斗力量，接受党和国家领导人的检阅。

1949 年 12 月，毛泽东和中央军委决定组建装甲兵，毛泽东说："我们从实际出发，一下子搞不起机械化部队，先从坦克搞起嘛！就让许光达去拉这个架子。"彭德怀召见许光达时对他说："今后，部队没有现代化，怎么对付帝国主义的侵略？我是主张快点对部队实行整编，着手现代化建设的。你去搞装甲兵，可以为我们摸索点机械化部队的经验。"许光达受命后，在第二兵团挑选干部，抓紧筹备组建装甲兵领导机关。1950 年 6 月，毛泽东签发命令，任命许光达为摩托装甲兵司令员。7 月，中央军委正式确定以第二兵团机关为基础组成装甲兵领导机构。9 月 1 日，中国人民解放军摩托装甲兵司令部在北京正式成立。至此，装甲兵正式成为人民解放军一个新的兵种，1951 年 7 月 16 日，摩托化装甲兵司令部改称为中国人民解放军装甲兵司令部。

1950 年 7 月，中央军委提出：根据苏军经验，结合中国的条件，决定在全国编成若干精干的坦克旅，许光达向朱德和聂荣臻提出将全军坦克部队改编为坦克旅的建议。8 月，经中央军委批准，将全军坦克部队改编为 3 个坦克旅。同年 12 月，3 个坦克旅又整编为 3 个坦克师。从 1951 年起，为适应抗美援朝作战和军队现代化建设的需要，装甲兵部队规模逐渐扩大。至 1955 年 4 月，编制内共有 3 个坦克师、1 个机械化师、6 个独立坦克团、47 个步兵师属坦克自行火炮团、4 个独立自行火炮营，基本形成了直属统帅部和军区建制的独立坦克部队及军以下部队建制的队属坦克部队并存的体制。

3. 工程兵。

工程兵是伴随着人民军队一同成长起来的。八一南昌起义的队伍中，就有一支工兵队伍——国民革命军第十一军第二十四师工兵营和第二十军工兵营。1930 年 6 月和 10 月，红三、红一军团编组了工兵营和工兵队，1931 年 8 月组建的工农红军学校中设立了特科工兵排，开始培养工兵干部。在战争年代，工兵部队虽未成为一个独立的兵种，但它逢山开路，遇水架桥，排险破障，担负筑路、架桥、漕渡、排雷、攻坚爆破、野战筑城等任务，创下了卓著战绩，成为作战中不可缺少的一支力量，并不断得到发展壮大。到 1949 年中华人民共和国成立前夕，人民解放军已有 8 个工兵团。

中华人民共和国成立后，1950 年 12 月 25 日，中央军委决定，以中南军区工兵司令部为基础，由第七兵团参谋长李迎希负责筹建中国人民解放军工兵领导机构。1951 年 3 月，人民解放军工兵司令部正式成立。翌年 9 月，中央军委任命陈士榘为司令员。

在建立工兵司令部的同时，为适应作战工程保障任务和国防工程建设的需要，相继组建了 19 个工兵团。抗美援朝战争期间，先后有 15 个工兵团参加了抗美援朝作战。1952 年 12 月，为了统一工兵部队编制装备，提高与其他兵种协同作战的能力，中央军委确定，凡是工兵部队均属工兵司令部领导（以后分别归解放军工程兵和军区建制），凡是队属工兵属部队领导。全军共有 28 个工兵团，达 7 万余人。1953 年 9 月，经中央军委批准，将全军工兵团按照工兵、舟桥、建筑三种专业加以区分，这样就更有利于工兵内部各种专业部队的建设。1955 年 8 月，中央军委决定，工兵司令部改称中国人民解放军工程兵司令部。

4. 通信兵。

在人民军队初建时，通信兵仅有少量的电台，部队通信手段中运动通信和简易信号通信占有很大比重。1931 年 1 月，中国工农红军第一方面军成立了第一个无线电队，并开办了一个无线电训练班。到解放战争时期，解放军的团以上部队一般都建立了无线电通信分队。新中国成立后，通信兵建设进入了一个新的发展阶段。1950 年 5 月，成立了中央人民政府人民革命军事委员会通信部（即军委通信部），王诤任部长。1950 年 10 月军委决定组建华北军区通信团，到 1953 年，各军区和军委通信部先后组建了通信团。1954 年 3 月，通信部队统一整编，又组建了若干个通信团、独立通信营，并将总部、各军区、各特种兵的直属通信勤务部队，统一命名为各级通信枢纽部。1956 年 4 月 13 日，国防部决定成立中国人民解放军通信兵部，行使兵种领导机构职权，归国防部建制。王诤为通信兵主任，朱明任政治委员。1959 年 3 月，国防部又决定将人民解放军通信兵部改为总参谋部通信兵部，仍继续行使兵种领导机构的职权。1961 年 2 月，根据中央军委命令，总参谋部通信兵部仍改为中国人民解放军通信兵部。

毛泽东对通信兵的建设和发展十分重视。他给通信兵题词："你们是科学的千里眼顺风耳。" 50 年代，人民解放军大力发展通信设施建设，10 年中，全军架设长途干线数万对公里，到 1963 年 10 月又架通了至拉萨的有线通信线路，使全国 29 个省、市、自治区全部沟通了有线电通信。抗美援朝战争中，1952 年 6 月，开通了由朝鲜桧仓经沈阳至北京的长途有线电通信。在无线电通信方面，中华人民共和国成立初期，1 个军拥有发报机、报话机和步谈机仅数十部，到 1953 年 7 月，抗美援朝战场上的一个军拥有各种无线电台数量比 1950 年增长 4.6 倍，无线电台通信已到营，扩大使用到连排。1951 年，人民解放军研制的第一批通信机开始装备部队，以后，有、无线通信装备发展很快，极大地改善了人民解放军的通信手段和效能。至 50 年代末，陆空、地空、步炮、步坦、岸舰、舰舰、海空等的作战指挥通信都基本实现或大大加强，并向增强其有效性和隐蔽性方向发展。

通信兵序列里在 50 年代还出现了电子对抗部队，后来发展成为人民解放军中一个兵种。抗美援朝战争期间，人民解放军和志愿军在国土防空作战和同美军作战中，就同对方展开电子对抗斗争。1958 年 9 月 11 日，人民解放军组建了独立无线电技术勤务营，这是人民解放军建立的第一支电子对抗分队。

5. 防化兵。

防化兵是由防化、喷火发烟等部（分）队组成。抗日战争时期，为对付侵华日军对中国军民施放各类毒剂，1938 年底，曾在抗日军政大学一分校成立了一个化学队，培训防毒干部。以后在延安举办了防毒训练班，部队编配了化学勤务主任或化学参谋，指导军民进行简易防护。在解放军战争后期，华东野战军第七、第九、第十三纵队组建过防化分队。

中华人民共和国成立后，抗美援朝战争爆发，针对侵朝美军拥有大量的化学毒剂的情况，为防止美军随时可能使用化学毒剂袭中朝军民，军训部长萧克向周恩来提交专题报告，建议成立化学兵学校，培养防毒人才，进而加强兵种建设，并提出了筹建防化学校的方案。12 月，周恩来在批示中指示“第一年（招生）人数可较少点，定为 800 名”，并指定由聂荣臻和萧克主持此项工作。11 日，毛泽东指示同意周恩来的意见。1951 年 3 月，化学兵学校在四川江津开学（9 月迁至北京昌平）。至 1955 年底，该校共办 4 期，培训本科学员 1788 名；办集训班 12 期，集训全军防化干部、教员 1100 余名。在办化学兵学校同时，1950 年，东北军区和海、空军着手筹建防化业务部门和分队，东北军区坦克第三师组建了第一个队属防化连。1951 年下半年，准备入朝参战的部队，遵照中央军委的指示，在各陆军师相继增编了化学勤务部门和化学防护分队。1952 年，总参谋部军训部成立化学兵处，五大军区相继成立了化学兵处。

1954 年 10 月，为解放一江山岛，华东军区第二十军六十师利用缴获日军的喷火器成立了一个喷火连，在战斗中发挥了重要作用，仅在 1955 年 1 月 18 日一个半小时的战斗中，就摧毁敌地堡 45 个，洞穴等火力点 20 多个，歼敌 200 余人，占这次战斗歼敌总数的五分之一。根据这次战斗的实践，1955 年 4 月，中央军委决定在北京、沈阳、南京、广州、济南军区和志愿军司令部各组建一个直属防化营、1 个重喷火器连和 1 个轻喷火器连。4 月 19 日，中央军委决定成立防化学兵部，指定总参谋长粟裕负责筹建。1956 年 1 月 1 日，防化学部正式成立。3 月，中央军委任命张迺更为部长（后改称主任）。1957 年，防化学部开始履行兵种领率机关职能，并改称中国人民解放军防化学兵部。1959 年开始，人民解放军又先后组建了一批防化兵部队。

6. 铁道兵。

铁道兵是担负铁路工程保障任务的专业兵种，主要由线路、隧道、桥梁、舟桥、通信工程等部队组成。铁道兵的前身是 1945 年 8 月在东北组建的一支武装护路队，后改为东北民主联军护路军。1948 年 7 月，为配合解放军大兵团作战行动，中共中央东北局决定在东北人民解放军护路军的基础上，吸收 1200 名铁路员工，补入二线兵团 8500 人，组建了人民解放军第一支铁道部队——东北人民解放军铁道纵队。纵队下辖 4

个支队，总兵力1.8万人。1949年5月16日，铁道纵队改编为中国人民解放军铁道兵团，隶属中央军委。至此正式有了铁道兵的称谓。

1950年2月至6月，铁道兵从扩编为3.8万人缩编为2.5万人。9月18日，中央军委下达通令："为健全铁道兵团的组织领导，走向正规化的建设，成为现代国家兵种之一，确定该兵团为军委建制，加强各部门的领导，除工程业务由铁道部直接领导并负责经费外，其他各业务部门的请示报告、会议指示、文件分发，以及干部受训调动等，均与其他直属部队相同，建立领导关系。"

1950年11月，铁道兵团开赴朝鲜战场，担负工程保障任务，根据战争的需要，铁道兵进行了扩编：以直属桥梁团为基础，新组建了铁道兵团第四师，原直属独立团改编为直属桥梁团，并将正在境内进行整训和执行施工任务的4个铁道工程师和2个农业建设师调归新组建的中国人民志愿军铁路指挥局领导。1953年9月9日，中央军委命令："志愿军在朝鲜的6个铁道工程师，正式划归军委系统，与铁道兵团现有之4个师、1个独立团，统一编为'中国人民解放军铁道兵'。"从此，铁道兵正式作为一个兵种列入人民解放军序列。

1954年3月5日，铁道兵领导机构在北京正式成立，王震任司令员兼政治委员，编制10个师、1个独立团、1所学校、2所文化速成中学，人数10万人。

铁道兵在抗美援朝战争中，为保障前线的运输，立下了卓著功勋，归国后，铁道兵一直承担着铁路、公路、桥梁、隧道建设任务。如穿越崇山峻岭的成昆铁路、贵昆铁路、襄渝铁路，东北的林区铁路，东南沿海的黎湛、鹰厦铁路，新疆的南疆铁路，青藏高原的青藏铁路，以及北京地铁工程等大型铁路建设和国防工程建设。在援越抗美战争期间，铁道兵担负了援助越南抢修抢建铁路公路任务。铁道兵人数最多时，曾达到3个指挥部、15个师、3个独立团、2所院校，总人数41.6万人。①

① 1982年12月6日，中共中央决定，将铁道兵部队集体转业并入铁道部。

（五）公安部队的组建和人民警察制度建立

1948 年开始，全国的大中城市陆续解放，政权回到人民的手中。

人民解放军刚接管的大中城市，形势十分复杂，不仅经济秩序遭到败退的国民党反动派的严重破坏，而且社会生活秩序相当混乱。被推翻的国民党反动派残余势力不甘心失败，仍然残留和潜伏大批匪特，纠集地痞流氓、反动恶霸进行破坏捣乱，为非作歹，进行爆炸、暗杀、造谣等破坏活动。

人民解放军在进驻大中城市后，根据斗争形势和任务的需要，抽调部分部队建立了公安武装，担负建立和保卫新的革命政权，努力恢复社会生活秩序，严厉打击盗匪流氓、反动敌特，查禁和清除社会丑恶势力的任务。

公安或警察机构及武装，是现代国家机器中不可缺少的重要部分。在新中国革命政权刚刚建立之际，公安机构和武装的建设，立刻摆在了中共中央领导人面前。

1949 年 6 月，周恩来电召罗瑞卿到北平，周恩来对罗瑞卿说，中央人民政府即将成立，准备让你当公安部长。当晚，毛泽东在双清别墅接见了罗瑞卿。7 月 6 日，中央军委公安部成立。10 月，中华人民共和国成立后，召开了第一次全国公安高级干部会议，周恩来在接见会议人员时说：“你们是国家的安危，系于一半。国家安危你们担负了一半的责任，军队是备而不用的，你们是天天要用的。”公安部成立后，隶属于中央军委领导，担负起领导全国公安保卫任务。

1950 年 4 月，中共中央政治局作出决定，人民解放军实行整编，将陆军统编为国防军和公安部队。5 月，全军参谋会议确定，公安部队的定额占军队总员额的 4.5%。当月，公安部长罗瑞卿提出了《建设人民公安部队方案的几个要点》，对全国公安部队的编制、领导机构的设置、领导指挥关系和军事、政治、后勤工作作了总体上的阐述。方案提出，全国编组 22 个公安师，作为正规的公安部队；中央、各大行政区（华北除外）、铁道部分别成立公安部队指挥机构，定名为“中国人民公安部队中央指挥部”或“中国人民公安部队某某区指挥部”“中国人民公安部队铁道指挥部”；中央指挥部受中央军委统率，各大行政区指挥部受中央指挥部和所在大军区首长的双重领导，铁道指挥部受中央指挥部和铁道部首长的双重领导；地方性公安部队由地方公安部门领导、指挥和使用。物资供应由地方政府负责，但管理、训练和政治工作则由中央指挥部、大行政区指挥部和省军区负责。政务院总理周恩来批准了这一方案。1950年8月，周恩来又批准了公安部《关于建立边防组织计划草案》。

1950年上半年起，全军进行了精简整编，全国公安部队开始组建、整编，建立领导机构。1950年9月22日，经中央人民政府人民革命军事委员会批准，公安部队领导机构成立，罗瑞卿任司令员兼政治委员。至1951年10月，各大军区和公安部队领导机构陆续成立。按照毛泽东批准的定额，共组建了正规公安部队20个师又3个团，总计18.8万余人。同时接管全国省、地、县的地方公安武装32.2万余人，即：16个大城市的公安总队、6个公安团、16个省公安总队、23个省直属大队、49个直辖公安总（大）队和近2000个专县公安中（分）队。在边、海防地区还组建了边防公安机构和武装部队。截至1951年底，全国公安部队初步形成了正规公安部队、地方公安部队和边防公安武装的体制。公安师为正规公安部队，各大行政区的公安团、省公安总队、专区的公安大队、县的公安中队为地方公安部队（含边防武装），正规公安部队归公安司令部统率，分别隶属于各大军区或铁道公安司令部领导指挥，地方公安部队属各级人民政府公安机关领导。

经过一段实践后，发现这种体制有利于执行公安保卫任务的一面，但也存在组织形式不统一、领导关系不顺畅的问题。为此，中央军委决定，从1952年起，将全国的内卫、边防和地方公安部队统一整编为中国人民解放军公安部队，不再分正规、地方和边防公安部队，统编为若干师、团和省、地、县的总队、大队、中队，全部隶属于军事系统，担负内卫和边防任务，定额为53.8万人。

四、组建和调整军事院校

治军先治校。随着各军兵种的建立和现代化正规化军队建设的深入，培养大批掌握现代战争知识、领导军队现代化正规化建设人才的任务迫在眉睫。

1950 年 3 月 10 日，代总参谋长聂荣臻在就军事机关及学校建设等问题给毛泽东的报告中提出："拟以华北军大在长辛店之现址，筹建陆军大学，俟刘伯承同志回京主持之，以便全国部队整编时，储备与深造高级军事干部，并成为建设正规国防军之训练中心，以其研究成果作为全国建军的制式。至于培养初级、中级干部之训练班与步校，则由各军区举办，由军委统一教育内容与计划。"①

1950 年 5 月，全军参谋会议提出，由于长期战争，人民解放军干部没有认真训练过，一般说水准很低，尤其是中下级干部。将来战争比国内战争规模更大、更剧烈。现有干部，无论质量与数量都不够用，所以要加紧培养。会议确定：第一，健全正规的军队院校教育体系。全国军事教育，分为三级：高级为陆军大学，学习时间暂定两年，招收师以上干部及优秀的团职干部；中级为陆军大学深造班及高级专门学校，深造班是轮训性质，训练现职的团、营、连干部，高级专门学校是指高级的炮校、工校，目前可与初级的炮校、工校合办；初级为步兵学校、炮校、工校，训练步兵及特种兵连排干部。此外尚须办其他特种兵学校，如通信、航空、经理等学校。第二，陆军大学深造班及步校学员，须完全由部队选考；步兵学校学员在最近三五年内主要是由部队选考（不能少于85%），酌量收一部分青年学生；各兵种学校学员在最近四五年中，主要由部队选考（不能少于 70%），四五年后各校均可增加青年学生比例。第

① 《聂荣臻军事文选》，解放军出版社 1992 年版，第 319 页。

三，充实教育干部队伍。一是要从部队选一批有战争经验且有文化的干部作学校工作。二是大胆地使用旧军人，即从解放军军官中挑选有学识的，同时招收、聘请其他旧军人中有学识的人。第四，统一典范、条令及教材。这是当前整军的一个大问题，也是当前办军事学校的大问题，没有做好就不能走向统一、走向正规。并明确：军委筹办陆军大学。排至团级干部的步兵学校由各大军区开办。各特种兵学校，均由军委开办，除已办者外，尚须办炮、工、坦等学校。①

为统一计划组织全军的训练，1950 年 6 月 21 日，中央军委决定成立军事训练部（简称军训部），隶属于军委总参谋部。军训部专门设立军事学校管理局（1952 年 12 月 29 日，中央军委决定成立军事学校管理部，隶属于总参谋部。1953 年 6 月 10 日，军事训练部和军事学校管理部直接归中央军委领导）。各军区、军兵种也设置相应的院校管理部门。

（一）改建军事院校

1950 年 7 月，中央军委副主席、政务院总理周恩来召集中央军委会议，专门研究创办军队院校问题。会后，由周恩来制定、毛泽东批准的方案确定，“以战争年代创办学校为基础，改建和新建适应现代战争条件的各类正规院校”，包括：创办一所综合性的陆军综合大学，将各战略区原有的军政大学、军政干部学校和各部队的随营学校改建为高级步兵学校、初级步兵学校和专业技术学校，各军兵种要创办各级专业学校。按照这一方案，把战争年代各战略区建立的军政大学、军政干校和各部队随营学校改建为 5 所高级步兵学校、24 所初级步兵学校和一批专业技术院校。

1950 年初，中央军委决定将各大军区所属军政大学、干部学校、军政大学分校等军事学校，统一按照各大军区整编为每个大军区设 1 所军政大学，每所军政大学下设若干分校。1951 年 3 月 5 日，总参谋部向各

---

① 《中国人民解放军军史》编写组编《中国人民解放军军史》第 4 卷，军事科学出版社 2011 年版，第 61—62 页。

大军区发出步兵学校改编文件，命令各大军区军政大学一律改称“中国人民解放军高级步兵学校”；各军政大学所辖分校一律改称“中国人民解放军步兵学校”。同时，统一全军步兵学校番号、调整步兵学校数量。

经过调整，西北军区所属西北军政大学改称中国人民解放军第一高级步兵学校，校址在天水，所辖2所分校改称中国人民解放军第一、第二步兵学校；西南军区所属西南军政大学改称中国人民解放军第二高级步兵学校，校址在重庆；西南军区所辖8所分校，改称中国人民解放军第四、第五、第六、第七、第八、第九、第十、第十一步兵学校；华东军区所属华东军政大学改称中国人民解放军第二高级步兵学校，校址在南京，所辖5所分校，改称中国人民解放军第十二、第十三、第十四、第十五、第十六步兵学校；中南军区所属中南军政大学改称中国人民解放军第四高级步兵学校，校址在汉口，所辖6所分校改称中国人民解放军第二十、第二十一、第二十二、第二十三、第二十四、第二十五步兵学校；东北军区所属东北军政大学改称中国人民解放军第五高级步兵学校，校址在齐齐哈尔；华北军区所属华北军政大学改称中国人民解放军第六高级步兵学校，校址在石家庄，所辖4所分校改称中国人民解放军第三十、第三十一、第三十二、第三十三步兵学校。后中央军委又决定东北军区不办高级步兵学校，其所需训练的干部由华北军区第六高级步兵学校代为培训，第五高级步兵学校改称第二十七步兵学校。这样，经过调整，全军共办有高级步兵学校5所，步兵学校26所。

1950年11月，总参谋部召开第一次军事学校和部队训练会议，会议提出了“统一战略、战术、意志，统一教材、典范，统一训练机构、教育制度、学校管理，提高工作效率和战斗力”的要求。会议要求，从初级军事学校到军事学院，从连队到军训部，都要建立正规的训练制度，诸如各级教育会议制度、请示报告制度、校阅巡视制度、演习制度、考试测验制度、教育考绩制度以及奖惩制度，学校中还要建立教员等级评定制度等。会后，中央军委批转军训部《关于军事学校建设与部队训练问题的报告》，于 1951 年 4 月印发全军执行。[①] 这个报告正式明确了军事院校“三级”培训体制。根据这次会议精神，全军对军事院校的设置作出调整，改建和新建了一批正规院校。

（二）新建军事院校

1. 创建军事学院。

1950 年 7 月间，刘伯承给毛泽东了一封信，信中写道：“要建设一支现代化的军队，最难的是干部的培养，而培养干部最难的又是高级干部的培养，我愿意辞去在西南担任的一切行政长官的职务，去办一所军事学校。”

经过慎重考虑，毛泽东决定批准刘伯承的请求。刘伯承到京后，同周恩来、朱德总司令认真研究陆军大学临时党委的组成、干部配备和军事、政治、文化教育的内容等问题，还向中央军委提出了关于校址、校名、选调干部和教员的建议。

11 月 13 日，刘伯承向中共中央和毛泽东提出了《关于创建军事学院的意见书》，报告建议将陆军大学改名为军事学院，校址暂设在南京华东军政大学所在地，并对学院的组织机构、训练方针和开学时间等问题提出了意见。毛泽东批准了这个报告。11 月 30 日，中央军委正式任命刘伯承为中国人民解放军军事学院院长（1951 年 2 月 4 日兼任军事学院政治委员）。

1951 年 1 月 15 日，军事学院举行隆重的成立大会和第一期学员开学典礼。中央军委为学院开学发来祝词，送来了贺幛，贺幛写道：“为建设正规化现代化的国防军而奋斗。”

毛泽东、朱德等中央领导为军事学院成立题了词。毛泽东的题词是：“努力学习，保卫国防。”朱德的题词是：“为建设近代化的强大的国防军而奋斗。”

---

① 《中国人民解放军军史》编写组编《中国人民解放军军史》第 4 卷，军事科学出版社 2011 年版，第 63 页。

中央军委委派华东军区司令员陈毅、总参军训部长萧克和总政副主任萧华为代表，出席成立典礼，陈毅向刘伯承及军事学院授军旗。军委各总部、各军兵种、各大军区、中国人民志愿军和一些野战军，以及华东党政机关，也送来了贺幛、派来代表参加这规模宏大的盛典。

南京军事学院的成立，使人民解放军有了第一座高级军事学府。毛泽东称它“是中国人民解放军建军史上重大转变之一”。

学院成立初期设高级速成系、基本系等 4 个系，到 1956 年发展为 12 个系，成为培养造就合成军队指挥员和高级参谋人员的综合性军事学府。1955 年 3 月，刘伯承根据合成化军队建设的需要，向中央军委建议，以军事学院的战役系、高级速成系和海军系、空军系、炮兵系、装甲兵系为基础，分别建立高等军事学院、军事学院和海军学院、空军学院、炮兵学院、装甲兵学院，并亲自起草了关于高等军事学院编制和校舍筹建的报告。中央军委于 4 月初批准了刘伯承的报告。经过两至三年的准备，一批培养人民解放军高、中级干部的学院先后成立。

2. 创办政治学院。

1951 年 12 月初，罗荣桓同萧华、傅钟向毛泽东写了报告，提出各大军区成立 1 所能收 500～1000 个学员的政治干部学校，军委开办一所轮训师、团级政工干部的高级政治干部学校。毛泽东签署“同意”。

根据中共中央和毛泽东的批示，总政治部组成了由正、副主任罗荣桓、萧华亲自挂帅，政治干部部副部长王宗槐等七人组成的筹委会。1953 年 6 月 4 日，政治学院正式破土动工。为了尽快建成政治学院，罗荣桓指示先建学员楼，后建办公楼和宿舍楼，边建设边开学。1954 年初，学院的东 4、东 5 两座学员楼尚未完全竣工，一个高干文化班便开学，并调在抗大工作过的莫文骅任政治学院副院长，主持教学和日常行政工作。1954 年 11 月 11 日，中央军委任命罗荣桓兼任政治学院院长，萧华兼任第一副院长，莫文骅任第二副院长兼教育长。1955 年 2 月 19 日，速成系第一期正式开课。速成系开课后，政治学院继续加紧建设。到 1956 年年底，一座40万平方米的人民解放军政治学院在北京西郊建成。①

3. 组建后勤学院。

1951年，总后勤部作出了《关于后勤业务教育工作的决议》，着手组建培训后勤指挥干部的高、中、初三级院校。1952年5月16日，毛泽东主席和中央军委签署发布了关于组建后方勤务学院的决定，以原高级后勤学校和第一高级步兵学校为基础组建后勤学院，地点在北京西郊。1952年9月，李聚奎由东北到北京赴任，正式担任人民解放军后勤学院院长。

1953年2月1日，后勤学院举行开学典礼。毛泽东对后勤指挥干部的培养十分重视，在1月31日给后勤学院的训词中，有针对性地强调了后勤指挥干部的重要性和意义。他指出："对于现代的军队，组织良好的后方勤务工作有极其重大的意义。任何轻视后勤工作、以为后勤工作不是重要的专门的科学、不需要有系统的学习、不需要精通业务的观点是完全错误的。我们必须学习苏联军队完整的后勤工作建设，研究朝鲜战争中后勤工作的状况和经验，以达到我军后勤工作现代化和正规化的目的。"② 朱德在题词中也写道："建立现代化的后方勤务工作，是巩固国防、保卫我们伟大祖国的最重要工作之一。"

后勤学院设指挥、财务、军需、运输、油料等5个系，负责训练全军团以上后勤领导干部。后勤学院成立后，又建立了海军后勤学校、空军后勤学校，后来又陆续增建了后勤各类专业院校。到20世纪60年代中期，人民解放军后勤绝大多数指挥干部都经过了院校培训，后勤学院培养出了一批又一批中高级后勤指挥人才，为后勤现代化建设作出了重大贡献。

4. 建立总高级步兵学校。

总高级步兵学校的前身是由华东军事政治大学改建的人民解放军第三高级步兵学校。1952年5月2日，中国人民解放军高级步兵学校成立。

① 1966年，政治学院在"文化大革命"中被撤销，1978年1月重新成立。1985年12月，根据国务院、中央军委的决定，政治学院并入中国人民解放军国防大学。

② 《毛泽东军事文集》第6卷，军事科学出版社、中央文献出版社1993年版，第339页。

5 月 6 日，中央军委批准陈赓、杨勇、王蕴瑞、刘浩天、高锐、张崇文组成中共高级步兵学校临时党委。陈赓（未到职）、杨勇（代理）先后任校长。1952 年 9 月，宋时轮奉中央军委和毛泽东的命令，从抗美援朝前线回国，赴南京就任总高级步兵学校校长。

1953 年 1 月 10 日，总高级步兵学校正式开学。学校共编 3913 人，其中练习团 863 人，设 6 个部、5 个处、12 个教授会。1 月 7 日，在总高级步兵学校开学前夕，毛泽东亲自写了训词："我们的国家正在为着实现工业化和社会主义而进行大规模的建设，而我国的敌人帝国主义者则继续占领我国的台湾，并继续侵略朝鲜，威胁我国的安全。为了保卫祖国免受帝国主义者的侵略，依靠我们过去和较为落后的国内敌人作战的装备和战术是不够的了，我们必须掌握最新的装备和随之而来的最新的战术。我们必须向苏联的军事科学学习，以便迅速把我军提高到足以在现代化的战争中取胜的水平。对于这个目的，你们的学习和教学工作负有伟大的责任，因为你们应当成为全军在步兵方面掌握现代军事技术的模范和领导者。希望你们团结一致，努力学习和教学。"①

总高级步兵学校开办 6 年中，共培养了 8700 多名具有较高军政素质的中级以上干部。1958 年 11 月 14 日，根据中央军委的命令，总高级步兵学校并入军事学院。

5. 创办军事工程学院。

哈尔滨军事工程学院是人民解放军第一所高等军事技术学院，位于哈尔滨。1952 年 3 月，代总参谋长聂荣臻、副总参谋长粟裕签署的一份总参《关于成立军事工程学院的报告》呈送中共中央。下旬，周恩来、毛泽东在报告上签署"同意"，并亲自研究了军事工程学院院长的人选。中央军委同时决定，以西南军区第二高级步兵学校、华东军区军事科学研究室、第三兵团三家抽调部分干部作为建立军事工程学院的基础。1952 年 6 月，从朝鲜战场前线奉调回国的陈赓担任院长兼政治委员。

---

① 《毛泽东军事文集》第 6 卷，军事科学出版社、中央文献出版社 1993 年版，第 337 页。

1953 年 4 月 25 日，5000 名建筑大军在冻土未开的松花江畔展开了建设中国第一所军事工程学院的战斗。建设指挥部精心设计，精心组织，夜以继日地奋战，仅 7 个月时间，就建成了 10 万平方米、36 幢高质量的校舍，有些建筑古朴典雅，具有中国古老建筑风格。

陈赓一方面组织建院施工，一方面抓紧组建机关和教工队伍。在周恩来总理关怀支持下，1952 年冬至 1953 年春，全国各地抽调了 78 名知名专家、教授、副教授、讲师、研究员。这些人中，不乏全国知名的教授专家，如：赴美国求学归国的力学家、数学家罗时钧教授，赴美求学归国的力学家、数学家庄逢甘教授，赴美求学归国的空气动力学家岳劼毅教授，赴海外求学归国的物理学家朱起鹤教授，赴美国求学归国的有机化学家谭自烈教授，赴海外求学归国的数学家、力学家陈百屏教授，赴海外求学归国的数学家黄明慎教授以及后来成为中国计算机领域著名专家的胡守仁教授等。另从各大军区挑选了 300 多名优秀大学毕业生训练师资。学院设海军、空军、装甲兵、炮兵、工兵、通信等工程系，后又增设原子化学防护工程系。学制 5 年至 6 年。到 1953 年 8 月正式开学前夕，全院已拥有各类教师 500 多名，实验人员 300 多名。这些宝贵的人才，在陈赓的领导下，为办好哈尔滨军事工程学院，奉献了他们的知识和心血，为我军培养出了一批批军事科研事业的人才。

1953 年 9 月 1 日，军事工程学院举行了隆重的开学典礼，阅兵仪式后，陈赓向全校师生员工宣读了毛泽东主席于 8 月 26 日为该学院题写的训词：“中国人民解放军军事工程学院的创办，对于我国的国防事业具有极重大的意义。为了建设现代化的国防，我们的陆军、空军和海军都必须有充分的机械化的装备和设备，这一切都不能离开复杂的专门的技术。今天我们迫切需要的，就是要有大批能够掌握和驾驭技术的人，并使我们的技术能够得到不断的改善和进步。军事工程学院的创办，其目的就是为了解决这个迫切而光荣的任务。”①

---

① 《毛泽东军事文集》第 6 卷，军事科学出版社、中央文献出版社 1993 年版，第 351 页。

哈军工开学后，学院走上了边办学边建设的路程。学院成立之初，设海军、空军、炮兵、装甲兵、工兵（后改称工程兵）等多个工程系。

1958 年 9 月，国防部长彭德怀到哈军工蹲点，他在写给党中央和军委的报告中说："军事工程学院经过四五年的经营，规模很大，在远东来说，可能是唯一的。"

哈尔滨军事工程学院培养的人才也是世界上一流的，短短几年中，有的参加了"两弹一星"的攻关，有的成了人民解放军现代化建设的骨干。从这里也走出了人民解放军一大批高级将领。

有些外国人称哈军工是中国的"西点军校"，有人说哈军工是中国的"伏龙芝军事学院"，而就从培养出的高级尖端技术人才，培养出的高级军事将领，包括哈军工改称国防科技大学后创造的高科技成果，国际上任何一所军事学院也难与之相提并论。

6. 创建兵种院校。

随着战争的结束，陆军各技术兵种领导机构陆续建立，特别是通过抗美援朝战争，陆军技术兵种部队快速发展，随之，一批兵种院校建立起来。

炮兵院校。中华人民共和国成立时，人民解放军炮兵只有东北军区朱瑞炮兵学校、华东军区特种兵纵队特科学校、东北军区防空学校 3 所军事学校，远远不能满足快速发展的炮兵部队培养干部和人才的需要。1950 年 4 月，西南军区以西南军政大学特科为基础，在四川省铜梁县成立了西南军区炮兵学校（后迁重庆）。10 月，东北军区成立了汽车学校。西北、中南、华北、东北军区相继成立了炮兵学校。1951 年 3 月，中央军委统一炮兵学校番号，除东北军区朱瑞炮兵学校改归中央军委建制称中国人民解放军炮兵学校外，西北、西南、华东、中南、东北、华北军区炮兵学校依次改称为中国人民解放军第一、第二、第三、第四、第五、第六炮兵学校。6 月，防空军学校改称高射炮兵学校。在此期间，由于炮兵部队大批换装，1951 年 10 月分别在北京通县、南京、武昌成立炮兵军械学校，后改称为第一、第三、第四军械学校。至 1952 年，炮兵院校发展到 12 所。到 1954 年，为提高炮兵干部的文化水平，打牢炮兵业务基础，人民解放军炮兵又相继成立改建了 8 所炮兵预备学校和 4 所炮兵文化速成中学。

装甲兵学校。1950 年 9 月，装甲兵第一所军事学校——中国人民解放军坦克学校在天津大王庄（11 月迁到长辛店二老庄）成立。装甲兵司令员许光达亲自兼任校长。1951 年 3 月改称第一战车学校。1952 年 5 月，在北京长辛店成立第二战车学校（战车学校后均改称坦克学校）。从 1950 年至 1953 年，相继在长辛店、徐州、长春、洛阳，成立了第一、第二、第三、第四坦克编练基地。

工程兵学校。1946 年 3 月 1 日，东北民主联军在通化成立人民解放军第一所工兵学校。1951 年 3 月 8 日，中央军委决定，该校与第四野战军工兵司令部合并，组建中国人民解放军高级工兵学校，校址在长沙。1950 年 12 月 15 日，华东军区工兵指挥部兼工兵学校成立（后分建）。为祝贺南京工兵学校成立，朱德总司令为学校题写校名并题词："为培养掌握近代科学技术的工兵干部，建立新中国的强大国防军而努力!"1955 年 8 月，工兵学校改称工程兵学校。1955 年 12 月，中央军委工程兵在原吉林工兵训练基地的基础上，在北京昌平成立中国人民解放军工程兵技术学校。1956 年 2 月，新建中国人民解放军洛阳工程兵学校。期间，为适应工兵训练和学习文化的需要，工兵还建立了 1 所文化速成中学与 2 所工兵预备学校。

通信兵学校。中华人民共和国成立时，通信兵已有华北军区电信工程专科学校、东北军区通信学校、山东军区交通学校、第二野战军电信专科学校与军委机要通信干部学校（又称军委工程学校）共 5 所军事学校。1950 年，各大军区各改建或新建了通信学校，即西北军区西安通信学校、西南军区重庆通信学校、华东军区南京通信学校、中南军区汉口通信学校、东北军区抚顺通信学校、华北军区宣化通信学校。1950 年 9 月，依次改称中国人民解放军第一至第五通信学校。1952 年至 1956 年，各通信学校经过若干次调整和增建，发展到 9 所，即：中国人民解放军高级通信学校，通信兵工程学校，通信兵学院，沈阳通信兵学校，汉口通信兵技术学校，重庆通信兵技术学校，重庆通信兵学校，通信兵第一、第二预备学校等。

防化兵学校。1950 年 12 月 30 日，经毛泽东主席批准，中国人民解放军化学兵学校正式成立，校址在四川江津县（9 月迁至北京昌平）。1951 年 6 月任命张迺更为校长兼政治委员。至 1955 年底，该校共办 4 期，培训本科学员 1788 名；办集训班 12 期，集训全军防化干部、教员 1100 余名，为各总部和各军区建立防化学分队培养了人才。

此外，根据铁道兵建设的需要，1954 年 5 月，在石家庄建立了中国人民解放军铁道兵学校。

在各兵种学校调整、新建期间，中央军委对全军院校进行过若干次全军性调整。1952 年，军队院校进行大调整。6 月 23 日，中央人民政府人民革命军事委员会颁布了调整全军军事院校的命令。命令规定：全军设军事学院、后方勤务学院、军事工程学院各 1 所；全军编总高级步兵学校 1 所，高级步兵学校 2 所，步兵学校 9 所；高级炮兵学校 1 所，高射炮兵学校 1 所，地面炮兵学校 6 所，军械学校 3 所（炮兵军械学校 2 所、步兵军械学校 1 所），炮兵摩托学校 1 所；战车学校 2 所；高级工兵学校、工兵学校各 1 所；高级通信学校、通信工程学校、通信学校、雷达专修学校各 1 所；化学兵学校 1 所；防空学校、城防高射炮学校各 1 所；测绘学校 1 所，俄文学校 1 所，后勤系统的财务、军需、运输、油料、兽医学校各 1 所，协和医学院 1 所，医科大学 6 所（同年改成军医大学，并增至 7 所），卫生干部学校（同年改为军医中学）15 所。除按此方案调整外，空军在原有 10 所的基础上，增建航空学校、干部学校各 2 所；海军增建海军预科学校、政治干部学校和后勤学校各 1 所。大军区各增建 1 所政治干部学校。到 1952 年底全军共有军事、政治、文化、后勤、技术院校 200 余所。

中共中央、中央军委十分重视军队院校的建设与管理及教学工作。至 1956 年，即召开 6 次全军军事学校（院校）会议，从学校领导管理体制、体制编制、招生与学制、培养专业和任务、教学方针原则、学校校舍、试验室（场、分队），到教员培训、教学大纲及内容设定、教材编写、教学方法等方面，进行全面设计、规划，培养了一大批又红又专的教员队伍，坚持院校训练与部队训练及战备相结合，培养了大批适应军队现代化建设和现代战争需要的人才。

五、建立正规的工作制度，开展新形势下的军事、政治、后勤工作

转入和平时期建设后，按照建设现代化国防军的特点和规律，人民解放军在加强现代军兵种建设、调整统一体制编制、改善武器装备等建设的同时，着力建立和完善正规的军事、政治、后勤工作制度，加强革命化、正规化、现代化建设。

（一）制定和颁布条令条例和开展正规的军事训练

革命战争年代，人民解放军即陆续建立了一些基本的正规军事制度和条令条例。土地革命战争的井冈山斗争时期，即在毛泽东等党和军队领导人主持下，制定了符合新型人民军队性质、宗旨和特点的“三大纪律、八项注意”，建立了政治、军事、经济民主制度，在频繁的战斗中，制定作息、军风纪、请示报告等制度，建立同志式的上下级关系，建立军法军纪制度，按照国民革命军的操典，举办教导队进行队列、操枪、射击、战术等训练，逐步统一全军体制编制，建立司令部机关和工作制度、政治机关和工作制度、后勤机关和工作制度，等等。到解放战争后期，人民解放军初步建立起基本正规的军事制度，为和平时期正规化建设打下了坚实的基础。但是，由于战争年代作战频繁，各战略区大部分时期处于分割状态和独立作战、分散游击作战环境中，全军没有建立统一完善的正规化军事制度的条件，许多规章制度是由各战区自己制定的。

条令、条例是军队行动的准则。中华人民共和国成立后，中央军委从抓共同条令的编修入手，抓全军正规化建设。1950 年秋，中央军委指示军委训练部成立共同条令编修委员会，参考苏军条令，结合人民解放

军当时的编制体制、武器装备等方面的实际情况，编写共同条令。1951年2月1日，总参谋部将中国人民解放军《内务条令（草案）》《纪律条令（草案）》《队列条令（草案）》颁布全军试行。两年后，由于部队装备和编制体制有了很大变化，中央军委又指示对三大条令进行修正，并于1953年5月1日正式颁发试行。在制定共同条令的同时，各军兵种还先后翻译、颁发了苏军一些专业和勤务部门的条令、条例、教令、教程、教范等，如《步兵战斗条令》《骑兵战斗条令》《高射炮兵战斗条令》《空军战斗条令》《海军战斗条令》《实弹射击条令》等。人民解放军认真贯彻各项条令条例，进一步加强作风纪律建设，提高战术技术水平和协同作战能力及干部的组织指挥能力。

随着各军兵种相继建立和新式武器装备部队，部队展开各种技术、战术训练。中华人民共和国成立初期，大部分部队处于边打、边建、边训阶段。1950年11月，中央军委不失时机作出决定，要求各部队采取有效方法，加强部队战术、技术训练。鉴于全军80%的干部、战士处于文盲和初小文化程度状况，中央军委决定，1952年要把文化教育作为全军训练的中心任务，至1953年上半年，全军开展了大规模的文化教育运动，使指战员文化水平普遍达到初小毕业程度，干部绝大多数达到高小毕业或初中文化水平。这一重大举措，为人民解放军进行正规化现代化建设打下了良好的基础。

（二）完善政治工作制度，加强新形势下的政治工作

中华人民共和国成立后，随着人民解放军整编和组织编制调整和统一，人民解放军建立起完善、正规的政治工作体制编制。各团以上设政治机关，编制组织、干部、宣传、保卫等部门，营以上设党委，连级设党支部，排建党小组。连级设共青团委员会、革命军人委员会组织机构。军队政治工作、政治思想工作系统充实和完善，政工干部队伍素质不断提高，为增强部队凝聚力、战斗力发挥了政治工作强有力的威力。

中华人民共和国成立初期的军队政治工作，继承和发扬战争年代形成的我军政治工作优良传统，把革命的政治思想理论和精神灌注于群众

之中，提高官兵社会主义觉悟，树立热爱祖国和人民，英勇奋斗、不怕牺牲的革命精神。随着国家政治、经济形势的发展，人民解放军加强学习贯彻党的路线、方针、政策教育，紧跟党和国家的形势发展。

1949 年 10 月至 1953 年，军队政治工作主要是围绕巩固发展解放战争的胜利和保证抗美援朝战争的胜利而展开。解放战争末期，根据部队担负的追剿残敌和剿匪作战任务，人民解放军各级政治机关大力加强部队的思想教育工作，组织干部战士深入学习中国共产党七届二中全会决议和毛泽东的报告，进一步树立战斗队思想，坚定将革命进行到底的决心，激励广大官兵在向全国进军中奋勇杀敌，从而保证部队迅速扫清残留于大陆的国民党军队和土匪武装。在进军途中，各部队抽调数十万干部战士组成工作队，参加并完成了新区的土改工作，建立和巩固新生的革命政权。在艰苦的抗美援朝战争中，各部队根据出国作战特点和对高度现代化美军作战的实际，树立敢打必胜信心，进行“三视”（敌视、藐视、仇视帝国主义）教育，进行爱国主义、国际主义、革命英雄主义教育，开展杀敌立功运动。抗美援朝战争中，人民解放军的政治工作发挥了巨大威力，政治工作形式、内容和方法有了新的发展。这些新的战争中开展的政治工作，为 1954 年 4 月中国共产党中央委员会、中央人民政府人民革命军事委员会颁布的《中国人民解放军政治工作条例（草案）》，增添了新内容。

1950 年 5 月 1 日，中共中央发出全党开展整风运动的指示，人民解放军普遍开展了整风运动。运动开始时，毛泽东在审定聂荣臻在中国人民政治协商会议第一届二次会议上的军事报告稿时，就军队整风问题特别加上一段话：“人民解放军的各部分，包括起义部队在内，必须巩固地团结起来。全军必须维持良好的纪律，改善官兵关系和军民关系。全军应在今年复员工作做好之后，从今年冬季开始，来一次从上至下的整风运动，克服一切不良现象。必须教导人民解放军的指战员不要骄傲自满，不要以功臣自居，不要看不起起义部队和地方部队，而要谦虚谨慎，耐劳耐苦，对敌人很勇敢，对同志对人民则很和气，借以团结全军全民完成自己光荣伟大的任务。”① 通过整风，部队中特别是干部队伍中不正确的思想观念和不良作风得到了较好的纠正。

1950 年 9 月 25 日至 10 月 2 日，全国战斗英雄代表会议和全国工农兵劳动模范代表会议在北京召开。毛泽东代表中共中央向两个会议祝词：“中国必须建立强大的国防军，必须建立强大的经济力量，这是两件大事。这两件事都有赖于同志们和全体人民解放军的指挥员、战斗员一道，和全国工人、农民及其他人民一道，团结一致，协同努力，方能达到目的。”② 毛泽东还为全国战斗英雄代表大会题词：“战斗英雄们，你们是人民解放军的模范人物，希望你们继续努力，更加进步，为建设强大的国防军而奋斗！”③

1951 年 12 月至 1952 年 8 月，根据中共中央《关于实行精兵简政、增产节约、反对贪污、反对浪费和反对官僚主义的决定》，全军同全国各行各业一道，开展了“三反”运动。

（三）建立统一的后勤保障体制

革命战争年代，国家经济命脉掌握在国民党政权手中，人民解放军各战略区处于分割状态，其物资来源，主要靠取之于敌和就地筹措。“小米加步枪，仓库在前方”，武器装备和弹药物资基本上靠战场缴获，根据地军工厂只能修造和制造部分手榴弹和步机枪子弹；粮秣靠根据地人民支援和部队筹措。新中国成立后，人民掌握了政权，军队后勤工作进入了一个新的历史时期，组织形式、保障供应手段和方式都发生了重大变化：从以各战略区为主自行筹措补给，转变为全军集中统一的供应保障；由就地筹措、取之于敌，转变为主要依靠后方供应；由单一的陆军后勤，转变为诸军兵种合成军队后勤；由以供应为主，转变为既组织供应保障，

---

① 《毛泽东军事文集》第 6 卷，军事科学出版社、中央文献出版社 1993 年版，第 83 页。

② 《毛泽东军事文集》第 6 卷，军事科学出版社、中央文献出版社 1993 年版，第 103—104 页。

③ 《建国以来毛泽东军事文稿》上卷，军事科学出版社、中央文献出版社 2010 年版，第 221 页。

又组织后方防卫。1948 年 12 月 12 日至 1949 年 1 月 13 日，中央军委召开五大军区后勤部长参加的全军第一届后勤会议，周恩来、朱德到会讲了话，就后勤工作在现代战争中的地位作用，现代条件下后勤工作的方针和任务，建立统一集中的供应体制，建立各项规章制度，加强后勤保障装备建设，有计划地进行军工、军需物资生产等，进行了研究和部署。确定后勤供应由过去以战区为主的分散补给转变为在总部的统一领导下，分区负责供应的方针，即由总后勤部对全军后勤工作实施统一领导、统一政策、统一计划、统一调度和统一标准，各大军区依据各自的条件和力量，分别担负起后勤保障任务。会议规定了全军作战费、个人生活（伙食）费、兵工费、服装费、公杂费等供给标准，统一全军服装样式，并从 1949 年 4 月起在全军施行。1950 年 1 月开始，全军各级后勤机关在精简整编中逐步建立和完善。1952 年 6 月，总后勤部召开各大军区、海军、空军后勤部长会议，毛泽东批准了会议拟制的《关于全军后勤组织原则与领导关系的决定（草案）》，全军后勤工作在总后勤部领导下，由 6 个军区和海军、空军 3 个系统，按建制对陆、海、空军部队实施保障。抗美援朝战争期间，国内在东北军区建立后勤基地，由东北军区后勤部负责，派出前方指挥所担负朝鲜境内的后勤工作。中央军委于 1951 年 5 月 19 日作出《关于加强志愿军后方勤务工作的决定》，成立志愿军后方勤务司令部，在战役后方划分 5 个供应区，在一线、二线建立若干后勤分部，在战区内实行分区供应与建制供应相结合的供应体制。加强兵站运输网建设，构成能运、能储、能供、能医、能修、能防、能打、能互相支援的纵深梯次配置的后勤保障体系和防卫作战体系，建立起了打不烂、炸不断的钢铁运输线，抗美援朝战争中，创造积累了现代条件下战争实施后勤保障的丰富经验。1953 年 5 月，中共总后勤部委员会召开扩大会议，确立了“为国家负责、为部队负责”的后勤建设指导思想。后勤工作的统一和正规化，有效地保障了部队执勤、训练、日常生活、战备工作和作战行动，为以后的后勤建设和保障发展奠定了坚实的基础。

六、建立国防工业

（一）兵工企业由战争年代向和平时期转变

中国共产党在革命战争年代就重视发展自己的兵工事业，到 1949 年底，共有兵工厂 94 个，职工 9 万余人。这些工厂，除弹药厂稍具规模，一般都较小，厂房、设备都很简陋。解放战争胜利进军中，人民解放军高度重视接收好国民党留下的军工企业。在攻打城市前，中共中央即指示地下组织发动进步工人做好军工厂的保护工作；每解放一座城市，即抽调东北和解放区的兵工干部进驻军工企业，做好接收和组织生产工作。石家庄解放后，晋冀鲁豫和晋察冀地区两支兵工队伍会合。1949 年 2 月，华北地区成立了华北兵工局，杨成任局长。同年 9 月，中南地区把中南军区军工部移交中南人民政府，改称军工处；西南地区解放后，这一地区的兵工厂由西南军政委员会工业部接管。

辽沈战役后，人民解放军接收了沈阳国民党政府兵工署第九十工厂；济南战役、淮海和平津战役后，相继接管了济南、北平、徐州、南京地区的兵工厂；1949 年太原解放时，接管了阎锡山经营的一批工厂；随着解放战争的胜利发展，相继接管了上海及东南地区、重庆地区大批国民党兵工企业。新中国成立时，共接管国民党政府遗留下的军工企业 72 个，其中兵工厂 41 个，航空修理厂 11 个，无线电器材修配厂 12 个，船舶修造厂 8 个，职工约 5 万人。这些工厂，除少数具有一定规模、设备较好外，大部分规模较小，厂房、设备陈旧，加之遭到国民党政府溃退时的破坏，工厂破败不堪。

中共中央把建立新中国军事工业，视为建设新中国、发展社会主义经济力量的重要组成部分，认为军事工业是建立强大国防、巩固政权的重要支柱性工业。1949 年 1 月中共中央发出的《目前形势和党在一九四九年的任务》指示中，提出必须使各野战军进一步正规化，加强炮兵和工兵；加强包括军火工业在内的后方勤务工作以及建立空军、海军的任务。随着解放战争的胜利发展，中共中央及时作出调整军事工业的决策。5月，刘少奇在华北职工代表会议上指出，以前组织起来的战争时期的军事工业、战时经济以及经济的军事化，现在要转变为平时工业、平时经济，华北应该有步骤地进行这种转变。同年6月，中央军委总后勤部召开了兵工减产、转业会议，要求兵器工业从旧的、小规模的军事工业，向新的、大规模的军事工业转变；从国内战争的军事工业向国防军事工业转变；从殖民地军事工业向独立的军事工业转变。根据这个战略部署，全国军事工业按大区范围进行调整。在兵工体制上从军事系统划归大区政府系统，纳入大区经济体系；在管理上从战时供给制向企业化转变；在布局上从分散向集中转变，把山区和偏远地带的工厂向城镇转移，组成大型企业。根据中央部署，中共中央、中央人民政府、中央军委将从国民党政府接管的军工厂与解放区的军工厂实行合并，并将一部分兵工厂划归机械、农机、轻工、冶金等民用工业部门，转产民品。到1949年底，计合并调整的军工企业有76个，各种设备3万台（件），职工10万余人。其中兵工厂45个，航空中心修理厂6个，无线电器材厂17个，船舶修造厂8个。

1951年10月，中共中央政治局扩大会议决定，集中力量建设重工业、国防工业和其他相应的基础工业。政府和人民解放军领导部门也相应采取了许多有力措施。

（二）成立军事工业组织领导机构，调整、兴建国防工业

1. 建立军工领导机构。

1949年中华人民共和国成立后，军工企业进入一个崭新的历史发展时期。1949年12月，成立了机械工业管理局，工业部副部长蒋崇璟兼任局长，着重对兵工企业进行整顿。西北地区的兵器工业，除保留随军机械机构外，大部分转为民用工业，撤销了兵器工业建制。1950年1月，华东地区在山东人民政府工矿部设兵工局，所属37个兵工企业，除保留

3个专业骨干厂外，大部分转为民用工业。4月，东北地区将军工部移交东北人民政府，改组为东北工业部，在工业部设军事工业局。5月3日，重工业部成立了兵工办公室，负责全国兵器工业统一计划，指导管理，主任刘鼎（兼），副主任郑汉涛。同时，总后勤部军械部对东北、华东的兵工厂派出首批驻厂检验代表。至1950年5月，兵器工业完成了管理体制的转变。

1950年上半年，中央人民政府政务院批准在重工业部设立航空工业筹备组、兵工办公室、电信工业局和船舶工业局等机构，负责组织生产并积极准备军工企业的调整工作。7月，中央军委总后勤部和中央重工业部联合向中央提出了《关于兵工建设总方针的报告》。10月6日至11月14日，中央重工业部兵工办公室在北京召开第一届全国兵工会议，拟定近期兵工生产建设方针及兵器工业管理体制方案。

1951年1月4日，中共中央为加强对兵器工业的领导，决定成立中央军委兵工委员会（简称中央兵工委员会），周恩来兼任主任，代总参谋长聂荣臻、中央财经委员会副主任李富春为副主任。同时，重工业部的兵工办公室改组为兵工总局，重工业部副部长刘鼎兼局长，统一规划和协调兵工生产建设工作。4月，为加快航空工业建设，政务院和中央军委决定成立航空工业管理委员会，聂荣臻、李富春任正、副主任。同时，航空工业筹备组改为重工业部的航空工业局，由代部长何长工兼局长，具体负责航空工业的组建工作。为加强电子和船舶工业的领导，政务院还先后任命王诤为电信工业局局长，程望为船舶工业局局长。1952年8月，中央人民政府委员会第十七次会议通过决议，成立主管国防工业的第二机械工业部，归口管理兵器、坦克、航空工业局，赵尔陆为部长。1953年3月，电信工业局从第一机械工业部划归二机部管理。至此，国防工业实现了集中统一管理，并开始具体组织国防工业的大规模建设工作。船舶工业当时归属主管民用机械的一机部。①

---

① 1958年2月，第一届全国人大第五次会议决定，将一机部、二机部与电机制造工业部（简称电机部）合并，既管国防工业，也管民用机械工业，仍称一机部。

2. 调整兵工企业。

兵工企业的调整工作，于1951年秋季开始准备，兵工总局按中央兵工委员会要求，组织人员与苏联专家一起，对原有兵工企业情况进行综合调查，拟订调整方案。1952年5月，中央兵工委员会作出了《关于兵工建设问题的决定》，确定了对原有工厂进行调整和改组管理机构的方案。根据朝鲜战争的经验，中央决定提早建设兵器工业，确定了中国陆军第一批制式武器序列，并批准了工厂调整纲要、新厂建设大纲和兵器工业体制调整方案。6月17日，兵工总局在北京召开第二届全国兵工会议，讨论贯彻《关于兵工建设问题的决定》及有关事宜，具体部署各项调整工作。朱德、李富春作了重要讲话，刘鼎作了《做好调整工厂与改组机构工作，奠定兵工建设基础》的报告。李富春在讲话中说："兵工历来在工业上是带头的，今后国家走向工业化，希望兵工也要带头，永远带头，推动其他工作前进。"会议经过讨论，制定并通过了《工厂调整实施办法及步骤》和《改组机构及其实施步骤》两个文件。这次会议对新中国兵器工业建设具有重要历史意义。

经毛泽东、周恩来批准，调整工作于8月开始实施。这次调整，撤销了各大行政区兵工局，由兵工总局直接管理兵工厂，并将原有43个生产任务杂乱的企业合并调整为39个按专业化生产的企业，其中枪厂6个，火炮厂5个，枪弹厂6个，炮弹厂12个，引信和火工品厂5个，火炸药厂4个，光学仪器厂1个。在此期间，装甲兵司令员许光达与何长工商定，经中央财经委员会批准，还先后将长春、哈尔滨和北京的4个机械工厂调整改建为3个坦克修理厂。①

1951年4月，航空修理厂的调整工作即已开始。根据政务院和中央军委联合颁发的《关于航空工业建设的决定》，将空军6个航空中心修理厂及其他10个工厂移交给航空工业局，并由航空工业局承担飞机修理任务。兵工总局随后也将两个兵工厂移交给航空工业局。8月，航空工业局

---

① 《当代中国》丛书编辑部：《当代中国的国防科技事业》，当代中国出版社1992年版，第8—9页。

提出了各工厂的修理任务按专业实行分工、对原有设备及技术人员进行调整的方案，很快得到中共中央书记处的批准。到这年年底，按调整方案将 80%的人员和 70%的设备，集中到 6 个重点大厂，并确定了各厂的任务。

无线电电信工厂按专业化要求，进行了小范围调整，将天津的两个无线电器材厂合并组成无线电厂，撤销天津电工器材总厂，将其下属的 3 个工厂按各自的专业产品方向独立建厂；将四川泸州的电信修造厂合并到征订电信修配厂；上海广播器材修理所迁京组建为北京广播器材厂。同时，将上海、南京、汉口、重庆的电信厂先后划归电信工业局领导。

船舶修造厂在解放初期有一部分由海军管理，担负海军船艇修造任务，以保证解放沿海岛屿和保卫海岸急需。1950 年 10 月船舶工业局①成立后，国家对船舶修造厂进行了调整，将武汉的江汉船舶机械公司划归船舶工业局管理。

在调整过程中，各企业展开技术改造工作，本着自力更生、勤俭建国的方针，以苏联技术资料要求为基本依据，充分利用原有条件，对每栋厂房、每台设备进行检测、修理；购买部分新设备，以提高生产能力和技术水平为中心，尽可能采取新技术、新工艺、新设备，以适应制式武器生产的要求。通过调整和技术改造，兵工企业分类和专业化分工趋于合理，整合了技术力量和设备，有利于归口管理，生产效率不断提高。

3. 制定国防工业建设计划，兴建国防工业工厂。

抗美援朝战争中，武器装备在战争中的重大作用更加显现。中国军队武器装备落后、现代化程度低，现代化武器数量少，付出重大牺牲和代价取得了战争的胜利。经过战争，中共中央更加坚定了加快发展军事工业的决心。1952 年 7 月，中共中央和毛泽东批准中央军委报送的《国防建设五年（1953—1957）计划》，要求五年内初步建设起国防工业，以保证部队平时武器装备的需要和保持必要的武器、弹药储备。人民解放军总参谋部根据国防建设五年计划要求，对第二次世界大战以及抗

---

① 1953 年 1 月船舶工业局划归一机部领导，改名为船舶工业管理局。

美援朝战争武器弹药消耗情况进行分析，拟定了未来反侵略战争所需武器装备与弹药量，据此研究了五年兵工生产建设要求，11 月，总参谋部将 1953 年至 1957 年全军所需陆军武器装备及储备武器弹药计划报中央军委。中央军委根据兵工企业生产能力，确定了武器、弹药生产数量。

航空工业，是中共中央、国务院和中央军委决心集中力量优先发展的国防工业。1950 年 12 月 18 日，周恩来和重工业部代理部长何长工、副部长刘鼎、空军司令员刘亚楼、空军参谋长王秉璋，同苏联驻中国军事代表团团长扎哈罗夫就建立中国的航空工业问题进行了商谈。随后，周恩来召集聂荣臻、刘亚楼、何长工等研究中国航空工业发展道路问题。周恩来强调，中国这样一个大国，靠买人家飞机不行，搞搞修理不行，必须从中国的实际出发，建设自己的航空工业。1951 年 1 月上旬，何长工率代表团赴苏谈判，2 月 19 日，中苏两国代表团达成关于苏联援助中国建设航空工业的协议。

周恩来在 1951 年底提出在三至五年内能仿制生产飞机的要求。1952 年，李富春、聂荣臻等研究了在“一五”（第一个五年计划）期间如何实现这一目标及航空工业建设规模问题。1953 年 1 月 8 日，周恩来主持制定国防工业“一五”计划，确定航空工业要达到能生产活塞式教练机和喷气式歼击机的目标。中央财经委员会主任陈云在会上强调战时兵工的动员生产要在平时作好充分准备，提出“一五”期间国防工业建设投资控制在 30 亿元以内。会议对兵工建设计划作了部分调整，加大了航空工业投资的比例。

1953 年 1 月 22 日，毛泽东主持召开中央会议，刘少奇、周恩来、朱德、陈云、高岗、彭德怀、邓小平、彭真、李富春、薄一波等参加会议，李富春汇报了国防工业五年建设计划的规模、生产能力、投资及基础工业配合的方案，得到会议一致赞同。毛泽东说：“无论抗美援朝战争的结果如何，总要搞国防工业的建设与军工生产，没有大炮，靠人海战术不行。”① 这是中共中央在国防工业初创时期召开的一次十分重要的决策会议。会后，国务院、中央军委有关领导多次与国家计委、二机部、各军兵种负责人审议国防工业“一五”建设计划的重大问题，使计划更加完善可行。8 月，中共中央政治局又专门听取了二机部的详细汇报，讨论并审定了国防工业“一五”计划的安排，明确了国防工业“一五”建设计划的基本任务是：集中力量按国家规定的项目和进度，在苏联援助下完成国防工业企业的新建改建任务，完成制式武器的试制和生产任务，完成飞机、坦克、舰艇的修理及部分制造任务，初步改变国防工业的落后面貌，增强国防力量。会议批准“一五”计划期间新建的航空、无线电、兵器、造船等大型骨干工程共 44 项，改建扩建老厂的大中型工程共 51 项。“一五”计划期间，苏联援助中国的工业建设基础项目共 156 项，有 41 项是国防工业建设项目，其中兵器工业 15 个、航空工业 13 个、无线电工业 8 个、船舶工业 5 个。苏联为这批工程建设基础项目提供成套设备，派遣专家，从设计、施工、技术培训到仿制生产等方面提供全面的技术援助。苏联还帮助中国将原有的几十年军工企业进行改建扩建和技术改造。苏联的援助，加快了中国国防工业建设步伐。

1955 年 4 月，彭德怀、聂荣臻又向中共中央提出在内地筹建制造第二歼击机、喷气式轰炸机及与之配套的十几个工厂建设计划，增建能生产 130 毫米到 200 毫米大口径火炮的工厂，这个计划很快得到中央批准。②

1952 年底，各新建军工企业相继成立筹建机构，在苏联专家指导下，展开筹建工作。国家建筑工程部和各省（自治区）、市，对军工企业建设给予了大力支持，调配组织足够的建筑与安装力量，优先保证材料供应。有的地区负责人还直接担任国防工业重点工厂建厂委员会的领导。政务

① 中共中央文献研究室编《毛泽东年谱（一九四九——一九七六）》第 2 卷，中央文献出版社 2013 年版，第 14 页。

② 《当代中国》丛书编辑部：《当代中国的国防科技事业（上）》，当代中国出版社 1992 年版，第 12 页。

院、中央军委先后从军队和地方抽调了几百名地、师级领导干部及上千名县、团级干部到国防工业企业担任各级领导职务，充实和加强企业的领导。1952 年上半年，政务院从华东、中南地区和铁道、交通、燃料、纺织等部门抽调技术人员近 400 名及技术工人 3000 余名支援国防工业。一大批高级专家汇集在国防工业战线上。国家同时选调大批技术人员和工人到苏联学习、实习，提高技术水平和业务能力，保证老厂的改造和新厂的快速建成，保证如期投入生产。

“一五”计划期间，新建大型兵器工业企业 24 个，到 50 年代末，坦克、大口径火炮、炮弹和特种引信、水中兵器、光学瞄准具及防毒器材等工厂陆续建成，兵器工业已有 53 个大中型企业。在“一五”期间，苏联援建的 13 个航空工业大型企业到 1958 年全部建成，其中有两个飞机制造厂、两个航空发动机制造厂以及与飞机厂配套的航空附件、电器、仪表和飞机轮毂等制造厂。1958 年又开始建一个轰炸机制造厂和一个歼击机制造厂，以及发动机等配套制造厂。到 1959 年，航空工业已从初创时只有几个修理厂，发展成拥有 29 个大型企业。船舶工业建成舰船、动力、水中兵器及导航仪等大型直属企业 13 个，已具有建造中小型军用船舶及仿制生产水中兵器的技术能力。无线电工业从 1953 年后开工建设电子管、无线电元件、自动电话交换机工厂、无线电器材厂等项目，到 1959 年无线电电子工业已有直属企业 39 个，还有几十个由地方管理，主要生产军用无线电设备的企业。

中国国防工业，在中共中央的正确领导下，精心计划，确定重点，艰苦创业，力争外援，大力培养人才，经过十年艰苦奋斗，到 1959 年底，建成大中型军事工业企业 100 多个，独立的科研设计机构增加到 20 多个，共有金属切削机床 6 万台，职工 70 多万人。其中技术人员达到 3.3 万人，形成了沈阳、北京、太原、西安、成都、重庆、兰州等国防工业企业比较集中的生产基地。①

---

① 《当代中国》丛书编辑部：《当代中国的国防科技事业（上）》，当代中国出版社 1992 年版，第 16—17 页。

（三）开始试制武器装备

中华人民共和国成立初期人民解放军的武器装备，主要是从抗日战争和解放战争中缴获的武器，品种十分繁杂。如枪炮就有100多个品种，80多种口径，产自几十个国家，称为“万国牌”。重型武器装备只有400多辆坦克、100多架飞机、100多艘小型舰艇，多数是美、日等国在第二次世界大战前及大战期间生产的。许多零件已无来源，大多数武器已不能供作战使用。

为改变人民解放军武器装备落后、繁杂状况，中共中央、中央军委一面调整兵工企业，建立领导机构，一面指示人民解放军有关部门制订生产计划。兵工办公室成立后，1950年7月，中央军委总后勤部部长杨立三和重工业部副部长刘鼎在联名向中共中央、中央军委提出的《关于兵工建设总方针的报告》中，提出了国防工业建设方针的建议和发展目标，提出在四年半内能够制造所有当时海空军所需武器弹药。在10月召开的兵工会议上，提出三年建设目标：陆军全部武器弹药基本自给，部分供应海空军使用的武器弹药。

抗美援朝战争爆发后，中共中央、中央军委努力取得苏联的武器装备援助，实现大部分陆军师武器装备的制式化、现代化，一面组织兵器工业全力以赴投入支前生产。1950年12月，东北地区的五一工厂在苏军提供的图纸尚未到达的情况下，按照苏联枪械的实样，成功仿制了冲锋枪，毛泽东亲自将之授名为“1950式7.62毫米冲锋枪”。这是新中国第一个制式武器的名称。

1951年5月25日，徐向前率刘鼎、钱志道等组成中国兵工代表团赴苏谈判，于10月18日签订了《关于中国工厂获得制造苏联型式枪炮、弹药特许权和交付苏式枪炮、弹药样品、生产技术资料及必要时派出苏联专家给予技术援助的协定》。

志愿军入朝后，迫切需要研制出反坦克武器，以对付美军装甲、坦克突击。五二厂受领任务后，仅用半年时间，先后成功设计90反坦克火箭筒和配用的两种火箭弹，当年制造出5000具，连同20万发火箭弹送往前线。西南的第五十厂和华北的第三十三厂设计制造了57毫米和75毫米无坐力炮及配用的两种破甲弹、榴弹，送往朝鲜战场。1951年秋，志愿军某部在五圣山防御作战中，使用57毫米无坐力炮击毁敌坦克7辆。兵器工业还仿制了反坦克手榴弹、反坦克地雷等，增强志愿军反坦克作战能力。五一厂选择性能较好的美式75毫米和105毫米榴弹炮，经过反复试验研究，仿制出了这种火炮，还在没有重型冲压设备的情况下，试制出这类大口径炮弹。在此基础上，我国各兵工厂又相继研究制造了102毫米野战火箭、60毫米和82毫米炮榴弹和长弹，仿制了苏式122毫米榴弹炮榴弹和76.2毫米加农炮榴弹、手枪和枪弹、信号枪和信号弹，梯恩梯炸药、爆破器材等。兵器工业部门多次深入朝鲜战场调研、征求武器装备需求和改进意见，指导部队试用新型武器。

抗美援朝战争期间，兵器工业共生产了各种枪械60万支（挺）、枪弹15亿余发、各种火炮9万余门、火箭筒7000余具、炮弹（含火箭弹）1400余万发、手榴弹2300余万枚、炸药6000吨以及大量的地雷、航空炸弹等，并抢修了大量武器装备和弹药，为赢得抗美援朝战争胜利作出了重要贡献。

1952年5月，中央兵工委员会首先选定18种枪械、火炮及其弹药作为国家第一批统一的制式武器，其中15种是仿制苏联的，3种是按美制装备改进设计的。其中枪械6种、迫击炮3种、野战火炮3种、高射炮3种、无坐力炮2种、火箭筒1种，以及配套的弹药。① 同时对枪械的口径统一规定为7.62毫米、12.7毫米、14.53毫米三种系列，对仿制的迫击炮、野战炮及高射炮等武器的口径也作了明确规定。这些规定，为武器装备的制式化和生产技术的规范化、标准化创造了条件。1953年，兵工企业停止旧杂式武器、弹药的生产，开始仿制生产制式武器，当年即仿制成功9种制式轻武器及弹药，并迅速装备部队。1954年8月和9月，又仿制成功122毫米榴弹炮和76.2毫米野炮，开创了中国自行制造大口

① 《中国人民解放军军史》编写组编《中国人民解放军军史》第5卷，军事科学出版社2011年版，第345页。

径火炮的历史。毛泽东为此向一二七厂和二四七厂发了贺信，指出："这对建立我国国防工业和增强国防力量上都是一个良好的开端。"[①] 随后几年，兵工企业又仿制成功 120 毫米、160 毫米迫击炮，57 毫米战防炮，85 毫米、130 毫米加农炮，152 毫米榴弹炮和加农炮，实现了中央军委在陆军武器装备"一五"计划中提出的发展和加强制式兵器的目标。到 1956 年，中国军队曾经使用的旧杂式武器与弹药已全部淘汰。

七、初建人民防空体系和武装动员体制

（一）建立城市人民防空体系

中华人民共和国成立时，人民解放军防空力量比较薄弱，空军刚刚建立，高炮部队数量不足。而国民党空军溃败大陆时，基本没遭受大的损失。国民党空军利用大陆防空力量薄弱的情况，频繁对大陆进行袭扰，特别对沿海及浅近纵深地区、人民解放军设防岛屿等，进行轰炸、扫射，甚至轰炸袭击沿海边境城市，如上海、广州、青岛等。抗美援朝战争期间，这种活动更加频繁。鉴于此，中共中央、中央军委把各城市防空当作保护人民生命财产安全、保卫正常生产劳动的大事来抓，在加紧建设人民解放军防空力量同时，下大力气抓好人民防空建设，建立人防体系。

1950 年 10 月 31 日，周恩来总理召集聂荣臻、薄一波、李立三、罗瑞卿、杨尚昆、刘仁（代彭真）研究全国的防空问题，确定了如下事项：(1) 防空组织：成立全国防空筹委会。筹委会由周恩来、彭真、聂荣臻、薄一波、李立三组成，李立三兼秘书长，杨尚昆为副秘书长。责成彭真主持北京的防空工作，一旦发生空袭，即成立公开的防空委员会并吸收

---

① 《建国以来毛泽东军事文稿》中卷，军事科学出版社、中央文献出版社 2010 年版，第 248、249 页。

党外人士参加工作。(2) 提出防空中的几个问题：关于疏散工作的方针，提出一般的人员与物资不作远距离的疏散，特殊的与较少的人员物资则作远距离的疏散。关于人民的防空组织与训练，确定马上着手进行，先拟开办一个人民防空训练班，抽调各地主要城市负责干部约200人短期训练，而后组织教育群众进行防空活动。关于军事上的防空，确定由军委防空司令部拟出计划，经批准后实施。会上责成李立三会同罗瑞卿、杨尚昆、齐燕铭、宋劭文、张经武拟定工作计划与条例，提交中央审批后实施。会后，周恩来向毛泽东、刘少奇、陈云等报告了会议情况及全国防空问题的有关事项，得到批准。11月22日，周恩来发布《关于防空情报通信应予特别优先权传送问题的通令》，以及发布该通信的权限。

1951年1月7日至18日，由中央工业部门12人、苏联顾问3人组成的中央人民防空委员会筹委会考察组，在李立三率领下赴东北主要城市进行了考察。考察组经过考察，提出四项建议：(1) 人民防空的任务应该从保护人、保护物资财产、坚持生产、坚持工作的目的出发。(2) 人民防空工作应该具有群众性、战斗性和经常性。(3) 人防工作必须有计划，并有专职干部负责。考察组建议下发中央防空委员会所制定的各项组织条例和办法，以减少混乱。(4) 各企业管理系统应建立人民防空组织。

1951年5月31日，中共中央就人民防空工作向各中央局、分局并各省、市委发出通知：中央举办的人民防空干部训练班已经结束，应分配他们以专作人民防空工作的职务，指导他们有计划、有步骤地进行人民防空的各项准备工作。关于人民防空的组织问题，指示凡已公开建立人民防空组织的城市，应配备一定的专业干部，加强现有工作。尚未建立人民防空工作的滨海地区城市，都应在党内建立人民防空领导机构，指定有关机关负责人参加。人民防空的经常费用由地方财政负担，事业费用可由国防费开支。在中共中央和中央人民政府督促指导下，各地防空组织迅速建立，抓紧组织进行各项人民防空工作。

1953年11月中旬，第一次全国人民防空会议在北京召开。会议由公安部部长罗瑞卿主持，有关省、市和公安厅（局）的领导人参加了会议。

会议根据中央关于人防工作应采取“长期准备、重点建设”的方针，提出了以主要城市和工业城市、新建和扩建的工业城市、沿海受敌机威胁的中小城市以及重要工厂企业和铁路交通枢纽为人防工作的重点。会议认为，“长期准备、重点建设”的人防工作方针是正确可行的。第一个五年计划期间的人防工作任务应以人防工程为重点，并结合基本建设进行。在地区上，以沿海和接近国防线地区为重点。在城市上，以新建和重大扩建的工业城市以及现有主要大城市和工业城市为重点。在企业上，以重工业、国防工业、铁道企业及与国计民生有重大关系的企业为重点。会议确定把各级人防办事机构列入公安系统建制，并建议中央批准在国家计委城市规划局内设立贯彻人防工程措施的指导机构，在国家有关部委设立专职的人防处；所需经费，企业的列入基建投资，城市的可列入城建总投资之内。1954 年 5 月 5 日，中共中央将会议产生的《第一次全国人民防空工作会议决议》《省市人民防空委员会组织暂行通则》，以及罗瑞卿的报告，发至各中央局、分局、省委、市委，中央人民政府各委、部党组，以及中央军委各部门执行。

为了贯彻把人防工作与国计民生紧密结合起来的要求，1955 年 11 月 28 日，国务院发出《关于结合民用建筑修建二级防空洞的规定》。文件规定，凡现有的主要大城市和工业城市、新建和重大扩建的工业城市、沿海省会和可能随时遭受敌机威胁的港口等地所修建的民用建筑，以及在其他地区修建的列入防空等级工厂的住宅区，五层以上或超过标准造价、结构坚固的五层以下楼房，必须结合基本建设修建二级防空洞。文件还对各类不同建筑所应结合修建防空工程的面积、建筑标准及其设计与平面布局等，作了具体的规定。1956 年 8 月 13 日，邮电部和公安部发出关于城市人防通信警报工作的规定。规定指出，通信警报是人防工作的重要组成部分，邮电部门必须满足防空指挥通信的需要，并予以优先接通。12 月 6 日，公安部为贯彻执行国务院批准的公安部、卫生部《关于加强人民防空救护工作的报告》，发出通知，要求各省、市人防部门，在现有的编制内，指定专人管理防毒救护工作；要加强对人防救护站、急救站、毒剂化验室和各种消毒建筑物设计与施工的审查监督；对列级城市和工业、企业单位现有的医院、门诊部、保健站、化验室、洗衣房、浴室、车库、防疫站和建筑物，要进行调查研究，提出适应战时需要的使用规划；对应建立而尚未建立人防救护兼职处的城市，应提请人防委员会尽快地建立起来，以利开展救护工作。

（二）实行普遍民兵制

民兵是我国武装力量的重要组成部分。中华人民共和国实行野战（主力）军、地方军（当时为人民公安部队和人民警察）、民兵三结合的武装力量体制，这一体制是在长期的战争年代建立、发展并逐步成熟起来的。在革命战争中，民兵武装在保卫根据地、解放区和后方，开展对敌斗争，直接参军参战，支援和配合正规军作战，支援前线前运后送，剿匪反特等方面，发挥了重大作用，作出了重大贡献。民兵体制是我军的优良传统和特色，是实行人民战争的基础。在未来反侵略战争中，由于我国武器装备处于劣势，海上作战能力和空中作战能力较弱，不可能御敌于国门之外，保卫国家领土主权和安全，防止和反击帝国主义对我国的入侵，必须发挥人民战争的伟力，采取“积极防御”的军事战略方针，以“诱敌深入”的战略手段，消灭入侵之敌于国土内一定地区。我国边防线长，受敌国威胁的方向多，加之帝国主义集团远程空袭兵器的发展，边境防卫、城市防卫和防空，都必须动员民兵，发挥其重大作用，组织全民防御和防卫。因此，中共中央将民兵纳入国家武装力量的重要组成部分，高度重视加强民兵建设，发展民兵武装。1949 年 9 月中国人民政治协商会议第一届全体会议通过的《共同纲领》第二十三条明确规定：“中华人民共和国实行民兵制度，保卫地方秩序，建立国家动员基础，并准备在适当时机实行义务兵役制。”纲领以法律形式，把中国革命时期建立和发展起来的传统的民兵制度，正式确定为中华人民共和国的一项军事制度。

为继续做好民兵建设工作，1950 年 5 月召开的全军参谋长会议作出决定：军委成立人民武装部，统一领导民兵，研究兵役制，准备将来掌管兵役。6 月 21 日，军委人民武装部成立，张经武任部长，傅秋涛任副部长。同年 10 月，中央军委召开全国人民武装干部会议，分析了各地民兵工作情况，研究了进一步加强民兵工作的意见。会议认为，新中国成立之后，各地的民兵工作都有新的进展，广大民兵在参战支前、剿匪肃特、维护治安等方面，发挥了很大作用。但是，民兵建设上也存在着一些亟待解决的问题。一是部分人民武装干部和民兵，对全国解放以后仍要加强民兵工作的意义认识不足，滋长了和平麻痹思想，不安心民兵工作。二是各级人民武装组织的领导机构和编制不统一，隶属关系不明确，有的地区设人民武装部，有的地区设军事部，也有的叫人民武装委员会。有的属军队建制，归军区领导，有的则属地方建制，由地方政府领导；编制人数也有多有少，相差很大。三是基层民兵组织的名称、参加民兵组织的条件等也不一致。如，村、乡一级民兵领导组织，有中队部、武装部、武委会等多种形式；参加民兵的年龄有 25 岁、30 岁、35 岁、40 岁不等；民兵的名称，有的叫自卫队，有的叫基干民兵和一般民兵，也有的叫民兵自卫队、看青队。另外，各省、地民兵工作发展不平衡。老解放区好一些，新解放区发展慢一些。

在全国普遍建立革命政权，面临巩固革命政权、展开全面经济建设重大任务形势下，中共中央为指导社会主义经济建设条件下民兵的建设和发展，在建设指导思想、方针原则、规章制度等方面着手，作出了一系列重要指示、决定，指明民兵建设发展方向和目标。1951 年 5 月 16 日，中共中央、中央军委发出《关于加强民兵建设的指示》，这是中华人民共和国建立后中央关于民兵建设的第一个文件。指示阐明在国内阶级尚未消灭、帝国主义依然存在的情况下，加强民兵建设有重要意义，并就民兵的组织建设、政治教育和军事训练提出了要求。其中，很重要的一点，是采纳了中央人民政府副主席、中央军委副主席刘少奇在审批这个文件草稿时加的一段话，即："过去自愿参加民兵组织的原则，现应适当地改变，即逐步地适当地改变为普遍的民兵制度。"这个文件和这一指示，正式把过去战争年代实行的自愿参加民兵的制度，改变为按照规定的条件普遍参加民兵的制度。即：凡适龄男性公民，只要身体健康，不分民族种族、社会出身、宗教信仰，教育程度，都有参加民兵的权利与义务。

普遍民兵制的建立，翻开了中国民兵建设的新篇章。这一制度，不仅可以把农村适龄的青壮年比较普遍地组织起来，接受军政训练，随时参军参战，履行保卫祖国的义务，而且可以通过普遍民兵制的实施，从组织上、思想上为实行义务兵役制打下良好基础，从而为国防后备力量建设开辟广阔的前景。为贯彻落实这一制度，中共中央、中央军委采取了一系列措施。

1. 落实编制，健全领导机构。

1951 年 3 月，中共中央、中央军委下达了《关于各级人民武装部的组织和编制问题的决定》，明确规定：从中央军委到县属区一级政权，均设立人民武装部，隶属于军事系统领导，主要负责民兵工作；没有地方部队的军分区不设人民武装部，民兵工作由军分区直接负责组织领导。为加强民兵思想政治工作和地方党委对民兵工作的领导，文件规定民兵的政治工作，由各级军区政治部负责，县、区人民武装部和军分区设立政治工作机构或配备政治工作人员；县委书记兼任县人民武装部政治委员，区委书记兼任区人民武装部政治教导员，区共青团书记兼任副教导员；县、区人民武装部部长应参加地方同级党的委员会，为军事委员。1952 年 7 月，中央军委、政务院又作出了县、区人民武装干部一律归部队供给的决定。以上两个决定，使县、区人民武装部更加明确地隶属于军事系统的建制，实现了对民兵工作的领导和指挥的统一。为了使各级地方党委和地方政府切实加强对民兵工作的领导，1952 年 12 月，中共中央下达了《关于建立各级人民武装委员会的决定》，要求党的各中央局、中央分局、省委、地委、县委、区委及基层支部，均须吸收有关部门的主要领导人参加，组成各级人民武装委员会，并由同级党委书记兼任人民武装委员会的主任。各级人民武装部，为同级人民武装委员会的办事机关。在建立健全各级人民武装机构过程中，各级军区和地方党委分别从军队和地方有关部门抽调一大批干部，配备到各级人民武装部门，充实了人民武装干部队伍。据 1953 年统计，全国县、区人民武装干部达 7 万多人。

2. 建立、健全各项制度。

1952年12月11日，由总参谋部、总政治部制定的《中华人民共和国民兵组织暂行条例》（以下简称《条例》），由中央军委、政务院发布命令颁发全国施行。《条例》对民兵的性质、任务、参加民兵的条件，以及民兵组织编制、各项制度和纪律等方面，都作了具体规定。民兵的性质，是不脱离生产的、人民群众的武装组织。民兵的任务是：保卫祖国，担负国家的兵役与战勤动员任务；协助人民解放军和人民公安部队，保卫地方秩序，镇压反革命活动，保卫工矿、仓库、交通与海防、边防，巩固人民民主专政；积极参加生产，以及救灾、治水、造林等工作。条例规定：凡年满18岁至40岁的男性公民、身无残疾和精神病者，均有参加民兵的权利和义务。关于民兵的编组，条例规定：乡（行政村）建立民兵队部，下设中队、分队、小队。乡以下民兵干部由全体民兵选举，不脱离生产。为了适应战备需要，便于遂行各种应急任务和进行兵员征召，在民兵乡队部基础上，以县为单位，建立民兵基干团，基干团民兵年龄为18岁至25岁。《条例》还规定了民兵入队、出队制度，训练制度，武器弹药登记保管制度，等等。据1953年统计，全国有23万个乡建立了民兵队部，配备民兵干部180万人。

第三章 抗美援朝，保家卫国

正当中国共产党领导中国人民和军队，集中精力医治战争创伤，全力进行社会主义建设，展开军队正规化、现代化建设之际，朝鲜战争爆发。在朝鲜民主主义人民共和国人民军取得节节胜利的形势下，美国立即出兵干涉，并操纵联合国通过决议组织“联合国军”，企图消灭朝鲜政权和军队。美国当局把这场战争视为资本主义同共产主义两大集团的对抗，是消灭共产主义、制止共产主义南下的战争，因此，不惜把战争推向中朝边境，严重威胁中国安全。在这严峻局势下，中共中央、中央人民政府作出抗美援朝的决定，组成中国人民志愿军，抗美援朝，保家卫国。

一、美国侵略朝鲜、入侵中国台湾，中国进行防卫战争准备

（一）美国出兵干涉朝鲜内战，侵入台湾海峡阻止中国人民解放军解放台湾

1950 年 6 月 25 日，朝鲜战争爆发。

美国首脑接到朝鲜战争爆发的电报，第一个反应便是“在全世界其他许许多多的地区”“具有进攻的能力”[①] 的苏联已经向自由世界开战，

① 《杜鲁门回忆录》第 2 卷，生活・读书・新知三联书店 1974 年版，第 393 页。

朝鲜是一连串侵略行动的先兆，台湾则是下一个目标。

25日傍晚（美国时间），美国陆、海、空军部长，参谋长联席会议主席，陆军、空军参谋长，海军作战部长等军事首脑，以及艾奇逊国务卿及助理国务卿们，在杜鲁门总统主持下召开紧急会议，研究对朝鲜战争爆发美国的对策和行动。艾奇逊向会议提出了早已准备好的建议方案：(1）应将美国人——包括美国军事顾问团人员的眷属——撤离朝鲜，为此，应当守住金浦和其他航空港，击退对这些地方的一切进攻。在履行这项任务时，麦克阿瑟的空军部队应当留在三八线以南。(2）应当命令麦克阿瑟以空投和其他办法把军火及给养供给韩国军队。(3）应当命令第七舰队进入台湾海峡，以防止战争扩大到该地区。应当命令第七舰队立即从甲米地（菲律宾群岛上美国的一个海军基地——作者注）北上。我们应当发表一项声明：第七舰队将阻止对台湾的任何进攻，而台湾也不得进攻大陆。

艾奇逊刚提到第三点，杜鲁门总统立即插话说：应当立即命令第七舰队北上，但是在该舰队到达指定地区以前，我希望暂不发表声明。① 同时指示有关部门发出命令，立即执行上述三项建议。

美国白宫及所有美驻远东军队首脑们，一面紧张地组织军队进行干涉朝鲜战争和以军事力量控制远东局势的准备，一面密切注视着朝鲜半岛局势的发展。但是，一连串的有关朝鲜战局的电报使美国感到越来越不乐观：韩国军队连续溃败，朝鲜人民军攻势势如破竹，促使着美国加快进入干涉朝鲜战局的角色，以保卫这块“自由世界”与共产主义对抗的前沿阵地。

朝鲜半岛战况的电报雪片似的飞向白宫。紧急、求救、危机，一封接一封的紧张。

星期一早上，韩国大使拿着李承晚亲自发给杜鲁门总统的求救电报：“请美国救救韩国，再晚些支援，韩国就支持不住了。”情况的发展越来越不妙。杜鲁门在回忆录中写道：“但是，大韩民国的军队抵挡不了北朝

① 《杜鲁门回忆录》第2卷，生活·读书·新知三联书店1974年版，第396—397页。

鲜的坦克和重武器。李承晚政府的决策者说汉城看来就要完蛋，共产党的坦克部队据说已兵临城下。”

麦克阿瑟发给杜鲁门关于朝鲜战局的电报更使白宫吃惊：“敌人的坦克正进入汉城近郊。政府已南迁大丘”，“南朝鲜的部队抵挡不了北朝鲜的猛攻……南朝鲜的伤亡人数表明缺乏足够的抵抗力，也缺乏战斗意志，据我们估计，很快就将全部崩溃”。①

杜鲁门感到，美国到了刻不容缓采取行动的时候了。6 月 26 日晚，总统再次召开会议，决定执行 25 日会议所定决定，命令美国海军和空军部队向朝鲜出动，毫无限制地攻击三八线以南的朝鲜人民军部队，支援南朝鲜军作战。同时，派遣第七舰队进入台湾海峡，阻止中国人民解放军进攻台湾。

作为抵御共产主义势力的连锁反应，杜鲁门还批准了关于加强美国在菲律宾的武力和对在印度支那进行战争的法国人 2000 万美元的军事援助。

6 月 27 日，杜鲁门发表干涉朝鲜和侵入台湾海峡的声明。当晚，第一批美国作战飞机飞临朝鲜上空；28 日，不断增加的美国作战飞机开始对三八线以南不管是军事目标还是民用目标进行猛烈轰炸。与此同时，美军第七舰队开进台湾海峡。

然而，美军空军侵入朝鲜半岛支援南朝鲜军作战，并未阻挡住北朝鲜人民军的攻势。6 月 30 日凌晨，麦克阿瑟急电白宫：韩国军队已经完全没有能力采取反击行动，假如敌人的进攻继续下去，大韩民国的政权将面临严重威胁。仅靠使用我们的空军和海军部队，是无法取得决定性战果的。守住目前防线和而后收复失地的唯一保证，是向朝鲜作战地区投入美国地面作战部队。

根据美国总统的命令，7 月 1 日上午 11 时，第一批美国地面部队第二十四师第二十一团第二营，在朝鲜南部的釜山空军基地着陆，随即被投入汉城以南的乌山展开作战行动。

---

① 《杜鲁门回忆录》第 2 卷，生活·读书·新知三联书店 1974 年版，第 399—400 页。

至此，美国发动了全面入侵朝鲜的战争。

为使侵略战争合法化，美国还操纵联合国，在苏联代表缺席的情况下，使安理会通过一系列非法决议，纠集北大西洋公约组织国家和仆从国家组成“联合国军”，并得到“联合国”授权，由美国统一司令部指挥在朝鲜的军事行动。7 月 10 日，美国总统杜鲁门正式任命美国远东军总司令麦克阿瑟为“联合国军”总司令。“联合国军”总部设在日本的美国远东军总部内，由远东总部行使“联合国军”总部的权力。至此，朝鲜战争真正成了一场国际化的战争。参加“联合国军”在朝鲜侵略战争行动的国家先后达 16 个国家。但是，有些国家是迫于美国的压力和不敢得罪美国而出兵的。“联合国军”大部分是美国人，其他国家在朝兵力总共合在一起最多时也不过 36700 余人。

与此同时，朝鲜人民军接连发起几个战役，胜利向南推进。7 月 5 日，朝鲜人民军与美第二十四师先头部队“史密斯特遣队”在乌山以北遭遇。人民军士气正盛，仅两小时激战，美“史密斯特遣队”大部被歼。接着，陆续投入战场的美军第二十四师各部也都被击溃。7 月 7 日，人民军全线发起进攻，侵略朝鲜的美军同韩国军节节败退。

鉴于战场形势，“联合国军”加快向朝鲜投送兵力速度。参加“联合国军”的其他国家军队也陆续登陆朝鲜半岛。至 8 月初，美军投入朝鲜战场 5.9 万人，同南朝鲜军一起在洛东江地区建立了最后防线——釜山环形防御阵地，炸毁洛东江所有桥梁，决心死守待援。

8 月 15 日，朝鲜人民军最高司令官金日成发布命令：“全朝鲜人民军和海军要最后扫荡美国干涉者的军队和李承晚残余伪军，要使 8 月成为完全解放朝鲜的月份。”①

31 日，人民军全线发起总攻势，美军司令沃克下令部队死守，动用大量坦克和空炮火力支援作战。飞机昼夜不停地向人民军阵地和后方狂轰滥炸。朝鲜人民军与“联合国军”在洛东江战场上展开拉锯战。美军此时源源不断地向战场投送兵力。至 9 月 10 日，环形防御圈内的“联合

---

① 《人民日报》，1950 年 8 月 19 日第 1 版。

国军”军达到17.9万余人。“联合国军”依赖强大的空炮火力，阻遏住了朝鲜人民军的进攻，并开始组织反攻。

（二）中国进行防卫战争准备

朝鲜战争爆发后，中国领导人密切注视着这场战争局势的发展。

在美国总统杜鲁门6月27日就朝鲜战争爆发发表声明之后，28日下午，中国中央人民政府委员会紧急举行第八次会议，周恩来总理兼外交部长向会议作了国际形势最新发展的报告，指出：“朝鲜问题，只是美国整套强盗性计划中的一个问题而已。”

8月20日，周恩来外长致电联合国安全理事会主席马立克及联合国秘书长赖伊：“中华人民共和国中央人民政府完全支持马立克先生代表苏联政府于8月4日在联合国安全理事会所提出关于和平调处朝鲜问题的全部提案。”“中华人民共和国中央人民政府坚决主张，安全理事会在讨论朝鲜问题时，必须有四亿七千五百万的中华人民共和国的代表参加，必须邀请朝鲜人民代表出席陈述意见，并且在朝鲜应停止军事行动，同时自朝鲜撤退外国军队。否则即不可能合理地和平解决朝鲜问题。”“朝鲜乃中国邻邦，中国人民不能不更关心朝鲜问题的解决。朝鲜问题是必须而且能够得到和平解决的，但由于美国政府代表百般阻挠和拖延安全理事会的会议，致使为全世界所关心的朝鲜问题不能得到合理的和平解决。美国政府应负有对朝鲜问题不能和平解决的全部责任。”

8月27日，周恩来再次致电联合国安全理事会主席马立克和联合国秘书长赖伊：联合国应立即采取措施，“使美国政府完全撤退其在朝鲜的侵略军队，以免事态扩大，并有利于联合国和平调处朝鲜问题”。

但是，美国政府不顾国际社会的呼吁，更不理会苏联和中国及印度等国关于停止战争、撤出一切外国军队、和平解决朝鲜问题的主张和努力，不断向朝鲜投入侵略兵力，使出浑身解数挽救败势。

在强烈谴责美国纠集“联合国军”侵略朝鲜和美军入侵中国台湾的同时，中共中央、中央军委的领导们，密切注视朝鲜战局发展。

在朝鲜人民军顺利发展，美军和南朝鲜军节节败退的情况下，中共中央和毛泽东冷静地分析形势，认为：美国侵略朝鲜已使朝鲜战争趋于复杂化，朝鲜已成为国际斗争的焦点，至少是东方斗争的焦点。① 朝鲜战局的发展有两种可能，一种可能是人民军一鼓作气，驱逐已经投入朝鲜战场的美军，歼灭南朝鲜军队，解放全朝鲜，结束战争，至少是告一段落。这样即使美国要大规模出兵干涉，扭转败局，也需要进行长时间的准备和调动很大兵力，才能重新在朝鲜登陆。另一种可能是美国迅速大量向朝鲜投入部队，守住滩头阵地，人民军进攻受阻，战局呈僵持状态。在这种情况下，朝鲜的局势更加复杂化，战争将会长期化，必须准备在长期战争中逐步消灭敌人。美国如果继续增兵，甚至朝鲜的局势有可能逆转，朝鲜国家有可能不保，美国还有可能直接进攻中国大陆。中共中央认为，无论哪种情况，中国都应有所准备。②

7 月 7 日和 10 日，周恩来根据毛泽东指示，主持召开了两次国防会议，研究朝鲜战争局势的可能发展及对中国国防的影响，以及中国的防范措施和准备问题。7 月 13 日，中央军委作出了《关于保卫东北边防的决定》。

美国发动侵朝战争，同时入侵中国台湾海峡，这对中国的国防安全形成重大威胁。战局的发展，促使中国加速进行战争准备。以毛泽东为代表的第一代中央领导人在这与国家安危相关的形势面前，作出了一个个重大的决策，真正显示出这一代战略大家的高瞻远瞩。

组建东北边防军。1950 年 7 月 7 日下午，在中央军委召开保卫国防问题第一次会议后，根据会议决定，抽调位于中原地区的国防机动部队第十三兵团等部队北上，在中朝边境地区集结，组成东北边防军，担负保卫东北边防和在必要时援助朝鲜人民的任务。并规定：一旦边防军参战，则“改穿志愿军服装，使用志愿军旗帜”。③ 东北边防军由第三十八、第三十九、第四十军和第四十二军，及第一、第二、第八炮兵师和 4 个

① 《周恩来军事文选》第 4 卷，人民出版社 1997 年版，第 43—44 页。

② 军事科学院军事历史研究部：《抗美援朝战争史》第 1 卷，军事科学出版社 2000 年版，第 62 页。

③ 军事科学院军事历史研究部：《抗美援朝战争史》第 1 卷，军事科学出版社 2000 年版，第 65 页。

高射炮兵团组成，共 25 余万人。军委命令东北边防军所属部队限于 8 月 5 日前全部到达指定地区。9 月，第五十军也编入东北边防军序列。

部署战略机动部队。8 月中旬，代总参谋长聂荣臻向毛泽东建议：整个国防部署，似有加以考虑之必要。如美帝的侵略战争继续打下去的话，虽然我们有了第一步的部署，已将第十三兵团（第十三兵团与第十五兵团番号对调后，原第十三兵团改称第十五兵团）调至辽南，但仍恐不足以应付事变，因此，应于关内机动地区再行配备第二线兵力，以为未雨绸缪之计。毛泽东十分重视聂荣臻的建议。周恩来根据毛泽东的指示，与军委、总参有关部门多次研究边防军第二线和第三线部队的部署，确定调第九兵团北上至山东津浦铁路沿线地区整训，作为边防军的二线部队；同时将第十九兵团部队集结于陇海铁路沿线地区机动位置，作为三线部队与第九兵团相策应。毛泽东批准了这一计划。根据中央军委的命令，从 10 月 1 日起，第九兵团之第二十七、第二十、第二十六军依次北上，进入津浦铁路山东段的泰安、兖州、滕县地区集结，兵团部也进入曲阜。10 月下旬，第十九兵团奉命集结于陇海铁路沿线地区。11 月，在第九兵团出兵朝鲜后，第十九兵团进入山东兖州地区集结。

部署部队，准备粉碎美国和台湾蒋介石集团的联合登陆进犯。中共中央和中央军委决定，以广东、广西和福建、江苏、浙江沿海为主要防御方向部署十几个军，进行抗击美蒋军队可能联合登陆进攻的准备。10 月 21 日，人民解放军海军组建了第一个海岸炮兵营。沿海各军区根据中央军委的部署，在主要防御地段抢修了一批海岸炮阵地，装备了从苏联购买的 130 毫米海岸炮。

解除全国所有野战军担负的生产建设任务。9 月，从事生产任务的人民解放军部队全部转入军事整训。年底，停止复员工作。

10 月，将 6 月 9 日成立的空军第四混成旅调至上海，于 10 月 19 日零时起担任上海防空任务；在沈阳、鞍山、本溪、北京、天津、上海、南京、杭州、广州等沿海大中城市部署高射炮兵部队。

在调整战略部署的同时，中央军委总参谋部加强了沿海地区和重要城市的防空部署。10 月 31 日，周恩来召集中央军委代总参谋长聂荣臻等有关人员开会，研究全国防空问题。会议决定成立由周恩来、薄一波、李立三等5人组成的全国防空筹委会，负责研究和计划全国防空。会议还决定位于辽南地区的部分工厂向北迁移。共迁移到松江省和黑龙江省20个工厂。

请求苏联出动歼击机航空部队，进入中国境内协助中国担负吉林、公主岭、安东、沈阳、辽阳、鞍山、唐山、青岛、广州等地防空任务。苏联陆续向中国派出了11个歼击机师。

加速组建和加强空军、炮兵和装甲兵建设。根据毛泽东和中央军委决定，将计划在苏联购买海军装备和空军装备的3亿美元，改为全部用来购买空军装备和陆军武器装备。

1950年8月26日，周恩来主持召开国防会议，会上部署了人民解放军三年发展规划，并对参战特种部队组建和装备准备作了部署，决定：空军在已有7个航空兵团的基础上，到1951年底，再增编3个轰炸团和1个海军飞机团，1951年下半年再增大编制；要求空军要加紧训练，准备1951年1月底参战；装甲兵在1950年编成3个旅9个坦克团，共360辆坦克，9月底前编成；高射炮兵编成18个团，各种口径高炮428门。组编完成后，于1950年完成训练，1951年参战。①

1950年9月至12月，东北31个机场完成了修补任务。空军为做好准备接受购买的苏联的作战飞机，加速和增加了飞行员的训练。

（三）美军越过三八线，中共中央决策出兵抗美援朝

朝鲜战局岌岌可危，美国白宫和位于东京的“联合国军司令部”，绞尽脑汁筹划挽救败势的手段和计划。

早在1950年6月底，麦克阿瑟在南朝鲜进行空中视察时，就考虑到利用朝鲜半岛地形狭长，东西有千里海岸的特点，实施登陆作战以挽救战场败势的不利局面，并于7月10日制定了在朝鲜半岛中部登陆南北夹

---

① 参见《周恩来军事文选》第4卷，人民出版社1997年版，第45—48页；齐德学：《巨人的较量——抗美援朝高层决策和指导》，中共中央党校出版社1999年版，第75页。

击朝鲜人民军的作战计划。

9 月 15 日凌晨 6 时 30 分，麦克阿瑟指挥美军第十军 7 万余人、美海军第七舰队各种舰船 230 余艘、近 500 架飞机实施仁川登陆战役。下午 5 时，美第一陆战师主力利用仁川港涨潮，在舰炮和飞机火力支援下，从仁川港南北两翼突击上岸，突破人民军防御阵地，占领并巩固了登陆场，掩护后续部队陆续登陆。至 9 月 16 日清晨，登陆美军达 1.8 万余人。

仁川登陆的成功，鼓舞了被围美军和南朝鲜军的斗志。前线的美军倾注所有的飞机和大炮，对朝鲜人民军攻击线实施猛烈的轰炸。在火力支援下，美军和南朝鲜军组织了一次又一次的大规模的反扑。9 月 19 日，美军和南朝鲜军突破了朝鲜人民军洛东江防线，人民军被迫全线退却。21 日，美军向汉城发起总攻，24 日，攻入汉城。朝鲜人民军与美军展开街垒巷战，拼死抵抗。28 日，美军占领汉城。

在“联合国军”南北夹击下，人民军陷入极大的被动。后方补给全部切断，首尾不能相顾，两侧难以策应，整个防线被割裂，更形不成新的整体防御部署。9 月 29 日，南下与北进的美军和韩国军达成会合，地面兵力达 33 万余人，合力向三八线进逼。“联合国军”另有远东海军 5.9 万余人、空军 3.6 万余人支援作战。

早在美国出兵朝鲜后，白宫就一直酝酿关于朝鲜的作战行动指针，即最终的作战目标，是仅收复半岛南部，还是占领全朝鲜。

早在 8 月 23 日，美国国家安全委员会高级参谋人员和国务院、国防部的高级官员，共同讨论了国务院起草的《美国未来在朝鲜的行动方针》初稿，并集中研究了万一中苏介入，美军是否越过三八线的问题。9 月 1 日，美国国家安全委员会参谋人员在国务院文件的基础上，最后形成了题为《美国对朝鲜的行动方针》的文件。9 月 11 日，杜鲁门批准了这个文件，正式确定了占领全朝鲜的战争指导方针。

9 月 27 日，经过杜鲁门批准，参谋长联席会议向麦克阿瑟下达了向三八线以北实施军事行动的命令。9 月 30 日，南朝鲜军越过三八线，向北进攻。10 月 2 日，麦克阿瑟向第八集团军司令官沃克下达了越过三八线的命令。7 日，美军越过三八线，分多路大举向北进击，至此，美军开始实施占领全朝鲜的作战计划，将侵略战争扩大到整个朝鲜半岛。

朝鲜战局逆转，中国政府面临着越来越紧迫的保卫自己国家安全的现实，而且，战火逼近中国大门。

8月27日上午10时4分，美军两架B-29型轰炸机侵入中朝两国界河鸭绿江，盘旋离去。同日上午10时5分，3架美军F-15型飞机和1架蚊式飞机，侵入中国临江县城及其附近大栗子车站上空，对车站和铁路线各扫射两分钟，击坏机车1辆。11时4分，4架美国飞机再次入侵同一地区，对鸭绿江江桥及附近扫射11分钟，击坏机车2辆，客车1辆，守护车1辆，击伤中国人2名。下午2时30分，1架美国B-29型飞机，侵入鸭绿江下游中国安东市上空盘旋；下午4时20分，2架美国F-51型飞机侵入安东机场上空，进行扫射，击坏卡车2辆，机场工作人员伤19名，死3名。

美国公然将战火烧到中国境内，这是美国藐视中国、继续扩大侵朝战争的危险信号和行动，不得不引起中国政府的严重抗议和强烈反应。

9月下旬，中央军委代理总参谋长聂荣臻会见印度驻华大使潘尼迦时，明确指出：鉴于美国飞机已经对中国东北进行轰炸，中国决不会忍声吞气，不作出反应。当潘尼迦说如果中国作出强硬反应，将把中国拖入与美国的战争，而这种战争一旦爆发，中国的建设将拖后十年或八年时，聂荣臻回答说："那有什么办法，如果帝国主义者果真要发动战争，那么，我们也只有起而抵抗了。"①

在美军逼近三八线之际，中国政府即向美国政府发出警告。9月30日，周恩来总理严正宣布："中国人民决不能容忍外国的侵略，也不能听任帝国主义者对自己的邻人肆行侵略而置之不理。谁要是企图把中国近五万万人口排除在联合国之外，谁要是抹煞和破坏这四分之一人类的利益而妄想独断地解决与中国有直接关系的任何东方问题，那么，谁就一定要碰得头破血流。"② 10月1日，美国和南朝鲜军主力沿三八线全线展开，吞掉北朝鲜的血口已经张开。周恩来总理于3日紧急约见印度驻中

① 柴成文、赵勇田：《板门店谈判》，解放军出版社1992年版，第66页。

② 《周恩来外交文选》，中央文献出版社1990年版，第24页。

国大使潘尼迦，要其传话给美国政府：如果美军胆敢越过三八线，“我们不能坐视不顾，中国一定要管”。

然而，美国对中国政府的严正警告不屑一顾，他们认为，依中国当前的国内状况和形势，只会“虚声恫吓”，中国决不会出兵。

关于中国和苏联能否出兵，美国实际上在制定和实施登陆朝鲜半岛侵略计划的每一步骤中，还都是顾虑到的。早在 6 月 30 日杜鲁门在主持召开的国家安全委员会会议上，讨论蒋介石递交的请求美国允许台湾当局派国民党军参加“联合国军”时，国务卿艾奇逊就说：“如果福摩萨的中国军队在朝鲜出现，北平的共产党人就可能决定参战，因为他们可以趁此打击蒋介石委员长的军队，以削弱蒋介石的力量，以便他们试图进攻福摩萨时蒋介石难以自卫。”① 虽然杜鲁门曾考虑到，使用蒋介石的三万三千人的部队，正如蒋介石的请缨信中所讲的“他的部队在五天之内就可以上船出发”，而当时对挽救南朝鲜的败势来说，“时间是非常重要的”。然而，经过讨论，杜鲁门总统几经犹豫，最后认为风险太大，得不偿失，因而打消了在朝鲜使用蒋介石军队的念头。

美国国家安全委员会在仁川登陆前的一次会议上决定：“往北越过三八线的计划是以苏、中不用大规模军队进行干涉为前提的。”② 杜鲁门在回忆录中写道：授权麦克阿瑟将军采取必要的军事行动，把北朝鲜人赶回三八线以北，或者击溃他们的部队。如果没有苏联或中国共产党分子的武装部队进入的迹象或威胁，国家安全委员会建议麦克阿瑟将军把军事行动伸展到三八线以北，并作出占领北朝鲜的计划。然而，如果苏联或中国共产党进入朝鲜，就不要在三八线以北进行地面军事行动。③

美国政府和军方判断中国能否出兵，大部分倾向于中国只不过是“虚张声势”。10 月 7 日，美国国防部副部长洛维特起草了一份给麦克阿瑟的指示：今后凡遇到中国共产党未经事先声明的情况下向朝鲜任何地

---

① 《杜鲁门回忆录》第 2 卷，生活·读书·新知三联书店 1974 年版，第 407 页。

② 华庆昭：《从雅尔塔到板门店：美国与中、苏、英：一九四五至一九五三》，中国社会科学出版社 1992 年版，第 210 页。

③ 《杜鲁门回忆录》第 2 卷，生活·读书·新知三联书店 1974 年版，第 429 页。

方公开或秘密地投入大量部队，你可以根据自己的判断，继续进行作战行动。在任何情况下，如果要对中国境内的目标采取任何军事行动，你必须事先获得华盛顿的授权。[①] 10 月 9 日，杜鲁门批准并向麦克阿瑟发布了这一命令。

在严峻的局势下，9 月 28 日，金日成立即主持召开朝鲜劳动党中央政治局会议，认为人民军已无力阻止美军越过三八线，也无力在三八线以北进行有效的抵抗，必须请求苏联和中国提供直接的军事援助。

9 月 30 日，金日成、朴宪永联名写信给斯大林并苏共中央，请求苏联出兵给予援助。第二天，斯大林即致电苏联驻中国大使转毛泽东、周恩来，建议中国派部队援助朝鲜。

在斯大林向中国发出建议信当天，10 月 1 日夜，金日成紧急召见中国驻朝鲜大使倪志亮和政务参赞柴军武，正式向中国方面提出请中国紧急出兵援助朝鲜的请求。

这一天，是中华人民共和国的国庆日，中国国内举国欢腾，庆祝新中国诞生一周年。而在北京中南海中央领导人的住地，当夜，毛泽东召集中央有关领导人，研究出兵援助朝鲜问题。其实早在 8 月 4 日毛泽东在中共中央政治局会议上就指出：如果美帝得胜，就会得意，就会威胁我国。对朝鲜不能不帮，必须帮助。用志愿军的形式，时机当然还要适当选择，我们不能不有所准备。[②]

次日凌晨 2 时，中央军委发出了由毛泽东起草的给高岗和邓华的电报：请高岗接电后速到京开会；请邓华令边防军提前结束准备工作，随时待命出动，按原计划与新敌人作战。

10 月 3 日，朝鲜劳动党中央常务委员、内务相朴一禹携带金日成、朴宪永的求援信到达北京，面呈毛泽东主席，请求中国出兵援助朝鲜。

10 月 4 日，毛泽东主持召开中共中央政治局会议，进一步讨论出兵援助朝鲜问题，以作出最后决策。对于出兵朝鲜，中央政治局进行了充

---

① 《美国对外关系文件》，1950 年第 7 卷，第 911—915 页。

② 中共中央文献研究室编《毛泽东年谱（一九四九——一九七六）》第 1 卷，中央文献出版社 2013 年版，第 168 页。

分的讨论。是否应该出兵，两种意见充分发表了意见。主张不宜出兵的意见主要是顾虑国内困难太多，认为：新中国刚刚成立，医治战争创伤刚刚开始，国民经济刚刚起步，支持战争的工业十分薄弱，一旦打起来，经济建设将受到极大影响；国内尚未彻底完成剿匪的任务，土地改革也未全部完成；特别是军队刚刚打完仗，不免存在厌战情绪，加上军队的装备、训练均较差。总之一切准备尚不够。另一种意见则积极主张出兵，认为：我们准备不够，帝国主义集团的准备也是不够的。他们想以打来巩固他们的内部，以打来扩大他们的影响，借以争取一些动摇的国家，这就是他们采取战争政策的真实内容。美国在朝鲜积极进攻，正是怕暴露它的弱点的表现。如果我们不及时给它以打击，一些动摇的国家和阶层就会倒向美帝国主义方面去。如果我们不积极出兵支援朝鲜革命政府和人民，国内外的反动气焰就会高涨起来，亲美派就会更加活跃。如果让美帝侵占朝鲜，对我们就是一个直接威胁，他就会把兵力转向越南、缅甸，到处搞鬼，我国就将陷于被动，国防、边防都处于极不利的地位，对国外的影响也将不利于我们，有些国家就会更加倾向于美帝方面。三五年以后再打，让我们松口气，当然好。但三五年以后还是要打，我们三五年辛辛苦苦建设起来的一点工业，到那时还要被打得稀烂。而且对三五年我们国防建设、工业建设也不可抱有过高的期望。那时美国可能把日本等国都武装起来了，我们要制止侵略就更不容易。这样细算一下，目前就打也许更有利。所以迟打不如早打。①

中国出兵朝鲜同美军作战，中国又面临诸多困难，中国虽以志愿军参战，但牵动的是整个国民经济。中美两国经济力量和军队武器装备对比，强弱悬殊。从国防安全战略和国际战略考虑，不出兵对中国带来许多后患。新生的人民政权面临着最严重的抉择。

毛泽东是积极主张出兵的。他的战略指导和战役指导思想一贯是，运用一切可能利用的条件和手段，创造和争得主动，力避被动。在两大阵营激烈对抗的形势下，在中国面临着美国为首的帝国主义极力遏制、

---

① 参见《彭德怀军事文选》，中央文献出版社1988年版，第321—322页。

包围中国，威胁中国安全的局面下，毛泽东更多的是从中国长远的战略主动考虑出兵援助朝鲜问题。他在 10 月 4 日的会上说：“你们说的都有理由，但是别人处于国家危急时刻，我们站在旁边看，不论怎么说，心里也难过。”① 毛泽东指出，对于出兵朝鲜的顾虑，可以提几十条、几百条甚至上千条，这些顾虑都是揣测可能发生的。另外一条就是我们应该在朝鲜争取反美胜利，应该给美帝国主义这个世界各帝国主义侵略阵营的头子一个打击，把它的气焰压下去。②

彭德怀也坚决主张出兵，他在 10 月 5 日政治局会上说：“出兵朝鲜是必要的，打烂了，等于解放战争晚胜利几年。如美军摆在鸭绿江岸和台湾，它要发动侵略战争，随时都可以找到借口。”③ 周恩来表示坚决支持毛泽东出兵援朝主张。

中共中央政治局会议还对战争中中国与敌手的优劣条件进行了全面的分析和判断。通过权衡利弊，10 月 5 日，中共中央政治局最后决定：组成志愿军出兵朝鲜，抗美援朝，保家卫国。

10 月 7 日，毛泽东电告斯大林：中共中央已经作出了出兵决策，并且决定第一批出动 9 个师而不是 6 个师，并告即刻派周恩来和林彪前去通报中共中央决策情况，并与斯大林详细讨论有关问题。

10 月 8 日，中国人民革命军事委员会主席毛泽东签署命令：着将东北边防军改为志愿军，迅即向朝鲜境内出动，协同朝鲜同志向侵略者作战并争取光荣的胜利。

同一天，周恩来和林彪赴苏，与斯大林磋商中国志愿军出兵朝鲜后苏联援助武器装备及出动空军，支援中国志愿军作战问题。此前的 10 月 2 日，斯大林在给毛泽东的电报中，建议中国出兵，并表示中国若出兵抗美，苏联将派空军支援中国地面部队在朝鲜作战。

在会谈中，周恩来和林彪以及国内的毛泽东不曾料到，斯大林同意提供武器装备，但说苏联空军还没有准备好，称两个月至两个半月不能

---

① 《彭德怀自述》，人民出版社 1981 年版，第 257 页。

② 参见《周恩来军事文选》第 4 卷，人民出版社 1997 年版，第 137 页。

③ 《彭德怀自述》，人民出版社 1981 年版，第 257—258 页。

出动掩护志愿军作战。

周恩来听了斯大林的答复，感到事情重大。会谈结束后，斯大林与周恩来联名将会谈情况电告毛泽东。

本来中国志愿军武器装备就处于劣势，如果又没有空军掩护和支援作战，制空权全部掌握在美军手里，这样连中国志愿军的后方国内都将受到重大威胁，作战将面临十分严重的困难。此时，毛泽东已批准了彭德怀的出兵计划，决定 15 日出兵。面对苏联方面的变化，毛泽东决定召开中共中央政治局会议讨论。

10 月 12 日，毛泽东立即急电彭德怀、高岗等，暂缓执行出兵命令，并告彭回京。13 日，毛泽东再次紧急召开中央政治局会议，研究讨论出兵问题。中共中央政治局一致认为，即使苏联两个月或两个半月不能出动空军掩护，中国人民志愿军也还是出动到朝鲜为有利。中国坚定出兵援助朝鲜！

毛泽东将讨论结果于当日电告周恩来。周恩来紧急约见莫洛托夫，告其没有苏联空军掩护，中国仍出兵援助朝鲜。莫即将情况报告给了斯大林。

中国不顾可能付出的较大牺牲，忍受两个月或两个半月内没有苏联空中掩护支援作战，在可能遭受美军空袭中国的局面下出兵朝鲜，抗击美国的侵略，这使斯大林十分感动。斯大林同意以信用贷款的方式向中国军队提供军事装备，并承诺将在两个月或两个半月后，出动由 16 个喷气式飞机团组成的志愿空军，掩护中国人民志愿军在朝鲜作战。苏联空军在中国志愿军出兵朝鲜后，从 11 月 1 日开始，进入中朝边境鸭绿江地区与美国空军作战，从 1951 年第二季度开始，苏联志愿空军秘密出动至朝鲜境内清川江以北地区上空，担负掩护铁路运输和后方目标的作战任务，保持着 4～7 个团的兵力，直到朝鲜战争结束。①

与此同时，毛泽东决定志愿军全部 26 万人，于 10 月 19 日开始出动。

10 月 19 日晚 18 时 30 分。鸭绿江边冷雨蒙蒙，在安东、长甸河口、

---

① 军事科学院军事历史研究部：《抗美援朝战争史》第 1 卷，军事科学出版社 2000 年版，第 169 页。

辑安三个渡口上，隐约见到几点灯光。没有人欢马嘶，没有鼓乐欢送的热闹场面，中国人民志愿军第四十、第三十九、第四十二、第三十八军和炮兵第一、第二、第八师等部队，在彭德怀司令员率领下，利用低沉的夜幕掩护，开始秘密渡江，奔赴朝鲜战场。

二、中国人民志愿军实施五次战役，将“联合国军”赶回三八线

中国人民志愿军入朝后，23 日，毛泽东针对志愿军的装备和朝鲜战场的形势，确定实施的战略指导方针，即“从稳当的基点出发，不做办不到的事……总之，我们应在稳当可靠的基础上争取一切可能的胜利”。

麦克阿瑟大举北进，杜鲁门日益担心中国出兵朝鲜。他命令麦克阿瑟：在中朝边境不要使用非韩国部队，不得对中国领土上的目标采取任何军事行动。中情局于 10 月 12 日提出的两份报告，第一份是《关于苏联军事干预朝鲜的可能性报告》，第二份是《关于中国军事干预朝鲜的可能性报告》。这两份报告说，美苏开战很难限于朝鲜远东，后果可能引起世界大战，除非苏联决心打世界大战，否则苏联不会干预朝鲜；至于中国，没有苏联的海空军支援，中国干预的情况不会在 1950 年出现。但杜鲁门还是不放心。朝鲜战争只是他全球战略的一部分，他在这里赢了，在欧洲若输给苏联，那将是得不偿失。他的战略重点在欧洲。

杜鲁门对中国部队在鸭绿江和中朝边境集结的情报是没有忽略的，周恩来的强硬声明更增添了他几分顾虑。中国共产党的部队虽然装备低劣，却让美国失去了蒋介石统治的中国，毛泽东有着从不屈服的性格。他越想越忧心忡忡，决定同麦克阿瑟会面，“从他的第一手情报和判断中汲取益处”①。

① 〔美〕小克莱·布莱尔著，翟志海等译：《麦克阿瑟》，解放军出版社 1983 年版，第 343 页。

10 月 15 日，杜鲁门飞抵太平洋上的威克岛，同提前一天到达的麦克阿瑟进行了会谈。

杜鲁门特意向麦克阿瑟谈了加强欧洲计划，意思很明白，麦克阿瑟不能将美国长期拖在朝鲜半岛。麦克阿瑟即刻说：肯定 1951 年即可以从朝鲜调一个师去欧洲，他重申已经赢得了朝鲜战争，中共参战的可能性很小。“可能性很小。假如他们在第一个月或第二个月进行干涉，那可能是具有决定意义的。我们不再害怕他们的干涉了，我们也不必再毕恭毕敬了。中国人在满洲有三十万部队，其中很可能不超过十万到十二万五千人部署在鸭绿江边，只有五万到六万人能够渡江作战。他们没有空军。既然我们的空军在朝鲜已经有了基地，如果中国人试图前进到平壤，那将会出现一场最大规模的屠杀。”①

在上午的正式会晤中，麦克阿瑟发表了两段让杜鲁门打消顾虑的判断和保证：“我认为到感恩节，正规抵抗在整个朝鲜就会终止”“我本人希望到圣诞节能把第八集团军撤到日本”。威克岛会谈使杜鲁门十分满意，对在朝鲜的尽快胜利充满了信心。离开威克岛时，他向麦克阿瑟授了麦克阿瑟戎马一生的第五枚勋章——服务优异勋章。

麦克阿瑟飞回东京，回到指挥朝鲜战场的岗位。他迅速调整作战部署，令“联合国军”大举北进。

麦克阿瑟占领全朝鲜心切，空军大规模轰炸朝鲜人民军退路，空降兵在平壤以北实施空降。他亲自飞临战场上空视察，看到他的部队按他的命令以“尽可能快的速度向北推进”。北进的部队，没遇到朝鲜人民军大的有效的抵抗。顺利占领平壤，更增添了他的狂妄——他已经无所顾忌了。参谋长联席会议以前向他下达的禁止在北部边境省份使用韩国以外的部队的命令，早已被他的狂妄抛在脑后。

（一）重挫“联合国军”士气的第一次战役

1950 年 10 月 21 日，麦克阿瑟指挥“联合国军”由平壤、元山一线，

---

① 〔美〕小克莱·布莱尔著，翟志海等译：《麦克阿瑟》，解放军出版社 1983 年版，第 346 页。

向朝鲜北部边境全线推进。

朝鲜战争已经到了关键的时刻。这时，中国人民志愿军出现了。

志愿军入朝后，按照原作战计划，准备入朝后，先在平壤至元山铁路线以北、德川至宁远沿线以南地区构筑二至三道防御阵地，第一时期打防御战，歼灭小股敌军，在 6 个月之内如敌军固守平壤、元山不出，则志愿军不去打平壤、元山。待志愿军得到苏联装备并训练后，空中和地上均对敌具有压倒的优势条件后，6 个月以后再谈进攻问题。

朝鲜战场形势急速发生着变化。中国人民志愿军已经入朝，但麦克阿瑟毫无察觉。为加快进攻速度，他的属下指挥各路部队，以团或营为单位，放胆分兵冒进。

10 月 21 日凌晨，毛泽东分别电示彭德怀和邓华，要求志愿军马上改变作战计划，立即部署歼灭冒进的南朝鲜军几个师，以稳定朝鲜战局，使志愿军站稳脚跟。

10 月 24 日，南朝鲜军的 3 个师已经越过清川江，分别进至清川江以北的宁远、熙川以西及温井、德川地区。

彭德怀立即进行战役部署，根据敌情的不断变化和毛泽东的指示精神，几经调整作战方案，最后决定：主力集中于西线，第四十军向温井以北、北镇以东集结，待机歼灭南第六师；第三十九军集结于云山西北地域调动南朝鲜第一师东援温井，将其歼灭在云山地域；第三十八军并第四十军一二五师，迅速集结于熙川以北明文洞仓洞地域，准备歼灭南朝鲜第八师于熙川及其以北地区。东线以第四十二军之一二四师、一二六师于长津以南黄草岭、赴战岭地区，阻击东线敌军北进，配合西线作战。同时，即令第五十军和第六十六军入朝，加强西线作战力量。

志愿军各部按作战计划迅即展开行动。

10 月 25 日，志愿军第四十军一一八师先头与冒进的南朝鲜第六师二团先头一个营和一个炮中队遭遇。志愿军以突然的行动，全歼了该敌。同日，第四十军第一二〇师在云山以北，予向北进攻的南朝鲜第一师先头第十五团以迎头痛击。当夜，第四十军两师乘胜攻占温井。

麦克阿瑟及他领导的司令部，不相信中国真的参战了。他向华盛顿报告："进行干涉的有利时间早已过去了"，"中国人在虚张声势，保住脸面，或仅仅是试图保护鸭绿江上的许多水电站而已。到现在为止，还没有从情报来源得到他们的大部队已进入北朝鲜的任何确凿证据。"①

26 日，南朝鲜第六师一部推进到鸭绿江边的楚山村，向江对岸中国境内实施炮击。28 日晚和 29 日晨，志愿军第四十军部队歼灭了遭遇的南朝鲜军第六、第八师各两个营和重创 1 个团。②

然而，麦克阿瑟仍不相信中国志愿军大部队已经出兵参战。这时，志愿军已按作战计划神速秘密地达成了对所歼目标的战役展开。

10 月 31 日，美国王牌部队第一骑兵师奉命进抵云山地区。然而，美军不曾想到，中国人民志愿军第三十九军已神兵天降至云山周围的深山密林中，形成了对云山的包围。

翌日 15 时 30 分，志愿军第三十九军第一一六师发现云山外围高地上的敌军后撤，城内车辆往来穿梭，并向南移动，似是逃跑迹象（实际是美军与南朝鲜军换防）。第三十九军首长立即决定，乘敌混乱之际，提前发起攻击。17 时，第三十九军从三个方向向云山外围高地发起攻击。第一一六师首先以两个团在炮火支援下，从西北方向攻击，逼近云山。在战斗过程中，他们发现打的不是南朝鲜军而美军，更加奋勇冲杀。随后预备队投入战斗，3 个团协同突击。2 日 3 时，第一一六师攻占云山。接着，第一一六师继续向云山东南上九洞方向攻击。第一一七师于 1 日 17 时 30 分从东北方向向云山以东的三巨里进攻，围歼南朝鲜第一师第十二团一部，于 2 日凌晨和第一一六师会合。从云山西南方向进攻并担负断敌后路任务的第一一五师主力，于 2 日拂晓在云山以南诸仁桥截住并包围从云山撤退的美骑兵第八团直属队和第三营共 740 余人。2、3 两日，被围之敌在飞机、坦克的支援下突围数次，均被第一一五师击退。从博川方向北援的美骑第一师第五团，在云山西南遭到志愿军第一一五师 1

① 〔美〕小克莱·布莱尔著，翟志海等译：《麦克阿瑟》，解放军出版社 1983 年版，第 350 页。

② 军事科学院军事历史研究部编著：《简明中国人民解放军战史》，军事科学出版社 1991 年版，第 414 页。

个团顽强阻击。3 日夜，第一一五师乘被围之敌疲惫绝望之际，发起猛攻，一举将其全歼。

云山战斗，志愿军第三十九军歼灭美第一骑兵师第八团大部并歼灭南朝鲜第十五团大部，毙伤敌 2000 余人，其中美军 1800 余人，缴获飞机 4 架，击落飞机 3 架，击毁和缴获坦克 28 辆、汽车 170 余辆、各种炮 119 门。云山战斗，是志愿军首次以劣势装备歼灭高度机械化美军的战例，打击了美军的嚣张气焰。

西线的其他各部：第三十八军沿清川江左岸前进，迂回敌后，于 2 日占领院里，对清川江以北敌军侧后构成威胁；第四十军歼灭南朝鲜第八师和美骑兵第一师各一部，于 2 日逼近宁边；第六十六军于 1 日进至龟城近郊，阻击与牵制了美第二十四师；第五十军一五〇师进至新义州以南。

在第三十九军在云山痛歼美骑兵第一师第八团的同时，志愿军第四十二军主力与朝鲜人民军一部，在东线黄草岭、赴战岭地区，阻击南朝鲜首都师、第三师和美陆战第一师的进攻，苦战 13 昼夜，毙伤敌 2700 余人，有力地配合了西线作战。

志愿军首战告捷，西东两线密切配合，歼灭冒进之敌 1.5 万余人，“联合国军”感恩节前占领全朝鲜的目标变成一场噩梦。

（二）一举将“联合国军”打回三八线的第二次战役

志愿军重创美骑兵第一师，令美国当局和“联合国军”总部大吃一惊，但他们认为，中国不敢同美国较量。麦克阿瑟在 11 月 4 日给杜鲁门的对中国出兵的估计的电报中肯定地说：“中国共产党还没使用出全部力量来进行干涉”，“防止敌人大量增援军力到威胁我军安全程度的唯一办法，是必须执行讨论中的目标的轰炸”。他命令空军司令斯特拉特迈耶，要在两周内，把他指挥的全部空军力量都投入对敌人作战，消灭进入朝鲜的中国的“干涉军”，“如果必要，作战机组人员只要一息尚存就要不断地飞行……摧毁敌人的全部交通运输和一切设施、工厂、城市和村庄”。①

---

① 〔美〕小克莱·布莱尔著，翟志海等译：《麦克阿瑟》，解放军出版社 1983 年版，第 352 页。

18 日开始，北朝鲜上空出现一批又一批战斗机群，麦克阿瑟乐观地向华盛顿报告：他能够“阻止具有足够力量的增援部队跨过鸭绿江”，说他的这一空袭，“封锁了战场——切断了敌人的补给和增援”。[①]

麦克阿瑟决定集中地面部队 13 个师又 3 个旅和 1 个团共 25 万人的兵力，包括坦克 1000 余辆，飞机 100 余架，各种炮 1 万余门，在空炮火力支援下，继续分东西两线发动总攻势，计划在 12 月 25 日圣诞节前结束朝鲜战争，并于 11 月 6 日即开始试探性进攻。

麦克阿瑟相信全面的空中进攻已达到了预期目的。他得到报告，中国军队似乎在全线撤退，他命令部队 11 月 24 日发动“以结束战争的总攻势”[②]，他要他的一位指挥官告诉士兵们他们可以在圣诞节回家了。

毛泽东和彭德怀针对美国决策当局和麦克阿瑟战略上的判断错误，决心利用美军恃强骄傲的心理，将计就计，采取故意示弱、诱敌深入的方针，集中 9 个军 38 万余人，分东西两个战场，发起战役反击，歼敌 7 个至 8 个团，将战线推至平壤、元山一线，使志愿军站稳脚跟，以利坚持长期作战。为达此目的，调第九兵团（辖第二十、第二十六、第二十七军）入朝，担负东线长津湖地区作战；以参加第一次战役的第三十八、第三十九、第四十、第四十二、第五十、第六十六军共 6 个军担负西线地区作战。

志愿军遵照中共中央和志愿军总部的命令，开始了紧张的战役准备。中央军委和东北军区特别调整了朝鲜战场的后勤部署，加强了志愿军的后勤保障力量。

志愿军于 11 月 7 日开始诱敌深入，主力全部后撤休整，以一部在第一线以节节抗击方式，步步诱敌。“联合国军”认为志愿军是“怯战退走”，到 11 月 21 日，其西线部队完成战役展开；东线部队进至长津湖以东以南地区，美第七师先头 1 个营已进占鸭绿江的惠山镇。11 月 24 日，麦克阿瑟命令东西两线全面发起了进攻。西线由美第八集团军指挥美军、英军、土耳其军和南朝鲜军 8 个师又 3 个旅和 1 个团共 13 万人，东线由

---

① 〔美〕小克莱·布莱尔著，翟志海等译：《麦克阿瑟》，解放军出版社 1983 年版，第 352—355 页。

② 《杜鲁门回忆录》，生活·读书·新知三联书店 1974 年版，第 455 页。

美第十军指挥美军 5 个师和南朝鲜军共 9 万余人。此时，志愿军西线部队已完成了反击准备，东线第九兵团主力也在长津湖地区秘密完成集结。

11 月 25 日黄昏，志愿军西线部队按计划突然发起了反击。首先以第三十八、第四十二军两军在第四十军 1 个师的配合下，向西线美第八集团军进攻的右翼发起攻击，将进至德川、宁远两城的南朝鲜第七、第八师两师分割包围，大部歼灭，打开了战役缺口。正面各军抓住当面之敌分割歼击之。第三十八、第四十二军两军由东而西向进至清川江以北的美第八集团军侧后，实施双层战役迂回。第三十八军第一一三师 14 小时穿插 140 华里，于 28 日 8 时赶到三所里，切断了美第九军退路，震撼了“联合国军”西线整个布势，而后又抢占了以西的龙源里。至 28 日夜，志愿军从北、东、南三面包围了美第九军指挥的美第二、第二十五师和土耳其旅全部及美骑兵第一师、南朝鲜第一师各一部，在军隅里附近的清川江南北地区展开了围追堵截战。

被围的美第九军部队在空军支援下，拼力向南突围，位于顺川和平壤的美骑兵第一师和英第二十九旅也各以一部向北救援，遭志愿军的沉重打击。经数日激战，美第九军被迫丢弃大量重装备，转道向西经安州、肃川撤往平壤，而后又向三八线撤退。志愿军抓住战机扩大战果，于 12 月 6 日进占平壤，23 日全线进抵三八线。

在东线，志愿军第九兵团的第二十、第二十七军两军，于 11 月 27 日晚突然发起反击，仅一夜，即将沿长津湖东西两岸北进的美王牌部队陆战第一师和美第七师 1 个多团，分割包围于长津湖东、西、南三个孤立的点上。被围美军为免于被歼，则以坦克、汽车组成环形防御，固守待援。30 日晚，第九兵团第二十七军 5 个团，对被围于新兴里的美第七师第三十一团及第三十二团 1 个营发起猛烈攻击，战至 12 月 1 日下午，将该敌 3100 余人全歼，创造了志愿军一次战斗全歼美 1 个多团的范例。

新兴里之敌被歼后，美第十军攻势被挫败，12 月 1 日开始全线向南撤退。志愿军对突围的美军展开了层层阻截和追击。至 12 月 12 日，被歼过半的美陆战第一师在空军和美第三师掩护接应下，才侥幸逃脱。至此，麦克阿瑟的总攻势彻底失败，志愿军第二次战役结束。

此次战役，志愿军歼灭南朝鲜两个师和土耳其旅大部，予美 4 个师以歼灭性打击，是整个抗美援朝战争中对美军打击最沉重的一次战役，共歼敌 3.6 万余人，其中美军 2.4 万余人，把美国为首的“联合国军”从鸭绿江边打回到三八线，打出了志愿军的威风，根本扭转了朝鲜战局，奠定了抗美援朝战争胜利的基础。美国最高军事当局认为，这次失败是美军历史上最“丢脸的失败”。

（三）将战线推至“三七”线附近的第三次战役

志愿军出兵不足两个月，就将“联合国军”赶回了三八线。美第八集团军司令沃克在溃败途中翻车身亡。骄狂的麦克阿瑟情绪低落，“联合国军”从藐视中国志愿军转而惊恐畏惧。12 月 26 日，美国陆军副参谋长马修·李奇微接任美第八集团军司令官。他接过的是一支士气低落，丧失信心并患了“撤退病”的队伍。他写道：“（部队）惊惶失措的情绪太严重了，部队缺乏那种特殊活力，缺乏那种特别的警觉性和魄力，而这一切似乎是一支自信的，志在必胜的军队所必须具备的。”① 他收拾残兵败将，以 13 个师另 3 个旅约 20 万人的兵力，在三八线 250 公里的正面上和向南 60 公里的纵深内设置两道防线，在第二道防线以南至“三七”线地区另设三道机动防线，摆出了能守则守，不能守则南逃的架势。

连吃两大败仗，“联合国军”从鸭绿江边被打回三八线，这使美国惶恐不安。参加“联合国军”的西方国家似乎看到这场战争难以取胜，建议美国将战争在三八线停下来。而美国战场上大丢面子，声称“不打算放弃他们在朝鲜的使命”②，不同意通过谈判结束战争。同时，为了赢得喘息机会，12 月 14 日，美国一面操纵联合国抛出了所谓“先停火、后谈判”的幌子，一面于 16 日宣布美国“全国进入紧急状态”。

毛泽东和中共中央领导人看穿了美国玩弄的伎俩，并决定志愿军乘

---

① 〔美〕小克莱·布莱尔著，翟志海等译：《麦克阿瑟》，解放军出版社 1983 年版，第 363 页。

② 军事科学院军事历史研究所编著：《简明中国人民解放军战史》，军事科学出版社 1991 年版，第 424 页。

胜再打一仗，加重帝国主义的失败情绪。12月31日，志愿军在200多公里的宽大正面上，以6个军在朝鲜人民军3个军团配合下，以30万人兵力向“联合国军”三八线防御阵地发起猛攻。“联合国军”闻风丧胆，稍作抵抗便夺路溃逃。

1951年1月4日，志愿军攻入汉城。战至1月8日，“联合国军”被迫全部撤至“三七”线附近的平泽、安城、堤川、三陟一线。志愿军歼敌1.9万余名，将战线从三八线推进到“三七”线附近地区。

（四）彻底破灭美国占领全朝鲜企图的第四次战役

连连的败战，使美国当局对完成占领朝鲜的既定任务，完全丧失了信心，内部开始争论下一步怎么办的问题。杜鲁门召开他的高层官员们商讨对策，他们认为：克里姆林宫控制着国际共产主义运动。它的总目标是统治世界或者奴役整个自由世界或所有的西方国家。而最大的危险是西欧。美国必须在那里部署军事力量。美国决不能陷入亚洲的一场持久战，消耗掉原应部署在欧洲的军事力量。①

麦克阿瑟则对这种主张持反对的态度，他强调：与共产主义的决战是发生在亚洲，而不是在欧洲。他建议：赤色中国应被摧毁，应当封锁中国海岸；以海空军轰炸摧毁中国进行战争的工业能力；让蒋介石反攻大陆以牵制中共力量，以减弱对“联合国军”的压力；使用蒋介石的部队加强“联合国军”的力量。他认为，他实行的战略是全面的。②

美国当局认真考虑了麦克阿瑟的建议，拒绝了他的主张。美国当局认为，这样会把战争扩大到中国境内，等于向中国宣战；苏联也会参战，轰炸美国在亚洲的军事基地。

杜鲁门于1951年1月12日电示麦克阿瑟，要他坚持在朝鲜作战，虽然现有兵力难以抵抗大量中国军队的进攻。同日，参谋长联席会议也发布一项备忘录，建议在局势恶化时采取应急措施：向日本派出两个师；

---

① 〔美〕小克莱·布莱尔著，翟志海等译：《麦克阿瑟》，解放军出版社1983年版，第364页。

② 《麦克阿瑟回忆录》，上海译文出版社1984年版，第284—285页。

加强对中国的经济封锁；准备对中国立即实施海上封锁；解除对港湾和中国海岸进行“空中侦察”的限制；鼓动蒋介石反攻，并向其提供后勤支援；如果中国攻击在朝鲜以外的美军，就轰炸中国的军事设施和工厂。

1 月 15 日，李奇微指挥第八集团军进行了试探性进攻。24 日，李奇微亲自乘坐第五航空队司令驾驶的训练机，沿战线向北纵深 20 英里的地区进行空中侦察。这次侦察使他兴奋不已。他发现，志愿军后勤补给十分困难，得到的补给最多只能维持一个月。随着战线的拉长，运输手段的落后导致战场补给更加困难。他判断志愿军和朝鲜人民军在第一线的兵力不足。他向杜鲁门派往前线来的特使柯林斯作了汇报。华盛顿当局决心抓住这个机会，向志愿军实施反扑，夺回失地。“联合国军”集中了 16 个师又 3 个旅另 1 个空降团，共 25 万人的地面部队，统归美第八集团军司令李奇微指挥。1 月 25 日，李奇微指挥所属部队，在强大的空中、炮兵火力支援下，发动了全线反扑，以水原、汉城公路为重点向北进犯。

面对战局的突变，毛泽东决定发起第四次战役，再歼敌二万至三万，那时谈判将于中朝有利。彭德怀根据毛泽东的指示，立即命令原定休整的部队转入作战。志愿军司令部决定：在西线组织防御，钳制“联合国军”主要进攻集团；在东线采取诱敌深入，而后集中主力实施反击，打击进犯之“联合国军”。以志愿军第三十八、第五十军和朝鲜人民军第一军团，在汉江南岸阻击进犯之敌；以志愿军第三十九、第四十、第四十二、第六十六军，在朝鲜人民军第二、第三、第五军团配合下，于横城地区实施反击，歼灭美第八师和第二师，参战兵力共 28 万人。

志愿军按照部署，在汉江南岸地区在朝鲜人民军配合下坚决阻击北犯之“联合国军”，决定在这一地区吸引“联合国军”主力，大量杀伤进攻之敌，为东线志愿军和人民军的机动、展开，达成战役布势创造条件。在东线，志愿军诱敌深入后，迅速完成集结，在北、西、西南三个方向对突出冒进之敌达成合围，并以 1 个军另 1 个师的兵力向东迂回攻击，切断了突出冒进之敌之退路。志愿军和人民军部队在横城地区实施猛烈的反击，歼敌 1.2 万余人。东线“联合国军”的进攻被一举粉碎。

西线志愿军和人民军为防背水作战不利态势，撤至北岸。“联合国军”于 2 月 19 日实施反扑。志愿军在汉江北岸至三八线构设三道防线，进行运动防御，在节节抗击进攻之敌中大量杀伤、迟滞敌人，以空间赢得了时间，保证了后续部队即新入朝实施轮番作战的部队投入作战。中国人民志愿军在战场上增加了新锐，“联合国军”向北进攻的势头被完全遏制。整个战役历时两个多月，至 4 月 21 日，“联合国军”又损失 7.8 万余人，并未达到作战目的。

（五）和谈前的第五次战役

第四次战役后，“联合国军”再次将战线推进到三八线附近。这时，“联合国军”是否还要重复两个月前越过三八线的行动？国际社会议论纷纷。英法等西方国家坚决反对“联合国军”再次越过三八线。他们认为，社会主义和资本主义两大阵营对峙的焦点地区是在欧洲，不在亚洲，更不是朝鲜。将力量投入到朝鲜，必然减少美国对欧洲的经济和军事援助，影响到美国关于欧洲的重建计划。美国将军事力量重点投入到亚洲朝鲜，同样会减弱在欧洲的军事力量和北约的防务能力。像仁川登陆后那样向北朝鲜大举进攻，也无法再次打到鸭绿江边。进一步扩大战争，将导致苏联军队介入战争，这样，会引发第三次世界大战，英、法等在朝鲜没有利益的西方国家将被美国拉入一场新的世界大战。他们认为，“联合国军”重新进至三八线，谈判解决朝鲜问题有了好的时机。

在美国国内决策层，很大一部分人对英法等西方国家的建议是重视的。包括杜鲁门总统在内，也在谋求“光荣的停战”，不愿将自己的国家陷入一场旷日持久的战争，影响“欧洲第一，亚洲第二”的总战略。同时，美国进行了半年多的战争，付出了惨重的代价，特别是同中国军队的较量，几遭彻底失败的危险。目前将战线稳定在三八线，不失为上策。

1951 年 3 月 20 日，参谋长联席会议电告麦克阿瑟，指出：“国务院即将准备由总统宣布，在侵略者已被从南朝鲜大部分地区赶出去的情况下，联合国准备讨论解决朝鲜问题的条件。”①

---

① 〔美〕小克莱·布莱尔著，翟志海等译：《麦克阿瑟》，解放军出版社 1983 年版，第 367 页。

然而，“联合国军”总司令麦克阿瑟却坚决反对美国国内的停止战争的意见。3月24日，麦克阿瑟未经请示华盛顿允许，便擅自发表了一项声明，声明说：“愈来愈明显，我们昼夜不停的大规模海空轰击已使敌人补给线遭受了严重的破坏，这就使敌方前线部队无法获得足以维持战斗的必需品。我们的地面部队正出色地利用这一弱点。”“（赤色中国）的军事力量被过分地渲染所夸大了。它缺乏工业能力，无法充分供应进行现代战争所必需的许多重要物资。它缺乏工业基地，甚至连建立、维持和运用普通海空军所需要的原料也感缺乏。”他说，制空权和制海权在“联合国军”手里，强大的火力对中国军队的后方造成破坏。“自从赤色中国加入朝鲜的不宣而战的战争以来，这些军事弱点就已清楚而明确地暴露出来了。联合国部队目前是在联合国当局的监督下进行作战的，因而相应地使赤色中国得到了军事优势”“如果联合国改变它力图把战争局限在朝鲜境内的容忍决定，而把我们的军事行动扩展到赤色中国的沿海地区和内部基地，那末，赤色中国就注定有立即发生军事崩溃的危险。”①

狂妄的麦克阿瑟在几个月前还惊呼难以抵挡中国军队，主张撤离朝鲜免遭全歼，现在刚喘过气来，又显露出他那狂傲的本性。杜鲁门在回忆录中写道：“麦克阿瑟的举动等于用最后通牒来威胁敌人，等于说盟国的全部优势力量可以用来攻击赤色中国。”“正如布莱德雷后来所说的：‘要是真把战争扩大到亚洲大陆的话，那末，这就是在错误的时间和错误的地点进行的一场错误的战争。’麦克阿瑟心目中的胜利是轰炸中国城市而取得的胜利，是把冲突扩大到整个中国而取得的胜利，这必然是错误的胜利。”②

4月11日麦克阿瑟被解除“联合国军”总司令职务。连同他的美军远东总司令、盟军总司令、远东美陆军总司令职务一同被撤销。他的指挥权交给了马修·李奇微中将。

美国虽基本确定了不扩大战争的政策，但为了在朝鲜战争停战谈判

① 《杜鲁门回忆录》，生活·读书·新知三联书店1974年版，第525—526页。
② 《杜鲁门回忆录》，生活·读书·新知三联书店1974年版，第533页。

中争得主动，企图以军事力量将双方对峙线向北推进，特别是推进到军事上比较有利的半岛蜂腰部的平壤、元山一线——北纬39°线。

为了粉碎“联合国军”的企图，迫使美军坐到谈判桌前，志愿军决定发动第五次战役。第五次战役历时50天，歼灭北犯的“联合国军”8.2万余人。志愿军在这次战役中也付出了较大代价，第一八〇师被切断退路，遭受严重损失。但这次战役，彻底粉碎了美国向北扩展地盘的梦想，使美国真正认识到：他每前进一步，都要付出惨重的伤亡代价。美国停止了大规模北犯的军事行动，在外交上积极活动，急切地谋求和谈。

（六）抗美援朝战争中的志愿军空军，粉碎美军“绞杀战”

中国空军尽管还年轻，但是为了战争的需要，立即组成中国人民志愿军空军，一面加速建设，一面投入战斗，走上了“边打边建”的道路。

中国人民志愿军空军，面对的是世界上最强大的空军。1950年10月底中国人民志愿军入朝参战时，侵朝美军空军和海军舰载机共有作战飞机1100余架，另外还有其他国家派往朝鲜参战的“联合国军”飞机100多架。他们的飞行员大多参加过第二次世界大战，飞行时间最多的达3000小时。而中国人民志愿军空军刚刚组建，仅有2个歼击机航空兵师，1个轰炸机团，1个强击机团，作战飞机不足200架，飞机质量也不如美国的先进，大多数飞行员只飞了60多个小时，且无作战经验。

1950年10月底，空军党委召开了专门研究志愿军作战问题的会议。空军司令员刘亚楼等确定：空军部队一切行动的出发点，应该是密切配合陆军作战，以保障地面部队的战斗行动、满足地面部队的需要为前提。在兵力使用上，至少要在可以出动100架飞机时，选择一个适当的时机，集中地分批地使用出去，这样才能有效地发挥空军的威力。而在正式参战之前，则应以飞行大队为单位进驻前沿机场，在友军空军（指苏联帮助中国东北地区防空作战的空军部队）的掩护下，进行实战锻炼。会议最后确定，以“积蓄力量，选择时机，集中使用”作为志愿军空军入朝参战的作战方针。12月3日，刘亚楼将这一方针及兵力使用设想报告毛泽东主席，毛泽东主席看过报告后于 12 月 4 日批示：“刘亚楼同志：同意你的意见，采取稳当的办法为好。”

11 月，经彭德怀点将毛泽东主席同意，中央军委调刘震为东北军区空军司令员。1951 年 3 月 15 日，中国人民志愿军空军司令部、政治部在辽宁安东宣告成立，刘震任志愿军空军司令员，常乾坤任副司令员，沈召贤任参谋长。志愿军空军受中国人民志愿军总部和中国人民解放军空军双重领导。

年轻的中国人民志愿军空军，面对强大的美国空军，以大无畏的气概，敢打敢拼，创造了辉煌的战绩，打破了“美国空军不可战胜”的神话，创造了一个又一个世界空战史上的奇迹。

1950 年 12 月 21 日，志愿军空军第四师第十团二十八大队，在师长方子翼率领下进驻安东浪头机场，在友军带领下进行实战锻炼。1951 年 1 月 21 日上午，美国空军出动了 20 架 F-84 型战斗轰炸机，飞向平壤至新安州铁路线进行轰炸，企图阻滞志愿军的后勤供应。第二十八大队大队长李汉率 6 架战鹰直扑战区，在接近宣川上空时，4 号机报告“右侧发现敌机 2 架”，李汉注目搜索前进，快接近安州时，发现在清川江桥上空 1000 米处，美机正向清川江大桥俯冲轰炸，大桥周围被蓝褐色浓烟笼罩着。看到此情形，李汉率领 6 架战鹰直向美机冲去。志愿军飞机的突然出现，使美机措手不及。美机摸不清志愿军空军的底细，立即掉头逃跑。李汉抓住战机，紧咬住一架美机，追到距离 400 米左右时，向敌机射出串串炮弹，一架 F-84 型飞机，身子猛烈抖动，带着伤逃跑了。

志愿军空军首次升空作战，就取得了击伤 1 架美机的战果，极大地鼓舞了全体指战员。中央军委得到这一战报，立即向志愿军发来了嘉奖电，贺电说：“这次战斗证明，年青的志愿军空军是能够作战的，是有战斗力的。这是志愿军空军以后继续不断取得更大胜利的开端。”

时隔 8 天，1 月 29 日下午，志愿军空军前方雷达站发现一批美机在定州、安州一带上空活动，高度 5000 米，企图轰炸清川江大桥。第四师指挥所即令李汉率领 8 架飞机立即起飞飞向战区。1 时 40 分许，8 架飞机飞临定州以西，发现左前方有一批美机，美机编队分成前面四机，后面左右各两架掩护，上下两层，共有 16 架飞机。李汉决定率机群迂回到美机群左侧上方，占据有利位置，打敌机一个措手不及。当我军飞机利用阳光隐蔽爬升到美机群左上方时，美机发现了他们。李汉果断命令："二中队掩护，一中队攻击！"话音刚落，4 架飞机在李汉率领下向上层的敌机猛冲过去，其余 4 架紧紧跟在后面。美机见志愿军飞机来势勇猛，慌忙拉开编队，四机一组向左右来了个 100 多度大转弯，试图摆脱被攻击的不利态势。李汉见状，顺势向左猛转，紧咬住一架美机紧追不舍，当追到距离约 400 米时，三炮齐射，这架美机冒出一股黑烟，歪着身子栽了下去。位于下层的美机见同伴被击中，拉起机头，向志愿军飞机反扑，二中队冲了过去以猛烈的炮火还击，美机见势不利，四散撤离。这时，李汉率队向敌机追去，边追边打，又一架美机在李汉的炮口下受伤。

经过两次初战，志愿军取得击落击伤 3 架美机的胜利。这一战果，使志愿军空军军心大振。经过一段时间的实战锻炼，志愿军空军取得了宝贵的经验，坚定了指战员战胜侵朝美军空军的决心和信心。

继第二十八大队之后，志愿军空军第四师第二十九大队、第三十大队和第十二团的各大队，也陆续在 2 月 3 日前进入安东浪头机场。空三师第七团和第九团一大队也分别在 7 月上旬先后进入安东进行实战锻炼。

在志愿军现有的空军部队进行实战锻炼的同时，人民解放军空军领导机关在中央军委领导下，以最大努力、最快速度组建新的空军部队。自 1950 年 11 月至 1951 年 5 月，先后组建起 9 个歼击航空兵师，2 个强击机师，2 个轰炸机师，1 个运输机师，并抓紧战前突击训练，准备入朝参战。

1951 年 9 月中旬起，志愿军空军开始以师为单位，采取轮番进入一线机场参战。此时，美军使用 1400 余架作战飞机，对志愿军实施了"绞杀战"计划，企图摧毁中国人民志愿军的战略目标和卡断志愿军后勤供应线。为粉碎美军"绞杀战"计划，从 9 月下旬起，志愿军空军同侵朝美军空军展开了大规模的空战。

年轻的志愿军空军，在炮火连天的抗美援朝战场上，不畏强敌，英勇作战，给侵朝美军空军以沉重打击。在作战中，涌现出无数英雄人物，创造了可歌可泣的光辉战绩。如被誉为“英雄的王海大队”，在作战中共空战80多次，击落击伤美机29架，有3人获得战斗英雄荣誉称号，王海个人击落击伤美机9架。第七团一大队大队长一级战斗英雄刘玉堤，在1951年11月10日至23日不到半个月的时间里，参战两次就击落击伤美机7架，这在中外空战史上是罕见的。仅在歼击机上飞了100多个小时的年轻的第四师飞行大队长张积慧，在1952年2月10日的空战中，凭着勇敢和智慧，击毙了美国空军“空中英雄”“王牌”飞行员戴维斯。戴维斯被击毙后，美国远东空军司令威兰中将在一项特别声明中承认，这“是对远东空军的一大打击”，“是一个悲惨的损失”。为表彰张积慧的战绩，中国人民解放军总政治部将张积慧的事迹通报全军，并给他记特等功一次。此外还有击落美国空军“双料王牌驾驶员”费希尔飞机的志愿军年轻的飞行员韩德彩等。

英勇的志愿军空军，以高度的爱国主义、国际主义和英勇献身的精神，时刻想着祖国人民的重托，以面对强敌顽强战斗的作风，取得了辉煌的战绩。

经过艰苦奋战，志愿军空军粉碎了美国空军的“绞杀战”计划。到1952年5月，志愿军空军已有9个师18个团的驱逐机部队和2个轰炸师的部分部队轮番参战，志愿军空军从打美军空军分散活动的小机群逐步向打大机群发展。7月份，志愿军空军主动前出清川江上空同美机作战，后来逐步前伸至平壤地区。抗美援朝战争参战期间，志愿军空军共战斗起飞2457批、26491架次，实战366批、4872架次，有212名飞行员击落或击伤过敌机，共击落“联合国军”飞机330架，击伤95架。[①] 年轻的中国人民空军在战火中成长壮大。抗美援朝战争中，先后参战的志愿军高炮部队共有5个师另64个高炮营，城防高炮团21个又10个独立营，5个探照灯营，2个对空监视团，1个雷达营。仅在反“绞杀战”斗争中，

① 《当代中国空军》，中国社会科学出版社1989年版，第200页。

高射炮兵即击落敌机 264 架，击伤 1070 架。① 美军空军实施“绞杀战”期间，共破坏铁路 19886 处，700 公里，桥梁 1729 座次，隧道 43 座次，通信线路 5.6 公里。志愿军铁道抢修部队 4 个师 1 个团等，同朝鲜人民铁道部队一起，抢修、新建线路 20024 处、延长 878 公里，桥梁 2086 座次，隧道 51 座次，可运行线路增加到 1200 公里。在公路系统，志愿军后勤部队投入 18 万人，整修 2450 公里，其中新建 290 公里，桥梁、涵洞 1206 座，有力地保证了向前线的运输，建成了一条钢铁运输线。②

三、美国利用台湾国民党军牵制中国援朝行动，中国大陆军民开展保卫边海空防斗争

在中美两军在朝鲜战场直接进行军事较量的同时，美国为了牵制中国的军力，直接扩大侵略战争至中国领海、领空，指使利用台湾国民党军加强对大陆沿海地区的袭扰。

美国发动侵朝战争之初，蒋介石曾主动请缨派 3.3 万国民党军参加“联合国军”，为美国侵略朝鲜战争效力，被美国政府婉拒。美国不让台湾当局参加侵朝战争，一方面不愿冒由此导致中国出兵朝鲜的风险，另一用意，是美国从朝鲜战争的战略全局考虑，利用台湾国民党军牵制大陆军力，以减弱中国军队在朝鲜对美军造成的压力。

（一）防范美蒋对中国大陆登陆进攻的部署

中国人民志愿军入朝作战后，为了防范美国扩大战争，派遣军队与台湾国民党军对中国大陆实施联合登陆进攻，中共中央和中央军委决定，以广东、广西、福建和浙江沿海为主要防御方向，进行抗击美蒋军队联

① 杨贵华主编《中国人民解放军战史教程》（第二版），军事科学出版社 2013 年版，第 196 页。

② 参见《抗美援朝战争史》第 3 卷，军事科学出版社 2000 年版，第 164—165 页。

合登陆进攻的准备。1950 年 11 月 17 日一天之内，毛泽东分别给中共中央华南分局和广东军区、中共中央中南局和中南军区、华东军区领导人连发出 3 封电报，部署东南沿海的防御力量。毛泽东在给中共华南分局第一书记、广东军区司令员兼政治委员叶剑英和华南分局第三书记方方的电报中指出：“你们必须统筹两广，将两广作为一个对付帝国主义和蒋介石登陆进犯的统一单位”。[①] 在给中南局和中南军区党委的电报中，毛泽东指示：“为了对付敌人可能在广东登陆进犯，必须准备使用五个至七个军。除广东现有三个军外，拟在五个月后从广西抽出一个军（位于梧州待机），使用陈明仁部当作一个军，以上五个军确定用于广东。此外，准备于明年三月集中的第四十六、第四十八两个军拟位于衡州机动位置，依情况需要，可以使用于北方，也可以使用于广东。”[②] 在给华东军区司令员陈毅、政治委员饶漱石的电报中，毛泽东要求：“华东一切工作要以美国和蒋介石登陆进犯为假想的基础去作布置。”[③] 根据毛泽东的指示，中南军区和华东军区对防范美蒋军队的联合进攻做了周密的部署和精心的准备。

美国出兵朝鲜并侵入台湾海峡，不仅使人民解放军攻台作战计划暂时搁置，而且使蒋介石集团有了喘息机会并看到“反攻大陆”的希望。1951 年 1 月，台湾当局拟制了以部分兵力在福建、广东沿海地带登陆进攻建立前进阵地计划，并开始频繁地空袭、袭扰大陆沿海地区。针对蒋介石的企图，毛泽东于 1951 年 1 月 13 日致电华东军区和中南军区，指出：“据一月八日可靠情报称：何应钦代表蒋介石应麦克阿瑟之召赴东京，携有蒋介石核准之计划，准备用二十至二十五万的兵力攻占厦门、汕头……蒋匪进攻厦门汕头可能性很大，望迅速研究对策。”“请陈毅同

---

① 《建国以来毛泽东军事文稿》上卷，军事科学出版社、中央文献出版社 2010 年版，第 353 页。

② 《建国以来毛泽东军事文稿》上卷，军事科学出版社、中央文献出版社 2010 年版，第 354—355 页。

③ 《建国以来毛泽东军事文稿》上卷，军事科学出版社、中央文献出版社 2010 年版，第 356 页。

志考虑对厦门增加防御兵力，加强防御工事，加强炮兵及高射炮，储备粮食弹药，派去得力指挥人员，并须预筹由大陆向厦门的增援计划，务达击退进犯匪军，确保厦门之目的。”“汕头及海陆丰必须迅速部署两个军。”①

华东军区于当日在司令员陈毅主持下召开作战会议进行研究，认为国民党军若以金门为出发阵地，则厦门是进攻的重点地区，我军必须坚决扼守厦门、平潭两岛，尤其是要在厦门周围地区构筑纵深的防御工事，并加强防御兵力；若敌人进攻浙江，则很可能以温州、台州或舟山为目标，尤以舟山更为重要。上述两个方向，敌人进攻厦门方向的可能更大。第二天华东军区即制定了确保厦门的作战方案：以不少于 4 个师的兵力，首先控制厦门、澄海、同安、晋江地区，迅速完成各项防御准备。华东军区将这一方案上报中央军委的同时，即向福建军区进行部署，并通报了华东海军、空军等有关单位。16 日，毛泽东主席批准了华东军区的作战方案，并一再强调：“厦门必须确保，有三十一军全部位于厦门及附近当能担负这个任务。”对华东军区计划拟调驻江苏常州的第二十四军去福建以便福建兵力达到 5 个军的计划，毛泽东指出“福建有 4 个军已很够了”，“除福建首先是厦门为敌人进攻重点已有部署外，江浙两省沿海亦需准备对付敌人进袭，因此二十四军应在常州地区照常整训，不要去福建”。②

华东军区和中南军区根据中央军委的指示，按照“确保要点，诱敌深入，聚而歼之”的作战原则，立即调整野战军的部署。两军区的海防部队在重点岛屿和地段，修建了必要的防御工事。蒋介石获知人民解放军对其大规模进攻的企图已有充分防范之后，不得不改变计划，改派部队登陆窜扰和进行海空袭扰。

① 《建国以来毛泽东军事文稿》上卷，军事科学出版社、中央文献出版社 2010 年版，第 441 页。

② 《建国以来毛泽东文稿》第 2 卷，中央文献出版社 1987 年版，第 34 页。

（二）美国策划操纵台湾当局袭扰大陆，中国大陆军民开展反窜扰作战

对于美国利用台湾国民党军袭扰大陆行动，借以牵制中国大陆军队在朝鲜战场上的军力的史实，在半个世纪后，美国作者霍洛伯著《中国海上突击队》一书，披露了美国中央情报局在台机构幕后策划、指挥的内情。①

> 20世纪50年代初，任金门防卫司令的胡链和大陈指挥官胡宗南指挥所辖的数万军队，利用控制的金门、马祖、大陈等岛屿，打着“反共救国军”的旗号，时常派出“游击队”对中共控制的沿海岛屿实施突击。这些游击活动全是美国中央情报局幕后主导和策动的，游击队的训练、装备也由中央情报局提供，由中央情报局招募的第二次世界大战中的情报老手和借调自美国武装部队的军官们组成“西方公司”（简称WEI）负责执行此一计划。整个目的在牵制中共在朝鲜战场上的军力，使中共无法抽调部署在沿海的部队到朝鲜半岛去作战，故等到朝鲜战争结束后，“西方公司”的历史性任务即完成，逐渐式微，而后易名为“海军辅助通讯中心”（NACC）。“西方公司”的正式名称是“西方企业公司”，直属于中央情报局内的政策协调处，这是一个与“特别作业处”平行的单位，于1951年2月在美国匹兹堡市正式注册成立，1951年3月抵达台湾开张作业，摩拳擦掌地要向还相当脆弱的中共一显身手。“西方公司”的台湾总部设于台北市中山北路，靠近贺山饭店，首任老板是皮尔斯中校，第二次世界大战时在缅甸主持敌后情报工作，是中央情报局前身美国战略情报局第101支队的队长，后派到中国，在戴笠主持的中美合作所内工作。“西方公司”的全盛时代工作人员达70多人（当地的支援性职员不计在内），有各式各样的人才，包括游击战术、爆破、密码解译、伞兵训练、心理战等方面的专家。本来“西方公司”准备

① 参见《参考消息》，2001年2月7日。

在台湾本岛训练游击队执行突击大陆的任务，后来发现在外岛更能发挥这方面的长处，故在金门和大陈都设了联络站，派人常驻，就地训练游击队，并与驻地的国军司令指挥官联系协调战斗任务，所以“西方公司”的人员时常陪同胡宗南、胡琏到大陈周边的披山、鱼山、南麂等小岛以及靠近金门附近的南日和湄洲岛出击或视察。他们通常穿着国军的制服，头戴青天白日的军帽，若非他们长相与轮廓，分不清他们是中国人还是外国人。

美国训练台湾国民党军特务袭扰大陆沿海，以配合朝鲜战场牵制中国军力，实际上早已不是什么秘密。虽然大陆方面当时不知所谓的“西方公司”即是训练国民党军武装特务的机构，但台湾国民党军袭扰大陆的行动由美军指使和策划，大陆军队早已掌握。特别是在这一时期国民党军袭扰行动的意图，又有美军人员参与策划，有一定军事常识的人都不难判断其中用意。美台各有各的意图：对于台湾当局来说，其行动动机为趁机巩固沿海岛屿或夺占新的“反攻大陆”基地；对于美国来说，则是利用其牵制大陆中共军力。人民解放军的军史著作，即记述了这一史实。如《当代中国丛书：当代中国军队的军事工作》记述：“1951 年 1 月，为配合美军在朝鲜战场向中朝人民军队准备发动的全线进攻，美国政府与台湾当局密谋对厦门、汕头等地进行大规模进犯。”“美国军事顾问团于 5 月抵达台湾以后，积极帮助装备和训练了 1 万名土匪武装，准备分头潜入大陆活动，待机配合国民党军反攻大陆。”“台湾当局先后在金门岛成立了‘福建反共救国军总指挥部’，在大陈岛成立了‘江浙人民反共救国军总指挥部’、举办了‘游击首领训练班’。”①

对于美台对大陆沿海的袭扰行动，中国人民解放军早有准备。1951 年 1 月 13 日，毛泽东电示华东、中南军区陈毅、邓子恢等领导人：要迅速研究对策。根据中央军委的指示，华东和中南军区确定了“确保要点，诱敌深入，聚而歼之”的作战原则，立即调整了野战军的部署，在重点

---

① 《当代中国》丛书编辑部：《当代中国军队的军事工作》，中国社会科学出版社 1989 年版，第 324 页。

的岛屿和地段修建了必要的防御工事。这时，沿海地区的陆上股匪已基本肃清，解放军的许多剿匪部队迅速转移兵力至海防前线，使海防前线的力量大大加强，逐渐形成由野战军控制要点担负机动作战任务，地方武装和边防公安部队警戒封锁海岸，广大民兵积极配合担任海防任务的三结合海防力量；以海军水兵部队为主的海上突击力量也逐步加强，构成了海上、岸上和纵深的三道防线。大陆军民严阵以待，给袭扰行动以坚决有力的打击，粉碎了敌人的阴谋。

1951 年 6 月至 9 月，金门、大陈等岛多次派出小股海匪登陆窜扰，还先后 4 次派出 6 股共约 800 人的武装，从广东海南岛的琼东县（今属琼海市），浙江的象山县、乐清县（今乐清市）和福建的惠安县登陆内窜。这 6 股武装上岸不久，便遭到大陆军民的沉重打击，基本被歼灭。

9 月 4 日，两支经美国军事顾问精心训练，号称由“全美式装备万能情报员”组成的武装“纵队”，即“泉州纵队”和“永安纵队”，分别由原国民党仙游县警察局督察长陈令德和原国民党德化县县长陈伟彬任“纵队司令”，共 370 余人，执行“反攻大陆之先遣任务”。福建军区得到情报后，派出步兵第七十四师、第八十七师和地方武装 23 个连、9 个区中队，以及几个县上万名民兵，在预定地区布下一个多层的“大口袋”。国民党军的这两个“纵队”在惠安县登陆后，于 5 日越过福厦公路西进，企图窜到戴云山一带活动。6 日和 7 日，两股窜扰武装分别在习义路、东山寨和七丘山、白洋山等地被包围，被打得狼狈溃散。人民解放军和公安、民兵展开搜剿，村村、路路设岗布哨。福建军区司令员叶飞亲临前线部署指挥战斗，被打溃散的国民党窜扰武装不论是藏匿山里，还是窜入村中，都被擒获。

小股武装连遭歼灭后，台湾当局深知大陆军民布下天罗地网，窜入大陆难以立足。于是“西方公司”的军事专家与台湾国民党军便策划了“以大吃小，速进速退”的所谓闪电战术，企图给大陆以出其不意的突击。1952 年 3 月 28 日，大陈岛上胡宗南部派出 1000 余人，突袭临海县白沙山岛，守卫该岛的解放军 1 个排顽强抗击，在增援部队配合下，歼灭其 200 余人，余敌仓皇逃回；6 月 10 日，胡宗南又派出 1200 余人，这次他亲自率领，企图袭击温岭县黄焦岛。守岛的解放军第六十二师第一八六团九连，面对强敌，扼守要点与敌激战 18 个小时，大量杀伤了进攻之敌。增援部队赶到后，人民解放军向进攻的国民党军发起反击，国民党军见势，仓皇登船逃跑。人民解放军以牺牲 46 人的代价取得歼灭国民党窜扰武装 310 人的战果。

美国“西方公司”帮助国民党军策划的“以大吃小”的闪电战术，也有几次得逞。1952 年，国民党军窜扰武装先后袭击福建莆田县湄洲岛、南日岛和浙江平阳县乌岩、雾城，都使驻守的人民解放军和当地人民群众遭受了一定的损失。1952 年 10 月 11 日，驻金门岛的国民党军第十四师和第七十五师各两个团及海匪突击大队共 9000 余人，分乘舰艇、机帆船，在 8 架飞机掩护下，第三次突袭南日岛，解放军驻岛的 1 个连，以寡敌众，激战终日，大部壮烈牺牲。南日岛一度被国民党军控制，岛上的人民政权机关遭到破坏，人民群众惨遭蹂躏。

美国中央情报局不仅策划、训练、装备游击队对大陆沿海实施空袭，其人员也从事对大陆的侦察工作。在距福州只有 20 多英里的白犬岛上设置了联络站。中央情报局在白犬岛上的作业在朝鲜战争结束、人民解放军发起一江山岛战役国民党军从大陈岛撤退后仍在继续，一直到 1958 年才全部撤离。

（三）美国“放蒋出笼”，台湾国民党军袭击沿海岛屿行动失败

1952 年底 1953 年初，朝鲜战场仍处于相持状态。为迫使中朝方面在谈判桌上让步，自恃武器装备占有绝对优势的以美国为首的“联合国军”，连续发动新的攻势行动，造成停战谈判中断。但是，美军在“三八”线每前进一步，都付出沉重代价。是不惜冒更大的风险实施新的军事行动结束战争，还是放弃无理要求通过谈判签署停战协定，美国决策当局面临着重大抉择。

1953 年 2 月 2 日，艾森豪威尔提出“放蒋出笼”政策：一是要求台方立即制订封锁大陆的计划，并在执行前通知美方，以便接应。二是要

求加强对中国大陆的大、小袭击活动，这些袭击活动可从沿海岛屿发动，也可从台湾、澎湖发动，目的是捕获俘虏和扰乱大陆海岸防卫。美方准备予以最大限度的帮助。三是增强海空侦察活动，以便掌握中国共产党情报和中国共产党台湾海峡船运情况。①

为了使“放蒋出笼”政策达到预期效果和目标，美国加强驻台美军组织机构，加大对台湾国民党军的军事援助。3 月 18 日，艾森豪威尔提名兰金为驻台“大使”；4 月，驻台美国军事顾问团从 360 余人增至 700 余人；15 日，美国将第一批 F-84 型战斗机运抵台湾。8 月 20 日，美国第七舰队与国民党军队举行联合军事演习。

蒋介石集团撤逃台湾后，一直梦想“反攻大陆”。他于 1950 年 5 月提出“一年准备，二年反攻，三年扫荡，五年成功”的口号后，因元气未恢复，并未真正组织大的“反攻大陆”行动。在艾森豪威尔政府提出“放蒋出笼”政策后，蒋介迅速发表声明，吹捧艾森豪威尔总统“此一决定，无论其在政治上与军事上以及在国际道义上而言，实为美国最合理而光明的举措。”② 接着，为了显示“反攻大陆”的决心，台湾当局加强对大陆沿海的袭扰行动，连续派遣几十至上百乃至万余人的兵力袭扰大陆沿海及其岛屿。1953 年 6 月，台湾当局制定了大规模窜扰大陆沿海岛屿的作战计划——东山岛登陆作战计划。为了保证逃台后第一次较大规模攻势行动的成功，蒋介石请美国驻台军事顾问组协助实施这一作战行动。

7 月 7 日，国民党军成立了“联合任务”指挥部，以金门防卫部司令长官胡琏为总指挥，下辖第四十五师、第十八师第五十三团，海上突击第一、第二大队，南海第八纵队、海军陆战队 1 个大队，以及一个 480 人的伞兵支队，共 1.18 万人兵力。7 月 15 日，执行东山岛登陆作战计划的国民党军，在胡琏和第十九军军长陆静澄指挥下，由金门出发，分乘舰艇 13 艘，水陆两用坦克 21 辆，于 16 日 4 时抵近东山海面，在湖尾、

① 《美国对外关系文件》第 14 卷（1952—1954），第 144 页。

② 《蒋总统秘录》第 14 册，台湾中央日报社译印 1977 年版，第 132 页。

亲营、白埕等处登陆；伞兵中队两个中队直接由台湾新竹机场起飞，于16日4时47分降落在东山岛北部后林一带。国民党军1个团的预备队于16日23时也投入战斗，国民党军企图以诸兵种协同的优势，围歼人民解放军守岛部队。

东山岛是福建的第二大岛，面积为165平方公里，人口约8.3万。守卫东山岛的部队为公安第八十团第一、第二营（欠第四连）及迫击炮连，另有驻东山岛北侧八尺门渡口的水兵第一团第一连。在国民党军登陆时，公安第八十团进行了顽强的抵抗，击退了敌军10余次冲锋，顽强坚守阵地。水兵第一连配合民兵，击退敌空降兵多次进攻，守住了八尺门渡口，为增援部队进岛作战创造了条件。16日10时，增援部队第三十一军第九十一师第二七二团及时到达，首先歼灭了敌空降兵，而后加强守备部队的防御，坚守三个核心阵地，打退国民党军30多次冲击。17日凌晨，第二七二团全面接替公安第八十团的防务。接着，后续部队第四十一军第一二二师、第二十八军第八十二师和1个榴炮团及5个高炮连陆续赶到，对登陆之敌展开猛烈反击。18时，各路反击部队逼近湖尾沙滩，国民党军涌向海边夺船逃命，来不及逃跑的国民党军缴枪投降。19时，反击战斗胜利结束。此役共歼灭国民党军3379人，其中俘虏842人，击沉小型登陆艇3艘，击落敌机2架。战斗中，涌现了大批英雄人物，其中最著名的是以自己身体堵住敌人枪眼的战斗英雄张学栋，拉响最后一颗手榴弹与冲上岛的敌人同归于尽的战斗英雄黄飞龙。战斗结束后，参战部队受到中央军委主席毛泽东的表扬。

东山岛保卫战的胜利，挫败了国民党军“以小吃大，速战速决”的战术，使台湾国民党军建立“反攻大陆”“桥头阵地”的企图破灭。

（四）打击台湾国民党军飞机的窜扰和入侵中国领空的美军飞机

抗美援朝战争期间，美国不仅策划、指使、操纵国民党军对大陆进行袭扰破坏，而且还直接派空军对中国大陆沿海地区进行侦察、袭扰活动。一方面侦察中国军队抗美援朝后方基地和军事行动情况，一方面制造中国大陆沿海紧张局势，直接牵制中国援朝军力，减轻朝鲜战场的压力。从1951年至1953年，美国军用飞机侵犯中国领空达7729批，总计32126架次。

美军和台湾国民党军军用飞机对中国大陆领空的侵犯窜扰活动，大致有三种：一是侦察。美、台军经常派遣侦察机，侵入中国沿海或浅近纵深地区上空，实施目视、照相和电子侦察，搜集中国的军事和经济情报。二是轰炸和扫射。在朝鲜战争期间，美国空军不仅对中朝边境和中国东北其他地区进行疯狂轰炸和扫射，还同台军飞机联合行动对中国东南沿海地区进行空袭。1951年4月中旬，美军和国民党军在台湾海峡联合举行军事演习时，美军竟然出动多批舰载机，对福州、泉州、厦门等沿海城镇进行扫射。三是空中挑衅。美国空军依仗空中优势，多次派遣战斗机到中国大陆上空寻衅，并派出航空母舰驶抵上海东南海域，出动舰载机侵入中国温州、台州和上海等地区上空。

为了保卫中国领空不受侵犯，打击敌机的空中袭扰活动，中共中央军委采取有力措施加速空军的建设。1950年8月至1951年9月，先后成立了各大军区空军司令部，建立了作战指挥机构，同时分期分批地组建了航空兵部队。1951年8月27日，中央军委发出关于加强防空的指示，要求各地防空部队必须加强战斗准备，实行昼夜值班；各军区及重要城市的防空司令部必须健全，确实能担负起防空指挥任务；并责成军委防空司令部检查各军区防空计划的落实情况。全军担负防空作战任务的部队，认真执行中央军委的指示，有效地加强了防空战备工作。布防上海地区的空军航空兵第二师、第二十一师和高炮部队，为了完成保卫上海安全的防空任务，明确了指挥关系，进行了具体的分工，加强了战备训练。为统一指挥上海地区的歼击航空兵部队，成立了空军第四军军部，上海地区的防空作战能力有了很大的提高。中国人民解放军空军、海军航空兵和高炮部队英勇地进行防空作战，有力地打击了美国军用飞机的入侵和台湾国民党军飞机的窜扰，保卫了沿海地区的空中安全。

1952年3月22日13时，2架国民党军P-51型飞机从汕头东南窜入大陆，绕至汕头机场西南上空后突然下降，企图对机场实施侦察。人民解放军高炮部队迅速捕捉目标，击伤1架，另1架逃窜。12月27日，人民解放军高炮部队又在厦门地区击落台湾国民党军P-47型侦察飞机1架。随着人民解放军在东南沿海防空力量部署的加强，台湾国民党军飞机的窜犯袭扰活动连遭打击。而此时，美军不顾中国政府警告，利用台湾机场和航空母舰，频繁起飞飞机对中国领空进行侵犯。

1952年9月20日，人民解放军航空兵首次击落入侵中国领空的美军飞机1架。当日5时37分，上海地区人民解放军警戒雷达发现1架美军B-29型轰炸机已进至上海东南133公里处，直向上海飞来。空军令驻江湾机场的空军第二师起飞米格-15型歼击机2架，拦截入侵美机。长机何中道、僚机李永年起飞后在上海东南陈家镇上空先后发现入侵的B-29型轰炸机，距离4000米，遂迅速占据有利战术位置，在距离800米时开炮射击，B-29型飞机尾部中弹冒烟。何中道在飞机右翼中弹的情况下，依然坚持战斗。他们两机从1800米打到200米，7次攻击开炮5次，终于将入侵中国领空的美国B-29型飞机击落坠海。何、李双机安全返航。为了表彰何中道、李永年英勇作战的事迹，空军领导机关予以通报嘉奖，并给每人记大功1次。

这是中国空军航空兵部队在国土防空作战中，第一次击落入侵的美国军用飞机。战斗的胜利，大大鼓舞了中国人民和年轻的人民空军，使他们增强了战胜美机的信心。

B-29型轰炸机被击落后，美国当局继续派出大批飞机侵犯中国东南沿海地区上空。1952年10月20日前后，美国舰载机多次侵入中国浙江温州、台州一带，进行侦察骚扰，伺机对中国空军进行报复。30日一天中从4时至22时，美海军航空兵先后出动F-9F、F2H-2、PB4Y-2等型飞机11批30余架次侵入中国上海地区，其活动范围北至长江口，南至杭州湾，西至南京附近的广大地区，有4架次进入上海市区。驻上海地区的航空兵部队，先后起飞拉-11、拉-9、米格-15型飞机40架次，进行拦截。由于战区气象复杂，因而未能给入侵美机以应有的打击。华东军区各级防空指挥机构及防空部队，针对美机入侵特点，加强升空和战斗训练，提高指挥人员同时指挥多批飞机作战的能力。同时，使每个机场平时都保持有战斗值班飞机4～6架，做到一有情况即可升空作战。

1952年11月22日7时，美军PB4Y-2型飞机1架侵入上海上空，空军航空兵第二师第六团飞行员杨木易、何中道，驾驶米格-15型双机起飞拦截。杨木易发现目标后，连续开炮4次，将其击伤。

上海美机猖狂入侵和连续没能击落入侵美机的情况，引起了中共中央军委的高度重视。1953年2月4日，毛泽东明确指示：上海空军及防空部队两方面均须提高警惕，加强整顿，准备随时可以对敌作战，确保上海一带的安全。为狠狠打击入侵美机，有效地保卫上海地区空中安全，空军与防空部队进行了认真研究和协同，对各防空作战部队包括航空兵、高射炮兵、雷达、探照灯等部队实行统一指挥。制定了作战预案，组织各防空部队进行合练。空军又增调独立第二团和第十八师第五十四团予以加强。经过努力，1个月后同美机几次作战，给入侵美机以有力的打击：

1953年3月6日，空军航空兵第十四师飞行员邸宝善、何亚雄各驾驶1架米格-15比斯型飞机，在山东半岛上空击落入侵的美国F-4U型飞机1架。

4月23日，美军P2V型飞机1架侵入上海地区上空，空军航空兵第二师宋中文、林毅驾米格-15型双机起飞拦截。宋中文连续攻击，将其击落坠海。

同年11月6日，该师中队长林钧才和飞行员邓相映，双机紧密配合，在山东半岛地区击落入侵的美国PBM5A型飞机1架。

人民解放军空军航空兵部队连战连胜，打击了美国空军的侵略气焰，保卫了中国的领空安全。

（五）打击逃缅国民党军残部窜扰作战

逃缅国民党军残部在缅北落脚后，台湾当局一直将其作为袭扰大陆的一支重要力量。1950年9月，台湾当局派遣原第八军军长李弥到缅北，将逃缅国民党军残部和收编的逃缅国民党军残部组成“云南人民反共救国军”，李弥任总指挥，直属台湾“国防部”领导，并委任李弥为“云南省政府主席兼云南绥靖公署主任”。1951 年 10 月，逃缅国民党军残部将总指挥部由班阳南移至缅泰边境的孟撒，并修建机场，开办“反共抗俄军政大学”，扩大地盘，充实兵力，进行休整和训练。1952 年 2 月，台湾国民党当局空运军官、特务 700 人，加强逃缅国民党军残部。

抗美援朝战争期间，逃缅残匪得到了美国的支持和援助。1953 年以前，美国直接运输武器给养接济逃缅国民党军残部，并派遣军官对其进行训练和指挥。1950 年美国在中国邻国开设“海上供应公司”，作为支援逃缅国民党军残部的机构。自 1951 年 1 月起，美国即开始以武器援助逃缅国民党军残部，并派遣特务对其加以控制。3 月，李弥同两个美国人带往孟撒 260 驮武器装备和物资。从 1951 年 4 月起，美国每月为逃缅国民党军残部提供泰币 20 万铢，8 月后增到每月 7 万美元，9 月起每月又为逃缅国民党军残部家属增加救济费 2 万美元（于 1952 年 6 月停止供应）。至 1951 年 6 月，逃缅国民党军中有美军顾问 36 人（内将级军官 2 人，上校军官 7 人，少校军官 27 人）。逃缅国民党军残部对云南边境的窜扰颠覆活动，受到美国顾问的怂恿和指导。

在美国的支持下，有关邻国允许逃缅国民党军残部在其国内设立指挥机构和办事处等联络机构，允许其购买和转运粮食、被服和武器，允许其少部临时驻扎和过境，允许其安置家属和伤残人员等。逃缅国民党军残部在逃缅初期，活动地区曾达东西宽 280 公里，南北最长达 530 余公里，以后逐渐固定。其盘踞的地区东南临湄公河，南迄缅、泰边境，西至萨尔温江，东北达中国云南边境。在南北长约 300 公里，东西宽约 200 公里广阔区域内，除缅军在西部占有部分重要城镇、坝区和公路沿线外，均为逃缅国民党军残部盘踞。其总面积达 2.9 万平方公里，人口约 30 万。除几个主要基地外，逃缅国民党国残部还建立数十个据点。

逃缅国民党军残部逃缅后，经过一段休整，便从 1951 年开始，利用人民解放军不能出境作战，该地区群峰叠嶂、河谷纵横、森林茂密、交通不便，缅甸政府一时又无力进行进剿的条件，以隐蔽手段进出国境，开始了对云南边境地区的袭扰活动。逃缅国民党军残部袭扰活动，少则十几人，多则上千至上万人，严重威胁边境人民生命财产安全。为粉碎和打击逃缅逃缅国民党军残部的袭扰行动，人民解放军驻云南边防部队遵照中共中央、中央军委的命令，加强边防力量，紧紧依靠人民群众，严密防范，对诸次入窜逃缅国民党军残部实施围剿、清剿作战，给其以沉重打击。

1951 年 5、6 月间，李弥指挥逃缅国民党军残部出动 6000 余人，分 4 路越过国境线，占领耿马、孟连、勐海、镇康等县部分地区。云南军区以第十三军、第十四军共 7 个团的兵力，在地方武装配合下，采取封锁入口，诱敌深入，断其退路等手段，对入窜武装进行围剿和清剿，歼灭入窜残匪 549 人，余部除 800 余人逃入孟连以北山区原始森林中外，大部逃往国外。7 月，李弥派出 1000 人和 1300 人两股逃缅国民党军残部武装，分别由第八军第一九三师师长李国辉和第二十六军军长吕国铨率领，从云南境外孟片入境，于 22 日攻占了孟连县城。同时，派国民党中央“第二行政专员”廖蔚文入境，指挥 6 月间窜入孟连以北山区的第二十六军残部 800 余人向北突袭，于 7 月 13 日占领了澜沧县城。人民解放军云南军区组织 4 个团的兵力对其实施围剿，歼灭歼匪 200 余人，逃缅国民党军残部余部逃往境外。逃缅国民党军残部回窜袭击云南边境地区遭到沉重打击后，变集中兵力占领地盘改为以小股兵力袭扰。仅 1952 年上半年，其小股武装即对云南边境地区的腾冲、龙陵、镇康三县袭扰 60 余次，杀害区、乡干部和人民群众 100 余人。

对于逃缅国民党军残部在缅甸北部建立基地、影响缅甸北部地区社会秩序和安宁的情况，缅甸国防军曾于 1950 年 6 月中旬以 1 个营的兵力向大其力的逃缅国民党军残部进行清剿，战斗持续 40 余天成僵持状态，后在美台的压力下与逃缅国民党军残部达成停止冲突、逃缅国民党军残部撤出大其力的协议。1953 年 1 月至 3 月，缅甸国防军先后投入 3 个旅 1 万多人的兵力，向盘踞缅南部分地区，缅北的九谷、木姐及逃缅国民党军残部总部孟撒实施围攻。同时，于 3 月 26 日向联合国控诉逃缅国民党军残部。在军事进攻和国际舆论的压力下，逃缅国民党军残部为混淆国际视听，改称“东南亚自由人民反共联军”。在联合国大会和美国主持的美、泰、缅、台“四国会议”后，美国和台湾当局不得不同意将部分逃缅国民党军残部撤出缅甸，自 1953 年 11 月至 1954 年 5 月，分批撤往台湾 5472 人。留在缅北的逃缅国民党军残部 5800 余人，多为不愿走的原云南省的地主恶霸武装，归台湾当局“国防部情报局”直接领导。

（六）轰轰烈烈的抗美援朝运动

抗美援朝战争，是中国共产党领导中国军民，全力以赴进行的一场反侵略战争。为了赢得战争的胜利，中国共产党领导全国，动员了大量人力、物力、财力，可以说是倾举国之力，在政治、外交、思想文化、宣传、统战进行了全方位的动员，支持这场战争。“战争的伟力之最深厚的根源，存在于民众之中。”① 这是毛泽东人民战争的核心思想。这一思想，在反侵略战争中得到进一步发展。在这一思想指导下，在抗美援朝战争中，中国共产党领导人民掀起一场轰轰烈烈的抗美援朝运动。

为了全力以赴进行抗美援朝战争，中国共产党、中国政府各级组织，动员全国各行各业各条战线积极支援战争。1950 年 10 月 26 日，中国人民保卫世界和平反对美国侵略委员会（简称中国人民抗美援朝总会）成立，著名社会活动家郭沫若为主席，彭真、陈叔通（后增加廖承志）为副主席。紧接着，全国各大行政区，各省、市也相继成立了抗美援朝分会，根据中央的指示，具体组织领导抗美援朝运动的开展。11 月 4 日，中国共产党和各民主党派联合发表宣言，“誓以全力拥护全国人民的正义要求，拥护全国人民在志愿基础上为着抗美援朝保家卫国的神圣任务而奋斗。”此后，全国各人民团体发表宣言，号召本团体积极行动起来，投入到伟大的抗美援朝运动中去。1951 年 2 月 16 日和 3 月 14 日，全国政协、抗美援朝总会分别发出电文、通告，号召把抗美援朝运动进一步普及、深入地开展下去。

全国的抗美援朝运动，主要开展了下述主要工作。

一是揭露美国帝国主义的侵略战争阴谋及企图，对全国人民开展反

---

① 毛泽东：《论持久战》，《毛泽东选集》第 2 卷，人民出版社 1991 年版，第 511 页。

对帝国主义、反对侵略战争行动教育，深入进行爱国主义、国际主义教育。中国人民志愿军出兵朝鲜后，1950 年 10 月 26 日，中共中央发出关于在全国进行时事宣传的指示。在此之前和此后，不仅在志愿军中，而且在全国展开了以仇视、鄙视、蔑视美帝国主义的“三视”教育为中心的宣传活动。一首“雄赳赳气昂昂，跨过鸭绿江……”的雄壮歌曲，激荡在全国城镇农村大街小巷、学校、机关、厂矿，抗美援朝运动伟大意义家喻户晓，深入人心，极大地增强了全国人民反对帝国主义侵略，保卫国家、保卫和平的自尊心和自信心，大大提高了爱国主义和国际主义觉悟。1951 年 2 月 3 日，中共中央又下发了在少数民族地区开展抗美援朝运动的指示。2 月 14 日至 16 日，中共中央政治局扩大会议决定，进一步开展抗美援朝的宣传教育运动，使抗美援朝教育不断深入。16 日，中国人民政治协商会议发出关于进一步开展抗美援朝运动致各地人民政协委员会的电文。这些指示和教育，贯穿抗美援朝始终，使全国人民紧密团结在中国共产党的周围，万众一心，同仇敌忾。这一教育和宣传活动，使抗美援朝有了动员开展一切工作的基础。

二是动员参军、参战、支前。在进行教育宣传基础上，全国迅速掀起了参军参战和支前的热潮。中国人民解放军的广大官兵，纷纷递交决心书、请战书，坚决要求上前线。广大青年、学生，积极报名要求参军参战。东北地区青年率先要求参加志愿军。仅几天内，安东市（今丹东市）和双城县（今双城区）各有 500 名青年报名参军，锦州市在十几天内有 1000 余名青年报名。长岭县有 1200 名青年参加了志愿军。全国各省广大青年也掀起报名参加志愿军热潮。人口 2000 万的浙江省，报名参军人数达 100 多万名。① 1950 年 12 月 1 日，中央军委和政务院作出了关于招收青年学生、青年工人参加各种军事干部学校的决定。12 月 2 日，中国新民主主义青年团中央、中华全国学生联合会、中华全国总工会先后发表告全体青年团员书、告全国青年工人书，指出美国侵略者已侵占

① 军事科学院军事历史研究部：《抗美援朝战争》第 2 卷，军事科学出版社 2000 年版，第 281—282 页。

中国台湾，并将侵略朝鲜的战火烧到中国的边境，全国青年要积极响应号召，为加强国防力量建功立业。1951 年，报名参加军事干部学校的青年学生达 58 万余名。志愿军入朝后，大批铁路员工、汽车司机、医务工作者和农民，纷纷组成运输队、医疗队、担架队，志愿开赴前线，担负各种战地勤务工作。全国铁路系统 80%的员工报名志愿赴朝。据东北地区各省 1951 年 6 月统计，有 5571 名汽车司机赴朝服务，占当时总数的一半以上。东北地区参加担架队的青壮年农民（民兵）15 万人随军入朝；各大城市各大医院的医务工作者，先后组成医疗队、手术队、防疫队等开赴朝鲜。

三是开展捐献飞机大炮运动。1951 年初，党中央、抗美援朝总会发动和领导了大规模的爱国募捐运动。6 月 1 日，中国人民抗美援朝总会发出开展捐献武器运动的号召。为了各界人民认捐方便，通知对各项武器的折价作了具体规定：一架战斗机折合人民币 15 万元，一辆坦克 25 万元，一门大炮 9 万元等。各人民团体、工厂、文艺团体、街道以及许多个人，积极认捐，并涌现出大批成绩显著的单位和个人。北京市石景山钢铁厂捐献了“石景山钢铁厂号”战斗机 1 架，甘肃省玉门油矿职工用 8 天内生产增产所得捐献“石油工人号”战斗机 1 架。许多工人、农民、知识分子等，省吃俭用把积攒下来的钱捐出来，许多妇女把首饰捐献出来，涌现出大量感人事迹。103 岁维吾尔族老妈妈把拾麦穗、纺线卖的钱捐献武器；重庆市 63 岁妇女彭素贞，在临终前将一生洗衣积蓄和金戒指 3 枚、银元 5 个、房屋 1 栋全部捐献出来；著名豫剧演员常香玉连续 8 个月义演 170 多场，捐献 1 架“香玉剧社号”战斗机。捐献活动至 1952 年 6 月 24 日结束，全国各界共捐献人民币 5.565 亿元，相当于 3710 架战斗机价款。①

四是国内各阶层组织和文艺团体慰问前线指战员。1950 年 11 月 27 日，全国政协与各民主党派及各人民团体举行联席会议，并于 12 月 1 日

---

① 参见《抗美援朝战争》编辑部：《当代中国丛书·抗美援朝战争》，中国社会科学出版社 1990 年版，第 351—353 页。

发出联合通知，号召开展慰问中朝军队和拥军优属活动。各地积极开展拥军优属活动，在农村开展为军属代耕、代种、代收活动。同时，掀起慰问最可爱的人活动。第一、二次战役取得胜利的消息传回祖国后，全国人民深受鼓舞和感动，北京燕京大学学生在 3 天内就寄送 300 多封慰问信和 600 多个慰问袋。南京市人民在平壤收复后四五天内，即写了 2 万多封慰问信，寄送 5000 多个慰问袋。仅截至 1951 年 1 月，各地就寄出慰问金 114 万元人民币，慰问信 45 万封，慰问袋 36 万个，慰问品 61 万件。[①] 1951 年 1 月 22 日，抗美援朝总会发出通知，决定组织中国人民慰问团前往朝鲜慰问志愿军指战员和朝鲜军民。慰问团由总团长廖承志，副总团长陈沂、田汉率领，下设 8 个分团，共 575 人，送去 1093 面锦旗、420 万元慰问金、2000 多箱慰问品以及 1.5 万封慰问信，慰问团深入营连和前沿阵地，带去全国人民的关怀并进行慰问演出活动。慰问团于 5 月 29 日回到北京。1952 年 9 月，又组织了中国人民第二届赴朝慰问团，由 1097 人组成，慰问活动持续了 40 多天。1953 年 7 月 27 日，抗美援朝战争结束，中国人民抗美援朝总会于 9 月 23 日组织第三届赴朝慰问团，总团长由贺龙担任，人数达 5448 人。

五是大力宣传前线英雄模范，到国内做报告。1951 年二三月间，应中国人民抗美援朝总会邀请，中国人民志愿军组成 10 人“中国人民志愿军归国代表团”回国内报告志愿军在前线作战的英雄事迹。代表团在全国 24 个省区的 172 个市、县和广大乡村，向 4475 万听众作了报告或广播演讲，向全国人民汇报了志愿军的英雄事迹，使全国人民受到了生动的爱国主义和革命英雄主义教育。1951 年 1 月，中国人民志愿军又一次组成由李雪三率领共 170 名代表的归国代表团，首先向首都各界人民作了报告，而后分成 26 个组，分赴 6 大行政区，向全国人民报告中国人民志愿军的英雄事迹。志愿军代表的归国汇报活动，激发了全国人民建设祖国和支援前线的热情。每一次报告和介绍每一个事迹，都是最生动、最

① 参见《抗美援朝战争》编辑部：《当代中国丛书·抗美援朝战争》，中国社会科学出版社 1990 年版，第 361 页。

实际的爱国主义、国际主义和革命英雄主义的教材，在人民心中树立起志愿军的英雄形象，促使各阶层人民努力奋斗，建设新中国。

四、打打谈谈，实现朝鲜停战

实现朝鲜半岛的和平，是中国志愿军出兵朝鲜的初衷。中国不要战争，因为中国刚刚结束战争，深深懂得战争给人民带来的灾难和痛苦。中国更不愿出兵到别国土地上打仗，因为中国奉行睦邻友好政策。中国组织志愿军出兵朝鲜，是因为朝鲜受到帝国主义的侵略和杀戮，朝鲜国家处于危难，请求中国援助进行反对侵略的战争，是因为中国安全受到了帝国主义的侵略和战争的威胁；中国将帝国主义打回到三八线以南，是因为要帮助朝鲜民主主义人民共和国收复被侵占的国土。

（一）停战谈判前的局势

五次战役后“联合国军”被打回了三八线以南。中国出兵的目标基本实现。

在三八线僵持对峙的态势下，中朝和美国都有停止战争、谈判解决朝鲜问题的愿望。

对美国为首的联合国军来说，侵朝战争进行了一年，付出了相当大的代价。仅美军在朝鲜战场上就伤亡 10 万余人①，美国投入朝鲜的总兵力，已经逐步增加到了 69 万余人，飞机达 1700 余架，火炮 3560 余门，军舰 270 余艘。② 这些兵力，产生了庞大的战争开支，财政年度军费达 420 亿美元，直接战争经费开支达 100 多亿美元。付出这样巨大的代价，

---

① 军事科学院军事历史研究部：《抗美援朝战争史》第 3 卷，军事科学出版社 2000 年版，第 4 页。

② 军事科学院军事历史研究部编著：《简明中国人民解放军战史》，军事科学出版社 1992 年版，第 446 页。

美国建立所谓“统一的”“民主的”朝鲜的目标并未达到。目前这种局面僵持下去，无法判定战争将持续多久。

使美国白宫官员们更担心的并不是国内的反战情绪。他们看到，朝鲜战场上“美中交战就像鲸鱼和大象厮打”，苏联却“坐山观虎斗”，美国被打得焦头烂额，不断消耗，而苏联却毫发无损，且正加紧备战，养精蓄锐。这使美国白宫寝食难安、忧心忡忡。美国的战略重点在欧洲，同共产主义争夺势力范围的重点也在欧洲，这样打下去，美国就是胜利了，消耗掉在欧洲同苏联对抗的实力，实际上在战略上也等于吃了败仗。

美国曾再三考虑在朝鲜战场上使用原子弹或对中国使用原子弹，一是吃了败仗恼羞成怒；二是可看出急于想在朝鲜速胜，不愿长期被拖在朝鲜战场上，影响在欧洲的战略利益。美国这时从朝鲜战场上抽出身来的心情，更显得急迫了！

在中朝方面，中共中央和志愿军统帅纵观战场形势，也深刻地认识到，志愿军依靠勇敢顽强的精神，在武器装备占有劣势的情况下，连续取得了五次战役的胜利。但志愿军除兵力人数占优势外，仅有少量的炮兵支援作战。虽在运动中达成对美军的合围，但美军依靠装甲和飞机，不是突围逃跑，就是形成装甲防御外壳，志愿军成建制整团整营消灭美军越来越困难。同时，随着战线的拉长，后勤补给距离越来越远，加上美国空军昼夜不停地轰炸，志愿军后方补给手段落后，前运后送十分困难。在敌我武器装备优劣悬殊的状况没有得到根本改变之前，不能大量地消灭“联合国军”有生力量。

交战双方都认识到谁也吃不掉谁，战线回到了战争开始前的状态，双方形成对峙局面，这就有了谈判停战的可能。美国政府通过中间人给中国传递信息：美国对朝鲜战争的兴趣并不很大，真正的大敌手是克里姆林宫而不是中国。“使朝鲜局势尽可能恢复到侵略发生之前的状态”①，即回到三八线。

1951 年 5 月 17 日，杜鲁门批准了由美国国家安全委员会通过的文

---

① 华庆昭：《从雅尔塔到板门店》，中国社会科学出版社 2006 年版，第 227 页。

件，即第48/5号文件。文件指出：“通过政治途径建立统一、非共党化的朝鲜，军事上似乎已不可能。因此，我们在绝对不放弃对朝鲜所坚持的终极政治目标的同时，当务之急是找到解决朝鲜问题的办法，既要拒绝承认共产党对朝鲜三八线以南地区的统治，又要依据军事需要让非朝鲜军队分阶段地撤离朝鲜。”①

1951年5月底，美国国务院顾问凯南受艾奇逊之托，到苏联驻联合国代表团驻地找到负责人马立克，透露美国政府的意图：“美国准备在联合国或在任何一个委员会或以其他任何方式与中国共产党人会面，讨论结束朝鲜战争的问题。”

马立克问道：“是恢复朝鲜战争战前状态吗？”

凯南回答：“各自回到战前的位置。”

马立克表示自己的意见：“一切外国军队应该立即从朝鲜撤离。”“朝鲜问题是同整个远东问题连在一起的，美国的政策造成了一系列严重后果，它不只是朝鲜问题，还有对日和约问题、台湾问题、中国在联合国席位问题等等，都是必须解决的。”②

北京和苏联都得到了美国派员同马立克谈话内容的报告。

1951年6月3日，金日成到达北京，毛泽东、周恩来同金日成讨论了朝鲜停战谈判的若干问题。两国首脑分析了朝鲜战争的形势，最后确定：同“联合国军”举行停战谈判，争取以三八线为界实现停战撤军；同时，以坚决的军事行动粉碎敌人的任何进攻，以保证谈判顺利进行，并充分准备持久作战。

6月初，美国国务卿艾奇逊发表声明，并通过联合国秘书长赖伊发表声明，表示愿意沿三八线地带谋求停火。

6月23日，苏联驻联合国代表马立克在联合国发表广播演说，提出：根据朝鲜战争中敌对双方的意向，“交战双方应谈判停火与休战，而双方

---

① 转引自军事科学院军事历史研究部：《抗美援朝战争史》第3卷，军事科学出版社2000年版，第11页。

② 转引自柴成文、赵永田：《板门店谈判》，解放军出版社1993年版，第114—115页。

把军队撤离三八线”。

6 月 30 日，李奇微奉美国政府之命，以“联合国军”总司令的名义发表声明，同意举行停战谈判，建议双方在元山港的一艘丹麦伤兵船上举行谈判会晤。

7 月 1 日，朝鲜人民军最高司令官金日成和中国人民志愿军司令员彭德怀答复李奇微，同意“为举行关于停止军事行动和建立和平的谈判”与美方会晤，会晤地点建议在三八线上的开城。

战场双方经过交涉，停战谈判终于开始了。

（二）实现朝鲜停战

7 月 10 日，开城风和日丽，一年多来笼罩在战争硝烟中的城内男女老幼，得知即将停战谈判的消息，严肃忧郁的脸上绽开了笑容。人们将街道打扫得干干净净，翘首迎接特殊的使者。

上午 10 时，双方谈判代表的车队驶入开城来凤庄一座富有的农家宅院前，步入布置的庄严肃穆的会场。“联合国军”方面的代表是：乔埃、白善烨、霍治、克雷奇和勃克，中朝方面的代表是：南日、邓华、解方、李相朝和张平山。

长形的谈判桌前双方相对落座，昔日战场上的敌手第一次坐在一个桌上谈判。

三十八度线的战场上，敌我两军也对峙着。

从此，谈判桌前，双方唇枪舌剑；战场上，双方的枪炮也在激烈“辩论”。

朝鲜停战谈判进行了两年多。美国这个专横霸道的帝国主义大国，战场上的较量，使它不得不同刚刚成立不久的、百废待兴、还没走出贫穷落后的中国和朝鲜平等地坐在谈判桌前。但在美国高层，藐视中国的态度并没有消除。他们觉得，像美国这样经济实力和军事实力在世界称首的大国，能同中国和朝鲜双方坐下来谈判，似乎就已让步了许多，就很给中国和朝鲜面子了。因此，美方的谈判代表们，在谈判桌前也不断表现出盛气凌人的狂傲态度。他们总是想以强硬的、无理的要求，企图压住我方的气势。他们把战场上的飞机、大炮的数量——武器装备上的绝对优势，作为他们同中朝双方谈判的强力砝码。在长达两年的谈判中，他们使出了浑身解数——硬、拖、耍无赖；用尽所有招数——外交逼、战场压、原子弹威胁。他们的目的只有一个，就是要中朝双方按照他们拟定的条件实现停战，在战场上得不到的东西，企图在谈判桌上得到。

先是军事分界线问题。本来军事分界线应划在三八线附近，恢复战前状态，这是双方都应接受的，同时按照二战时军事占领即可作为分界线的例子，双方对峙线大体在三八线附近。中朝双方一开始就建议以三八线为分界线。可美国却无理地说这是地面对峙线，海上和空中基本是美国控制着，有“海空优势”，要朝中给予“海空补偿”。在遭到严正拒绝的情况下，美国便轰炸扫射禁飞区，打死打伤中立区中朝警戒人员，破坏停战协议，迫使谈判不得于 8 月 23 日中断。

在中朝拒不就范的情况下，美国企图在战场上赢得优势，先是发动夏季攻势，接着又发动秋季攻势。然而，中朝军队早有准备，美国的种种招数，都未能得逞。“联合国军”两个多月的夏、秋季攻势，共付出 15.7 万余人的伤亡代价，付出重大牺牲，仅在局部前进了几公里。消耗大量弹药，得到的只是全世界纷纷的谴责声。两个月的飞机、大炮“辩论”结果，是美国不得不又沮丧地回到谈判桌前。1951 年 10 月 25 日，谈判会场从开城迁至板门店，谈判桌前的辩论又开始了。

双方谈判斗争最激烈的是战俘安排问题。中朝方面主张双方要按照国际法的规定遣返全部战俘，这是非常合法和容易接受的。但美国力图扣留中朝方面被俘人员。美国这样做，有他的“理由”。“理由”是按国际法惯例执行，他觉得美国和南朝鲜方面吃亏。因为，当时朝中方面有 10 万人被俘，美国公布的数字更多，为 13 万人，其中大部分是朝鲜人民军，共 11 万人。这些战俘主要是美军仁川登陆后没能撤出的被围部队。朝中方面在战争中也俘虏大量美军战俘，但大部分在战场上就地释放了，对待南朝鲜的战俘更是如此。到停战谈判时，俘虏的对方人员仅有 1.2 万余人。双方战俘人数悬殊。这样，美方觉得有了在此问题上谈判的砝码，说话强硬起来。他们坚持“一对一”对换，这样就可扣留大批朝鲜战俘。剩下的，可作为谈判中在其他问题上占便宜的条件。

美方的这种无理的、违反日内瓦国际战俘公约的主张，理所当然遭到驳斥。美方一计不成又生歹计。提出“自愿遣返”的所谓原则。他们以酷刑逼迫中朝战俘在身上刺字、写血书表示“拒绝遣返”，杀害了大批坚持要求回国的中朝战俘。

美国还利用外交途径对中国进行威胁。1952 年 1 月 8 日，艾奇逊与英国当选首相丘吉尔会谈时说道：“如果停战谈判失败，美国可能轰炸中国并封锁沿海地区。”①

在双方谈判最激烈的时候，美方不但发动地面进攻，还从 1951 年 8 月起，利用朝鲜暴发特大山洪造成朝鲜北部交通巨大灾害的机会，向中国人民志愿军和朝鲜人民军后方发动了“绞杀战”。美方总计集中 1800 余架飞机，对志愿军后方桥梁、公铁路、交通枢纽等，实施毁灭性的轰炸，企图使中朝双方军队后方补给中断，缺粮、缺弹，无法在三八线地区同美军对峙。

为粉碎美军的“绞杀战”，志愿军全力展开反绞杀战斗争。志愿军铁道兵、工兵、铁路运输和汽车运输部队，在朝鲜人民群众配合和支援下，全力投入抗洪、抢修道路和运输斗争中。军民冒着敌机轰炸突击，奋战在运输线上，采取各种抢修抢运措施，向前线运输粮弹等物资。刚刚成立不久的志愿军空军，陆续出动 9 个师的兵力，同美机展开空中搏斗。仅在反“绞杀战”期间，志愿军空军即击落击伤敌机 144 架，有力地打击了美国空军的猖狂气焰。美军惊呼：中国几乎在一夜间就成了空中强国。志愿军还组织 4 个野战师、4～5 个城防团和 50 个独立营的高炮部队，在铁道高射炮兵指挥所的统一指挥下，投入保卫重点铁路桥梁的斗争。整个反绞杀战，志愿军高射炮部队共击落敌机 260 架，击伤 1070 架。经过英勇搏斗，中朝军队彻底粉碎了美军的“绞杀战”。1952 年 6 月，美军的绞杀战被迫终止。

---

① 蔡佳禾：《双重遏制—艾森豪威尔政府的东亚政策》，南京大学出版社 1999 年版，第 4 页。

经过两年多艰难的谈判，中朝方面同美国为首的“联合国军”方面，终于达成了停战协议。

关于军事分界线协议。美国方面提出“海空补偿”破产后，发动战场攻势遭到失败，不得不回到谈判桌上。为解除美方在军事分界线问题上的无理纠缠的一切借口，1951 年 11 月 6 日毛泽东电告李克农说：可于 11 月 7 日的谈判中，主动提出就地停战各后撤 2 公里作为非军事区的方案。毛泽东将这一提案电告斯大林，斯大林赞同毛泽东的提议。毛泽东这一提示，塞堵了美方的任何挑剔的借口，为军事分界线谈判达成协议打开了局面。11 月 7 日，朝中代表在谈判中即提出了确定以现有实际接触线为军事分界线，并由此线各退 2 公里以建立非军事地区的建议方案。

这一提案提出后，美方没有理由反驳。双方经协商，于 11 月 23 日，双方达成基本协议，即：“确定以双方实际接触线为军事分界线，并在已签字的停战协议中所具体规定的时间，双方各由此线后退 2 公里，以建立军事停战期间的非军事地区的原则。”

双方军事分界线达成基本协议后。美方和南朝鲜方面，不断为扩大地盘而发动进攻。中朝方面给予应有的还击。在停战至最后签字的近 19 个月的时间里，志愿军和人民军在坚守防御、英勇抗击“联合国军”扩展地盘行动的同时，积极地反击，1952 年 3 月开始，有计划地对突出的个别的“联合国军”连、排支撑点，进行挤占作战。至 8 月份，共挤占阵地 23 处，面积 30 余平方公里。9 月，志愿军对“联合国军”继续实施战术反击。10 月和 11 月，“联合国军”发动金化攻势，企图扩展地盘，志愿军坚守坑道阵地，实施了著名的上甘岭坚守防御作战。志愿军先后投入第十五军和第十二军共 3 个多师 4 万余人兵力、140 门火炮，顶住了“联合国军”投入的 6 万余兵力、300 余门大炮、近 200 辆坦克、3000 余架次飞机的连续攻击。“联合国军”向上甘岭投下炸弹 5000 余枚，炮弹 190 余万发，阵地的土石被炸松 2 米，“联合国军”在志愿军阵前损失 2.5 余万人，但没能前进一步。1953 年 6 月和 7 月，在停战协定即将签字之际，为打击李承晚破坏协议行为和单独向北进攻的叫嚣，志愿军连续发动两次攻势，彻底粉碎的“联合国军”的进攻和反扑，消灭“联合国军”7.8万余人，占领332.6平方公里土地。[①]

同时，志愿军和人民军在朝鲜半岛38°线以北东西海岸，部署重兵，加强防御，使“联合国军”对志愿军后方无隙可乘。

中国人民志愿军和朝鲜人民军在谈判期间的战绩，更使美国看到赢得战争胜利的艰难，每向北夺占一寸土地都要付出重大的血的代价。这样，促使了停战协定的达成。

艾森豪威尔曾在回忆录中说：中国之所以让步是因为美国对中国进行了扩大战争及使用核武器的威胁。周恩来在谈到美国的公开威胁时说：“艾森豪威尔一上台就放空炮吓人，提出五条办法：（一）侧面进攻；（二）轰炸东北；（三）沿海骚扰；（四）原子弹恐吓；（五）进攻中国大陆。这五条都已经被我攻破。”[②] 毛泽东在2月7日的政治协商会议上也说道：我们是要和平的，但是，只要美帝国主义一天不放弃它那种横蛮无理的要求和扩大侵略的阴谋，中国人民的决心就是只有同朝鲜人民一起，一直战斗下去。美国愿意打多少年，中国也就愿意跟它打多少年，一直打到美国愿意罢手的时候为止。[③]

7月19日，朝中代表团将达成的协议承诺公之于世。

1953年7月27日9时30分，“联合国军”方面和朝中方面出席签字方式的人员从东西门分别进入大厅。10时许，“联合国军”代表团首席代表和朝中代表团首席代表，分别在《关于朝鲜军事停战的协定》及其附件上签字。

当日下午1时和晚10时，“联合国军”总司令马克·克拉克在汶山，朝鲜人民军最高司令官金日成在平壤，也分别在《关于朝鲜军事停战的协定》和《关于停战协定的临时补充协议》上签了字。28日，彭德怀在开城来凤庄，在上述两份协定上签了字。

7月27日22时后，朝鲜停战协定签字生效。战火硝烟笼罩的朝鲜半

---

① 参见军事科学院军事历史研究部：《简明中国人民解放军战史》，军事科学出版社1991年版，第490—491。

② 《周恩来外交文选》，中央文献出版社1990年版，第58—62页。

③ 《毛泽东军事文集》第6卷，军事科学、中央文献出版社1993年版，第341页。

岛，出现了晴朗的天空。

三年的朝鲜战争，美国在朝鲜半岛付出了惨重的伤亡代价，据朝中方面公布的战绩，朝鲜人民军和中国人民志愿军共毙伤俘“联合国军”109.3万余人，其中美军39.7万余人，南朝鲜军66.7万余人，英法等其他国家2.9万余人。美国官方公布的数字：美国阵亡3.36万人，战伤10.32万人，失踪和被俘0.51万人，共14.2万人；韩国国防部公布：南朝鲜军阵亡22.78万余人，战伤71.71万余人，失踪被俘约4.3万余人，共98.84万余人。1953年10月23日，美联社发表的“联合国军”和南朝鲜军的人员损失为1474269人。

在装备上，中国人民志愿军和朝鲜人民军共缴获“联合国军”飞机11架，坦克装甲车520余辆，汽车9239辆，各种火炮6300余门，击毁击伤飞机12213架（击落5729架，击伤6484架），击毁击伤坦克装甲战车2735辆、汽车4000余辆，击沉击伤舰艇257艘。

中国人民志愿军在抗美援朝战争中也付出了巨大的牺牲。共伤亡、失踪和被俘36.6万余人（阵亡11.6万人，战伤22万余人，失踪和被俘2.9万人）。战费开支62.5亿元人民币。[①]

中国人民和朝鲜人民一道，共同反击美国帝国主义对和平的挑衅和对别国领土的侵略，赢得了战争的胜利，赢得了朝鲜半岛的和平和东亚的和平。朝鲜半岛的较量说明，那种靠船坚炮利奴役小国弱国的霸权专制时代已一去不复返了。同时，通过这场战争，新中国打出了国威、军威，全世界都看到了站起来的中国人民在维护东方和平的分量和力量，提高了国际威望和声誉。

美国那些不可一世的将军们，在朝鲜战场上也失去了往日的光彩和头上的光环。克拉克在后来的回忆中说：“1952年5月，我受命为联合国军统帅……。15个月以后，我签订了一项停战协定，这协定暂时停止了……那个不幸半岛上的战争。对我来说这亦是表示我40年戎马生涯的结

① 军事科学院军事历史研究部：《抗美援朝战争史》第3卷，军事科学出版社2000年版，第461页。

束。他是我军事经历最高的一个职位，但是他没有光荣。在执行政府的训令中，我获得了一项不值得羡慕的荣誉，那就是我成了历史上签订没有胜利的停战条约的第一位美国陆军司令官。我感到一种失望和痛苦。我想我的前任麦克阿瑟和李奇微两位将军一定具有同感。”①

① 转引自军事科学院军事历史研究部：《抗美援朝战争史》第3卷，军事科学出版社2000年版，第462页。

第四章
国防和军队现代化正规化建设全面展开

抗美援朝战争结束后，国家进入相对和平时期。在国际国内形势发生重大变化的形势下，从1953年起，国家开始执行国民经济发展的第一个五年计划，国防和军队建设也有了集中精力进行现代化建设的环境和条件。在指导国防和军队建设进程中，中共中央、中央军委根据形势的发展变化和国防、军队建设的实际，及时召开几次重要会议，作出一系列重大决策。这些决策、决定的实施，指导国防和军队建设沿着以现代化为中心的轨道健康快速发展，保证快速建成了一支诸军兵种合成的军队，中国国防实力和军队打现代化战争的基础能力不断提高。

一、召开军事系统党的高级干部会议，全面部署国防和军队现代化建设

1953年底1954年初全国军事系统党的高级干部会议，是在国防和军队建设由低级阶段向高级阶段转变的关键时刻召开的，它是全面建设现代化国防和军队开始的标志，是一次具有划时代意义的会议。

1953年9月，彭德怀给毛泽东主席的报告中提出，建议修改1952年军队建设五年计划，常备军在两年内整编为350万人的总定额，技术兵种五年内不再扩大，只在现有基础上巩固提高，多培训技术人才。报告还提出了军委和大军区两级的编制，公安部队的整编、分工，准备实行义务兵役制、军衔制、薪金制和军事训练等问题。报告提出，拟于11月

中旬召集各大军区司令员、政治委员及军队有关高级领导召开一次军事会议，讨论解决上述问题。

彭德怀的报告，是军队建设面临的一系列重大问题。其中提到的关于 1952 年军队建设五年计划，是由周恩来主持，聂荣臻、粟裕具体研究，在苏联顾问帮助下编拟的，这个报告经毛泽东和中共中央批准执行时，彭德怀已正式接替周恩来主持中央军委日常工作，也就是说，他要具体主抓这个计划的落实。由于当时抗美援朝战争正在进行，这个计划重点考虑到军队如何适应抗美援朝战争的要求。当时全国提出一切为了前线，军费比例占国民生产总值比例相当高，因此计划的规模也相当大，如空军要发展到 150 个飞行团，作战飞机达到 6229 架，要增建 153 个机场；其他军种和技术兵种的发展规划也很大。

一年后，形势的发展很快，抗美援朝战争结束了，国家的工作重心转到经济建设上来，再维持高额的军费开支就会影响到国家的经济建设。在这种形势下，毛泽东认为，朝鲜战争再起的可能性虽然存在，但较大的可能是长期拖下去，停而不和，或久拖而后和。因此，中共中央确定，全国的工作重点主要是集中到第一个五年经济建设计划上，而这一计划的重点，是要用一切办法挤出钱来建设重工业和国防工业。

根据毛泽东和中共中央的这一决定，中央军委连续召开了三次扩大的例会。在第一次例会上，彭德怀向各总部、军兵种领导传达了毛泽东对形势的分析，并指出，全国的工作重点转换了，我们考虑问题的出发点也必须转换过来，常备军员额过大，非队列人员近 60 万人，必须加以精简才能把有限的军费用到军队基本建设上来。总之，朝鲜停战以后，军队的建设要巩固地前进。在第二次例会上，彭德怀请来了国家计划委员会主席、军委副主席高岗，向在京的各大单位军政首长作了一次报告，详细介绍了当前国家财经状况。彭德怀在传达毛泽东在中央书记处会议上的讲话时说：毛泽东要求，“目前全部国家机构费用（包括军费、政费在内）最高不能超过国家总支出的 30%”。这就是说，军费在今后一个相当时期内，将要比 1953 年大大减少。即使国家财政收入逐年增长，军费的绝对数也不会增加多少，因此，必须下最大决心来对军队实行精简整编。在第三次会议上，与会人员重点讨论了和平时期国家应保持适度的常备军员额问题。彭德怀和聂荣臻等军队领导人，从现实的和长期的军事斗争准备出发，提出了一些国防和军队长远建设的重要观点。彭德怀谈道：我军建设现在所处的国际国内环境，既不是相当稳定的和平环境，也不是战争即将爆发的临战状态。因此，对军事工作的安排，不能像1950年春那样，许多部队去搞农业生产，“马放南山，刀枪入库”；也不能像朝鲜战争爆发时那样，把一切工作集中于加强部队的现实战斗力上，而不注意军队的基础建设。他指出：常备军的建设，只是国防力量建设的一部分。国家常备军加上国防科学技术工业能力和国家的动员潜力，才是国防力量的全部。考虑平时军队建设的时候，必须注意有利于国防工业的加强，有利于国家动员潜力的积蓄。国家的经济发展水平、科学技术发展水平，是国家防御力量的物质基础。没有现代化工业，没有现代化交通、通讯等设施，就不会有现代化国防，也不会有真正的现代化军队。即使有一支用现代武器装备起来的军队，也不可能在现代战争中充分发挥作用。

从三次例会可以看出，中央军委领导人在国际国内形势发生重大变化的时刻，考虑的是确立人民解放军从战争时期转到和平时期现代化建设上来的重大指导方针问题。虽然从20世纪50年代初期开始，人民解放军已不失时机地开始了由战争年代向和平时期的过渡，并为全面展开现代化建设奠定了良好的基础，但由于抗美援朝战争的发生，这种转变还没真正实现。现在必须尽快地实现这种转变，而实现这种转变，必须确立和平时期国防和军队建设一系列方针原则，树立长远建设的指导思想，明确现代化建设的目标，并把这一思想贯彻到全军。

毛泽东批准了彭德怀关于召开军事会议的建议。这次会议讨论解决的问题是事关和平时期军队建设的一系列重大问题，彭德怀同聂荣臻、粟裕、黄克诚、肖向荣等军委总部领导组织机关和各部门抓紧进行会议的组织准备工作。毛泽东对开好这次会议很关心，在会议准备过程中，毛泽东给彭德怀写来一封信，信中说：“军事会议快要开了，你是否准备写一个书面报告。要写，现在就要着手了，我觉得有一个简明扼要的书面报告为好，讲时可加发挥，使人好去传达，免致传错，会上讨论时也眉目清醒些。如你无暇写，可要肖向荣照着你的意见去写，请酌定。”①

毛泽东对会议准备的具体指导，给军委全体领导极大鼓舞。彭德怀认为，这次会议要解决的都是重大问题，会议的讲话材料，是国防和军队建设指导性和纲领性的文件，要提出关于和平时期国防和军队建设的重大方针、原则，要对国防和军队建设进行总体规划和部署，要涉及具体的政策。这些材料的准备，仅靠军委和各总部是准备不好的，单纯依靠到会人员临时发言也很难取得应有的效果。为使会议材料符合军队实际，彭德怀指示中央军委特地向全军各大单位拟定了会议研究讨论的问题的提纲，下发各大单位。首先使各大单位根据这个提纲组织在本单位进行研究讨论，集思广益，征询他们的意见，并在会议召开前进行了综合整理和研究。彭德怀还提出，会议应尽量给到会人员创造畅所欲言的气氛，因此，会议名称最后定为“全国军事系统党的高级干部会议”。

1953 年 12 月 7 日，第一次全国军事系统党的高级干部会议在北京中南海居仁堂召开，参加会议的有军委各总部、各大军区、各军兵种和直属院校的主要领导干部共 123 人。朱德致开幕词，接着，彭德怀代表军委作了《四年来的军事工作总结和今后军事建设上的几个基本问题的报告》。

朱德在开幕词中说：这次会议要以党在过渡时期的总路线、总任务和毛泽东关于“建设我军为世界上第二支最优良的现代化的革命军队”为指针，使全体同志从思想上认识现代化革命军队建设的方针和任务，研究和解决军队建设面临的诸多具体问题。朱德号召与会人员要“知无不言，言无不尽”，在会议上充分交换意见，商讨问题，帮助军委改进工作。

彭德怀在报告中，首先回顾了人民解放军四年来的工作，对军委在周恩来主持下四年来的工作给予了充分肯定和很高的评价。在总结四年来工作基础上，彭德怀重点讲了“关于今后军事建设中的几个基本问

① 《彭德怀传》编写组：《彭德怀传》，当代中国出版社 1993 年版，第 509 页。

题”。这一部分，代表军委指出了需要解决的一些根本性问题，涉及军队建设的方方面面。第一，关于国家武装力量的总定额问题，提出再精减近百万人；第二，关于组织编制与工作职责问题；第三，关于若干制度的改革和确立问题，报告中首次正式提出了实行义务兵役制、薪金制、军衔制三大制度和颁发勋章和奖章问题；第四，认真办好学校，提高干部质量；第五，关于军事训练问题；第六，加强各级司令机关问题；第七，关于部队的政治工作问题；第八，后方勤务的组织和工作建设问题；第九，关于巩固国防与国防建设的若干措施问题；第十，关于党的领导和首长负责问题。彭德怀在报告中从历史与现实、理论与实践的结合上，提出了应该采取的方针原则和基本措施。

代总参谋长聂荣臻作了《关于组织编制问题的总结》报告，张宗逊副总参谋长作了军校与军训工作的报告，总政治部副主任萧华代表总政治部作了《关于军队政治工作建设的几个问题》的报告，总干部部副部长赖传珠作了干部工作的报告。

会议围绕几个报告，对军队建设一系列重大问题展开了充分的讨论，统一了大家的思想，对报告进行了补充和完善。

会议历时 50 天，与会人员畅所欲言，献计献策。副总参谋长张爱萍、军事学院院长兼政治委员刘伯承、西南军区司令员贺龙、华东军区司令员陈毅、中南军区代司令员叶剑英、海军司令员萧劲光、防空军司令员周士第、炮兵司令员陈锡联、公安部队副政治委员李天焕、工兵司令员陈士榘、装甲兵司令员许光达等在会上发了言，他们介绍了各军兵种部队几年来部队建设的情况，向大会提出了意见和建议。会议经过充分发扬民主，深入讨论，集思广益，为人民解放军全面进行革命化、现代化、正规化建设，确立了一系列重大方针原则。

大会最后由彭德怀代表主席团作了会议总结。毛泽东对大会十分关心，亲自审阅、修改会议文件。经过与会人员的努力，会议开得十分成功，解决了和平时期军队建设的一些重大问题。

1. 明确了军队建设的总方针和总任务。彭德怀在总结报告中指出，根据党中央和毛主席规定的国家在过渡时期的总路线和总任务的精神，根据中苏友好同盟互助条约的精神，根据国内外的情况，明确规定把建设世界上优良的现代化革命军队，以保卫我国社会主义建设，防御帝国主义侵略，作为我军军事建设的总方针、总任务。

2. 明确了建设现代化军队的道路。会议认为，现代化的军队必须有现代化的装备和现代化的交通及交通工具，这些不是单靠外国订货所能解决的，必须建设中国自己的工业，特别是重工业。如果没有重工业，没有现代装备来武装我们的军队，则我国和我军仍将处在落后状态，而落后照例是要挨打的。而发展重工业，又需要大量的投资。这就不能盲目地向外国订货，也不能急躁冒进地搞军事建设，只能通过合理地确定军队定额，减少国外订货，紧缩军费开支，发扬艰苦朴素的传统，以便挤出钱来，发展重工业，尽快生产出军队需要的武器装备，这是建设现代化军队应走的正确道路。

关于现代化道路问题，彭德怀指出，“落后就要挨打”的结论，是对中华民族近百年来受侵略历史的深刻总结，所阐述的武器装备发展的道路问题，是我们党对我国军事力量发展十分英明的论断。正是在这个认识下，中国在以后的国防科技和武器装备发展道路上，取得令世人惊叹的成就，经受住了任何风云变幻的考验，争取了军事斗争的主动，才始终没在军事斗争中受别国尤其是大国的控制。

3. 明确了现代化军队建设中长期的、经常的中心工作是训练部队，特别是训练干部。彭德怀在总结报告中指出，建设现代化军队的任务是繁重的，工作是复杂多端的，军队的编组、制度的建立、条令的制订、国防工程的建设都是重要的工作，但最主要的、长期的、经常的工作则是训练干部和加强部队的正规军事训练。培养干部的方法，主要是依靠办好学校，同时要组织好干部的在职自学。这次会议把教育训练提高到很高的程度，第一次明确教育训练“是我们在建设现代化军队中长期的、经常的中心工作的中心”。

4. 指出和纠正了对正规化建设中出现的不正确认识，明确了“正规化是建设现代化军队的绝不可少的基本条件”。会议认为，正规化不是实行单一的首长制，不能削弱政治工作，不是单纯地提高军官的权威，不能搞形式主义，不能机械地搬运条令造成官兵关系不正常。必须正确地认识到，正规化就是要把全军的各方面用正式的规格，即条令的规定彻头彻尾地统一起来，主要的就是统一装备、统一编制、统一训练、统一制度、统一纪律，把这些制成条令，作为每个军人遵守的法典，以适应统一指挥、协同作战的需要。要战胜强大的、现代化的敌人，不仅要有政治思想上的统一和战略指挥的统一，还需要有战役上、战术上、战斗中的统一指挥和协同动作。

5. 加强团结，坚持和健全党委制，切实执行集体领导的原则。会议认为，我军越是向现代化正规化前进，装备加强了，兵种复杂了，分工精细了，技术提高了，就越要加强党委的统一的集体的领导。会议强调加强政治工作，提出今后军队的政治工作就是要以党在过渡时期的总路线和总任务教育部队，进一步从思想上、政治上、组织上纯洁与巩固部队，保证把人民解放军建设成为优良的现代化革命军队，为保卫社会主义建设、防御帝国主义侵略而努力。

6. 进一步明确了学习苏联军队应具有的正确态度。会议针对前几年在学习苏军方面存在的问题，进一步强调指出，一方面充分认识苏联军队是世界上最优良的现代化革命军队，虚心学习其先进的军事科学技术、作战经验、指挥艺术等，克服骄傲自满、墨守成规的思想；另一方面要结合人民解放军的实际，结合自己的特点和过去的作战经验去学，防止完全不问实际情况的机械搬运。

7. 会议还确定了全国武装力量总定额和调整全军的体制编制问题，讨论研究了逐步改善军队的武器装备问题，明确了如何加强司令部机关和后勤建设问题。

全国军事系统党的高级干部会议，是国防和军队建设史上一次划时代的会议，这次会议作出的一系列重大决策和规划，使人民军队有了一个长远的奋斗目标，它标志着人民解放军建设从此由建军的低级阶段进入到建军的高级阶段的战略转变。会议对人民解放军全面展开现代化、正规化革命军队建设，起到了统一思想、明确方针和目标的作用。从这次会议之后，全军按照中央军委和总政治部的统一部署，对会议精神进行了深入的传达贯彻，用会议精神统一全军的思想，使会议精神成为全军向现代化、正规化革命军队迈进的动员令。全军指战员认真学习会议文件，有计划、有步骤地实施会议的各项重大决策，形成了全军上下努力为实现军队建设总目标奋斗的新局面，人民解放军的发展从此进入了一个新的历史时期。

二、确立积极防御军事战略方针

军事战略方针，是指导国防和军队建设的总方略，是全面计划、部署和指导平时与战时军事力量建设和运用的基本依据。抗美援朝战争期间，毛泽东就提出过军事战略方针问题。抗美援朝战争前后的国防部署和作战中的作战方针和战略指导，遵循了积极防御的战略方针。正如彭德怀 1957 年 1 月 26 日在军委扩大会议上的总结所说："自从全国大陆解放以后，我们的战略总方针就是积极防御。这个总方针军委是一贯坚持的，没有任何动摇过。"关于保卫祖国的战略方针的正式文件，由 1956 年军委扩大会议讨论通过，由中共中央批准下发。这个文件是这次会议的重大成果。

1955 年 3 月 21 日，毛泽东在中国共产党全国代表会议开幕词中指出："帝国主义势力还是在包围着我们，我们必须准备应付可能的突然事变。今后帝国主义如果发动战争，很可能像第二次世界大战时期那样，进行突然的袭击。因此，我们在精神上和物质上都要有所准备，当着突然事变发生的时候，才不至于措手不及。"① 防御帝国主义的突然袭击，做好未来反侵略战争，迫切需要制定和确立保卫祖国的战略方针，以统揽国防和军队各项建设和准备。1955 年 4 月 28 日，毛泽东主持召开中共中央书记处会议，彭德怀在汇报关于反侵略战争准备和作战计划时提出：

① 《建国以来毛泽东文稿》第 5 册，中央文献出版社 1991 年版，第 62 页。

“为了切实执行宪法赋予我军的光荣任务：‘保卫人民革命和国家建设成果，国家的主权、领土完整和安全’，在我们武装力量统帅部机关面前，必须解决战略方针的问题。”毛泽东在会上说：“我们的战略方针历来是积极防御，作战行动是后发制人，绝不首先发启战端。”①

5 月，彭德怀在访问莫斯科，临行前，毛泽东指示彭德怀：同意与苏方交换意见。彭德怀同苏军方领导人朱可夫会谈时，获悉苏联已由“加强积极防御，防止敌人侵略”的战略方针，转换为火箭核战略，强调核武器的首次突击作用，认为现代战争在几分钟内就决定胜负。苏联战略方针的转换，是针对美国军事战略变化而采取的。美国于 1954 年 1 月 25 日宣布实行挥舞核大棒的“大规模报复”战略，取代杜鲁门执政时期常规武器与核武器并重的“遏制战略”。在武器装备发展上，美国优先发展远程战略轰炸机，但在核导弹武器发展上，苏联领先了一步。1955 年苏联试射了射程为 1600 公里的导弹，同一年潜艇发射导弹成功。苏方的军事战略，是针对美国，根据自己的实力作出的。彭德怀向朱可夫介绍了中国的战略方针，强调后发制人在政治上道义上的意义，认为核武器虽有巨大的毁灭力，但像中、苏这样的大国，只要事先做好充分准备，不会在遭受首次核突击后丧失持续作战能力，正义战争会取得最后胜利。苏军总参谋长索科洛夫斯基向雷英夫表示：中国的战略方针适合中国情况。②

1956 年 3 月 6 日至 15 日，中央军委在北京举行扩大会议，着重讨论保卫祖国的战略方针和国防建设问题。参加会议的有中国人民解放军各总部、各军区、各军兵种领导，苏联军事总顾问、副总顾问等。国务院副总理李富春、李先念，国家建委主任薄一波，交通部副部长王首道，铁道部部长滕代远，一机部部长黄敬，二机部部长赵尔陆，冶金工业部部长王鹤寿，石油工业部部长李聚奎等应邀出席会议。会上，国防部长彭德怀代表中央军委作《关于保卫祖国的战略方针和国防建设问题》专

① 参见彭德怀传记组：《彭德怀全传》，中国大百科全书出版社 2009 年版，第 1074 页。
② 彭德怀传记组：《彭德怀全传》，中国大百科全书出版社 2009 年版，第 1075 页。

题报告，明确系统地阐述了战略方针问题。他指出：为了有效地防止帝国主义的突然袭击，保卫人民革命和国家建设的成果，保卫国家的主权、领土完整和安全，在未来反侵略战争中，应采取积极防御的战略方针。

关于确立积极防御战略方针的总依据，彭德怀指出：确定军事上的战略方针，必须根据军事服从于政治的原则。中国是社会主义性质的国家，从中国当前的总任务来说，是团结全国人民，争取一切国际朋友的支持，把中国建设成一个伟大的社会主义国家，并且努力保卫国际和平和发展人类进步事业，因此，是不需要对别的国家发动战争的。从中国处理国际事务的和平外交政策来说，中国主张和不同社会制度的国家和平共处，主张以著名的五项原则来建立国与国之间的关系，主张以谈判的方式而不是用战争的方式来解决国际间的各种争端。中国的国家性质、任务和外交政策，都很清楚地说明，人民解放军在战争爆发之前的战略方针只应当是防御的。而发动战争，是和中国的国家性质、任务和外交政策根本相违背的。①

关于为什么中国不能实行战略上先发制人的进攻战略，彭德怀在报告中阐释说：中国的国情和军力均不具备战略上速战速决的条件，也决定了中国不能实行战略上先发制人的进攻战略。在战略上采取先发制人的手段，虽然可以利用新式武器大量破坏对方的军事设施、国防工业和经济中心，甚至可以破坏对方的深远后方，但是无法毁灭对方的一切潜在力量。特别是对于大国，对于具有充分准备的国家，更是不可能依靠新式武器和突然袭击手段达到迅速结束战争的目的。战争胜负，最终还是由国家的政治制度、经济制度、生产力发展的程度、人民对战争的态度，以及军队士气、数量和质量、指挥员组织能力等因素来决定的。根据中国现时生产力发展水平和军队技术装备状况，在未来战争中采取速战速决的战略方针是不可能的。因此，人民解放军必须进行持久作战的准备，实施积极防御的战略方针。

---

① 《彭德怀军事文选》，中央文献出版社 1988 年版，第 588—591 页。

关于积极防御战略方针的具体内容内涵，报告指出，积极防御战略方针，要求在战争爆发前，加强反侵略战争准备，不断增强军事力量，采取积极措施制止和推迟战争的爆发。当帝国主义不顾一切后果向中国发动侵略战争的时候，要能够立即给予有力的还击，并在预定设防地区阻止敌人的进攻，把战局稳定下来，打破敌人速决的企图，迫敌进行持久作战，逐渐剥夺敌人在战略上的主动权，然后由战略防御转入战略进攻，最后彻底打败敌人。要达到上述目的，我国必须在沿海重要地区构筑坚固工事，进行充分的战争准备，为随时应付帝国主义的突然袭击，国家的基本工业建设不要过于集中，国土防空工作要有重点有计划地建立；对于防核武器以及其他新式武器的教育，不仅在军队中进行，而且还要在学校、工厂和城市居民中逐步进行；加强侦察手段，能够预先发现敌人发动战争和使用大规模杀伤武器的征候，以便减少帝国主义突然袭击所带来的破坏和损失，保证第一线部队能够迅速进入战斗，掩护全国人民由平时转入战时状态；在战略部署上，应掌握强大的机动部队，以便在战争一旦爆发后，能够在战役和战术上适时组织积极的反攻和进攻，配合守备部队消耗和消灭敌人，完成战略防御任务。只有采取积极的而不是消极的防御方针，才能在战争初期将敌人的进攻阻止在预定的设防地区，把战线稳定下来，打破敌人速战速决的计划，迫敌与我进行持久作战，剥夺敌人的战略主动权，我由防御转入战略进攻，最终彻底消灭入侵之敌。

积极防御战略方针的基本内容，充分体现了毛泽东积极防御的思想，回答了未来反侵略战争战略指导的基本问题。3 月 23 日，中央军委将会议情况向毛泽东主席并中共中央作了书面报告，得到毛泽东和中共中央批准，下发全党全军贯彻执行。这一战略方针的明确，有力地指导了军队建设和反侵略战争准备。此后，随着国际形势及战略格局的变化，尽管军事战略方针的具体内容有所调整和变化，但积极防御的基本精神始终没有变。

三、调整军事领导体制和精简整编

（一）重新建立党的中央军事委员会，成立国防部、国防委员会

1. 重新成立中共中央军事委员会。

中华人民共和国建立时，设立中华人民共和国中央人民政府人民革命军事委员会，作为国家最高军事领导机关，中共中央未再设立专门的军事委员会。这时的中央军事委员会，属国家军委性质，委员会成员中包括一些国民党起义将领，如程潜担任副主席，萨镇冰、张治中、傅作义、蔡廷锴、龙云、刘斐等担任委员。

1954 年 9 月 20 日，第一届全国人民代表大会第一次会议通过并公布《中华人民共和国宪法》，规定设立中华人民共和国国防委员会，不再设立中央人民政府人民革命军事委员会。28 日，第一届全国人民代表大会第一次会议闭幕当天，中共中央政治局召开会议，通过了《关于成立党的军事委员会的决议》，认为：必须同过去一样，在中央政治局和书记处之下成立党的军事委员会，领导全部军事工作。中共中央军委由毛泽东、朱德、彭德怀、林彪、刘伯承、贺龙、陈毅、邓小平、罗荣桓、徐向前、聂荣臻、叶剑英等 12 人组成，毛泽东任主席。这届中共中央军事委员会，至 1959 年 9 月，未设副主席，彭德怀主持军委日常工作，黄克诚任秘书长。中央政治局、书记处和军事委员会有关军事工作的决定，可用军事委员会的名义下达，须公开发布的命令和指示则用国务院和国防部的名义下达。

重新建立中共中央军事委员会，是为了与国家领导体制调整相适应和加强党对军队的绝对领导而采取的重大措施。中共中央军事委员会是在中共中央政治局和书记处领导下直接领导全国武装力量建设、训练和

作战的党的组织，也是中国共产党领导人民解放军的最高机关，是实现党对军队统一的集体领导的核心。凡属全军性质的重大问题，如：思想政治领导、军队建设的方针和计划、军事政策和军事制度的建立、年度工作计划和要求、作战方案和重要战斗的实施、师以上干部的任免等问题，均须经军委集体研究，然后再以军委的名义作内部下达或以国防部长的名义从行政上下达。

2. 设立国防委员会。

1954 年 9 月通过的中华人民共和国第一部宪法规定：全国人民代表大会是最高国家权力机关，是行使国家立法权的唯一机关；中华人民共和国主席，有根据全国人民代表大会的决定和全国人民代表大会常务委员会的决定，公布法律和法令、任免国务院及各部领导、任免国防委员会副主席及委员、发布戒严令、宣布战争状态、发布动员令等职权，统率全国武装力量，担任国防委员会主席；国务院，即中央人民政府，是最高国家权力机关的执行机关，是最高国家行政机关。国务院领导武装力量的建设。

根据宪法的规定，第一届全国人民代表大会第一次会议决定设立中华人民共和国国防委员会。国防委员会为咨询机构。9 月 28 日，根据中华人民共和国主席毛泽东的提名，一届人大一次会议通过了中华人民共和国国防委员会副主席、委员人选的决定。第一届中华人民共和国国防委员会主席毛泽东，副主席朱德、彭德怀、林彪、刘伯承、贺龙、陈毅、邓小平、罗荣桓、徐向前、聂荣臻、叶剑英、程潜、张治中、傅作义、龙云，委员于学忠等 81 人。此后，至 1965 年，国防委员会共选举三届。① 1959 年 4 月组成第二届国防委员会，主席刘少奇②，副主席彭德怀、林彪、刘伯承、贺龙、陈毅、邓小平、罗荣桓、徐向前、聂荣臻、叶剑英、程潜、张治中、傅作义、卫立煌。1965 年 1 月组成第三届国防

① 1975 年 1 月，第四届全国人民代表大会第一次会议通过的《中华人民共和国宪法》，没有关于设立国防委员会的规定，国防委员会正式取消。

② 1959 年 4 月，第二届全国人民代表大会第一次会议选举刘少奇为中华人民共和国主席。

委员会，主席刘少奇，副主席林彪、刘伯承、贺龙、陈毅、邓小平、徐向前、聂荣臻、叶剑英、罗瑞卿、程潜、张治中、傅作义、蔡廷锴。[①]

3. 设立中华人民共和国国防部。

按照宪法赋予国务院“领导武装力量的建设”的职权和《中华人民共和国国务院组织法》的规定，第一届全国人民代表大会第一次会议决定设立中华人民共和国国防部。国防部隶属于国务院，是国务院领导武装力量建设的主管部门。根据中共中央的决定，凡经中共中央军委决定的事项，其须公开发布的命令和指示，可用国务院或国防部的名义下达。中华人民共和国首任国防部部长为彭德怀，副部长为黄克诚、谭政、萧劲光、王树声、萧克、李达、廖汉生。

（二）实行八总部领导体制

中华人民共和国成立后，延续了革命战争中形成的三总部体制，称军委总参谋部、总政治部、总后方勤务部。1950 年 9 月，为了对全军干部实行自上而下的统一管理，中央人民政府人民革命军事委员会决定成立总干部管理部（1952 年 7 月改称总干部部），部长罗荣桓，形成军委四总部体制。1954 年前后，随着现代化、正规化建设的深入发展，根据建设的需要，特别是在学习苏军建设经验中，人民解放军陆续形成了八总部领导体制。

建立训练总监部。1955 年 4 月 22 日中央军委批准，以中央军委军事训练部、军事学校管理部和军事出版局为基础成立训练总监部。10 月 31 日，中共中央政治局决定刘伯承任训练总监部部长（未到职，叶剑英代理），张宗逊、萧克、彭绍辉、李达、周士第、郭天民任副部长。训练总监部下设计划和监察部、陆军战斗训练部、军事学院和学校部、军事科学条令部、军外训练部（负责学生军训）、军事出版部、体育训练局、战斗训练物资保障局、战斗训练杂志社等机构。其职责是负责全军军事训

---

① 《中国人民解放军军史》编写组编《中国人民解放军军史》第 5 卷，军事科学出版社 2011 年版，第 12—13 页。

练、全军军事院校的军事教育和研究整理全军各个历史时期的作战经验。

建立武装力量监察部。人民解放军进入和平建设时期，随着军队建设的不断发展，对军队各方面工作实施及时、严格的检查和监督日显重要。苏联总顾问建议成立总监部，其任务是对各军种、兵种、各级机关进行各项检查，如训练、纪律、行政管理等工作。中央军委采纳了这一建议。彭德怀在1953年10月29日给毛泽东的报告中指出：该部“权大责重，按我军目前情形，有此需要，拟于今冬明春逐渐组成”。毛泽东于30日批示同意。1953年秋，开始总监部的筹备工作。经中共中央政治局批准，1955年6月22日，人民解放军武装力量监察部正式成立，部长叶剑英，副部长周纯全、杨至成、陈再道、阎揆要（后增加彭明治、倪志亮、钟赤兵），下设陆军监察部、海军监察部、空军监察部、后勤财务监察部和办公室等机构。武装力量监察部的职责是负责陆海空三军和后勤财务监察工作。

建立总军械部。1951年9月2日，鉴于全军军械工作中炮兵装备工作所占比重大，中央军委决定将总后方勤务部军械部划归中央军委炮兵建制，改称中央军委军械部，统一掌管全军的军械工作；1954年11月6日，中共中央军委第10次会议决定，军委军械部改称总军械部，直属中央军委领导，部长仍暂由陈锡联兼任。1955年8月11日，国防部通知，军委军械部改称中国人民解放军总军械部，部长王树声，副部长封永顺、涂锡道、陈文彪。

建立总财务部。1953年10月，中央军委决定财务部从总后方勤务部分出，直属中央军委领导。1954年1月，中央军委财务部成立，部长杨立三，副部长汤平。10月，军委财务部改称中国人民解放军财务部，1955年8月11日，国防部通知，财务部改称中国人民解放军总财务部。副部长余秋里（1956年8月任部长），第一副部长唐天际，副部长汤平、何维忠。

至1955年8月，中央军委八总部体制正式形成。1955年10月7日，毛泽东主持召开中共中央军委会议，认为，中国人民解放军各总部，实际上属中共中央军委领导，但对外不称中央军委各部，改冠以“中国人民解放军”称谓，即中国人民解放军总参谋部、总政治部、总后方勤务部等。

（三）六大军区调整为十三大军区

1954 年 4 月 27 日，中共中央政治局扩大会议决定撤销大行政区一级党政机构。为同国家大行政区机构相一致，中共中央、中央军委研究全国军区重新划分的问题，并责成粟裕组织调研，制订方案，提交中共中央军委扩大会议讨论。

1954 年 7 月 8 日，粟裕向中央军委呈报了初步方案。12 月 14 日，中央军委召开第 17 次会议，会议基本同意粟裕所提方案。17 日至 29 日，中央军委召开第一次扩大会议。会议提出，依据敌人兵力及其可能进攻的方向、地形条件、交通状况，以及人民解放军的战略意图、作战方向和今后战争可能的发展趋势，对关于全国军区划分的方案进行了修改、调整，决定将原来的东北、华北、西北、华东、中南、西南等 6 个大军区，调整为沈阳、北京、济南、南京、广州、武汉、成都、昆明、兰州、新疆、内蒙古、西藏军区共 12 个大军区。①

沈阳军区，由东北军区改称；北京军区，由华北军区改称；南京军区，由华东军区改称；广州军区，由中南军区改称；兰州军区，由西北军区改称；成都军区，由原西南军区所辖四川军区改编。

新成立 6 个军区。济南军区（兼山东省军区），由原华东军区所辖山东军区改编组建；武汉军区（兼湖北省军区），由原中南军区所辖湖北军区为基础改编组建；昆明军区，由原西南军区所辖云南军区改编组建；新疆军区，由省级军区升格为大军区；内蒙古军区，由省级军区升格为大军区；西藏军区，由省级军区升格为大军区。

1956 年 4 月 22 日，为解决华东战区防御正面过宽的问题和加强福建前线斗争的领导指挥，国务院决定将原属南京军区建制的福建、江西两

---

① 《中国人民解放军军史》编写组编《中国人民解放军军史》第 5 卷，军事科学出版社 2011 年版，第 19—20 页。

个省军区划出，增设福州军区，7 月正式成立。至此，全国的大军区达到 13 个。

各军区管辖辖区内的省军区（卫戍区、警备区）、军分区及区内步兵(陆军)、防空、炮兵、骑兵、装甲兵、工程兵、公安等部队。1955 年 5 月，重新划分设立的大军区调整组建完毕。在调整中，全国省级军区(除甘肃、云南、四川、山东、湖北外）和所属军分区的机构保留不变。1955 年 7 月，国务院决定取消按级区分军区的做法，统一改称军区、省军区、军分区。从 1956 年 8 月至 1961 年 4 月，陆续成立湖北省军区、福建省军区、云南省军区、宁夏军区、甘肃省军区、山东省军区；1969 年 10 月，成立四川省军区；1955 年 10 月至 1959 年 5 月，先后成立上海警备区、北京卫戍区、天津警备区。①

（四）五大军种的形成

建立一支诸军兵种合成的人民军队，是中国共产党和人民军队创始人从战争年代就为之努力的目标。在建设现代化正规化革命军队过程中，根据各时期的任务，人民解放军不断探索和完善适应自己实际的合成军体制和领导体制。20 世纪 50 年代人民解放军的军种建设中，曾形成过陆军、海军、空军、防空军、公安军五大军种，在履行神圣职责中，发挥过重大作用。

1. 成立国土防空军。

防空部队经过几年的建设，形成了沿海和内地的对空防御网，成为一支能打善战保卫国家领空安全的重要作战力量。1955 年 3 月 8 日，中央军委第 25 次会议决定“防空部队改称为防空军”，3 月 28 日，中央军委任命杨成武为中国人民解放军防空军司令员。8 月 11 日，国防部正式颁布命令，将中国人民解放军防空部队的总称改为中国人民解放军防空军；23 日，总参谋部颁布命令，将中国人民解放军防空司令部改为中国

---

① 《中国人民解放军军史》编写组编《中国人民解放军军史》第 5 卷，军事科学出版社 2011 年版，第 22 页。

人民解放军防空军司令部。到1957年5月，防空军共有沈阳、北京、南京、广州等4个防空军领导机关，1个防空军军部，8所学校。此外，在小丰满、杭州、南京、天津、武汉、汕头、南昌、旅大等地还设有防空指挥所等指挥机构。新中国形成了以高射炮兵、探照灯兵、对空情报兵等组成的具有较强作战能力的防空军，总人数达14.9万人。

2. 成立公安军。

1955年，国家社会主义改造接近完成，国内和边防治安日趋稳定，建立警察制度的条件已初步具备。7月18日，国防部发布命令：原中国人民解放军公安部队改称为“中国人民解放军公安军”，其各级领导机关，各师、市总队和院校名称也均作相应改变。7月30日，国务院发布命令：专区、县两级的公安部队改编为人民武装警察，人员办理转业手续，交地方公安部门领导和管理。

经过1955年的精简整编，中国人民解放军形成了五大军种的编制体制。

（五）部队的精简整编

1954年全军军事系统党的高级干部会议后，全军根据会议确定的加强正规化、现代化建设的方针和目标，进行精简整编，改善武器装备，不断提高军队现代化水平。

1. 陆军部队的精简整编。

陆军部队的精简整编主要仍是裁减步兵数量，增加技术兵种部队。至1955年底，陆军部队共减少29%左右。

陆军军，由37个军部裁减为34个，共辖106个步兵师。另2个骑兵师，1个要塞师，3个独立守备师。

炮兵。全军分军委（统帅部）和军区直属的预备炮兵和军、师、团、营编制内的队属炮兵，编制达到了全军统一。全军共有23个预备炮兵师（3个加农炮兵师、11个榴弹炮兵师、3个防坦克炮兵师、6个高射炮兵师）98个团。至1955年，师属炮兵编齐。从1956年起，继续加强师以下炮兵，大量组建军属炮兵。

装甲兵。1955 年 2 月 24 日，国防部决定以步兵第一九〇师为基础，用接收驻旅大地区的苏军装备，组建人民解放军第一个机械化师，归人民解放军装甲兵建制。全军经过整编，共有 3 个坦克师、1 个机械化师、8 个独立坦克团、47 个步兵师属坦克自行火炮团等。

工程兵。1955 年 8 月 11 日，工兵改称为工程兵。人民解放军工兵司令部改称为人民解放军工程兵司令部。全军工程兵共有 28 个团 7.2 万余人。

防化兵。1955 年 4 月，中央军委决定成立防化学兵部（1956 年 1 月 1 日正式成立），同时决定，在部分军区和中国人民志愿军中组建防化兵营。

2. 海军部队的组建与整编。

1955 年 10 月 24 日，根据国防部 8 月 6 日命令，在原华东军区海军的基础上，成立东海舰队。同年 4 月 15 日，成立海军旅顺基地。至 1955 年底，海军航空兵编有水鱼雷轰炸机、歼击机、混合机和水上飞机等共 6 个航空兵师另 2 个航空兵独立团，各种飞机 515 架。海岸炮兵部队共有 19 个海岸炮兵团，海岸炮 343 门，建成各种口径海岸炮兵阵地，连同接收苏联海军在大连、旅顺地区的海岸炮阵地在内，在北起辽东半岛，南至海南岛的沿海重点地区都部署有海岸炮兵部队；8 个防空兵团，高射炮 336 门。海军共拥有 519 艘舰艇（含登陆舰艇 132 艘），辅助船只 341 艘。

3. 空军部队组建与整编。

大军区调整后，原 6 个大军区的空军司令部，分别改为沈阳、北京、南京、兰州、广州、武汉（原西南军区空军司令部）军区空军司令部。空军经过抗美援朝战争，已发展成为一支比较强大的空中作战力量，拥有各型飞机 3000 余架。经过调整，空军人数有所减少，但力量有所增强，共拥有 4 个军部、27 个航空兵师、74 个航空兵团、1 个伞兵教导师。

4. 军事院校的调整。

至 1955 年，全军院校增加到了 253 所，其中指挥院校 26 所，政治院校 6 所，技术院校 72 所，预备学校 35 所（最多时发展到 52 所），文化学校 98 所，士兵学校 16 所，总人数 38.8 万余人，是中华人民共和国成立后院校最多时期。1956 年以后，随着官兵文化水平的提高和国民教育的发展，文化教育任务减少，全军大幅度削减了预备学校和文化学校，至 1958 年，预备学校减为 7 所，文化学校减为 31 所。至 1959 年，全军院校减少到 129 所。

四、建立和完善正规化军队基本制度

军队现代化、正规化建设全面展开后，人民解放军根据建设正规化军队的要求，相继建立各项重要制度。

（一）实行军衔制、义务兵役制、薪金制和颁发勋章、奖章

1. 实行军衔制。

随着武器装备的发展，新的军兵种不断在军队中涌现，参加作战的力量由越来越多的军兵种所构成。为了便于作战协同动作和指挥，使作战中各兵种力量协调一致地打击对方，各国军队都重视军衔制度的发展和不断完善，使军衔不仅标示军队上下级军官身份和指挥关系，而且能够清楚地区分各军兵种部队。军衔也是国家给予军人的一种荣誉，这种外在的直观的标示，促使军队中工作的每一名军官和士兵认真履行职责，激励其在军队中工作的进取心。

在抗日战争时期，出于对一些在八路军办事处工作的人员方便同国民党军及盟军的联络的考虑，授予了他们相应的国民党军的军衔。抗日战争结束后，1945 年，为了便于同苏军的联络，中共中央对第一批派到东北的 6 名干部授予了军衔，这是我军第一次以中央军委主席的名义授予我军干部军衔，中央军委以中俄两种文字下达了任命书，授予彭真、陈云、叶季壮中将军衔，授予伍修权少将军衔，授予段子俊、莫春和上校军衔。此后，在 1946 年国共双方和平谈判期间，国共双方与美国代表组成了军事调处，派到军事调处的人民解放军代表也都被授予军衔。这

些同志，是我军最早被授予军衔的人。当然，这些同志被授予军衔，只是为了方便工作，他们的军衔并不被我军历史所确认。

中华人民共和国成立后，人民解放军进入和平建设时期。实行军衔制度，逐步提到统帅部议事日程。1950 年 12 月 30 日，中国人民解放军总干部管理部在向毛泽东主席和刘少奇、朱德、周恩来副主席的工作总结报告中，就提出把“研究军衔实施的准备工作”列为 1951 年的工作任务。1951 年 2 月 11 日，中央军委下发了《关于干部评级工作指示》，指出：干部评级可为“今后实行军阶制度奠定初步基础”。

抗美援朝战争期间，人民解放军军兵种发展很快，短短几年，空军、海军和装甲兵、防化学兵等新的军兵种迅速建立和发展起来，初步成立了一支军兵种齐全的诸军兵种合成军队。在抗美援朝战争中，中国人民志愿军已有多军兵种协同作战的作战形式，尤其是与朝鲜人民军的协同作战，中国人民志愿军无军衔，朝鲜人民军有军衔，在确定指挥关系和作战协同上带来许多不便。因此，实行军衔制，不仅已是人民解放军从低级向高级阶段发展的重要内容，而且是现代战争对军队协同作战的需要。1953 年 1 月 9 日，中央军委发出《关于实施军衔制度准备工作的指示》，并起草了《中华人民共和国解放军军衔条例（草案）》。经过充分准备，1955 年 1 月，中央军委发布《关于评定军衔工作的指示》，2 月 8 日，《中国人民解放军军官服役条例》，经全国人民代表大会常务委员会第六次会议通过，由毛泽东主席签署命令，公布执行。条例规定了中国人民解放军军官的条件、来源、军衔、奖励、权利和义务、预备役等问题，规定人民解放军于 1955 年 10 月 1 日开始正式实行军衔制度。第一次实行的军衔制度的军衔等级设置如下。

军官分 4 等 14 级，即：大元帅、元帅；大将、上将、中将、少将；大校、上校、中校、少校；大尉、上尉、中尉、少尉。

士兵军衔分为 2 等 5 级，即：上士、中士、下士；上等兵、列兵。

后来在实施过程中，为解决副排级干部的授衔问题，又增设了准尉军衔，准备过渡一两年之后撤销，但实际上一直保留到取消军衔制。这样，第一次实行的军衔制，实际上军衔设置为 5 等 15 级。

元帅和大将的授衔名单，是由中共中央书记处提名，经过政治局审议确定，最后由人大常委会讨论通过。共评定10名元帅，10名大将。

到地方工作的原人民解放军高级领导人除赛福鼎、乌兰夫、谢富治、韦国清、叶飞、阎红彦等少数几位因特殊情况授予军衔外，其他转业到地方工作的领导，包括驻外大使，都没有授予军衔。

在准备实行军衔和评定军衔工作中，对女军人的处理是工作中的难点。到1952年，人民解放军共有11万女军人。他们之中，有许多是红军时期和抗日战争时期参加军队的老干部，有的在创建革命根据地、对人民军队的发展建设作出过重大贡献，有的在人民军队中担任了重要领导职务，有的在长期的革命战争中，战功卓著。1952年12月，全军参谋长和政治部主任联席会议确定，全军陆续转业复员10万女军人。1955年初国防部发出《关于处理和留用妇女工作人员的决定》，规定：在军、师及其以下的机关、部队，除师属卫生营外，不论担任何种职务的妇女工作人员，应一律调离部队，分别按转业或复员处理，并限于1955年6月底以前处理完毕；在军以上机关或后勤部门，现在担任各种职务的妇女工作人员，凡不符合该决定所指的范围者，均应作转业或复员处理。经过各级多方工作，女军人们以高度的组织纪律观念、为军队建设及服从大局的自我牺牲精神，脱下了伴她们度过了青春年华的军装，离开了军队。在授衔中，仅有1927年参加秋收起义，长期在部队中担任领导职务，新中国成立后任西北军区政治部秘书长、志愿军政治部秘书长的女军人李贞，被授予少将军衔。

经过紧张细致的工作，评衔工作于9月初顺利完成，共评元帅10名，他们是：朱德、彭德怀、林彪、刘伯承、贺龙、陈毅、罗荣桓、徐向前、聂荣臻、叶剑英；大将10名，他们是：粟裕、黄克诚、谭政、萧劲光、王树声、陈赓、罗瑞卿、许光达、徐海东、张云逸；上将55名，中将175名，少将800名，校级军官3.2万名，尉级军官49.8万名，准尉11.3万名。

1955年9月27日，中国人民解放军在北京举行了隆重的授予元帅军衔及勋章典礼大会。毛泽东主席授予中华人民共和国元帅军衔的命令状。

同日，国务院也举行了授予将官军衔和勋章的典礼，国务院秘书长习仲勋宣读了中华人民共和国国务院总理授予中国人民解放军将官军衔的命令，周恩来总理把授予大将、上将、中将、少将军衔的命令状分别颁发给粟裕等在京的将官。随后，各大军区也先后举行了授衔仪式。

实行军衔制近 10 年中，全军统一进行过 5 次军衔晋升，被授予人民解放军将军以上军衔的，除 1955 年被授予者外，1955 年至 1960 年补授上将 2 名、中将 2 名、少将 6 名，首次授衔的将官，10 年间没有晋升。1960 年至 1964 年间由大校晋升为少将的有 554 名。到取消军衔制，少将以上高级将领，累计共 1614 人。1965 年取消军衔时，共授予元帅 10 名、大将 10 名、上将 57 名、中将 177 名、少将 1360 名。

军衔制实行近 10 年后，由于“左”的指导思想的影响，1965 年 5 月 22 日，第三届全国人民代表大会常务委员会举行第九次会议，作出了取消中国人民解放军军衔制度的决定。

2. 授勋。

1955 年 2 月，第一届全国人民代表大会常务委员会第七次会议作出《关于规定勋章奖章授予中国人民解放军在中国人民革命战争时期有功人员的决议》，同时颁布《中华人民共和国授予中国人民解放军在中国人民革命战争时期有功人员勋章奖章条例》，决定颁发八一勋章和奖章、独立自由勋章和奖章、解放勋章和奖章，对中国人民解放军在各个革命战争时期有功人员作一次总结性的奖励，以表彰长期参加中国人民革命战争的军人的历史功绩。授勋，是国家给予英雄儿女们的崇高荣誉。

各种勋章、奖章的授予对象是：八一勋章和奖章，授予在土地革命战争时期参加工农红军并一直坚持革命工作而无重大过失的人员；独立自由勋章和奖章，授予在抗日战争时期参加革命战争的有功人员；解放勋章和奖章，授予在解放战争时期参加革命战争的有功人员。各类勋章均区分为一级、二级、三级，按各个时期每人担任职务的等级授予。奖章不分级。条例对授予国民党军队起义有功人员勋章、奖章问题还作了特别规定。

9 月 23 日，第一届全国人民代表大会常务委员会第二十二次会议决定，授予朱德等 131 人以一级八一勋章，授予朱德等 117 人以一级独立自由勋章，授予朱德等 570 人以一级解放勋章。根据《中华人民共和国宪法》“授予荣誉称号，应由全国人民代表大会常务委员会决定，由中华人民共和国主席实施规定”，中华人民共和国主席毛泽东于同日发布授勋命令。9 月 27 日下午，中华人民共和国主席授衔仪式后，彭真宣读授勋命令，毛泽东主席将一级八一勋章、一级独立自由勋章、一级解放勋章分别授予朱德等参加中国革命战争有功人员，以及在解放战争时期直接领导原国民党军起义的有功人员，和对和平解放西藏地区有功的人员。

至 1957 年，授予人民解放军有功人员各种勋章 10 万余枚，各种奖章 52 万余枚。

3. 实行薪金制。

在长期的革命战争年代，人民解放军一直实行供给制，过着艰苦的军事共产主义生活。随着人民政权的建立和社会生产的发展，军官的生活待遇也需相应改善。军官薪金条例经军委会议多次修改，并经全国军事系统党的高级干部会议讨论通过。1954 年 3 月 8 日，中共中央政治局扩大会议责成周恩来召集有关方面对《中国人民解放军薪金暂行条例（草案）》进行修改。同年 11 月，军官薪金条例报请中共中央批准。经中共中央和国务院批准，11 月 19 日，国防部颁布《中国人民解放军薪金、津贴暂行办法》，决定全军干部从 1955 年 1 月开始实行薪金制度。士兵仍实行供给制，另发津贴费。

军官薪金标准的确定有三条基本原则，即：(1) 标准不能过高。在全国人民生活水平还不高的情况下，军官薪金只能实行低薪制。(2) 标准不低于实行供给制时水平，以妥善解决军官本人及赡养家庭问题。(3) 军官薪金略高于政府机关和企业部门相当等级的工作人员的工资①，以体现军队的特殊性。根据这三条原则，确定军官薪金由级薪和军龄补贴两部分组成，级薪从正排至军委主席共分 19 级。军委主席、副主席月薪 450 元人民币，正团级为 190 元人民币，排级为 60 元人民币。除级薪外，

① 军官的薪金高于地方同级别人员 11%。

军龄在5年以上的还有军龄补助金。入伍5年以上至10年的补助级薪的10％；15年至20年补助级薪的15％；20年至25年补助级薪的20％；25年以上补助级薪的30％。薪金制体现了按劳分配的原则，对于鼓励军官积极上进具有重要意义。

4. 实行义务兵役制。

人民解放军自诞生以来，一直都实行志愿兵役制。这是人民解放军生存和发展的客观历史环境所决定的。因为在中华人民共和国成立前，中国共产党尚未建立全国统一的国家政权，人民解放军还未成为国家的军队，为进行革命战争的需要，只能动员各个根据地的人民群众参军参战，这是革命战争时期人民解放军发展壮大必需和必然采取的唯一兵役方式。采取这种兵役方式，保证了人民解放军的不断发展壮大，保证了人民革命战争的胜利。

中华人民共和国成立后，维护国家主权和领土完整，保卫国家安全不仅是人民解放军的使命，也是中华人民共和国全体社会成员的共同责任。继续实行志愿军兵役制，既不能为国家积蓄强大的经过训练的后备军，也不能体现保卫国防是国家全体社会成员的责任。而实行义务兵役制就可完全消除这些弊病。因此，改志愿兵役制为义务兵役制，已成为新中国兵役制度的必然选择。适应这种变化，《中国人民政治协商会议共同纲领》中规定："中华人民共和国国民均有保卫祖国、遵守法律、遵守劳动纪律、爱护公共财产、应征公役兵役和缴纳赋税的义务。""中华人民共和国实行民兵制度，保卫地方秩序，建立国家动员基础，并准备在适当时机实行义务兵制。"①

在1950年5月召开的全军参谋会议上，聂荣臻对实行义务兵役制问题进行了阐述。8月4日，聂荣臻向毛泽东和中共中央提出了《关于由民兵制过渡到义务兵役制方案的报告》。报告根据在全国实行义务兵役制的条件基本成熟的情况，建议从1953年开始，陆续在全国有计划地实行义

① 中共中央文献研究室编《建国以来重要文献选编》第1册，中央文献出版社1993年版，第3、6页。

务兵役制。这个报告得到了批准。

1952 年 12 月 12 日，中共中央下达《关于实行普遍民兵制度准备实行义务兵役制宣传教育工作的指示》。经军委兵役法委员会多次讨论和研究，至 1953 年 10 月，《中华人民共和国义务兵役法草案》拟制完成。1955 年 2 月 7 日，第一届全国人民代表大会常务委员会第五次会议，通过了《中华人民共和国兵役法（草案）》。7 月 30 日，第一届全国人民代表大会第二次会议通过新中国第一部兵役法——《中华人民共和国兵役法》，并由中华人民共和国国家主席公布实施。兵役法规定：中华人民共和国武装力量的兵员补充由志愿兵制改为义务兵役制。为保卫祖国，建设一支强大的国防力量，规定凡年满 18 岁的男性公民，不分民族、种族、职业、社会出身、宗教信仰和教育程度，都有服兵役的义务；反革命分子和依照法律在一定时期内被剥夺政治权利的人，不得服兵役。关于义务兵服现役的年限，兵役法规定陆军、公安军的军士和兵服现役 3 年，空军、海岸守备部队、公安军舰艇部队的军士和兵服现役 4 年；海军舰艇部队的军士和兵服现役 5 年。会议确定从 1955 年起实行义务兵役制度。为与实行义务兵役制相适应，1954 年 6 月，中共中央就决定省、市、县设立兵役局，负责兵役工作。实行义务兵役制后，又建立起预备役制度。

（二）完善和落实三大条令、政治工作条例和后勤各项正规化制度

在实行三大制度和颁发勋章奖章的同时，人民解放军对军队正规化各项制度进一步充实完善。1953 年 5 月 1 日正式颁布《中国人民解放军纪律条令（草案）》《中国人民解放军内务条令（草案）》《中国人民解放军队列条令（草案）》，全军形成贯彻共同条令、抓部队正规化建设的热潮。加强正规的一日生活制度、作息制度、请销假制度、请示报告制度、值班制度、军官留营制度、车场日制度、武器装备管理规定和点验制度等，并随时进行会操、考核，进行军容风纪整顿和纠察，监督检查执行情况。9 月 26 日，国防部发出《关于着新式服装和佩戴肩章、领章、军兵种与勤务符号的规定》。1956 年 2 月 4 日，总参谋部为加强城市驻军

军容风纪整顿和经常性的卫戍勤务工作，对城市驻军军容风纪整顿的组织领导等问题作出规定。此外，总参谋部于 1954 年和 1955 年先后建立全军行政责任事故和作风纪律状况统计报告制度。各级领导机关普遍组织工作组深入部队检查指导工作，推广正规化管理教育先进单位的经验；对事故较多、作风纪律差的少数单位及时进行通报批评。海军、空军和其他特种兵还分别制订颁发了本军种、兵种的有关条令、条例和规定。这些条令、条例的颁发和各项规章制度的建立，为各级机关、部队、院校进行正规化的管理教育确立了科学的依据。

1954 年 4 月 15 日，中共中央和中央军委正式颁布《中国人民解放军政治工作条例（草案）》。政工条例草案继承了人民解放军政治工作的优良传统，结合部队现代化、正规化建设的实际，同时借鉴了苏军政治工作的经验，对军队政治工作的性质、任务、职责、组织形式、工作方法、政治工作与其他工作的关系以及军队建设中的一些重大问题都作了明确规定。特别是强调坚持人民军队的性质和宗旨，坚持中国共产党对人民解放军的绝对领导，坚持党委统一的集体领导下的首长分工负责制、政治机关制度。突出强调政治工作对各项工作的保证作用，突出强调政治工作是人民解放军的生命线。各军兵种根据实际需要，颁布了《中国人民解放军海军舰艇部队政治工作条例》《中国人民解放军空军飞行大队政治工作条例》等。

与贯彻三大条令相一致，与实行三大制度相衔接，总后勤部和总财务部对后勤规章制度进行了一次全面修订。至 1955 年底，增修的规章制度主要有：财务预决算制度，给养实物定量供应制度，按气候区供应被装制度，军队医疗体系制度，实物为主、经费为辅的车辆器材供应制度，油料限额分配供应制度等。与此同时，还制订和修改了营房、仓库、物资等方面的管理办法。在后勤各项制度建立和完善过程中，总后方勤务部组织有关单位翻译苏军后勤教材和有关条令、条例与规章制度等作为重要参考材料。至 1955 年底，已译出一批门类较为齐全的后勤教材和部分条令、条例、规章制度，对于人民解放军正规化的后勤建设起了积极的促进作用。

五、开展正规训练，努力形成诸军兵种协同作战能力

随着大批制式化、现代化武器装备装备部队，各军兵种相继换装，诸军兵种合成军队的建立，迫切需要提高正规化训练水平，熟练掌握现代化武器装备。也迫切需要各级指挥员学会组织本军种、兵种训练和诸军兵种协同训练方法。从 1953 年下半年特别是 20 世纪 50 年代中期后，全军全面展开以掌握新式武器为主的正规训练，大抓干部现代战争理论学习和训练，组织战斗训练和战役演习，以提高组织指挥现代条件下协同作战的能力。

（一）组织正规训练和战斗训练

正规训练首先从建立正规训练秩序入手。1954 年 3 月 24 日至 4 月 4 日，总参谋部召开全军训练会议，会议参照苏军正规化训练经验，制定了请示报告、检查、训练会议、教学法训练、组织演习、司令部训练、指挥员训练、校阅等八种训练制度。规定必须严格落实训练计划，每完成一个训练科目，经上级严格考核合格后，方能转入下一科目的训练。随着正规训练的深入，总参谋部组织各级院校和有关机关，制定和印发了各种训练教材，以条例形式颁布训练制度规定和法规，保证部队和院校训练的落实。

各军种、兵种严格按现代战争要求，从基础到协同，从单兵到分队，扎扎实实组织部队正规化训练。步兵确定了苦练射击、投弹、刺杀、爆破、土工作业五大技术；海军抓好基本知识、基本操作、基本技能、共同科目训练的同时，注重抓好战位、单舰（船、艇）、单机、单车等基本战斗单位基础训练。

空军提出“稳步前进”训练方针，认真总结抗美援朝战争经验，开展复杂飞行课目训练，提出向技术高峰攀登的要求。复杂气象条件下的

飞行是高级复杂技术训练课目之一，它是指在云中、云上或能见度差的云下飞行，飞行员看不清或看不见地标和发光点，主要依靠飞机上的仪表、领航设备，以及利用地面导航设备来驾驶飞机，增加了操纵飞机的复杂性。在抗美援朝战争后期，人民解放军空军在苏联专家帮助下摸索过这一技术难点。抗美援朝结束后，在苏联顾问帮助下，空军继续登攀这一难点，举办了20多人的训练班开展技术爬坡活动。训练中，训练班主持人抗美援朝作战英雄李汉和林虎亲自试验飞行，向学员传授亲身体验的经验。经刻苦努力，20余名学员掌握了昼夜间复杂气象条件下的飞行技术，这次活动为部队培养了一批教员。此后，强击机部队、歼击机部队均展开这一技术爬坡活动，大批飞行员掌握了昼夜间复杂气象条件下的飞行技术。

其他兵种部（分）队，严格开展单（轻重机）枪、单炮、单车、单机（台）设备等正规化训练，熟练掌握业务技术，掌握手中武器。至1957年，出现了全军性训练热潮，并取得显著成绩。全军涌现出上百万优等射手和技术能手，全军训练水平有了较大提高，战斗力快速提升。

从1955年开始，全军各部队还开展了带战术背景的战斗训练，每年完成从单兵到师一级的战术训练课题，并从战斗训练发展到组织各级战役演习。这一时期的训练，从技术到战术，从单兵到连、营，再到师团，训练从低级到高级，内容比较完整，完全按现代战争要求设计训练内容，循序渐进地进行，取得了显著效果和成绩。

（二）组织辽东半岛方面军抗登陆战役演习

这一时期的战役演习，最具代表性的是1955年11月，在辽东半岛组织的原子、化学武器条件下陆海空联合抗登陆战役演习。这次演习，也是人民解放军50年代训练达到高潮的标志。

演习的总导演，是国防委员会副主席叶剑英元帅，副总导演由总参谋长粟裕大将、副总参谋长陈赓大将、沈阳军区司令员邓华上将、总政治部副主任甘泗淇上将、训练总监部副部长萧克上将担任。这样的由最高统帅部元帅、大将和上将级高级军事领导亲自任导演的演习，在人民解放军训练史上仅此一次。党和国家领导人刘少奇、周恩来、邓小平、彭德怀、贺龙、陈毅、聂荣臻，人民解放军各总部、军兵种的领导人，还有地方党政领导人等观看了演习；苏联、朝鲜、越南、蒙古人民共和国的军事代表团应邀观摩了演习。

岛屿，是通向大陆的门户。在军事意义上来说，是濒海国家防外敌入侵的第一道安全屏障。在海洋上存在着敌对势力军事威胁的濒海国家，岛屿防卫，是国防安全的重要保证。1840 年后，帝国主义靠坚船利炮从海上打开中国大门，肆意践踏中国领土，残酷屠杀、奴役和压迫中国人民，争相掠夺中国资源，使中国沦为半封建半殖民地社会。历史的沉痛教训告诉中国人，只有富国强兵，才能立于世界民族之林，才能有效抵御帝国主义的侵略。中华人民共和国成立后，毛泽东及中共中央领导人从国家和民族的利益出发，下决心建设强大的国防军，短短几年，人民解放军阵容发生了历史性变化：陆军形成炮兵、坦克、装甲部队具有一定规模，工兵、通信兵、防化学兵等兵种齐全的军种，空军共组建了 27 个航空兵师 70 多个航空兵团，拥有各型飞机 3000 余架，海军拥有各型战斗舰艇 520 艘，各种辅助船只 340 余艘，海军航空兵拥有各种飞机 515 架。人民解放军的这些变化，使其具备了组织陆、海、空三军协同作战的能力，缩小了与发达国家的距离。

但是，陆、海、空军三军协同岛屿防御作战，在人民解放军作战和训练史上还未曾有过。1954 年，中央军委组织全军军以上干部见学了由军事学院组织、刘伯承院长任导演的集团军进攻战役首长司令部现地示范性演习。在此基础上，为了有效地保卫国防，担负起海岸防御任务，防止和粉碎帝国主义从海上对中国的进攻，打赢未来核化条件下的现代化战争，中央军委决定，加强人民解放军陆海空三军岛屿防御协同作战训练，并于 1955 年 11 月由中央军委三总部组织，在辽东半岛举行核化条件下的三军联合作战演习。

这次演习设想蓝军在濒临中国的西太平洋重要地区、港口、机场集结了陆、海、空军重兵集团，准备同时向中国辽东半岛、山东半岛发起登陆作战，其目的是攻占战役登陆场，夺取中国渤海沿岸重要港口，开辟陆上战线，进而向沈阳、北京方向进攻；红军北方方面军的1个集团军，在海军和空军的协同下，担任辽东半岛主要方向上的海岸防御任务。为使演习更加逼真，导演部命令海军某部及部分军舰和飞机充当“蓝军”，组织向海岸和岛屿实施登陆作战；“红军”集团军、军两级首长——司令部携带通信工具，并有部分实兵组织抗登陆战役演习。参加演习共有陆军1个兵团、4个军、1个机械化师，空军2个军，海军旅顺基地和独立机械化师等18个师以上指挥机关、32个团，共4.8万人，飞机262架，舰艇65艘，坦克和自行火炮1000余辆（门）。全军中、高级干部809人随部队一起实施演习作业和参观见学。

1955年11月4日开始，集团军首长司令部按照组织战役工作程式，经4个昼夜，完成（演练）了集团军现代条件下的快速战役准备。演习设置了空袭反空袭，抗登陆、反空降，实施反突击，夺取抗登陆战役的胜利等几个主要课题。演习分为两个阶段，第一阶段（4日至10日）为战役准备阶段，第二阶段（11日至14日）为战役实施阶段。

辽东半岛抗登陆作战演习，参演指战员经受了锻炼，大大开阔了眼界，对现代原子化学条件下战争有了形象直观的认识，特别是高级指挥员得到了一次近似实战的现代战争的尝试，丰富了指战员在现代条件下抗登陆战役的理论知识，提高了组织司令部战役组织指挥能力。这次演习也为人民解放军此后组织较大规模的演习取得了丰富的经验。

演习结束后，叶剑英作了演习总结讲评，国防部长彭德怀向参演全体干部讲了话。党、政、军领导同志对演习给予了高度赞扬。陈毅、聂荣臻元帅挥毫题词，陈毅题词是“愈练愈精，有备无患”，聂荣臻的题词是“辽东演习的成功，显示了教练、演习、作战的一致”。参演部队良好的训练素质和演习的严密组织工作受到应邀观看演习的外宾较好的评价。此后，人民解放军每年都组织不同规模、不同地区和内容的军事演习。在最高统帅部领导下，一场由低级向高级发展的训练在全军掀起，使人民解放军军事训练进入新的阶段。

六、作出发展尖端武器决策，制定国防科技武器装备发展方针

一个国家的国防科技工业发展水平，决定着这个国家的国防现代化程度。具有时代发展水平的独立完整的国防工业体系，是建设现代化国防和军队的根本保证。中华人民共和国成立后，党进入了领导国家和人民进行社会主义革命和建设的新的历史时期。为了建设强大的国防，增强国防实力，有效地保卫国家安全，为国家经济建设创造安全稳定的环境，中共中央、中央军委适时作出了发展国防工业的决定，特别是 20 世纪 50 年代中期，相继作出发展原子弹、导弹等尖端武器的决策，并制定正确的发展方针，实施不间断的有力的领导。

（一）抓住当代世界军事科技发展趋势，作出发展尖端武器和战略武器的决策

中共中央决定在“一五”“二五”期间大力发展国防工业同时，又相继作出发展原子弹、导弹等尖端武器的决策，并制定了发展国防科技和武器装备的发展方针、原则。

1955 年 3 月 31 日，毛泽东在中共全国代表会议上的讲话中说：“我们进入了这样一个时期，就是我们现在所从事的、所思考的、所钻研的，是钻社会主义工业化……钻现代化的国防，并且开始要钻原子能这样的历史新时期。”[①] 周恩来也指出：科学技术新发展中的最高峰是原子能的利用，同时，电子学和其他科学的进步而产生的电子自动控制机器，这些最新成就，使人类面临着一个新的科学技术和工业革命的前夕。就它

① 中共中央文献研究室编《毛泽东年谱（一九四九——一九七六）》第 2 卷，中央文献出版社 2013 年版，第 360 页。

的意义来说，远远超过蒸汽和电的出现而产生的工业革命。我们必须赶上这个世界先进科学水平。只有掌握了最先进的科学，我们才能有巩固的国防，才能有强大的先进的经济力量，才能在敌人所发动的侵略战争中，战胜帝国主义国家。①

中共中央领导人敏锐地洞察这次科技革命给军事领域所带来的影响以及原子能和新技术形成的武器将对军队现代化水平带来的跃升。抓不住军事科技发展的机遇，就永远跟不上军事科技发展的时代步伐，就永远处于落后状态，或让历史永远抛在后头。1955 年 1 月 14 日，周恩来邀请著名地质学家李四光和物理学家钱三强谈话，详细询问了中国核科学技术研究和铀矿地质资源等有关情况。第二天，毛泽东主持召开中共中央书记处扩大会议，听取李四光、钱三强以及地质部副部长刘杰的汇报，讨论中国发展原子能事业的问题。在这次会议上，中共中央作出了中国发展原子能事业、研制核武器的重大决策，并指定陈云、聂荣臻、薄一波组成三人小组，负责指导原子能事业的发展。

作出研制原子弹的决策后不久，1956 年 1 月和 2 月，中央军委先后研究了万毅提出的《关于研究与制造火箭武器的报告》，钱学森提出的《建立我国国防航空工业意见书》。3 月 14 日，周恩来总理召开专门会议，决定成立以聂荣臻为主任的国防部航空工业委员会，并提出了《关于建立中国导弹研究工作的初步意见》。5 月 26 日，在周恩来参加的中央军委会议上，作出了发展导弹的决定，并决定成立导弹管理局和导弹研究院。

中共中央作出发展原子弹的决策，是为了打破美帝国主义的核讹诈、核威胁，是被迫而为的。20 世纪 50 年代，世界军事科技的发展进入原子、导弹时代。拥有核武器的美国，出于遏制共产主义和实行侵略霸权的需要，动辄对中国以及其他弱小国家进行核威胁、核讹诈。在朝鲜战争和 1954 年台湾海峡危机期间，美国多次挥舞核大棒，对中国进行核恫吓。通过在国际政治、军事舞台上与美帝国主义的较量，使中共中央和毛泽东等一代领导人深刻认识到，拥有原子弹等战略武器，对维护世界

① 《周恩来军事文选》第 4 卷，人民出版社 1997 年版，第 369 页。

和平、保卫国防安全、提高中国在政治舞台上的地位的重大战略意义。毛泽东深刻指出："今天，世界战争的危险和对中国的威胁主要来自美国的好战分子。他们侵占中国的台湾和台湾海峡，还想发动原子战争。"① "还有那个原子弹，听说就这么大一个东西，没有那个东西，人家就说你不算数。"② "在今天的世界上，我们要不受人家欺负，就不能没有这个东西。"③ 同时，中国发展原子弹、导弹的决策，也是新中国第一代领导人准确把握世界军事科技的发展趋势和机遇，准确认识原子弹、导弹武器的产生对世界军事领域带来的深刻革命及其对未来战争的影响，为紧跟时代步伐而作出的具有战略意义的伟大决策。

中共中央关于研制原子弹和导弹的决定，将中国的国防科学技术的发展推向了一个新的发展阶段。为全面推进中国的国防科技事业，中共中央向全国发出了"向科学进军"的号召。1956 年 2 月，中共中央指定周恩来总理和陈毅、李富春、聂荣臻副总理组成科学技术规划委员会，制定《一九五六——一九六七年科学技术发展远景规划纲要（草案）》。规划将国防科技方面的原子能技术、喷气与火箭技术、半导体技术、电子计算机技术、自动控制技术等列在前列。为进一步落实国家十二年科学规划中有关国防科技发展任务，1958 年 1 月，总参谋部制定了《国防科学技术研究工作十年（一九五八——一九六七年）规划纲要》。

中共中央、中央军委发展原子弹、导弹的决策和制定的国防科技发展蓝图，展示了中国国防科技发展的宏伟愿景，推动了国防科技事业的发展。8 年后，战略武器和尖端武器的相继研制成功，不仅大大增强了国防实力，打破了帝国主义的核威胁和核垄断，提高了中国的国际地位，而且通过研制原子弹、导弹，广大科技人员紧紧抓住世界军事科技发展的前沿，吸收当今世界最优秀的成果，使中国一跃跨入军事科技大国的行列。中国的火箭和核技术，喷气技术，都处于世界领先水平，为以后

① 毛泽东 1955 年 1 月 28 日谈话，转引自《党的文献》，1994 年第 3 期。

② 《毛泽东在 1958 年军委扩大会议上的讲话》，《毛泽东军事文集》第 6 卷，军事科学出版社、中央文献出版社 1993 年版，第 374 页。

③ 《建国以来毛泽东文稿》第 6 册，中央文献出版社 1992 年版，第 86 页。

国防科技的发展打下了坚实的基础。同时，通过国防尖端武器的研制，带动了信息工程、系统工程、遥测、遥感、遥控、复合材料、精密加工、自动控制、仿真等高新技术的发展；带动了数学、物理学、化学等基础学科和力学、电子学、光学、声学、空气动力学、水动力学等技术科学的发展。大批新科学技术转向民用，促进了国家科技进步和国民经济的发展。

（二）制定国防科技和武器装备发展方针、原则，确定发展重点

在武器装备发展上，走什么样的道路，关系到国防现代化发展的速度和后劲，关系到中国自己的命运掌握在谁的手中。因此，在发展国防科技工业之初，中共中央领导人就确立了自力更生发展国防科技的方针。

一是制定“自力更生为主，争取外援为辅”发展国防科技工业方针。1956 年 8 月，在作出研制原子弹、导弹武器决定后，聂荣臻在航空工业委员会会议上，提出了“自力更生为主、力争外援和利用资本主义国家已有的科学成果”发展国防科技事业的方针。毛泽东、周恩来批准了这一方针。1958 年 6 月 17 日，毛泽东对第二个五年计划要点说明的报告中说：“没有现代化工业，哪有现代化国防？自力更生为主，争取外援为辅，破除迷信，独立自主地干工业、干农业、干技术革命……这就是我们的路线。经济战线上如此，军事战线上也完全应当如此。”这一方针指导下，中国国防科技事业的发展，一步一个脚印地前进，扎扎实实做好打基础工作。

二是积极争取外援，引进当代先进技术，从仿制起步，做好“消化、吸收”工作，向自行研制发展。1951 年上半年，中国政府先后派出两个代表团赴莫斯科谈判，同苏联签订航空技术协定和有偿转让 8 种轻武器制造技术协议。到 1959 年，中苏两国政府共签订 7 个协议，其中包括《关于生产新式武器和军事技术装备以及在中国建立综合性原子能工业的协定》。依据这些协定，中国聘请大批苏联专家，帮助中国进行国防工业发展和建设。在求得苏联帮助建设过程中，广大科研人员遵照中共中央作好“消化、吸收”的指示，虚心向苏联专家学习，积极掌握设计生产

技术，展开仿制和生产。从1950年仿制成功第一支冲锋枪至1959年第一批中型坦克试制成功，中国仿制定型生产的武器、弹药达80多种。通过仿生产，培养了一支研究设计力量。在仿制武器装备过程中，国防科研战线的广大科研人员在“消化”别人技术的基础上，大胆探索，进行自行设计尝试。从1957年起，兵器工业相继筹备和建立了火炮、坦克、发动机、金属材料、非金属材料等专业研究所，以及厂属产品设计所，构成了兵器工业的科研工作体系。从1958年起，兵器工业展开自行研制工作。到1965年，研制定型的500多项产品中，其中有一半以上属于自行设计或改进改型。陆军的各型火炮和各种轻武器系列化、国产化。军用飞机也转向自行研制，1965年，试制成功强-5型超音速喷气飞机。

三是大力培养国防科技人才。自力更生发展武器装备，有两个必不可少的条件：一个是具有一定生产能力的现代的国防工业，一个是要有一支过硬的科技队伍。中共中央在下决心建设国防工业的同时，下大力气进行国防科技人才的培养。在国防科技起步阶段，为了加速培养国防科技人才，全国许多理工科大学相继设立了国防科技专业。国家还决定创办一批高等军事工程技术学院和国防工业高等学校。继1952年3月哈尔滨军事工程学院成立后，至1965年，经中共中央、中央军委批准，先后成立了11所国防科技工业高等院校。这些院校为国防科技战线培养了大量专业技术人才，其中许多人后来成为国防科技工业各个部门的骨干力量，到60年代中期，中国国防科技队伍，已达到8万人的规模，形成了一支尖端和常规武器装备的研制队伍，初步建立了一个比较配套的国防科技体系。

四是确定发展重点。在发展国防科技武器装备过程中，中共中央、中央军委强调国防科技工业的发展，不能跟在别人的后面亦步亦趋地前进，要根据“积极防御”战略方针，选择当代国防科技最具代表性的技术作为武器装备重点研制发展方向，集中力量给予突破。如在常规武器装备发展上，50年代，中共中央、中央军委确定：空军以高速高空喷气式歼击机为主；海军以“空、潜、快”，后来发展为以“两艇一雷（快艇、潜艇、鱼雷）”“两艇一弹（导弹快艇、导弹潜艇、海防导弹）”为发展方向；陆军以提高火力、机动力、突击力为目标。60 年代初又确定，尖端武器要“两弹为主，导弹第一”，并大力抓携带导弹的新式飞机、舰艇以及无线电电子技术的研究和制造。核技术和导弹技术、无线电电子技术的突破，带动了新一代武器装备研制水平的提高，形成了新一代先进武器系列，如地空导弹、地地导弹、岸舰导弹、潜射导弹、反坦克导弹等武器、自动跟踪雷达、武器自动火控系统、先进的携带导弹的新式飞机、艇舰等。这些成系列的武器装备装备部队，形成了新的战斗力，带动了军队战斗力的整体跃升。

五是建立科研机构和试验基地，逐步完善国防科研体系。从 1955 年至 1960 年间，国防工业先后建立了 29 个专业研究所，其中无线电电子 10 个，航空 7 个，舰船 5 个，兵器 7 个。同时，各军兵种也相继成立了一批研究机构。为实现研制原子弹、导弹武器的宏伟目标，1956 年 10 月，中共中央、中央军委批准成立导弹研究院；1958 年 1 月成立三机部九局，负责核武器的研究设计，7 月，在北京成立了核武器研究所。1960 年 12 月，中共中央批准中央军委关于组建航空、舰艇、无线电电子学三个研究院的报告，分别成立国防部第六、第七、第十研究院。在建立研究机构的同时，1954 年至 1958 年，经中共中央、中央军委决定或批准，先后组建建设了常规兵器试验基地（1953 年 9 月）、综合导弹试验基地（1958 年 3 月）、海军武器装备试验基地（1958 年 3 月）、核武器试验基地（1958 年 4 月）等，这些研究机构和基地，成为广大科技人员施展才能的舞台，也成为在国防科研一线培养锻炼人才的基地。

七、建设巩固的边海防

（一）展开大规模国防工程建设

国防工程，是保障军事行动，即为军队作战、开展军事斗争等构筑和建设的阵地工事和工程设施，广义的国防工程还包括国防设施、国防交通、人防工程等。中国是一个海陆兼备的大国，有着2.2万公里陆地边防线、1.8万余公里海岸线。6500多个岛屿岸线同海岸线加起来，总长达32600公里。在边境地区和海岸海岛构筑国防工程设施，在浅近纵深地区构筑部队机动所需的公铁路机场等，是保卫国家安全必要且重要的工程。

中华人民共和国成立后，为改变中国有边无防的状态，中共中央、中央军委即指示各军区、各军兵种，根据保卫国防和未来反侵略战争的需要，保证军队运输和机动，保卫边防、海防和海岛，展开阵地工程建设和国防工程如军港码头、机场、通讯枢纽、国防公路和铁路等国防工程建设。随着空、海军的建立和规模的扩大，根据军事斗争和战争准备的需要，国防工程建设有计划、有步骤地展开。

1. 作出国防工程建设的决定，提出国防工程建设方针原则。

1949年10月20日，在中央人民政府人民革命军事委员会组成后召开的第一次会议上，决定组成以张治中任组长，刘斐任副组长，聂荣臻、罗瑞卿、傅作义、蔡廷锴、李涛为成员的国防研究小组，研究国防建设事宜。从1950年开始，海军在工兵部队的协助下，在烟台、威海、青岛、长山列岛、吴淞、江阴等地，构筑海岸炮兵阵地。

1952年，国家制定国民经济发展第一个五年计划，中央军委制定了五年军事建设计划纲要，根据近代以来帝国主义从海上侵略中国的历史，美国侵略朝鲜半岛的现实，中共中央、中央军委提出：加强中国主要防御方向的工事，在胶东半岛特别是长山列岛必须突击设防，使之成为死守的要塞地带，以与辽东半岛形成屏障首都的坚固防线。辽东半岛的安东——大连地段亦应择要构筑永久性的工事。海南岛与琼州海峡亦应选择要点构筑永久性的工事。①

根据上述设想，经勘察，总参谋部于8月9日向毛泽东、朱德和彭

① 《中国人民解放军军史》编写组编《中国人民解放军军史》第4卷，军事科学出版社2011年版，第333页。

德怀提出《关于胶东半岛地区设防问题的报告》。报告提出了“重点设防”的方针，同时提出了以长山列岛为重点的一线岛屿及青岛、威海、荣成等地区的国防工程，要求工事具备能持久地抗御敌人巨型炸弹和巨型舰炮轰击的坚固质量。8 月 11 日，毛泽东指示彭德怀召集有关人员开会讨论设防问题。8 月 25 日，中央军委作出了《关于建设国防工事的决定》，决定共六条：为建设沿海国防工事，决定在东北区、华北区、华东区、中南区的部分重要地区进行重点设防；各区依据设防重点进行战役、战术勘察；为了给战术工程勘察做好准备，决定在青岛、沈阳开办两个临时训练班；各工程区要成立国防工程建筑委员会，由各军区直接领导并吸收当地有关的党政负责干部和各兵种干部参加，并立即集中研究设防地区的部署；上海市和海南岛先行勘察，朝鲜战场、辽东半岛及胶东半岛的工程勘察由专家组协助完成。决定还明确了重点地区分期设防的步骤。10 月 27 日，中央军委在颁发辽东半岛设防命令中指出了在美国积极备战和武装日本的情况下，我军在沿海的战略要点和重要作战方向，有计划、有步骤地建筑永久性的国防工事，已成为国防建设的重要任务。

1952 年 11 月 4 日，中央军委成立军事建筑部（1956 年 2 月改归工程兵建制，改称工程兵国防工程建筑部），工兵司令员陈士榘兼任部长，军事建筑部负责组织全国的国防工程建设。各沿海军区、二级军区相继成立建筑委员会，组织实施本区的国防工程建设。

关于国防工程建设的方针原则，1951 年 1 月，毛泽东发电给中南、华东局，就防备台湾当局在美国支持下派兵窜犯东南沿海而构筑工事问题，指示：“过去未经你们察看（查勘）设计，盲目地构筑工事，浪费甚大，是一教训。以后凡需动用经费，构筑工事要塞，修建道路、房屋等项，均需经过你们派人察看（查勘）设计，做出预算，经过中央审核批准，然后动手兴建，否则不予报销。”“汕头至大亚湾一线及其他海岸线与内地，根本不要修筑什么工事或要塞，敌来让其登陆，并须诱其深入，然后聚而歼之。”“只有虎门、厦门、舟山、吴淞四处及珠江口外某些海岛必须确保，不令侵入。其余一切海岸线，都不要守而要让他进来，以利聚歼。”① 毛泽东这里提出一个重要原则，即在防守地区要“重点守备、重点设防”，在一些地区要“诱敌深入、聚而歼之”，发挥我之特长和人民战争之优势。在工程建筑中不能分兵把口，重要战略、战役要地要塞必须构筑和坚守，以利我坚守支撑点，形成反击时有利态势。

1953 年 1 月，军事建筑部召开第一次国防工程会议，会议根据我国积极防御的军事战略方针以及毛泽东和中央军委的指示，正式确定“重点设防、重点守备”的设防方针。1954 年 10 月，总参谋部指示，主要战役方向、战役要点，或防御支撑点、枢纽部的坑道工事，要考虑抗御原子弹、氢弹和原子炮弹的措施。

1958 年，中共中央军委扩大会议作出《关于国防筑城的决议（草案）》，决定为贯彻积极防御的战略方针，继续加强国防工程建设，更加明确重点设防、重点守备的原则。关于海防工程，决定在已有的基础上，进一步加强重要岛屿和要点的环形防御阵地工程；充分利用我国沿海地形，以疏散、隐蔽和固定相结合的原则，建设海军驻泊系统；在主要战役方向上，继续建设潜艇、快艇及各种水面舰艇的一般驻泊系统。1959 年，根据导弹、核武器的大量发展，中央军委确定设防部署国防筑城要贯彻北重于南，岛重于岸，抓两头（海岛一线和纵深首脑机关、交通枢纽、重工业）准备中间，防原子、化学、导弹重于一般的原则。60 年代初期，中共中央、中央军委提出要防敌突然袭击，在工事工程构筑方面，提出“靠山、分散、隐蔽”的原则。

2. 大规模展开国防工程建设。

经过一年多的准备，从 1954 年开始，国防工程建设有重点有步骤地在沿海和岛屿设防地区展开。

(1) 边防、岛屿和设防工程建设。沿海海岸、岛屿工事工程，按照“先前沿、后纵深，先主要地区，后次要地区”的原则，构筑以坑道工事为主的工程设施。在边防地区，建设营房、边卡设施和防御工事。边防

① 中共中央文献研究室编《毛泽东年谱（一九四九——一九七六）》第 1 卷，中央文献出版社 2013 年版，第 289—290 页。

和沿海地区的工兵部队、步兵部队大部分投入工事工程建设。在长山列岛、外长山列岛、海南岛、舟山群岛等前沿和重要岛屿及在沿海有重要战略、战术价值的岛屿，构筑永备工事和设施。1955 年 2 月 21 日至 3 月 2 日全军召开的第五次国防工程会议，提出：修筑的国防工程和工事，既要能隐蔽有生力量，又要能发扬火力；既要坚固耐用，又要节约经费；既要疏散兵力，又防止分散火力。会议提出工事要能“防原子、防化学、防细菌武器”的要求，增设“三防”设施。经过施工部队的艰苦施工，至 50 年代末期，海岸炮兵阵地基本完成，沿海地区和重要岛屿形成了要点式环形防御阵地体系，主要战役方向的第一防御地带设防工程基本形成。边防驻勤点、部队营房设施、基本防御工程基本完成，重要交通道路、基本物资储备洞库也大部建设完成。

(2) 海军工程建设。海军工程项目浩大，工程项目复杂，技术要求高。20 世纪 50 年代初，海军根据中共中央、中央军委确定的发展规划和部署，工程建设任务是尽快修复国民党军留下的军用和部分民用港口和设施，进行改造，为陆续组建的海军部队提供必要的保障。随着海军舰队、基地和沿海各巡防区、水警区的建立，海军舰船驻泊基地、码头建设、机场修建任务越来越重，各种新建项目陆续上马，相应增加了岸防工程、指挥通信工程、后方仓库工程和其他工程项目。在建设规模上以中、小规模项目为主，适当建设一些大型项目。在建筑形式上以洞库工程为主，适当建设一些地面工程。50 年代中期后，海军基地、舰队不断发展，大型舰艇驻泊基地、船舶洞库工程、防护工程、导航设施工程等有计划、有重点地全面开工建设。

1956 年，海军对工程建设提出五个方面要求：分散能防原子袭击，集中能保证部队机动；形成有重点的体系配置；基地不仅是一个港口，而应有空防、岸防、陆防相配合；建设轻便的基地为主，有重点地建设固定基地和地下基地；考虑战时利用商港。1958 年中央军委扩大会议作出《关于国防筑城的决议（草案）》，提出：海军基地建设应充分利用我国沿海地形，以疏散、隐蔽和固定、机动相结合的原则，建设驻泊系统。在主要战役方向上，继续建设潜艇、快艇及各种舰艇的一般泊点，建设若干水下和地面坑道式掩蔽部以及发展机动式的临时驻泊点设备。根据这些原则，海军领导提出：基地建设一定要多样化，建成基地体系。坚决贯彻永备基地与临时基地相结合，固定基地与活动基地相结合，地面基地与隐蔽基地相结合，沿海基地与内河基地相结合，利用自然港湾与开辟人工港湾相结合，以及军民兼顾、平战结合的原则。[①] 按此原则，海军开始建设地下隐蔽工程，兴建洞库基地。到 60 年代中期，海军基地工程发展到以大型洞库基地、洞库机场工程为主。

在建设国防工事工程同时，海军组织工程力量建设完成了航标等导航设施建设工程。

（3）空军工程建设。1950 年 1 月和 1951 年 8 月，空军两次向中央军委、政务院呈送报告，提出：建成一个机场所需工程量及经费颇大，我国航空事业行将开展，若将机场化为耕地，而后需用时重建，必然造成很大浪费。为此，建议在进行土地改革时，全国各地机场应一律予以保留，不得破坏。中央军委和政务院批转了空军的报告，同时电令各中央局、各军区按此执行，并提出了保留机场的面积要求，即按长度各 3000 米的面积划定，以满足将来扩建的需要。

全国大陆解放后，空军共接收旧中国留下的机场 542 个，大部分是草地和碎石跑道。根据开展沿海和边远地区军事斗争需要，各大军区和各级政府在新中国成立后即着手准备整修机场开办航校的预算。1949 年 11 月 26 日，毛泽东主席即就各地修机场的经费问题给时任代总参谋长的聂荣臻和刚上任不久的空军司令员刘亚楼批示：“各地修机场是一件大事，必须认真办理，只能用必不可少的钱，不能随意开大预算，请你们发一统一指示。”[②] 根据毛泽东的指示，中央军委、政务院给各地政府和各大军区下达了修建机场的任务，重点是东北、华北和华东地区，由当地党、政、军共同组成机场修建委员会负责组织施工。修建的机场主要包括为了保障组建第一批航校所用的机场，为了保障新组建的歼击航空

① 参见《当代中国》丛书编辑部：《当代中国的海军》，中国社会科学出版社 1989 年版，第 316—317 页。

② 《建国以来毛泽东文稿》第 1 册，中央文献出版社 1987 年版，第 163 页。

兵部队担负要地防空作战任务所用的机场以及为了准备解放台湾、参加抗美援朝作战需要而新建的一批机场。如 1950 年初，在陈毅市长的关怀下，上海市人民政府动员 20 万人，突击抢修了上海江湾、大场和龙华机场，保证了空军部队及时进驻上海，担负起防空作战任务。同年 8 月至 10 月，在东北人民政府林枫副主席领导下，组织突击修建了东塔、北陵、于洪屯、东丰、公主岭、辽阳、鞍山、浪头等机场，保证了志愿军空军参加抗美援朝作战的需要。从 1949 年至 1953 年，全国有计划地整修、扩建和新建机场共 94 个。

抗美援朝战争结束后，军用机场建设任务重点转向东南沿海地区。经中央军委和政务院批准，第一批修建的福州、龙田（钢板跑道）、漳州、晋江机场于 1955 年 8 月竣工，使人民解放军空军具备了入闽开展同国民党空军军事斗争、保卫东南沿海人民生产生活的条件。第二批修建的惠安、龙田（改为水泥混凝土跑道）、连城、厦门机场于 1956 年 5 月先后竣工。1956 年 9 月，空军还在西藏建成了一个高原机场，即距拉萨 90 公里的当雄机场。该机场跑道宽 200 米，甲线跑道长 4100 米，乙线跑道长 5600 米，整个施工使用兵力 4000 名、民工 5000 名，仅用 118 天。该机场的修建成功，为以后（60 年代中期后）在西藏修建邦达机场积累了经验。为了适应要地防空作战的需要，在一些战略纵深地区加强了机场建设，如 1957 年至 1959 年，在甘肃建成了两个可供重型飞机使用的机场。60 年代中期以后，根据军事战略，军用机场网布局进一步完善，三北地区、战略纵深地区的机场进行增建、扩建，保证多机种起降使用。

在修建机场同时，空军展开机场防护工程建设。20 世纪 50 年代中期，在机场内修建飞机掩体、掩埋式油罐和简易的人员掩蔽部，机场防护工程以防御常规武器为主。60 年代后，在防敌原子、导弹武器突然袭击的指导思想下，防护工程向防原子武器为主转变，兼有防化学、防细菌武器功能。主要是采取地面疏散和地下隐蔽相结合的方式实施防护，包括修建地下飞机机库，加修飞机疏散区、备用跑道、地下指挥所、飞行人员掩蔽部及地下洞库等防护工程。

（二）国防战备交通建设

国民党军在溃逃时，对国内公路、铁路进行了大规模破坏。从 20 世纪 50 年代初开始，中共中央、中央军委从国家经济建设和保卫国防、机动作战部队双重需要出发，努力恢复和加强公路、铁路交通建设，特别是投入相当力量建设边海防和边疆地区公路、铁路建设。

1. 修建进藏公路。

1950 年人民解放军进军西藏时，总参谋部向中央建议修建进藏公路，西南和西北军区动工修建通向甘孜、玉树等地公路和架设江上的永久性桥梁。1951 年 5 月 25 日，毛泽东签署《关于进军西藏训令》，在下达进军部署同时，对构筑进藏和藏区内边防公路进行了明确："A. 甘孜—昌都—丁青—所乌—太昭—拉萨公路由十八军负责抢修，力争于明年年底完成。B. 西宁—黄河沿—玉树—囊谦—类乌齐—丁青公路由西北军区负责修筑，并将黄河沿—玉树—囊谦段继续修通。C. 敦煌—柴达木—黑河—拉萨线为我对西藏将来油料补给的预定路线，应由西北军区派人进行实地勘测。""机场，除十八军应迅速完成甘孜机场的修建任务外，并应在丁青一带选建一临时着陆场，在拉萨修建一普通机场。"①

1952 年 8 月 18 日，政务院、中央军委下达了经中共中央批准的《关于开辟川、康、藏、甘、青的航路、公路决定》，其中川藏和青藏公路及玉树至拉萨等公路均于 1954 年底建成通车。根据中央的部署，中央军委命令第十八军负责抢修川藏公路，第一军和炮兵第十五师修建西宁经玉树至丁青公路及勘察青藏公路。川藏（康藏）公路雅安至拉萨段，全长 2255 公里，平均海拔 3000 米以上，1950 年 4 月动工，动用兵力 6 个工兵团，在进藏部队和民工配合下，打通险峻艰险、气候恶劣的二郎山、雀儿山，1954 年通车拉萨。青藏公路自青海西宁至西藏拉萨，全长 2100 公里，平均海拔 4000 米以上，1954 年 12 月与康藏公路同时通车。新藏公

---

① 《建国以来毛泽东军事文稿》上卷，军事科学出版社、中央文献出版社 2010 年版，第 488 页。

路亦称喀喇昆仑公路，是新疆至西藏的重要交通线，北起新疆叶城，南至西藏噶大克，全长 1179 公里，新疆军区独立骑兵师边进军边修路，在 1800 余名民工配合下，1957 年 10 月建成通车。在修建主要干线公路的同时，部队的民工还修建了西玉（西宁至玉树）公路，全长 827 公里；甘南（兰州至阿坝）公路，全长 319.4 公里。

2. 修建海南岛、雷州半岛公路。

为了加强海南岛的防御和便于大陆策应防卫部队机动作战，毛泽东批准总参谋部聂荣臻、粟裕的报告，1952 年 8 月 1 日周恩来下达政务院令，修建和改建海口至榆林、广州，宾阳至雷州半岛等公路任务。海榆公路全长 146.5 公里，1952 年 1 月开工，解放军 1 万余名兵力和万余民工参加工程建设，1954 年 12 月通车。同时，雷州半岛的干线公路也建成通车。

3. 东南沿海地区铁路建设。

针对美国加紧对台湾海峡封锁，严重威胁中国大陆沿海地区安全的情况，中共中央决定在东南沿海地区修建黎湛、鹰厦两条铁路。1954 年 8 月 1 日，毛泽东亲自接见铁道兵司令员王震，指示要以抢修精神，战斗姿态，尽快建成通车。黎湛铁路湘桂线黎塘站，经广西贵县、玉林、陆川至广东湛江，全长 315.6 公里，铁道兵 6 个师等部队参加，1954 年 9 月开工，1955 年 5 月 19 日全线接轨。鹰厦铁路北起江西鹰潭，南至福建厦门，全长 697.7 公里。铁道兵 8 个师等部队、民工 12 万余人参加施工。1955 年 2 月 21 日开工，1956 年 12 月 9 日全线完成铺轨。在构筑黎湛、鹰厦铁路同时，铁道兵还完成了外福铁路和漳州铁路支线的修建任务。

（三）接收苏军驻旅大地区防务

辽东半岛及旅顺，与山东半岛及蓬莱角共扼渤海海峡，战略地位十分重要。1897 年 12 月沙皇俄国海军入侵辽东半岛及大连，强占旅顺港。1904 年至 1905 年日俄战争中，沙俄战败，日本侵占旅顺港。1945 年 2 月苏、美、英三国政府首脑签订雅尔塔协定，内容包括将大连商港国际化、苏联租用旅顺口为海军基地等牺牲中国利益的条款。8 月 8 日苏联正式对日宣战，8 月 22 日占领旅顺。

中华人民共和国成立后，1950 年 2 月 14 日，中苏签订《中苏友好同盟互助条约》和《中苏关于中国长春铁路、旅顺口及大连的协定》，两国商定不迟于 1952 年末，苏联军队自旅顺口海军基地撤出，并将该地区及设备交中国。后由于抗美援朝战争爆发，此事拖了下来。抗美援朝战争结束后，1954 年 9 月 29 日至 10 月 12 日中苏双方举行会谈，1954 年 10 月 12 日，中苏双方发表《中苏关于旅顺口海军根据地问题的联合公报》，规定“苏联军队的撤退和旅顺口海军根据地的设备移交中华人民共和国应于一九五五年五月三十一日前完成”。苏联除决定将旅顺基地所有武器装备卖给中国外，还决定将在安东（今丹东市）的部分空军和防空装备卖给中国。根据中苏达成的协议，组成了中苏军事委员会，中方代表为国防部副部长兼海军司令员萧劲光、副总参谋长兼东北军区代司令员邓华、空军司令员刘亚楼、第三兵团副司令员曾绍山。1955 年 2 月 5 日，中央军委决定了接收旅大防卫区委员会名单，萧劲光任主任委员，邓华、甘泗淇、刘亚楼、曾绍山、郭述申为副主任委员，邱创成等 14 人为委员。2 月 11 日，成立接收委员会海军分会；空军、炮兵、装甲兵、工兵等也成立了接收分会。人民解放军海军和沈阳军区部队接收驻旅顺、大连地区苏联军队的武器装备和防御设施。在中苏友好的气氛中，双方军队进行了交接。至 5 月初，设备接收完毕。①

4 月 15 日，辽东半岛防务交接正式举行交接签字仪式。自 4 月 16 日零时起，旅大地区一切防务由中国人民解放军负责。5 月 24 日，中苏联合军事委员会举行辽东半岛防御设备与装备技术器材总签字仪式。至 5 月 27 日苏联驻旅顺口地区陆、海、空三军及指挥机构约 12 万人全部撤离。

在交接中，人民解放军有选择地有偿接收了苏军的主要武器装备，共有：各种飞机 406 架、各种舰船 58 艘、各种火炮 1305 门、坦克自行火

---

① 《中国人民解放军军史》编写组编《中国人民解放军军史》第 5 卷，军事科学出版社 2011 年版，第 41—42 页。

炮 357 辆、汽车 1684 辆、雷达 35 部，另有各种炮弹、炸弹一批，以及其他通信、工兵、防化和空海军专用技术器材等。这些装备大部分为旧品。主要无偿设备包括营房 150 余万平方米（不包括地方代为接收的商业企业）、机场 9 个、修理厂修理所 116 个、仓库 59 座、医院 9 所。加上从安东等地的接收数，中国共接收了苏军 1 个潜艇基地、5 个歼击机师、1 个轰炸机师、2 个步兵师、1 个机械化师、3 个地面炮兵师、3 个高射炮兵师等部队的大部分武器装备。

（四）决策建立屯垦部队，屯垦戍边

我国屯垦戍边，远从西汉屯田戍边开始，至今已有 2100 多年历史。历朝历代屯垦事业的发展，促进了边疆经济的复苏和文化的发展，巩固了祖国的统一。

1. 新疆屯垦戍边部队的组建。

1949 年 10 月 10 日，王震率领解放军第一野战军第一兵团的第二、第六军共 8.9 万人，从甘肃酒泉、玉门出发，进军新疆，进驻边防要地。1949 年 12 月，根据中共中央军委和毛泽东的命令，新疆起义部队改编为中国人民解放军第二十二兵团，民族军编为中国人民解放军第五军。

人民解放军进驻新疆后，一方面建立巩固的边防，一方面努力发展经济。12 月 5 日，毛泽东向全军发出号召：全军除继续作战和服勤务者外，应当参加生产建设工作。1950 年 1 月 21 日，新疆军区发布命令：驻疆部队共 19.3 万人，除担任边防警卫和城市卫戍勤务者外，必须发动 11 万人开垦种地。3 月，驻疆解放军在天山南北各地，在人迹罕至的戈壁荒滩，在野兽横行的雪山深谷，开荒造田，兴修水利，植树铺路，盖房建场。1950 年，开荒 6.41 万公顷，播种 5.57 万公顷，收获粮食 329 万吨、棉花 375 吨、油料 1860 吨，年底有牲畜 18.15 万头。当年创办军垦农场 13 个，全军粮食自给 7 个月，蔬菜油肉全部自给。1951 年至 1952 年，创办了新疆第一批大中型的现代工业。1952 年底，新疆军区按照中央的指示，把部队创办的 19 个大中型工矿企业，无私地移交新疆省政府管理，为新疆现代工业和交通运输业的发展奠定了基础。

1953 年 2 月，毛泽东签发部队整编命令，新疆军区进行精简整编。1953 年 5 月，驻疆部队分别整编为国防军和生产军，将第二、第六、第五军的 6 个师和第二十二兵团全部编入生产部队，分别整编为 10 个农业师、1 个建筑师、1 个建筑工程处、1 个运输处，共约 10.55 万人，担负屯垦戍边任务。10 个农业师驻地分别为阿克苏、焉耆、伊犁、巩留、哈密、五家渠、沙湾炮台、石河子、绥来县小李庄，工一师驻石河子。屯垦部队整编后，开始艰苦的创业。1952 年，新疆军区以第二步兵学校为基础创办了农学院，毛泽东亲自取名为“八一农学院”。学院设置农业、农经、森林、畜牧、水利 5 个系和 8 个专修专业。

1954 年 10 月 7 日，经中央军委批准，新疆军区生产部队成立“新疆生产建设兵团”。兵团司令部驻乌鲁木齐市，司令员陶峙岳，政委由王恩茂兼任，副政委张仲瀚。此后，解放军部队创办的军垦农场逐渐变成农垦职工管理的正规化的国营农场，军队的自给性生产变成了纳入国家经济计划的企业化生产。各农场实行企业化管理，改供给制为工资制，贯彻多种经营的方针，提高农业机械化水平，实行科学种田，扩大职工队伍。

1954 年至 1957 年，新疆生产建设兵团国营农场从 43 个增加到 59 个，耕地面积从 7.73 万公顷增加到 22.48 万公顷。人口从 17.54 万人增加到 31.15 万人，职工从 10.55 万人增到 17.87 万人。建设兵团国内生产总值从 1.18 亿元增到 2.33 亿元，工农业总产值从 8856 万元增到 2.29 亿元，粮食产量从 7.18 万吨增到 12.24 万吨，棉花从 0.19 万吨增到 1.09 万吨，牲畜存栏数从 52.99 万头增到 74.25 万头。从 1954 年起，兵团先后从山东、河南、河北、甘肃、江苏、上海、天津等地招收大批知识青年、支边青壮年，接收大批转业复员军人，参加边疆建设，至 1960 年末，建设兵团总人口达 72.4 万人，拥有各类工业企业 343 个，工业总产值达 6 亿多元。60 年代前期，新疆生产建设兵团进入大发展时期，农牧团场基本实现机械化、水利化、园林化，至 1966 年底，兵团职工人数达 80.86 万人，总人口增至 148.5 万人，农牧团场发展到 158 个，独立核算工矿企业发展到 112 个，耕地面积达 80.86 万公顷，播种面积达 55.68 万公顷，粮食总产 72 万吨，棉花总产 2.5 万吨。

2. 黑龙江屯垦戍边部队的组建。

抗日战争胜利后，为建立巩固的东北根据地，根据中共中央决定，党和军队派遣大批干部北上，在接收、建立地方政权的同时，会同当地党政部门，自 1947 年起，创建了宁安、赵光、荣军、通北等第一批国营农场。1950 年成立东北国营农场管理局。1949 年、1950 年，东北军区 3 个团分别创建了红星、孟家岗、宝泉岭等农场。1952 年，首批志愿军军官集体转业到梧桐河农场，加入开发北大荒行列。当时黑龙江创建农场，主要是为了解决东北部队的吃粮问题，同时具有屯垦戍边性质。

1954 年 8 月，中央农业部根据中共中央和中央农村工作部的指示召开会议，研究决定调农业建设第二师前往东北进行垦殖。1955 年，人民解放军农业建设第二师由山东集体转业，分批开赴黑龙江密山地区，以团为单位创建了二九〇、二九一等一批农场。农业建设第二师实行边生产边建设的方针，勤俭起家，开垦荒地，生产粮食，发展畜牧，经营渔业，植树造林，有选择地重点建立农场，为建设国营农场基地打下了基础。同时，利用苏联援助的机械设备，建立了第一个机械化国营农场——友谊农场。1956 年 6 月，遵照中央军委命令，王震率铁道兵 7 个师近 10 万官兵开进北大荒，建了“八”字头的一批农场。1958 年 3 月 19 日，国防部决定，为加快国家农业建设，将 6 个预备役师和两所医院集体转业，作为国营农场机构，转往北大荒地区从事农业生产，在萝北地区建立一批农场。1960 年 8 月，中共中央发出《关于全党动手，大办农业、大办粮食的指示》后，近 10 万转业复员军人从全国各地分批进军北大荒。至 1963 年，仅人民解放军总部直属机关和军兵种在黑龙江地区就建立 40 多个农场，开垦 100 多万亩土地。与此同时，一批知识青年响应党的号召，从全国各地来到北大荒，参加到军垦行列。

1965 年秋，沈阳军区鉴于中苏边界日趋紧张的局势，向中央建议组建黑龙江生产建设兵团，1966 年 3 月，沈阳军区万余名复转官兵分批到达边境地区 29 个农（牧）场，组建了黑龙江生产建设兵团农建一师和农建二师，共辖 9 个团、24 个营、94 个生产队。1968 年 6 月 18 日，中共中央、国务院、中央军委、中央文革发出《关于建立沈阳军区黑龙江生产建设兵团的批示》，将原东北农垦总局和省农垦厅所属的农场以及农建一师、农建二师合编为中国人民解放军沈阳军区生产建设兵团，执行屯垦戍边任务，部署在边境地区的黑河、佳木斯、牡丹江等各战略要点，在特殊需要时抗击、歼灭入侵者。此后，全国 50 余万名高中、初中学生加入兵团，屯垦戍边，报效祖国，兵团规模达到 5 个师，共 58 个团另 3 个独立团。根据边防斗争形势需要，兵团建立了 9 万余人的战备值班分队，配发了各类轻重武器，修建了 200 公里的战备铁路和 300 多公里的战备公路。

组建兵团和屯垦部队、农场，实施屯垦戍边，在新中国有着更加突出的意义和作用。兵团、农垦部队处于边防前沿，是巩固边疆、维护边疆社会稳定的重要力量。新疆有 5400 公里国境线，黑龙江国境线长达 3100 公里，两个省区国境线占中国陆地边境线将近 2/5。边防巩固是边疆稳定的重要保障，兵团作为一支准军事组织，作为兵的特点，寓兵于民，劳武结合，具有人熟、地熟、情况熟等特点，是军队的特殊耳目，可以把发生的突发事件遏制在萌芽状态，控制在最小范围，最大限度地减少不必要的经济和政治损失。20 世纪 50 年代初剿匪作战中，兵团发挥了支援部队、配合部队作战的重要作用。1962 年新疆发生“伊塔事件”，遵照中共中央和自治区党委的指示，新疆生产建设兵团承担维持治安、劝阻边民停止外逃，对边民遗留下来的农牧业生产和基层工作实行代耕、代种、代管，并在沿边境地区有计划、迅速地建立了边境地带农场带。在中印边境自卫反击战和以后的中苏边境斗争和作战中，兵团配合正规部队作战，都出色地完成了任务，在边境地区建立了一道稳固的坚强防线。

八、作出进一步裁减数量加强质量的决定

（一）中共中央军委作出裁减军队数量加强质量的决定

1956 年 9 月 15 日至 27 日，中国共产党举行第八次全国代表大会。

会议正确地分析了国际国内形势和国内主要矛盾的变化，认为国际局势已经趋向缓和，为中国的经济建设赢得了良好的外部环境。会议认为我国国内的主要矛盾，已经是先进的社会制度同落后的社会生产力之间的矛盾。党和全国人民当前的主要任务，就是要集中力量去发展经济，发展生产力。八大还提出了在三个五年计划或者再多一点的时间内，在我国建成一个基本上完整的工业体系的战略设想；会议通过了《关于发展国民经济的第二个五年计划（1958—1962）的建议》。

在召开中共八大之前，1956 年 2 月至 4 月，毛泽东找了三十几个部的同志谈话，对国家发展建设进行深入思考。4 月 25 日，毛泽东在中共中央政治局扩大会议上作了著名的《论十大关系》的讲话，得到政治局的赞同。5 月 2 日，毛泽东向最高国务会议作了报告。《论十大关系》中，毛泽东将经济建设与国防建设的关系，进行了深刻的论述。毛泽东指出："现在，新的侵华战争和新的世界大战，估计短时期内打不起来，可能有十年或者更长一点的和平时期。""认为原子弹已经在我们头上，几秒钟就要掉下来，这种形势估计是不合乎事实的"。① 指出：国防不可不有。我们有了一定的国防力量，我们现在已经比过去强，以后还要比现在强，不但要有更多的飞机和大炮，而且还要有原子弹。在今天的世界上，我们要不受人家的欺负，就不能没有这个东西。怎么办呢？可靠的办法就是把军政费用降到一个适当的比例，增加经济建设费用。只有经济建设发展得更快了，国防建设才能够有更大的进步。

毛泽东谈到，第一个五年计划期间，军政费用占国家预算全部支出的 30%。这个比重太大了。第二个五年计划期间，要使它降到 20%左右，以便抽出更多的资金，多开些工厂，多造些机器。经过一段时间，我们就不但会有很多的飞机和大炮，而且还可能有自己的原子弹。

根据毛泽东这一论述，中共八大决定，把军政费用在国家财政支出中的比重，由第一个五年计划期间占 32%，降低到第二个五年计划期间占 20%左右。据此，第二个五年计划期间国防费实际降到了占国家财政

---

① 《毛泽东文集》第 7 卷，人民出版社 1999 年版，第 26 页。

开支的13%左右。

中共八大后，中共中央军委经过多次研究讨论，贯彻落实八大会议精神。1957年1月7日至27日，中央军委在北京召开扩大会议。参加会议的有各总部、各军区、各军兵种的负责人共114人，国防部长彭德怀主持会议。会议认为，既要减少军费，又要加强现代化建设，唯一的途径是裁减军队数量加强质量。会议通过了中央军委《关于裁减军队数量加强质量的决定》，决定在裁减军队数量加强质量的原则下，将人民解放军员额裁减三分之一，即从383万人减到250万人或更少一些。同时调整军队组织编制。裁减整编以后，一是在保持一定数量的前提下，重点是加强空军、海军、防空部队和现代化的国防工业建设，加强对新式武器装备的研究，不断改善人民解放军的技术和装备。二是配齐在编干部，保持一定预备干部，特别是有作战经验和有专业技术的干部。办好军事院校，注意对干部的培养和教育，提高干部的军政素质。三是加强预备役工作。四是加强边防、内防建设，有计划地进行国防工程建筑。会议对军队调整体制编制和结构及裁减员额进行了具体部署。

（二）调整军事领导体制和军兵种体制，进行精简整编

1. 恢复三总部体制。

经过一段时间的实践运行，八总部体制、五大军种体制均暴露出一些问题。主要是机构庞大、部门重叠、分工过细。有时政出多门，造成部队工作忙乱。根据中央军委扩大会议精神，将八总部体制恢复到三总部体制：1957年4月1日，总政治部干部部并入总干部部。10月1日，总干部部撤销，在总政治部下成立干部部。5月15日，总财务部撤销，并入总后勤部。7月1日，总军械部撤销，改称总参谋部军械部（1959年3月1日又改属总后勤部建制）。12月11日，训练总监部正式撤销，其业务局整编为总参谋部所属军事训练部、学校管理部、出版部。11月1日，武装力量监察部正式撤销，其业务分别划归总参谋部、总政治部、总后勤部管理。至此，恢复了总参谋部、总政治部、总后勤部三总部体制。

2. 五大军种体制调整为陆、海、空三军种体制。

根据 1957 年中央军委扩大会议决定，将陆军、海军、空军、防空军、公安军五个军种，改为陆军、海军、空军三个军种。防空军与空军合并，撤销公安军军种及其领导机构。

防空军是中华人民共和国成立初期根据国土防空任务的加重而建立并发展起来的，以高射炮兵为主。随着空军歼击航空兵的成长壮大，防空军和空军两个军种同时担任防空任务，不仅机构重叠，而且指挥不便。为解决这一矛盾，中央军委扩大会议决定撤销防空军，将其合并到空军，即“空防合一”。1957 年 2 月 21 日，中央军委正式作出防空军与空军合并的决定。

公安部队是中华人民共和国成立初期由接管城市和保卫政权、实施剿匪作战的人民解放军部队改编的。1955 年成立了公安军，后在全国普遍建立了省军区、军分区系统的情况下，中央军委决定撤销公安军。同时，将边防、内卫、城防部队交归省军区、军分区和城市警备部门领导指挥；将看守监狱和劳改犯人，守卫工厂、仓库和警卫国家机关的部队，凡是可以改为警察的部分，改编为人民警察，归国家公安部门领导。公安军从 1957 年 3 月开始了撤销和整编工作，至 1958 年底，基本完成了向地方公安部门的移交工作。1959 年 1 月 1 日，移交地方的公安部队统一改为人民武装警察部队，由军队编制序列改归国家公安部门领导。

3. 大量裁减部队员额。

根据 1957 年中央军委扩大会议通过的《关于裁减军队数量加强质量的决定》和全军组织编制调整方案要求，陆军在整编中，步兵师一律改成平时编制，分为满员师和简编师两种，满员师 9000 人至 1 万人，简编师 7000 人。部署在沿海及西藏地区的步兵师按满员师编制，其他地区的步兵师则实行简编师编制。至 1958 年底，陆军编制人数约占全军总定额的 54.6%。其中步兵师约有 35%为满员师，其余均为简编师。铁道兵在整编中撤销两个军部。海军在整编中，撤销了陆战师，将海军陆战师改编为守备第十一师。海军、空军和陆军各兵种领导机关下设的机构，也进行了精简和撤并。

从1956年11月至1958年底，全军成建制集体转业或移交地方的有1个军部、46个师、30余所医院和30余所院校。全军总人数在1956年的基础上精简了36%，减至240万人左右。这是中华人民共和国成立后中国人民解放军人数最少的时期。国防费在国家的财政支出中所占的比例，也从1956年的20.0%下降到1958年的12.2%。

4. 大力发展海空军和技术兵种，进一步提高军队建设质量。

根据提高部队建设质量，加强现代化建设的方针，在大力减少数量的同时，加强了海、空军部队和特种兵部队。

海军根据第二个五年计划期间的发展计划，确定在发展导弹为主和不断改进常规装备的条件下，以发展潜艇为重点，同时发展水面舰艇、海军航空兵、岸防部队和陆战部队，建设一支合成的海上轻型战斗力量。先后组建了一批鱼雷快艇、扫雷舰、护航舰、驱逐舰、巡逻艇等组成的战斗舰艇部队。1958年9月30日，以厦门水警区机构为基础，组建人民解放军福建基地，归东海舰队建制；12月10日，组建大连水警区；组建了一批新的海军航空兵部队。1958年9月，海军统一部分常用船舶名称，雷击舰改称驱逐舰，驱潜舰改称猎潜艇，护航舰改称护卫舰，巡逻艇改称护卫艇，教练舰改称练习舰，鱼雷快艇简称为快艇，各舰种部队的番号也依此进行了更改。

空军确定以发展歼击航空兵和地面防空力量为重点，适当注意轰炸航空兵的建设。1958年至1961年，在几个主要作战方向上组建指挥机构，组建和扩编一批歼击机师等作战部队，增加高射炮兵、探照灯兵和雷达兵部（分）队。1958年10月至1959年1月，根据防空作战的需要，从苏联购买地空导弹装备，组建了3个地空导弹营。在加强空、海军建设的同时，中央军委决定组建特种兵部队。

根据中央军委的决定，1957年12月9日，军委炮兵和国防部第五研究院在北京组建导弹教导大队，负责接收导弹技术装备和培训导弹指挥、技术人员。1959年7月，国防部第五研究院第四教导大队第一教导营改编为人民解放军第一个地地导弹营。

1958年9月23日，总参谋部决定，将通信兵部原通信兵学院练习营，改建为中国人民解放军独立无线电技术勤务营。这是中国人民解放军第一个电子对抗营。1960 年 4 月，独立无线电技术勤务营扩建为无线电技术勤务团。1959 年至 1961 年，根据防敌空袭作战准备构筑大型国防工程和特种工程的需要，经中央军委批准，组建了工程兵建筑师等建筑工程部队。

九、大办民兵师和试行预备役制度

（一）大办民兵师

1958 年 7 月，中央军委扩大会议提出进一步加强民兵建设，实行“全民皆兵”的方针。8 月，中共中央在北戴河召开政治局扩大会议，通过《中共中央关于民兵问题的决定》，指出：为了保卫国家领土主权的完整和社会主义建设，制止和打击帝国主义的侵略，我国需要拥有一支强大的武装力量。这支武装力量，除了必须建设强大的常备部队和特种技术部队之外，还必须在全国范围内把能拿武器的男女公民武装起来，以民兵组织形式，实现全民皆兵。平时保卫生产、维护社会治安，战时成为补充组建野战军的人力基础和野战军作战的有力助手。9 月 29 日，毛泽东向新华社记者发表重要谈话说：“民兵师的组织很好，应当推广。这是军事组织，又是劳动组织，又是教育组织，又是体育组织。”毛泽东指出：“帝国主义者如此欺负我们，这是需要认真对付的。我们不但要有强大的正规军，我们还要大办民兵师。这样，在帝国主义侵略我国的时候，就会使他们寸步难行。”① 10 月 1 日，在首都北京庆祝国庆节的游行队伍中，出现了“首都民兵师”的方队，对全国民兵师的建立产生很大影响。全国从农村到城市，从厂矿企业到机关学校，迅速建立起了民兵组织。

① 《建国以来毛泽东文稿》第 7 册，中央文献出版社 1992 年版，第 430 页。

大办民兵师，推动了民兵建设的发展，显示了中国人民群众武装的力量，体现了毛泽东人民战争的思想，表明如果帝国主义敢于向中国发动侵略战争，中国人民就能够快速动员起来，这对敌对势力是一个严正的警告和强大的威慑。但是，在大办民兵师过程中，由于受当时“大跃进”和人民公社化运动的影响，将大办民兵师与“全民皆兵”等同起来，存在片面追求数量的情况。至1958年底，全国建立民兵师5175个，民兵人数达到2.2亿。

针对民兵工作出现的问题，1959年2月，总参谋部发出《关于不要强调民兵发展数量的百分比的指示》。同年11月，中央军委常委召开会议，对民兵的战略地位、战略布局、指挥机构、训练方针、干部工作、武器管理、经费开支、民兵代表会议制度以及加强民兵工作领导等九个方面的问题，进行认真研究。会后，主管全国民兵工作的罗荣桓根据会议提出的意见，以中央军委的名义向中共中央写了《关于民兵工作问题的请示报告》（以下简称《报告》），对全国民兵建设提出了比较完整、系统的意见。

《报告》指出，民兵在国防建设上有着重大的战略意义。把民兵搞好了，可以为国家积蓄雄厚的后备兵员，就能够较好地解决平时少养兵、战时用兵多的矛盾，减少常备军的数量，腾出钱来用于国家经济建设或把有限的经费用在加强军队现代化建设上。《报告》提出，民兵工作重点应放在政治经济中心、重点厂矿、交通枢纽和海陆边防地区。因为一旦战争打起来，这些地区将是敌人首先攻击、破坏的目标。这些地区的民兵，应以基干民兵为重点。

关于加强对民兵工作的领导问题。《报告》提出如下措施：（1）为了加强与有关部门的联系，更好地研究民兵建设的重大方针、政策，有效地解决民兵工作中的实际问题，建议在中央军委领导下成立民兵工作组，各省（自治区）、地和县（市），也应在各级党委领导下成立民兵工作组。（2）明确规定各省军区、军分区的主要任务，就是领导指挥民兵。省军区、军分区的司令部、政治部，应当真正成为做民兵工作的司令部、政治部，以主要精力做民兵工作，加强对民兵工作的领导。（3）在人民公社、工厂、学校、机关设立人民武装部，配备专职或兼职人民武装干部，进一步健全民兵工作领导机构，改变民兵工作“上边抓得紧、下边无人抓”的被动局面。

这个报告提出的方针、原则，对民兵建设具有长远的指导意义，被称为指导民兵建设的“九条方针”。12 月 24 日，中共中央将这个报告批转全国执行。同时，中共中央批准在中央军委领导下成立民兵工作组，罗荣桓任组长，张爱萍、甘泗淇为副组长。1960 年 1 月，总参谋部、总政治部联合召开全国民兵工作会议。4 月，国务院在北京召开全国民兵代表会议。会议的中心任务是进一步贯彻《关于民兵工作问题的请示报告》精神，总结民兵工作经验，表扬民兵工作先进单位。朱德、林彪、宋庆龄、邓小平、林伯渠、彭真、罗荣桓、贺龙、陈伯达、杨尚昆、罗瑞卿、习仲勋等党和国家领导人，国防委员会副主席程潜、张治中、傅作义，人民解放军高级将领谭政、陈赓、张云逸、王树声、许光达等，以及中共中央、中央国家机关有关部门、各人民团体负责人等出席了会议开幕式，国务院向大会致辞祝贺。罗荣桓、贺龙、罗瑞卿、薄一波到会并讲话，毛泽东等党和国家领导人接见了与会代表。会议还向民兵代表赠授了国产新式半自动步枪。党和国家领导人的关怀和鼓励使与会代表深受鼓舞，他们向全国民兵发出了十项倡议。这次会议和 1 月的民兵工作会议，及中央批转的罗荣桓的报告，对解决民兵工作中对“全民皆兵”的错误认识，纠正“左”的倾向和形式主义，起到了指导性作用。

1961 年 4 月，总参谋部、总政治部召开全国民兵工作座谈会。1961 年 7 月 8 日，中央军委决定撤销军委民兵工作组，成立军委人民武装委员会，罗荣桓任主任，张爱萍、甘泗淇、傅秋涛任副主任，傅秋涛兼任秘书长。11 月 25 日，中共中央批准中央军委的报告，规定人民公社普遍配备专职人民武装干部。12 月，中央军委决定各级民兵工作组均改为人民武装委员会。12 月，中共中央、国务院颁布的《民兵工作条例》，修改了参加民兵的最高年龄限制，男性公民由 50 岁改为 45 岁，女性公民由 50 岁改为 35 岁。这样，民兵数量减少了几千万人，使民兵建设朝着健康的方向发展。

（二）预备役制度的试行

实行义务兵役制度后，为了进一步建立和完善我国的动员制度，中央军委总参谋部着手研究预备役制度问题。1955 年 9 月，全军召开动员工作会议，研究修订和讨论《各级动员部门和各级动员机关的工作职责（草案）》和《预备役军士和兵的登记、统计暂行办法（草案）》。会议指出：在现代条件下，为了保证战争的胜利，就必须有预告拟制好的武装力量计划，就必须有充分的动员准备，就必须有保证动员一切的措施，一旦帝国主义向我国发动侵略战争，我们的军队能够按照预定的计划，在原有的基础上，迅速转变为战时的编制和组织，并建起以保证战争需要的兵团、部队和领率机关。动员工作的基本目的就在于此，动员工作的重要性也就在于此。为了能够应付突然的侵略战争，动员工作必须为国防军准备足够的经过训练的预备役兵员，以保证战时部队扩大和补充。1955 年 8 月 13 日，国防部下发了《关于退出现役军官编入预备役的工作指示》，规定凡退出现役的军官，不论担任何种职务，除已服满预备役最高年龄及伤病残完全不能服役者外，均应编入军官预备役。1956 年 1 月 31 日，总政治部下发了《关于中国人民解放军预备役军官登记、统计办法的暂行规定（草案）》，预备役军官登记工作在全国启动。

1955 年 1 月，中央军委提出要着手组建预备役师，对预备役人员进行集中训练。8 月 14 日，中华人民共和国国防部下达了《关于组建预备役师的命令》，决定每期先组建 10 个预备役训练师，即成都军区 5 个，武汉军区 3 个，昆明军区 1 个，兰州军区 1 个。军官从国防军部队中抽调。1955 年 9 月，各预备役训练师完成组建。第一预备役训练师在南京，第二师在重庆，第三、第四师在石家庄，第五师在长春，第六师在洛阳，第七师在商丘，第八师在汉口，第九师在天水，第十师在昆明，每师 1.1 万人，各预备役师、团授予军旗，执行人民解放军条令、条例。

经过一年多的实践，许多省、市和军区反映，预备役师占有一定的军费，也妨碍了群众生产。1956 年 12 月 6 日，国防部下发了《关于撤销八个预备师的命令》。1958 年 3 月 19 日，国防部决定预备役师机构集体转业，作为建设国营农场的机构，参加国家的生产建设。第一、第七预备役师机构转往佳木斯垦区，第二、第三预备役师机构调往北大荒，第四、第五、第六预备役师机构转往黑龙江密山垦区，第八预备役师机构转往辽宁盘山垦区，第十预备役师机构撤销，第九预备役师机构改编为兰州军区干部教导团。

20 世纪 50 年代组建预备役训练师，是中国人民解放军组建预备役部队的初次尝试，虽然后来因影响生产撤销了，但摸索了一些组建预备役部队的经验，为 80 年代重新组建预备役部队提供了借鉴和经验。

1957 年 6 月 18 日，中央军委批准下发《关于改进兵役工作的指示》，指出：为了积蓄预备役兵员并便于平时管理教育和战时动员，解决平时养兵少、战时用兵多的矛盾，应将预备役工作与民兵工作合而为一，民兵即预备役。以复员军人为骨干，结合青年组织成基干民兵，其他不编入基干民兵的适合服预备役的公民则编为普通民兵。根据这一指示，从 1957 年底开始，全国各地组织民兵与预备役合编工作，至 1958 年底，合编工作完成。

十、中共中央决定加强台海军事斗争，反对美国侵略干涉政策，捍卫国家领土主权

抗美援朝战争结束后，美国加大对中国台湾侵略干涉力度。为谋求侵占中国台湾的合法化，谋求与台湾签订所谓军事协定和条约。为粉碎美国侵占中国台湾、干涉中国内政的行径，中共中央、中国政府、中央军委从国际战略全局筹谋，在联合国和国际社会揭露美国侵占中国台湾的阴谋和行径，开展积极的维护中国领土主权的政治外交和军事斗争。

（一）反对美台签订所谓《共同防御条约》

美国出于遏制中国政策和战略的需要，先后与西太平洋国家和地区

签订了《美日共同防御条约》（1953 年 3 月 8 日）、《美韩共同防御条约》（1953 年 10 月 1 日）、《东南亚集体防务条约》（1954 年 9 月）等所谓“共同防御条约”和协定，并在印度支那取代法国。这些条约连同 1951 年 8 月和 9 月签订的《美菲共同防御条约》《澳新美安全条约》等条约，使美国在西太平洋建立起日本—琉球—台湾—菲律宾—印度支那这样一条近海岛屿与半岛链条，形成遏制新中国的战略包围圈。美国由此取得了在西太平洋大部分岛国驻扎陆、海、空军的权利，使这些国家和地区成为美国的军事基地。

朝鲜战争时，美国借口出兵朝鲜翼侧受威胁，派第七舰队侵入台湾海峡，阻止中国大陆解放台湾。朝鲜战争结束后，美国需要寻求继续在台湾及海峡驻军的理由。只有签订正式的“共同防御条约”，才能长期占据中国台湾这个不沉的航空母舰。①

蒋介石对美国协防台湾问题十分热心，蒋介石的意图是，不仅要通过条约获得美国不间断的援助，而且要用条约拴住美国，阻止大陆解放台湾。1953 年 9 月，美国就与台湾当局签订了《军事协调谅解协定》。1954 年上半年，美台酝酿签订共同防御条约，双方高官多方接触和奔走。

中共中央领导人高度注视台海局势的发展变化，在 1954 年 3 月至 5 月美国国务卿、国防部长、总统特使频繁访台时，中共中央领导人高度警惕，运筹对台政治外交和军事斗争。7 月 16 日《人民日报》发表社论，就范佛里特赴台商讨共同防御条约一事，揭露美国侵略中国台湾的阴谋。

1954 年 4 月至 7 月的日内瓦会议，使朝鲜和印度支那恢复和平问题取得积极成果，台湾问题更加凸显出来，国际社会更加关注台湾问题和台海局势的发展。帝国主义阵营和反华势力开始在台湾问题上作文章，国际社会也存在着要求由联合国来解决台湾问题的舆论和趋向。1954 年 7 月 14 日，英国首相丘吉尔在英国议会下院讲话时就提出由联合国“托管”台湾的主张。

面对上述形势，中共中央认为：这种局势发展下去将对中国解放台

---

① 〔美〕卡尔·洛特·蓝钦：《蓝钦回忆录》，上海人民出版社 1976 年版，第 186 页。

湾极为不利，台湾问题拖下去，会给国际社会一种错觉，认为中国内战已经结束，中国已接受台湾与大陆的分离的现实。因此，有必要向国际社会重申中国解放台湾、统一国家的决心。1954 年 7 月，中国共产党和中国政府向全国人民再次提出解放台湾的任务。7 月 7 日，毛泽东在中共中央政治局扩大会议讲话中指出："现在美国同我们关系中的一个重要问题就是台湾问题，这个问题是个长时间的问题。我们要破坏美国跟台湾订条约的可能，还要想一些办法，并且要作宣传，我们要组织一些宣传，要大骂美国搞台湾，蒋介石继续卖国。另外，在外交方面要有一种适当的表示，比如在侨民问题上的接触，目的就是迫使美国跟台湾不要订条约。"① 为反对美国分裂中国的企图，中共中央决定突出解放台湾问题。7 月 23 日，毛泽东打电报给正从日内瓦回国途中的周恩来，指出："在朝鲜战争结束之后我们没有及时（约迟了半年时间）地向全国人民提出这个任务，没有及时地根据这个任务在军事方面、外交方面和宣传方面采取必要措施和进行有效的工作，这是不妥当的，如果我们现在还不提出这个任务，还不进行工作，那我们将犯一个严重的政治错误。"②

7 月 23 日，《人民日报》发表了《一定要解放台湾》的社论，严正指出台湾是中国领土，解放台湾是中国的内政，是中国人民解放战争的继续，任何国家无权干涉。揭露美国企图长期霸占中国领土台湾的图谋，严正声明中国的立场和解放台湾的决心。

7 月 29 日，周恩来在莫斯科向赫鲁晓夫、马林科夫等苏联领导人介绍中共中央对日内瓦会议后中国所面临的形势的估计以及拟采取的措施时，通报了中国准备提出解放台湾。周恩来说："最近一个时期美国与蒋介石正在商议订立美蒋共同防御条约"，不断增加对蒋介石的军事援助，"并且有把封锁我国的范围扩大到广东沿海及东京湾③地区的可能"。鉴于此，"现在我们面前仍然存在一个战争，即对台湾蒋介石匪帮之间的战

① 《毛泽东文集》第 6 卷，人民出版社 1999 年版，第 333—334 页。

② 裴坚章主编《中华人民共和国外交史》第 1 卷（1949—1956），世界知识出版社 1994 年版，第 337 页。

③ 东京湾：即北部湾，位于越南北部和中国雷州半岛、海南岛之间。

争，现在我们面前仍然存在一个任务，即解放台湾的任务”。①

根据中共中央的指示和决定，7 月 22 日，彭德怀主持召开军委专门会议，传达党中央和毛主席的指示，并责成作战部长张震拟制解放台湾军事斗争计划。8 月 11 日，中共中央发出通知：中央政治局于 8 月 9 日讨论通过对台军事斗争计划。22 日，全国政协和各党派团体也发表联合宣言，表明中国人民解放台湾的坚定决心。9 月 23 日，周恩来在第一届全国人大第一次会议上所作《政府工作报告》中指出：“美国的第七舰队仍然盘踞在台湾海峡。最近，美国政府扬言要以美国第七舰队来阻挠中国人民解放台湾。美国侵略集团正在策划同蒋介石卖国集团订立所谓‘共同安全双边条约’，同时，又在企图拼凑日本反动势力、南朝鲜李承晚集团和蒋介石卖国集团组织所谓‘东北亚防务联盟’，并把它同所谓‘东南亚防务集团’联结起来。美国侵略集团这一系列的阴谋活动，显然是同中国六万万人民为敌，是对亚洲人民和国际和平的挑衅。”

周恩来严正指出：“中华人民共和国屡次宣布：台湾是中国神圣不可侵犯的领土，决不容许美国侵占”，“解放台湾是中国的主权和内政，决不容许他国干涉。美国参加签订的《开罗宣言》和《波茨坦公告》都肯定台湾是中国的领土，这些庄严的国际协议，决不容许美国背信弃义地加以破坏。美国政府和盘踞台湾的蒋介石卖国集团，无论订立什么条约，都是非法的。在这里还必须指出，一切想把台湾交联合国托管，或者交中立国代管，以及‘中立化’台湾和制造所谓‘台湾独立国’的主张，都是企图割裂中国的领土，奴役台湾的中国人民，使美国侵占台湾的行为合法化。这都是中国人民绝对不能容许的。”②

根据中共中央、中央军委的部署和指示，人民解放军将军事斗争重点转移至东南沿海地区，主要军事建设和军事斗争行动围绕解放台湾加强东南沿海对国民党军的斗争组织实施。一方面积极展开解放沿海岛屿的作战行动，一方面加强东南沿海地区军事建设和海空军事力量，对国

---

① 《周恩来年谱（一八九八——一九七六）》上卷，中央文献出版社 1997 年版，第 405 页。

② 《周恩来军事文选》第 4 卷，人民出版社 1997 年版，第 354 页。

民党军开展积极的军事斗争。

在部署东南沿海军事斗争时，中共中央、中央军委特别考虑到解放东南沿海岛屿和开展海空斗争中美国可能介入的问题。1954 年 7 月 23 日，毛泽东在审查军委关于保卫领海主权及护航注意事项的指示稿时指出：我海空军巡逻公海护航时，对一切外国飞机军舰均不得攻击。只有在经查明确认是国民党军的飞机军舰向我护航目标有敌对行为时，则坚决攻击之。除护航外，经确实查明是国民党的军用机舰者，均坚决攻击之。强调目前我护航任务仅限于防止国民党军抢劫行为，对其他任何外国海空军，“一律不得采取攻击行动”。①

（二）“九三”炮击金门行动

遵照中共中央和中央军委的部署，1954 年 8 月后，在加强解放台湾的宣传同时，人民解放军积极开展军事斗争。8 月，人民解放军高炮第六十四、第六十五、第六十三师由朝鲜回国后先后进驻福建，同月，炮兵第九师奉命于 1954 年 8 月入闽。9 月 3 日，中共中央军委命令：由福建军区统一组织 9 个榴炮营和海军炮兵，在厦门地区集中优势炮火，对大、小金门岛上目标实施猛烈炮击。

1954 年 9 月 3 日和 22 日，人民解放军福建前线炮兵奉命对金门国民党军实施两次较大规模的惩罚性炮击。9 月 3 日下午 2 时，人民解放军海防炮兵以突然的猛烈炮火轰击大、小金门国民党军阵地，摧毁金门国民党军阵地碉堡、掩体和其他工事 6 个和 1 个连的阵地；大金门古宁头国民党军阵地遭严重破坏；停泊在金门港内的近 10 艘国民党军舰艇，仓皇向港外逃窜躲避。解放军以密集的炮火追击，击沉炮艇 1 艘，击伤驱逐舰、拖轮各 1 艘，摧毁大金门水头活动码头 1 个。

从 9 月 3 日人民解放军发起炮击金门战斗后，大陆与金门之间双方炮战持续不断。国民党军派飞机对福建沿海地区进行轰炸扫射，进行报复，人民解放军高射炮兵对临空敌机给予猛烈打击。

---

① 《毛泽东军事年谱（1927—1958）》，广西人民出版社 1994 年版，第 853 页。

为严厉惩罚实施报复轰炸的国民党军，9 月 22 日 17 时 15 分至 18 时 35 分，人民解放军再次以强大炮兵火力炮击大、小金门国民党军。国民党军炮兵企图以炮兵火力还击，但立即被人民解放军强大的炮兵火力所压制。

在国民党军袭击福建沿海的作战中，美国军舰曾多次掩护国民党军军舰的行动。

（三）实施解放一江山岛等沿海岛屿作战

在舆论上强烈谴责美蒋签订共同防御条约，并对金门实施炮击的同时，中共中央、中央军委决定继续实施解放沿海岛屿的计划。

从 1953 年 5 月开始，华东军区对浙东沿海国民党军占据的岛屿采取连续攻势行动：1953 年 5 月 29 日，实施解放浙东大、小鹿山，羊屿、鸡冠山四岛登陆作战，取得胜利；1954 年 5 月 11 日至 20 日，海军水面舰船、航空兵和陆军部队协同实施解放东矶列岛作战，击伤敌舰 5 艘，击落敌机 8 架，击伤敌机 5 架。在解放浙东沿海上述岛屿同时，1953 年 7 月，华东军区重新制定了解放闽浙岛屿和台湾的作战计划，并提出先取金门、马祖，而后解放浙东沿海岛屿，最后解放台湾。由于朝鲜停战协定即将签署，毛泽东决定暂缓实施解放金门计划。

12 月 10 日作战部长张震给军委领导彭德怀等写信提出："金门等于下围棋的一个死子，攻击主动权在我手中，只要我准备充分，任何时候都可发起攻击，在条件尚未充分具备时，以不过急发起战斗为好。""如军委决心攻占金门，就必须创造一些必要的条件，比如使华东海军能够全部参战，要有二线机场配备，还须南调 3 个军，使海陆空军的物资运输有足够保证等。若上述条件都具备的话，攻占金门也是完全可能的。"彭德怀和聂荣臻收阅此信后，转呈毛泽东主席。毛泽东于 12 月 19 日批示："此意见可注意。"①

1954 年 1 月，华东军区提出了陆、海、空三军联合攻打大陈岛的战役计划，获得中央军委批准。为实现中央军委解放浙江东部沿海岛屿的

① 《张震回忆录》上册，解放军出版社 2003 年版，第 493 页。

决心，华东军区参谋长张爱萍主持召开作战会议，决定先攻取一江山岛，再取大陈，而后相机攻取其他岛屿。7 月 11 日，中央军委批准了这一计划，指示由华东军区统一指挥陆、海、空军协同作战，攻占一江山岛，积极准备解放浙江沿海其他岛屿。

一江山岛位于台州湾，分南一江、北一江两岛，面积约 1.7 平方公里。该岛地势陡峻，岩石林立，间有断崖，易守难攻。踞守一江山岛的为国民党军“一江山地区司令部”，下辖突击第四大队等部 1100 余人。国民党守军的阵地配备以 4 个高地为核心，设置 3 道防御阵地和 4 道火力，构筑 154 个明暗地堡；阵地和地堡间有堑壕、交通壕相连，阵地前密布铁丝网和地雷，形成以永备和半永备工事为骨干的环形防御体系。

7 月下旬，华东军区确定参战部队为：陆军第二十军第六十师第一七八团全部和第一八〇团第二营、地面炮兵 1 个多团、高射炮兵 1 个多团、火箭炮兵 2 个营及喷火兵、工兵各一部，海军各型舰艇 180 余艘，空军航空兵 15 个大队又 1 个夜航中队、海军航空兵 7 个大队近 200 架飞机。8 月，华东军区浙东前线指挥部成立，由军区参谋长张爱萍任司令员兼政治委员（后被任命为副总参谋长，仍主持浙东前指工作），前线指挥部下设空军指挥所、海军指挥所、登陆指挥所，还成立了三军联合后方勤务部和政治工作组。中央军委批准华东军区一江山作战初步方案。

浙东前线指挥部组成后，即组织各参战部队加紧进行各项作战准备工作，包括动员教育，侦察敌情，拟制三军协同登陆作战计划，进行军种分训和三军合练，扩建机场，抢修舰艇，调集物资器材，组织通信、气象、测量等各项保障。地方党政机关大力支前，浙江省动员 3.3 万余名支前人员，征集 5900 副担架和一批海上救护船，上海市动员 110 名海员。上海修船厂对征用来的 108 艘小型登陆艇、2 艘步兵登陆艇和 1 艘中型登陆舰进行了突击抢修和改装，在渔船上安装上了喀秋莎火箭发射架，迅速修理了 4 艘护卫舰、10 艘大型登陆舰和 2 艘炮舰。①

---

① 参见中国人民解放军军史编写组编《中国人民解放军军史》第 5 卷，军事科学出版社 2011 年版，第 77 页。

12 月 2 日，美国政府和台湾当局签订共同防御条约。为表明中国政府和人民坚决反对这一侵略性、非法性条约的严正立场，华东军区浙东前指遵照中共中央、中央军委指示，在条约出笼前后（1954 年 11 月 1 日至 1955 年 1 月 10 日），按照一江山岛登陆作战第一阶段计划，从空中、海上对战场实行了封锁。空军和海军航空兵部队出动飞机 226 架次，轰炸大陈、一江山等岛军事目标和停泊舰艇，炸沉国民党军“中权”号坦克登陆舰，炸伤“太和”号护航驱逐舰等 4 艘舰艇；海军鱼雷艇部队击沉“太平”号护卫舰和“洞庭”号炮舰。两个多月的海空封锁作战，削弱了国民党守军的防御能力，迫使其舰艇白天不敢在大陈锚地停泊，飞机不敢飞抵大陈上空，人民解放军掌握了战场的制海权、制空权。

1955 年 1 月 18 日，人民解放军发起一江山岛登陆作战。8 时开始实施第一次火力准备。3 个轰炸机大队和 2 个强击机大队在歼击机掩护下飞临一江山岛上空猛烈轰炸扫射，同时，1 个轰炸机大队和 1 个强击机大队在大陈岛上空袭击“大陈防卫区司令部”、炮兵阵地和通信设施。一江山岛和大陈岛守军阵地混乱。9 时起，50 余门火炮对一江山岛进行射击。12 时许，登陆部队乘 70 余艘登陆艇从高岛、雀儿岙、头门山岛起航，在 40 余艘作战舰艇掩护下，分两批成三路防空队形向展开区驶去。14 时，船载的 10 门火箭炮和轰炸机 3 个大队又 1 个中队、强击机 2 个大队对守军阵地进行第二次火力准备。14 时 20 分，登陆部队在南江、北江两岛 20 多个登陆点实施登陆突击，迅速突破守军防御前沿阵地向纵深发展。由于地形限制和支撑点内守军的凭险顽抗，登陆部队战斗队形被割裂，伤亡增多。登陆部队随即采取灵活的小群战术，主动协同，勇猛穿插，逐点逐地进攻，以手榴弹、喷火器摧毁暗堡，并开展战场喊话及利用俘虏军官喊话。残存的守军见大势已去，纷纷缴械投降。17 时 50 分，浙东前线指挥部命令登岛部队清理战场并转入防御。此役，共毙俘国民党军 1086 人，登陆部队牺牲 393 人。

一江山岛解放后，浙东前线指挥部于 1 月 30 日下达准备攻占大陈岛的预令。2 月 5 日，台湾当局被迫将国民党军撤离以大陈岛为中心的台州列岛。至 2 月 25 日，在美国海空军掩护下，国民党军全部撤离。至此浙东沿海岛屿全部解放。

一江山岛战役，是人民解放军陆海空军首次联合登陆作战。解放一江山岛，改变了台湾海峡的斗争形势，初步取得了诸军种、兵种联合作战的经验。

（四）1958年炮击金门

1955年1月下旬，美国众、参两院通过了所谓“福摩萨决议案”，授权美国总统可以使用武力协防台湾及澎湖列岛；2月上旬，美国参议院表决通过《美台共同防御条约》；3月上旬，美台举行条约换文仪式，《美台共同防御条约》生效。1956年1月，《美台军事协定》签订，美国向台湾派驻“协防台湾司令”，不断扩建军事基地，增加驻台的海空军兵力。至1957年，美国在台湾设立9个空军基地、两个大型军用港口。1958年3月，美军将设在台湾的军事机构合并，成立了“美军驻台协防军援司令部”。驻台美军时常派出军舰、飞机在中国东南沿海一带进行侦察和巡逻。同时，美国继续给台湾国民党当局以大量军事和经济援助，每年援助台湾国民党军1.5亿至2亿美元的武器装备等军事物资，至1958年，共援助国民党军飞机多达1117架。美国以中国为敌的政策和侵略、干涉中国领土台湾的行径，助长了台湾国民党当局窜犯大陆的嚣张气焰，造成台湾海峡地区长期紧张的局势。台湾国民党当局积极加强金门等国民党军占领的沿海岛屿军事建设，企图将其建成“反攻大陆”的前进基地。至50年代中期，金门岛已构成坚固筑垒的防御体系。1958年初，金门设有防卫部，辖6个步兵师和特种兵部队共8.5万余人，约占台湾总作战兵力的三分之一。

1.1958年炮击金门决策。

依据台海局势的新变化，中共中央、中央军委一方面对原来制订的对台军事斗争计划作了调整，人民解放军加快海、空军建设步伐，特别是加紧东南沿海地区的军事建设。至1956年，修建和改建的一批机场竣工，1958年前后，陆续建设了海军基地工程和其他战备工程。另一方面，中国政府于1955年4月提出了通过国际谈判解决美国占据中国台湾的问题、通过国内谈判和平解决台湾问题的方针，并积极推动中美大使级会谈。但由于美国顽固坚持其分裂中国的政策，致使双方在解决台湾问题上未取得任何进展。美国既参加谈判又不让谈判取得成果的做法，使中国政府感到美国是在拖延时间，以求事实上将台湾海峡两岸分裂的状况永远固定下来。为避免台湾问题的永久化和固定化，中共中央决定加强对台军事斗争。

1957 年 12 月 18 日，毛泽东作出“考虑我空军 1958 年进入福建”的批示。1958 年 3 月 5 日，彭德怀在写给毛泽东的一封信中提出：我空军在七八月间开始行动，并且拟以空军歼击机 3～4 个师进入第一线机场，另以 1～2 个歼击师进入连城、崇安机场。以 1～2 个歼击师进入二线机场，掩护轰炸机师，准备在必要时轰炸金门、马祖。3 月 8 日，毛泽东批示：“进福建事，同意你的意见，照那样作准备；但最后实行进入，到那时再作决定。”4 月 27 日，福州军区司令员韩先楚、政治委员叶飞根据总参谋部的电示，上报了准备适当时候对金门实施大规模炮击封锁的作战方案。

正当人民解放军酝酿炮击封锁金门作战计划之机，中东危机爆发。1958 年 5 月 9 日，黎巴嫩人民举行反对亲美的夏蒙政府的武装起义。7 月 15 日，美国政府对中东事务进行武装干涉，派遣海军陆战队 5000 余名在黎巴嫩首都贝鲁特附近登陆。美国的侵略行径，不仅激起了中东人民反美斗争浪潮，也遭到中国等爱好和平国家的一致谴责。而台湾当局却在美国支持下企图趁火打劫，叫嚣“加速进行反攻大陆的准备”，并连续出动飞机对福建、广东沿海实施侦察，进行军事演习，金门岛上的国民党军不断炮击福建沿海村镇。美国政府公然下令驻远东地区美军进入戒备状态，美国海军参谋长扬言准备对中国大陆进行像在黎巴嫩那样的登陆。

针对国际形势和台海地区局势的发展变化，中共中央、中央军委立即作出加强东南沿海军事斗争的决定。7 月 17 日晚，中央军委根据毛泽东的指示，决定：空军和地面炮兵立即开始行动；空军转场入闽越快越好；地面炮兵和海岸炮兵的任务是封锁金门及其海上航运，利用一切时机打击国民党军的运输船只。7 月 18 日晚，毛泽东召集中央军委、总参谋部和空军、海军等单位领导人，部署东南沿海军事斗争任务。毛泽东指出，支持阿拉伯人民的反侵略斗争，不能仅限于道义上的支援，还要有实际行动的支援。打金门、马祖，惩罚国民党军，是中国的内政，敌人找不到借口，而对美帝国主义则有牵制作用。毛泽东还指示，以地面炮兵实施主要打击，准备打两三个月；以两个空军师于炮击同时或稍后，转场南下，分别进驻汕头、连城。

当晚，中央军委召开会议，彭德怀部署了炮击金门的具体事宜。19日，总参谋长粟裕召集海军、空军、炮兵及总参谋部有关部门领导人，研究炮击金门及海军、空军入闽的具体部署问题。空军、海军、福州军区等参战单位，迅速召开党委扩大会或作战会议，研究落实中央军委的指示，于当日向参战部队下达了作战命令。经中央军委批准，福州军区组成以叶飞为首的前线指挥所；空军由南京军区空军司令员聂凤智负责，以空军第一军为基础，从第五军抽调有作战经验的人员，组建福州军区空军指挥机关①；海军以东海舰队副司令员彭德清率领部分人员组成舰队前方指挥所，下辖云顶岩岸炮指挥所和东山、三都澳、镇海指挥所。

据此，中共中央、中央军委作出了加强东南沿海军事斗争的决策，指示空军和地面炮兵立即行动，空军转场入闽越快越好，地面炮兵和海岸炮兵封锁金门及其海上航道。

2. 炮击金门的实施。

遵照毛泽东和中共中央的决策，中央军委指示总参谋部下达命令，海军、空军、炮兵及福州军区迅即调动部队，调整部署。至8月中旬，福建前线部署了地面炮兵36个营、海岸炮兵6个连共450余门火炮，海军炮艇4个中队、鱼雷快艇3个大队、猎潜艇2个大队共90余艘舰艇，空军、海军航空兵共9个团又2个大队、1个中队共200余架飞机。

从7月29日至8月22日，入闽航空兵进行了4次空战，击落敌机4架，击伤5架，在8月14日的空战中，人民解放军空军第十六师第四十六团8架米格-17型飞机在平潭岛上空与国民党空军11架F-86型飞机遭

① 1958年7月24日国防部发布命令，组建福州军区空军领导机构，任命聂凤智为福州军区空军司令员。

遇。在兵力处于劣势、飞行高度不利的情况下，飞行员周春富猛插敌阵与国民党军11架飞机作战，一举击落F-86型飞机2架，击伤1架，在自己的战机中弹后跳伞落海。15日，毛泽东指示福州军区领导，一定要救起落水飞行员。但是，连续数日反复搜寻没能找到。为表彰周春富的英勇行为和战绩，空军为周春富追记一等功。人民解放军空军夺取了福建、粤东地区的制空权，有力保障了炮兵参战部队展开，为炮击金门作战行动创造了有利条件。

8月23日，人民解放军发起炮击金门作战。人民解放军福建前线部队对金门国民党军指挥机构、炮兵阵地、仓库等重要军事目标实施第一次大规模炮击，发射炮弹近3万发。守军炮兵还击，但很快被压制下去。此次炮击持续2个多小时，毙伤守军600余人，击伤大型货轮1艘。炮击战斗中，金门国民党军集中5个连的火力，向对其威胁较大的围头海岸炮兵第一五〇连猛烈射击。一发空炸榴弹片击中一门岸炮崖孔中的火药包，顿时，火炮被烈火吞没，瞄准手安业民在炽热的火焰中迅速转动炮身，使炮身旋归零位，但他自己被火焰吞没，海魂衫和皮肉烧焦粘在一起。大火扑灭了，安业民昏迷过去。当他被爆炸的炮弹声震醒后，又奋不顾身奔上炮位，忍着剧痛继续坚持战斗40余分钟，直至牺牲。安业民的壮烈行为和顽强精神极大地鼓舞了参战部队指战员，受到国家领导人和全国人民的赞扬。

24日，人民解放军炮兵和鱼雷快艇、护卫艇部队联合实施第二次大规模炮击，击沉、击伤敌大型运输舰各1艘。两次大规模炮击，金门岛基本被封锁。金门炮战发起后，美国向台海增兵，集结飞机450余架、舰艇70余艘。在这种形势下，中共中央、中央军委于9月3日决定，自9月4日起停止炮击3天，以观各方动态。4日，中华人民共和国政府发表关于12海里声明，指出：一切外国飞机和军用船舶未经中国政府许可，不得进入中国领海及其上空，任何外来干涉和进入，都是侵犯中国领土主权的行为。中共中央和毛泽东此意，一方面为警告美国，约束美军行动；一方面是看美国如何动作，如何介入台海问题并在金门、马祖防卫上介入多深。6日，周恩来发表声明，宣布中国政府“准备恢复中美两国大使级会谈”。

9 月 7 日，美国开始为国民党军向金门运输物资的军舰护航。9 月 8 日，人民解放军向金门实施第三次大规模炮击，炮击 5 个多小时，发射炮弹 2.17 万发，轰击金门重要军事目标和停泊在金门料罗湾的舰艇，击沉、击伤满载弹药、物资和人员的登陆舰各 1 艘，迫使护航的美国军舰仓皇撤至外海。

11 日，美国军舰再次掩护国民党军军舰向金门运送补给，14 时 57 分，人民解放军以 40 个营另 6 个连的火力，对金门实施第四次大规模炮击，炮击 3 个多小时，发射炮弹 2.5 万余发，摧毁岛上军事设施 10 余处，击伤运输机 1 架，正在料罗湾靠岸卸载的国民党军运输舰和护航的美国军舰慌忙逃离金门海域。

在金门被全面封锁，守军处于严重困境的情况下，台湾当局扬言要轰炸福建、江西，力图使美国与其共同作战，进而反攻大陆。美国政府则害怕越陷越深，于 9 月下旬提出台湾当局减少金、马驻军或撤出金、马，换取台海永久“停火”，企图制造“两个中国”“一中一台”。为粉碎美国这一阴谋，扩大美、台矛盾，中共中央军委和毛泽东主席于 10 月 5 日决定实行“打而不登，封而不死”的方针。6 日，中华人民共和国国防部部长彭德怀发表《告台湾同胞书》，宣布“以没有美国人护航为条件”暂停炮击 7 天，以观动静。13 日，彭德怀又宣布炮击再停两星期。

10 月 19 日，美国军舰又侵入金门海域，为国民党军运输舰护航。中共中央军委遂决定提前于 20 日恢复炮击，实施第五次大规模炮击，发射炮弹 8800 余发，击中国民党军运输舰 3 艘、大型货船 1 艘、运输机 1 架、阵地和观察所 10 余处。21 日，美国国务卿 J. F. 杜勒斯访台并继续玩弄“两个中国”的阴谋，与蒋介石签署联合公报。针对这一行动，福建前线部队遵照中央军委指示，于 10 月 31 日实行双日不打单日打。

11 月 3 日，为反对美国干涉中国内政政策，同时因得到蒋介石拒绝从金、马减少军队的口实，人民解放军福建前线部队向金门实施第六次大规模炮击，炮击前，向金门军民作了广播预告，打的目标是金门国民党军炮兵阵地，用意明显，即不把金门封死，让金门国民党军获得必要的补给，将金门留在蒋介石手中。1959 年 1 月 3 日，金门国民党军炮兵突然向大嶝岛滥施轰击，炸死托儿所儿童 31 人，炸伤 17 人。为惩罚其罪恶行径，福建前线炮兵于7日实施第七次大规模炮击，击中金门炮兵阵地12处、观察所15个。至此，福建前线部队共进行7次大规模炮击、数十次中小规模炮击、近千次零炮射击，并进行13次空战、3次海战，共毙伤国民党军7000余人，击落击伤飞机36架，击沉击伤舰船27艘，给予国民党军以有力惩罚。

1959年1月9日，中共中央军委决定“今后逢单日不一定都打炮”。此后福建前线部队炮击次数逐渐减少，只是在1960年6月17日、19日，即美国总统艾森豪威尔访问台湾前夕和离台时，进行了大规模的示威性炮击，发射炮弹数万发。由于精心观测和射击，弹着点都在滩头、水洼和阵地之间，未造成伤亡。1961年12月中旬起，遵照中央军委关于保持台湾海峡局势稳定，不主动打击金门国民党军的指示，福建前线部队只在单日以宣传弹进行射击。①

十一、平息西藏武装叛乱

（一）和平解放后西藏的形势

1951年和平解放西藏后，人民解放军驻藏部队认真执行中国共产党的民族宗教政策，坚决维护和执行《中央人民政府和西藏地方政府关于和平解放西藏办法的协议》（又称“十七条协议”），采取各种措施，积极发展西藏经济、文化事业，在西藏开办工厂、农（牧）场，兴修水利，兴办学校，为藏族人民送医治病，努力改善人民的生活，以极大的努力改善西藏的交通条件，加强了内地同西藏的联系。这些，不仅为西藏的经济发展创造了有利条件，而且对巩固边防，维护祖国统一，反对分裂，

① 1979年1月1日，中美两国建交，美国政府和台湾国民党当局的共同防御条约即告终止。同日，中国全国人民代表大会常务委员会发表《告台湾同胞书》，宣布争取和平统一祖国的方针。国防部长徐向前发表《关于停止炮击大、小金门等岛屿的声明》。福建前线部队对金门的炮击即告停止。

有着十分重要的意义。

中央人民政府考虑到西藏的历史和现实的特殊情况，对西藏社会制度的改革采取十分慎重的态度。1957 年 1 月，国务院总理周恩来向达赖、班禅及随行的西藏地方政府主要官员转交毛泽东主席的信，传达中央的决定：在第二个五年计划期间（1958—1962 年）不搞改革，过六年之后是否改革，仍然由西藏根据那时的情况和条件决定。

然而，西藏上层统治集团中的一些人从根本上反对改革，企图永远保持农奴制。他们蓄意违背“十七条协议”，进行分裂祖国的活动。1952 年三四月间，西藏地方政府的司曹①鲁康娃·才旺绕登和本珠仓·洛桑扎西暗中支持非法组织“人民会议”在拉萨闹事，提出修改“十七条协议”，叫喊人民解放军“撤出西藏”。1955 年，西藏地方政府噶伦②索康·旺清格勒等在当时的西康省藏区秘密策划煽动武装叛乱。1956 年 7 月下旬，昌都地区江达宗③解放委员会主任、江达地区头人齐美公布参加西藏自治区筹委会成立大会回昌都不久，就策动昌都地区的叛乱。叛乱分子在川藏公路进行洗劫活动，并多次袭击解放军部队驻地。8 月 5 日，进藏工作的国家地质勘测队遭伏击，4 人牺牲，5 人受伤。8 月 13 日，解放军的汽车运输队在江达以西遭袭击，牺牲 1 人，受伤 2 人。11 月 25 日，守卫澜沧江竹卡溜索桥的解放军分队遭袭击，该分队副连长以下 21 人牺牲。

1957 年秋，西藏上层反动分子伙同四川、青海等地叛首在拉萨拼凑成立了所谓“四水六岗④卫教军”的叛乱组织，喊出了“西藏独立”的口号。1958 年 9 月 17 日，山南地区的 700 多名叛乱分子，伏击西藏军区去日喀则执行体检任务的医护人员和汽车，杀害了车上的 16 名医护人员。10 月，又有 700 多人的叛乱武装，向山南泽当的守备分队和机关发起攻

---

① 司曹，西藏地方政府所设官名。

② 噶伦，西藏地方政府主管地方事务的官名，共设 4 至 5 名。

③ 宗，是原西藏地方政府相当于县一级的行政区划。

④ 四水六岗：“四水”指黄河、长江、澜沧江、怒江；“六岗”即察娃岗、芒康岗、麻则岗、木雅岗、色波岗、波贡岗。“四水六岗”是古代藏文典籍中对青康地区的总称，叛乱分子借用此词，其意在鼓动全体康巴人、安多人起来反对汉人，进行分裂祖国活动。

击，围困驻军和藏汉干部 74 天，后被击退。12 月 18 日，叛乱分子在贡嘎伏击解放军车队，杀害解放军营长和分工委部长等 37 人，击伤 22 人，汽车被毁 7 辆。19 日，叛乱分子在扎囊杀害执勤的解放军副团长以下官兵 96 人，击伤 13 人，汽车被毁 2 辆。武装叛乱分子袭击解放军机关和驻军的事件屡屡发生，规模也越来越大。1959 年 1 月下旬，叛乱分子 3000 多人围攻丁青县委及驻军，时间长达 90 天。由于西藏地域广阔，人民解放军进藏部队数量有限，还主要担负着保卫祖国边防和筑路等任务，有些县委机关工作人员仅几十人或十几人，武装叛乱分子凭人多枪多，袭击活动越来越猖獗，一些地区的工作干部被迫撤离。叛乱武装不仅袭击杀害解放军和工作干部，而且对进步的僧俗群众也大开杀戒。他们每到一地，打家劫舍，奸淫妇女，无恶不作。随着叛乱的升级和扩大，叛乱分子的气焰越来越嚣张。

西藏的叛乱分裂活动，一开始就受到国外反华势力的支持。从 1957 年开始，美国中央情报局为西藏分裂集团在美国训练识图、收发报、射击和跳伞人员，在科罗拉多州海尔营地分批训练“康巴游击队员”达 170 余人。1958 年 5 月，美国即在哲古地区空投一批武器弹药给叛乱分子，计轻机枪 20 挺、迫击炮 2 门、步枪 100 支、手榴弹 600 枚、炮弹 600 发、子弹近 4 万发。此外，美国还由陆路偷运大批弹药供给西藏山南叛乱武装。①

西藏地方上层反动分子对中央政府采取阳奉阴违的态度，暗中勾结国外势力，积极扩充藏军，策划叛国活动。经过策划和准备，公然于 3 月 10 日发动了全面武装叛乱。1959 年 3 月 10 日，他们散布达赖喇嘛到西藏军区机关驻地观看文艺演出有生命危险的谣言，煽动一些不明真相的人阻拦达赖喇嘛前往，唆使叛乱分子打伤西藏军区副司令员桑颇·才旺仁增，杀害西藏自治区筹备委员会委员、爱国人士堪穷·索郎降措。叛乱分子 2000 多人在达赖喇嘛的夏宫罗布林卡集中，高喊“西藏独立”，宣称“同中央决裂，为争取西藏独立而干到底”。他们组织 7000 多名叛乱武装在药王山（拉萨市制高点）、罗布林卡、布达拉宫及市郊各要点构

---

① 《西藏的主权归属与人权状况》，参见《人民日报》1992 年 9 月 23 日。

筑工事，包围中央人民政府驻西藏代表机构和西藏军区机关，并于 17 日对其进行射击；19 日，叛乱武装袭击前往拉萨河渡口执勤的人民解放军分队；20 日凌晨向中央人民政府驻拉萨代表机构和当地驻军发起攻击。

（二）人民解放军迅速平叛

鉴于西藏地方政府中上层反动集团的分裂行径和叛乱活动已发展到十分严重的地步，中共中央、中央人民政府为维护国家统一和民族团结，作出“彻底平息叛乱，充分发动群众，实行民主改革”的决定。西藏军区部队在司令员张国华、政治委员谭冠三指挥下，坚决执行中共中央、中央人民政府和中央军委的平叛命令和方针政策，在西藏广大爱国僧俗人民的支援下，迅速投入平叛作战。

3 月 20 日上午，西藏军区部队开始对拉萨叛乱武装实施反击，首先向药王山发起攻击，而后达成对罗布林卡的合围，19 时 30 分攻占叛乱指挥部所在地罗布林卡。20 日，对据守大昭寺、小昭寺、恩珠仓宅等市内叛乱武装达成包围，逐一清剿。22 日 9 时，在平叛部队的军事压力和政治攻势下，被包围的布达拉宫和大昭寺内的叛乱武装缴械投降。至此，在拉萨的叛乱被平息。4 月，平叛部队兵分五路奔袭和清剿盘踞在山南地区的叛乱武装，迅速控制了整个山南地区，摧毁了叛乱武装的基地。5 月，西藏军区组织兵力对藏北公路以西地区展开进剿，将叛匪压缩合围在纳木湖地区，经战斗，肃清了班戈湖、申扎和黑河之间地区成股叛乱武装。8 月至 9 月，西藏军区平叛部队以 2 个师的兵力，几十路多层包抄、封锁通外通道，肃清了麦地卡地区的叛乱武装。4 月至 12 月，成都军区入藏区平叛部队经 8 个月艰苦作战，进行 800 余次大小战斗，消灭了昌都地区的叛乱武装。与此同时，兰州军区组织甘南、海南、果洛、玉树 4 个指挥部，使用 28 个步兵团和骑兵团兵力，至 1959 年底，歼灭了流窜于青海藏区的成股叛乱武装。

从 1960 年 2 月中旬起，平叛部队西藏军区和兰州军区集中主要兵力，展开对西藏边沿地区包括流窜于青海藏区等地区武装叛匪的清剿作战。在叛匪集中的恩达、丁青、嘉黎、扎木之间地区，黑河、巴青之间地区，申扎、萨噶、定日之间地区，宁静、三岩地区和阿里地区，先后组织 6 次进剿作战，抓获一批国外空投进来的特务，歼灭叛乱武装 2 万余人。到 1961 年底，整个西藏平叛作战胜利结束。

西藏平叛作战中，为了保证供应和考虑到经济建设、边防建设的需要，平叛部队一面打仗，一面修路，前面打仗，后面修路，仅 1959 年一年就修建公路 4392 公里，对保证部队供应和部队机动起了很大作用。平叛作战中，空军共动用飞机 168 架（4 年累计），执行航空侦察、空投、空运和突击等任务，经受了在世界屋脊上“空中飞行禁区”的考验，共战斗出动 1359 架次，空投物资 1700 余吨，空运人员 12328 人次，出色地完成了任务。

人民解放军在平叛作战中，认真执行中共中央、中央军委提出的“军事打击、政治争取、发动群众相结合”的平叛方针，把军事斗争、政治争取和发动群众结合起来，对投降的叛乱分子一律实行不杀、不关、不斗、不判的“四不”政策。对被胁迫的群众，争取他们脱离反动组织。对寺庙一律加以保护，爱护寺庙的一切文物，不拿群众一针一线，缴获归公。人民解放军的政策和行动，促使叛乱集团内部分化。深入的群众工作，使平叛斗争得到广大僧俗人士的热烈拥护。各地群众主动配合人民解放军平息叛乱，纷纷组织自卫队、联防队，为解放军带路、修路、送信、烧茶、护理伤员，用自己的牦牛、马匹为解放军运送弹药。叛乱分子在西藏人民群众中陷于孤立。在整个平叛作战中，西藏各族人民随军支前民工达 1.58 万人次，支援畜力 10.4 万余头（匹）次。

在平叛中，西藏广大农奴和西藏进步爱国人士强烈要求民主改革。西藏工委和人民解放军在平叛斗争中，贯彻中共中央“边平边改”的方针。1959 年 4 月初，西藏工委从党政军机关抽调得力干部 120 余人，组织 12 个工作队，进入山南 12 个宗，配合部队开展工作。西藏军区共抽调 1000 多名干部（包括 100 余名营以上干部）进入山南、塔工、江孜、昌都等地进行民主改革，积极宣传党的方针、政策。通过平叛和民主改革，消灭和瓦解了分裂势力的军事武装和政治组织，彻底摧毁了西藏千百年来政教合一的封建农奴制度，使西藏进入人民当家作主的社会主义社会。

第五章
贯彻“以我为主”方针和备战整军

20 世纪 50 年代末和 60 年代初期，中国共产党在指导思想上逐步向“左”的方向发展。受“左”的指导思想影响，军队建设同国家建设一样，出现了偏差和失误。同时，中共中央、中央军委提出“以我为主”建设现代化革命军队的方针，积极探索自己的建设现代化革命军队的道路，并取得了一定的成绩。在这一阶段，国家安全形势逐步趋向紧张：美国在越南发动特种战争，苏联在中苏关系深度恶化后在边境对我国军事压力不断增大，台湾当局叫嚣“反攻大陆”，印度决意以武力实现对中国的领土要求，国际上出现一股较强的反华恶浪。中共中央根据国际、国内形势和国家安全形势的发展，提出“落实积极防御战略方针”，指导全军进行反侵略战争特别是防敌突然袭击准备，进行“备战整军”，实施了保卫国家领土主权和国家安全的作战行动。

一、军队建设受到“左”的思想影响和“以我为主”方针的确立

1957 年至 1959 年，全国相继开展了反右派斗争、“大跃进”运动和全党范围的“反右倾”斗争。这些“左”的错误，使党的思想政治建设和国家经济建设受到严重影响。军队落实中共中央的指示，同全党、全国人民一样，积极参加和开展这些运动，并把“左”的指导思想贯彻到了军队建设中，在军队开展了反教条主义斗争和批判“资产阶级军事路

线”斗争，军队建设受到一定损失。为探索自己的建设现代化道路，毛泽东提出并确立了“以我为主”的方针。

（一）错误开展反教条主义斗争

1958 年 3 月，中共中央在成都召开中央有关部门负责人和各省、市、自治区党委第一书记参加的工作会议。毛泽东在会上说：“全国解放后，一九五〇年至一九五七年，在经济工作和文教工作中产生了教条主义，军事工作中搬了一部分教条，但基本原则坚持了，还不能说是教条主义。”[①] 毛泽东提出要“破除迷信，解放思想”，强调学习要和独创相结合，批评过去经济工作的教条主义，认为其是在外国经验压力下，不能独立思想，没有吸取王明教条主义的教训。在毛泽东号召下，各地区、各部门争相提出“跃进”计划。毛泽东认为军队落后于形势，落后于地方，建议军委召开一次整风会。

根据毛泽东的意见，彭德怀同周恩来、邓小平商定：召开中央军委扩大会议，用整风方式，讨论军事建设中的重要问题，统一认识，理顺工作关系，改变军队冷清落后的状况。此时，总部主管军事训练的部门和一些院校，由于对学苏军中有无教条主义和如何开展反教条主义问题存在不同的认识和分歧，正进行着一场争论。林彪向毛泽东报建议：在即将召开的军委扩大会议上，以反教条主义为主题，得到毛泽东同意。

27 日，军委扩大会议开幕。参加会议的人员主要是军委、总部、各军区、各军兵种领导，共 365 人。彭德怀在开幕式讲话中宣布了会议的任务。他说，根据中央的指示，这次会议主要议题是整风和整编，解决建军原则、建军方针、战略方针问题。会议采取大鸣大放、大争大辩的方法，要把所有的意见都说出来，讲错了可以收回，不扣帽子，不追究责任，主要是弄清是非，接受经验教训。

5 月 27 日至 6 月 7 日，会议的内容没有集中到反教条主义问题上。

---

① 毛泽东：《在成都会议上的讲话》，《毛泽东文集》第 7 卷，中央文献出版社 1999 年版，第 368 页。

但在讨论和总结过去几年工作时，一些人在发言中，点名批评萧克、李达、陈伯钧、宋时轮等主管训练和院校工作的领导同志存在着严重的“教条主义”。还有人提到，八年来的军队建设中存在着一条“和中央军委的路线相违背的、教条主义的、军阀主义、违背人民战争、人民军队建设原则的建军路线”，这“实质上，是资产阶级和无产阶级、资本主义和社会主义、资产阶级军队和无产阶级军队建设原则的斗争在军内党内的反映”，“上述资产阶级建军思想、建军路线，是以萧克同志为代表的”。①

6 月 7 日，大会举行第二次全体会议。会上，黄克诚传达了毛泽东对如何开好此次会议的指示和邓小平的意见，会议号召全体与会人员，彻底解放思想，打破顾虑，敢想、敢说、敢于明辨是非，以反教条主义为纲，针对军委及总部各部的领导，通过小组会、大会、大字报、小字报等形式，把存在的问题摆出来，大鸣大放，大争大辩，把会开好，以达到增强团结、总结经验、改进工作的目的。

会议由此转向，反教条主义成为会议的主题。根据毛泽东的指示，于 6 月 9 日发出扩大会议范围的通知，吸收全军军以上单位和部分师级单位领导参加，人员增至 1440 余人（其中列席会议 438 人）。6 月 20 日下午，召开全体大会，会议骤然升温，批判的矛头直指军委总部主管训练的有关领导和一些院校领导。受批判和指责的领导干部在会上作了多次检讨。

毛泽东于 6 月 21 日、23 日和 29 日先后在大会和小组长座谈会上作了三次讲话。在 21 日的讲话中，毛泽东首先肯定“八年来基本上搞得好”，没有错的，但是工作有很大缺点。在 29 日第二次小组长座谈会上，毛泽东比较集中地谈了军事学院和训练总监部的问题，批评犯了“教条主义”错误。会议由此进一步升温，批判言辞更为激烈，有的发言甚至说一些同志想用资产阶级面貌改造军队。继刘伯承、萧克之后，李达、粟裕等人也相继被点名批判。7 月 19 日，彭德怀作了会议总结。

7 月 22 日，大会通过了《中共中央军事委员会扩大会议决议（草

① 转引自《当代中国》丛书编辑部：《中国人民解放军》上册，当代中国出版社 1994 年版，第 167 页。

案）》，在肯定八年来建设成绩的同时，确认：“在某些部门和某些单位，主要是训练总监部和一些院校，教条主义倾向直到最近仍然占着统治地位”，要求“军队各级党委和各级政治工作机关，目前要集中力量在我军工作的各方面克服错误的军事路线的影响”。

这次军委扩大会议，还通过检查八年来军队建设各项工作，讨论了军队和国防建设若干重大问题，要求全军根据战略方针和作战指导原则，加快制定作战方案，对战场准备、后备力量、军工生产、武器装备、干部培养等方面进行全面规划和计划，并对这些工作提出指导性意见。会议还重申“军队平时的中心工作就是训练”的思想，提出要办好院校，加快干部培养，加强军事科学研究，注意改善领导方法和工作方法，加强政治思想工作，等等。由于会议的主题转为反教条主义斗争，因而对上述问题的讨论受到较大冲击。

军委扩大会议后，全军迅速展开反教条主义和反“单纯军事观点”的教育。同时，对受批判的领导干部作了组织调整。会后不久，萧克被免去国防部副部长、训练总监部部长职务，李达被免去国防部副部长、训练总监部副部长职务，刘伯承被免去高等军事学院院长兼政治委员职务，粟裕被免去总参谋长职务。10 月 12 日，国家主席毛泽东任命黄克诚任中国人民解放军总参谋长；11 月 17 日，中央军委任命叶剑英兼任高等军事学院院长。

这次反教条主义斗争是错误的。会议完全背离了实事求是的原则，把学习苏军过程中难以避免的并已经基本纠正的一些偏差和军队管理、军事训练、院校教育中出现的一些缺点，夸大为严重的“教条主义”；把严格管理、按科学规律办事等一些正确的东西，说成是“单纯军事观点”；把一时局部出现的偏差，夸大为全军性错误；把本属于工作上、思想认识上的分歧，夸大为两条军事路线的斗争，因而对军队建设产生了消极影响。此后，人民军队正规化建设不提了，一些行之有效的规章制度和条令条例处于不被重视以至被废弛的状态，刚刚起步的正规化建设受到挫折；自觉不自觉地排斥外国有益的东西，使军队在一个很长时期内忽视对外军经验的研究和汲取；采用过火的批判斗争方法，无限上纲、上挂下联、搞大批判等“左”的做法，伤害了一大批同志；一些负责军事训练和院校工作的同志受到过火的批判和斗争，有的受到错误处理。反教条主义斗争对军队建设造成的损害，教训是深刻的。

（二）“反右倾”斗争和批判“资产阶级军事路线”

1959年7月2日至8月1日，中共中央在庐山召开政治局扩大会议(即庐山会议)。庐山会议错误地对在会议期间，向“大跃进”“浮夸风”提出尖锐批评意见的彭德怀及支持彭德怀意见的同志进行批判，把会议由反“左”转向“反右倾”斗争。会议认定彭德怀、黄克诚、张闻天、周小舟组成“反党集团”，犯了“具有反党、反人民、反社会主义性质的右倾机会主义路线的错误”，确定把彭德怀、黄克诚、张闻天、周小舟调离原工作岗位。

庐山会议后，中央军委于8月18日至9月12日由林彪主持在北京召开扩大会议。会议继续揭发批判彭德怀、黄克诚的所谓“反党罪行”，并清查所谓“军事俱乐部”，号召肃清其流毒和影响。会议认定彭德怀是“反党反毛主席的篡党篡军的野心家”，在党的历史上出现错误路线时都是跟着走的，大部分时间是反对毛泽东的。会议还追查彭德怀所谓“里通外国”问题，说彭德怀是“教条主义”的总根子，是“高岗反党集团的漏网分子、重要成员”。9月12日，会议通过《中共中央军事委员会扩大会议决议》，提出要“彻底肃清彭、黄在军队中所散布的毒素和恶劣影响”。

9月17日，第二届全国人民代表大会常务委员会第九次会议作出决定，任命林彪兼任国防部部长，免去彭德怀的国防部部长职务，任命罗瑞卿副总理兼任解放军总参谋长，免去黄克诚的解放军总参谋长职务。9月26日，中央军委发出《关于军委组成人员的通知》：调整了中央军事委员会成员，中共中央军事委员会主席为毛泽东，副主席为林彪、贺龙、聂荣臻①；军委常委为毛泽东、林彪、贺龙、聂荣臻、朱德、刘伯承、陈

---

① 1966年1月8日，中共中央决定增加陈毅、刘伯承、徐向前、叶剑英为中共中央军事委员会副主席。

毅、邓小平、罗荣桓、徐向前、叶剑英、罗瑞卿、谭政；军委秘书长为罗瑞卿，副秘书长为苏振华、萧向荣，军委日常工作由林彪主持。10月20日，中央军委发出通知，中共中央批准在军委常委之下设立由罗瑞卿、谭政、杨成武、萧华、邱会作、萧向荣①等6人组成的办公会议，负责处理中央军委日常事务。同时，增补萧华为中央军委副秘书长。

军委扩大会议后，全军迅速开展“反右倾机会主义”斗争的整风运动，系统地揭露和批判所谓彭德怀、黄克诚反党集团的错误。在“教育和争取大量具有右倾思想、在大风大浪中立场摇摆的中间状态的人”同时，进而向本单位的“右倾机会主义分子”展开斗争。一批干部受到错误批判和处理。1959年11月27日，中共中央批转总政治部《关于划分右倾机会主义分子的标准和处理办法》。全军划出“右倾机会主义分子”1848人，其中团以上干部195人，还有许多人被划为“中右”“二类”“三类”人员，作为运动的重点教育和批判对象，并受到不同程度的组织处理。这场运动持续了半年多。

1962年10月总政治部曾发出《关于反右倾整风运动中因错斗错划而作离队处理的干部的处理办法》，给“反右倾”运动中受到错误处理的一些同志分别平反。但在当时“左”的错误的历史条件下，不可能对所有遭错误批判错划的人进行实事求是的改正。②

（三）1960年9月中央军委扩大会议和关于加强军队政治思想工作的决议

1959年9月林彪主持中央军委日常工作后，提出并大力推行“左”

---

① 1960年5月，中央军委办公会议增补张爱萍为成员。

② 1980年2月5日，国务院、中央军委转发总政治部《关于贯彻执行中央对被定为右倾机会主义分子的平反、改正问题的通知的补充规定》。《规定》指出：“1959年以来反右倾斗争中，因反映实际情况或在党内提出不同意见，被定为右倾机会主义分子、右倾机会主义错误（包括‘二类’‘三类’分子）或戴上其他政治帽子，过去平反、改正不彻底，或者至今没有平反、改正或者平反后又重新定性处理的，均应予复查，作出平反、改正结论。”经过复查，全军被定为右倾机会主义分子、右倾机会主义错误和戴上各种政治帽子的达1.72万余人，都先后予以平反。

的一套。从 1959 年 10 月至 1960 年上半年，林彪在讲话和署名文章中，大讲“政治挂帅”，鼓吹阶级斗争，同时不断提出对毛泽东个人崇拜的口号和主张。对林彪鼓吹和主张的“左”的一套，中央军委有的领导和时任总政治部主任谭政等没有随声应和，这引起林彪的不满，指责说“政治工作方向发生了严重偏差”。为了排除阻力，林彪提出召开军委扩大会议，专门讨论政治思想工作问题。

1960 年 9 月 12 日，中央军委召开常委扩大会议。林彪在会上发表长篇讲话，在指责政治工作“方向有些偏”的同时，提出所谓“四个关系”和“四个第一”的理论，即：在人和武器的关系上，人的因素第一；各种工作和政治工作的关系上，政治工作第一；在政治工作中，思想工作和事务性工作的关系上，思想工作第一；在思想工作中，书本思想和活的思想的关系上，活的思想第一。林彪说“这是我军政治思想工作的方向，也是整个军队建设的方向”。

9 月 14 日，中央军委扩大会议正式召开。会议讨论了预防修正主义问题、军队组织编制和装备八年规划议题。会议开始不久就转向政治思想工作问题这一中心议题。林彪按照对政治工作“纠偏”的意图，引导会议把矛头指向总政治部主任谭政和其他一些领导人，指责谭政同彭德怀、黄克诚的“错误路线”长期“和平共处”，对上级的指示不传达、不布置，“缺乏干劲，缺乏朝气，缺乏热情”，谭政要对政治工作的“严重偏差”“负主要责任”，说谭政在总政治部内“有个圈子”。在林彪的压力下，谭政和总政治部一些领导人在会上作了多次检讨。会议经过 30 余天的揭发和批判，10 月 20 日，作出《中共中央军委扩大会议关于谭政同志错误的决议》和《关于加强军队政治思想工作的决议》。军委扩大会议后，总政治部党委召开扩大会议，继续揭发批判谭政等人，诬陷谭政和总政治部其他有关领导结成“反党宗派集团”。接着，谭政的军委委员和总政治部主任职务被撤销，总政治部一些领导干部受到株连。1961 年 1 月，罗荣桓再次担任总政治部主任。

对于《关于加强军队政治思想工作的决议》（以下简称《决议》），许多军队领导人发表了很好的意见，毛泽东亲自对《决议》作了修改。

1960 年 12 月 21 日中共中央和毛泽东作出批示，将《决议》转发全国地委以上机关。

《决议》包括前言（即总纲）和 14 个问题，共 2.3 万余字。《决议》中有许多正确的、积极的内容。它肯定了中华人民共和国成立 11 年来军队政治工作的成绩，总结了一些有益的经验。《决议》肯定“古田会议决议所建立起来的我军政治工作的光荣传统，是永放光芒的”，认为 1944 年经毛泽东亲自主持写成的《在西北局高干会议上关于军队政治工作问题的报告》，继承了古田会议的光荣传统，是对人民解放军政治工作的全面总结。《决议》强调要坚持党对军队的绝对领导，肯定“政治工作是我军的生命线”，重申在政治工作中要贯彻群众路线，发扬三大民主和官兵一致、军民一致的光荣传统；强调必须加强思想工作，认真进行思想教育，坚决反对各种不良倾向。《决议》认为，“连队是执行战斗、训练和一切工作任务的基层单位，政治工作必须扎根于连队。加强连队工作的根本问题，就是要发挥连队党支部的核心领导和战斗堡垒作用。”《决议》还就建立一支又红又专的干部队伍，加强军事技术、业务和科学研究中的政治思想工作，保证最大限度地发挥技术装备的作用，积极参加国家社会主义建设和做好民兵工作，如何做一个合格的政治指导员，加强党委对部队政治思想的领导等问题，提出了具体要求及实施的办法。

但是，由于这个决议是在党内、军内“左”的错误继续发展的历史条件下形成的，是在林彪主持军委工作，推行“左”的一套东西，并错误地批判谭政、纠正所谓“政治工作方向偏差”的基础上产生的，因此，《决议》从指导思想到主要观点，都有许多“左”的东西，有的是重大原则错误。如把阶级斗争作为国内社会的主要矛盾，把反对“政治上右倾”作为主要任务，把开展政治运动、抓“活的思想”、搞“大鸣大放大争辩大字报”作为思想政治教育的主要方法。特别是由于林彪在会上极力推行“四个第一”，把它说成是“我军政治工作的方向，也是整个军队建设的方向。在新的历史时期中，我们更应当紧紧掌握这个方向”，从而把“四个第一”作为了整个军队建设的指导思想。《决议》的贯彻执行，一方面对军队建设产生了积极推动作用，另一方面也产生了许多消极后果。

（四）“以我为主”方针的确立

在批判教条主义的同时，会议和毛泽东提出“以我为主”的军队建设指导方针。毛泽东强调：“小米加步枪”的经验还是重要的，把“小米加步枪”的经验否定了是错误的。对苏联的经验要有选择地学。“应该主要讲自己的，另外参考人家的”，“人民解放军搞现代化，搞洋办法，也应该搞点土办法，例如民兵是土办法，土办法发展以后，也可以变成洋办法。‘小米加步枪’同现代化可以结合起来”。“我们打败了蒋介石、日本帝国主义、美帝国主义，有丰富的战争经验，比苏联多，把自己经验看得那么不值钱是不对的。要‘以我为主’，学习别人的先进经验，同时还要研究敌情、友情，过去我们就是研究敌、我、友情况的。”

“以我为主”方针强调以总结和发扬我军经验为主，指导军队革命化、现代化、正规化建设。核心内容是坚持毛泽东军事思想，强调在军队建设和未来作战中，要总结和发扬人民解放军几十年建军、作战经验；考虑中国国情、民族特色和地理特点；有选择地学习外军先进有益经验，并与自己实际相结合。这一方针，是中共中央、中央军委对新中国成立后人民解放军建设实践反思的结果，标志着对新的历史条件下如何加强军队建设认识上的深化。贯彻这一方针，对人民解放军的建设起了积极的作用。

但是，“以我为主”方针又是在中国共产党“左”的错误开始滋长、全军错误开展反教条主义斗争中提出来的，因而在具体贯彻执行过程中，难免矫枉过正，产生过分强调我军经验，而忽视学习借鉴外军经验的偏差。

二、总结建军作战经验，探索自己的建设现代化、正规化军队道路

贯彻“以我为主”方针，人民解放军在中共中央、中央军委指导下，

从总结人民解放军建军、作战经验入手，对军事工作、政治工作、后勤工作等，进行了大胆实践和探索，在许多方面有所创新和发展。

（一）开展学习毛泽东军事思想活动，总结建军、作战经验

1958 年中央军委扩大会议指出："毛泽东同志的军事著作，是马克思列宁主义理论和中国革命战争实践紧密结合的光辉范例。它不仅是我军三十年来建军和作战经验的结晶，而且是马克思主义军事学说的一个重要组成部分。""必须认真学习毛泽东同志的军事著作，坚决以毛泽东同志的军事思想作为今后我军建设和作战的指针。"① 从 1959 年开始，全军展开学习毛泽东军事著作活动。

在学习毛泽东军事著作的同时，全军开始总结研究人民解放军建军、作战经验。全军恢复和加强战史编写机构，建立了第一、第二、第四方面军战史编辑委员会。各军区组成战史编写队伍，展开编写人民解放军各个革命战争时期的战史工作。各军区、军种、兵种及各类院校，根据训练、教学等需要，编写了多种战例选编。

1958 年 3 月军事科学院成立后。中央军委把"学习研究毛泽东同志的军事著作，由近而远地系统地总结人民解放军建军经验和战争经验，编写人民解放军的军史、战史"作为主要任务之一，并成立了战史研究部。1959 年初，根据叶剑英的建议，中央军委批准各军区、各军兵种分别成立科学研究部（或在司令部下设军事科学研究处或室），各院校下设研究室（处或科），省军区和野战军作训处设科学研究科，各作战师作训科设 1～3 名专职科研参谋。

1961 年 3 月，中央军委发出《动员全军中将以上干部总结自己经验的紧急指示》，要求全军中将以上（少将自愿）干部，把自己几十年的实战经验写出一篇经验总结。全军高级领导干部积极响应，撰写各类经验文章数百篇。有关部门将这些经验文章按军事、政治、后勤工作等分类，编辑了 20 余册《经验总结汇集》，下发部队学习。

---

① 《彭德怀在军委扩大会议上的总结》，1958 年 7 月 19 日。

通过学习毛泽东军事著作活动和总结人民解放军建军、作战经验，进一步确立了毛泽东军事思想在国防和军队建设中的指导地位。充分认识到毛泽东军事思想是中国共产党和人民军队老一辈革命家、军事家集体智慧的结晶，是吸收古今中外优秀军事遗产，结合中国的实际，经过30多年的战争和建军实践而创建和发展起来的，反映了中国革命战争和国防、军队建设的客观规律。全军初步系统地总结了人民解放军几十年形成的一系列建军作战原则，为研究现代条件下的人民战争和战略战术打下了良好的基础。

在总结人民解放军建军、作战经验的同时，遵照毛泽东在1958年7月军委扩大会议上提出“要集中一些有丰富工作经验和战斗经验的同志，搞出一本自己的战斗条令来”的要求，从1959年开始，全军展开编写条令、条例和教材工作。经过全军的努力，1961年4月和5月，人民解放军第一批战斗条令由中央军委和总参谋部颁发全军试行。1963年后，人民解放军各种条令、条例、教令、教程等，陆续颁发全军执行，初步形成了符合中国国情和军情，具有中国人民解放军特色的条令、教材体系，结束了人民解放军作战、训练、执勤、教学和日常管理搬用苏军条令条例的历史。

（二）开展群众性练兵和全军大比武

1959年11月5日，中央军委决定成立“军事训练与学术研究小组”（1961年7月8日改为军事训练和军事学术研究委员会，叶剑英为主任，粟裕、张宗逊为副主任）。1960年初，中央军委明确了新的军事训练方针原则，研究探讨原子、导弹等条件下的军事训练；1962年下半年，中央军委发出“备战整军、增加全训师、大搞训练”的指示，要求全军战备值班部队、航空部队、舰艇部队和特种技术部队经常保持训练，经常处于战备状态。遵照中央军委和总参谋部的部署和指示，全军各部队以战备为动力，出现了各级党委、领导重视军事训练，大抓训练，积极探索和改革军事训练的局面。

1961年，南京军区第十二军军长李德生到第一〇〇团第二连蹲点，培养了郭兴福（战术）教学法典型，这套教学法的突出特点是把练技术、战术同做思想工作结合起来，创造性地解决了把兵训“精”训“活”的问题。南京军区司令部、政治部及时总结郭兴福教学法的特点和经验，在军区推广。

郭兴福教学法在继承人民解放军传统练兵方法的基础上，对训练方法进行改革和创新，比较全面地贯彻中央军委的训练方针和原则，为全军的训练起到了示范作用。罗瑞卿总参谋长将郭兴福教学法概括为“红、活、硬、细、实”五个字。1963 年开始，经总参谋部安排，郭兴福教学小组又到广州、武汉、沈阳等军区部队，进行数十场汇报表演，获得一致好评，进一步扩大了影响。12 月 24 日，叶剑英专程赶到现场会，在野外实地观看郭兴福任教的单兵进攻战术作业。叶剑英高度评价郭兴福教学方法，要求在全军迅速推广。12 月 27 日，叶剑英向中央军委写了《建议军委推广郭兴福教学法》的报告，毛泽东看到叶剑英的报告后，称赞叶剑英找到了一个好的训练方法，指出郭兴福教学法“不仅是对传统练兵的恢复，而且还有发展”。指示全军要下大力气，主要领导亲自抓一下学习郭兴福教学法的问题。据此，中央军委于 1964 年 1 月 3 日向全军下达《全军应立即掀起学习郭兴福教学方法的运动》的指示。

1964 年 1 月下旬，总参谋部在华北、南京等地召开推广郭兴福教学法现场会议。紧接着，各军区、院校又进一步制定学习郭兴福及郭兴福教学法的具体措施。1964 年上半年，一个广泛深入的比、学、赶、帮、超学习郭兴福教学法的热潮，在全军部队轰轰烈烈地开展起来。为了及时指导连队基础训练，叶剑英组织中央军委训研委员会制订了《连队基础训练方法二十条》，于同年 5 月经中央军委批准颁发执行。

1964 年初，中央军委即提出，要响应中共中央在各行各业普遍开展“比、学、赶、帮”群众运动的号召，开展大练兵、大比武。4 月中旬，经中央军委办公会议讨论决定，成立了全军军训比武筹备委员会，具体筹划全军比武工作。4 月下旬，总参谋部主管军事训练的张宗逊副总参谋长向临时主持军委日常工作的贺龙副主席汇报了比武计划及其他有关事项等。贺龙同意比武计划。根据中央军委的决定，5 月 15 日，总参谋部、总政治部联合发出《关于全军比武问题的通知》。为了加强比武工作的领导，成立全军比武大会领导委员会，由叶剑英和罗瑞卿担任主任委员，副总参谋长张宗逊、总政治部副主任梁必业、总后勤部副部长张贤约为副主任委员，委员由各军区、军（兵）种和有关单位领导担任。

全军上下积极响应中央军委的号召，掀起了前所未有的大比武热潮。从5月上旬开始，各军区陆续组织大比武。昆明、内蒙古、沈阳、武汉、福州、济南、成都、南京、北京、广州、兰州、新疆军区陆续组织军区比武大会。各军区所属的步兵、炮兵、高射炮兵、装甲兵、工程兵、通信兵、防化学兵、侦察兵和后勤部门分别组成分队，按专业技术要求举行多个项目的比武。在军区比武的过程中，贺龙、叶剑英、罗瑞卿、张宗逊等中央军委和总部领导分别多次观看并指导了有关军区的比武大会。

5月20日，国家领导人周恩来、彭真、贺龙、陈毅和罗瑞卿等领导人观看了北京军区工程兵某师工兵一连夜间分队的技术战术表演。观看表演后，周恩来肯定地说：“兵就是应当这样练，政治上强，再加上过硬的技术，军队练成这个样子，那就什么敌人也奈何我们不得。”6月初，毛泽东在一份反映比武情况的简报上批示：此等好事，能不能让我也看看。

为此，中央军委决定抽调北京军区、济南军区部分分队到北京汇报表演。6月15日、16日，毛泽东、刘少奇、朱德、周恩来、邓小平等党和国家领导人，分别在北京西山阳坊、十三陵检阅了这两个军区的军事训练汇报表演，并对受阅部队的汇报表演给予高度评价和赞扬。毛泽东在充分肯定比武练兵作用的同时，指示要把“尖子”经验迅速普及推广到全军，注意练近战、夜战和200米内的硬功夫，除了练好陆地上本领外，还要学习游泳。练武还要练文，注意学文化等。毛泽东等党和国家领导人充分肯定人民解放军开展的大练兵运动，极大地鼓舞了全军指战员。

在军区比武的基础上，从7月中旬开始，全军步兵和军种、兵种，海军、空军本军种内的各兵种，各机关业务、医院等，分各专业举行分片比武大会。至12月，全军大比武基本结束。据统计，1.4万余人参加了比武。获奖单位1212个，获奖个人2257人，其中集体一等“尖子”289个，个人一等“尖子”545名。通过大比武，全军有40%左右的基层干部达到“会讲、会做、会教、会做思想工作”的要求。神枪手、神炮手和技术能手的数量成倍增长。

大比武运动的开展，在人民解放军的历史上掀起空前的练兵热潮，使军事训练真正摆到了部队中心工作的位置。大比武运动中形成一套以实战需要为出发点、比较完善的训练内容体系，摸索总结出一套正规科学的练兵方法，促进了人民解放军军事训练的正规化。这场群众性的练兵活动，提高了人民解放军的军政素质，影响到社会各个行业的岗位训练，促进了全民国防观的增强。

比武过程中，也出现一些问题。如个别单位和个别人思想作风上存在锦标主义、形式主义倾向，有的部队存在着一些弄虚作假、拼凑尖子现象。中央军委、总参谋部及时纠正了这些偏差，确保了大比武及各项军事训练工作沿着健康道路发展。

（三）领导干部下连当兵

1958年8月21日，毛泽东在北戴河中央政治局扩大会议上讲话时指出：“过去搞军队，没有薪水，没有星期天，没有八小时工作制，上下一致，官兵一致，军民打成一片，成千上万的人调动起来，这种共产主义精神好。”“军官要下放当兵，没有当过兵的要当一下，当过兵的再当一下也很有好处，师长、军长下放让班长管，搞三个月后再回来当师长、军长。云南有一个师长，当了几个月兵，了解士兵的生活、心理，这很好。干部参加劳动，有人说搞两个月，搞一个月总是可以的。我们与劳动者在一起，是有好处的，我们的感情会起变化。”9月20日，总政治部作出《关于军队各级干部每年下连当兵一个月的规定》，指出：“今后军队干部除了参加必要的义务劳动以外，主要是下连当兵一个月，借以联系群众，锻炼自己，及时总结经验，指导部队工作。”并规定，领导干部要带头，逐批组织机关、学校、专业技术和兵役干部，不论过去是否当过兵，除年老、体弱、有病的以外，每年至少当兵一个月。下连当兵的干部，应编入班、排，归班、排长指挥，在连队过党、团生活，与士兵实行“五同”，期满时连队应对下放干部作出评定，干部本人应写出一篇或两篇连队工作经验的总结。

遵照毛泽东的指示和总政治部的规定，全军各级干部纷纷下连当兵锻炼。许多高级将领脱下将军服、校官服，换上士兵服装，背上背包，带领机关干部相继下到连队，过普通士兵的生活。仅至1958年底，全军下连当兵的干部就达6.85万人，其中包括上百名将军，如总后勤部部长洪学智、高等军事学院副政治委员兼政治部主任（1959年1月任政治委员）李志民、南京军区司令员许世友、北京军区司令员杨成武、沈阳军区司令员邓华、济南军区司令员杨得志、武汉军区司令员陈再道、广州军区司令员黄永胜、昆明军区司令员秦基伟、兰州军区政委冼恒汉、铁道兵司令员李寿轩、铁道兵政治委员崔田民、铁道兵副司令员刘金轩、空军副司令员成钧、东海舰队司令员陶勇、北京军区副司令员郑维山、北京军区后勤部长吴先恩、沈阳军区副政治委员兼政治部主任杜平、南京军区副司令员张才千、南京军区副政治委员萧望东、成都军区副司令员黄新廷、武汉军区副司令员孔庆德、广州军区副司令员文年生、昆明军区副政治委员金如柏等一批高级将领。至1964年6月，全军有82万余名干部下连当兵。领导干部下连当兵，同士兵实行“五同”，以普通士兵的面貌虚心向战士学习，谦虚谨慎，模范地遵守各项规章制度，有事向班长请假，很快拉近了同士兵的距离，成为受战士们尊敬和爱戴的“兄长”，同士兵结下了深厚的感情。

为了推动和指导领导干部下连当兵活动，总政治部于1960年11月至1963年6月，多次下达通报和补充指示，召开电话会议，进行讲评，并作出一些具体规定，进一步完善这一制度。强调干部下连当兵制度必须坚持下去，但要根据不同对象、不同工作性质、不同环境，采取不同形式。规定下连当兵主要是营、团以上主管干部和机关干部，排长已与士兵“五同”，可以不当兵，连长、指导员可两年当兵一次。科技部门的研究人员可到工厂参加一个月劳动。后来又规定45岁以上的干部不下连当兵，从地方招收的大学生干部下连当兵一年或半年。

实行领导干部下连当兵的制度，进一步发扬了人民解放军官兵一致的优良传统，密切了官兵关系，使领导和机关干部进一步了解基层的实际，提高了指导基层工作的针对性和效率。

（四）开展“四好”连队、“五好”战士运动

1958年4月16日，出席全国青年第三次代表大会的全体军队青年代表，向全军青年发出开展“五好”评比的倡议书，提出要做到“学习好，爱护武器装备好，消灭事故好，节约好，身体好”，得到全军广大青年的响应。5月12日，总政治部发出《在连队中开展“五好”运动的指示》指出：“‘五好’运动的内容包括政治、军事、经济、文化等各方面，也是当前部队要解决的主要问题。要通过这个运动进一步提高部队的社会主义觉悟，发动士兵学习军事技术和文化，开展文娱体育活动；推动部队爱护武器和公物，勤俭节约，积极支援国家社会主义建设。这样，就可以把部队工作全面带动起来。”在总政治部号召下，全军很快形成了人人赶先进、学先进、比先进，个个争“五好”的热潮。同年底，彭德怀在接见出席第二次全国青年社会主义建设积极分子代表大会的军队代表时，向全军发出进一步开展“五好”运动的号召。代表们将“五好”内容修订为：学习好，工作好，爱护武器装备、消灭事故好，生产节约好，身体好。1960年8月，济南军区政治部根据部队的工作任务和加强连队政治思想工作的要求，修改补充“五好”连队的条件：支部领导好，思想工作好，完成任务好，内外团结好，生活管理好。

在总部指导下，“五好”成为基层建设的标准和奋斗的目标。据不完全统计，一年中全军共评选出“五好”战士和“五好”干部29.63万人，“五好”单位3.2万余个（其中“五好”连2527个，“五好”排5919个），还有一些“五好”营、团、仓库、医院等。1959年4月，总政治部转发了总政组织部《关于连队开展“五好”运动的初步总结》。文件充分肯定全军开展“五好”运动的成绩，并指出进行“五好”评比时，既要注意比成绩，又要注意比思想、比作风。不仅要积极推广“五好”连队的经验，还要注意帮助落后连队赶上先进，防止虚夸作假、谎报成绩和歧视

落后的现象，要求做到党支部领导坚强，团支部能够充分发挥作用，全体官兵革命干劲足，自觉地遵守政策，维护纪律，具有忠诚老实、踏踏实实的工作作风，创造团结紧张、心情舒畅的局面，把“五好”运动搞得既轰轰烈烈，又扎扎实实。

1960 年 9 月中央军委扩大会议决定在全军青年中继续开展“五好”运动。根据林彪的意见，“五好”内容改为：政治思想好，军事技术好，三八作风好，完成任务好，锻炼身体好。12 月，林彪在《对 1961 年部队政治工作的指示》中，又提出连队工作主要抓好四个方面：一是抓政治工作，抓活的思想；二是抓作风，就是三八作风；三是抓训练；四是抓生活。12 月 30 日，总政治部召开电话会议，传达了林彪关于创造“四好”连队的指示精神。1961 年元旦，《解放军报》发表《贯彻军委扩大会议决议为创造四好连队而斗争》的社论，提出政治思想好、三八作风好、军事训练好、生活管理好的内容和要求。从此，将争创“五好”运动改为创造“四好”连队、争当“五好”战士活动，并成为全军基层建设的目标和经常性的工作。

为了使这一运动更好更深入地开展，促进连队的全面建设，1961 年 3 月 11 日，总政治部党委在向中央军委所作的《关于创造四好连队的初步情况和对几个具体问题的意见》的报告中指出：“‘四好’是一个整体，内容是相互关联的。在每个时期，由于任务情况的不同，应该突出重点，有所侧重。但是，既要突出重点，又要带动其他，不要单打一，忘掉其他。”10 月 18 日至 11 月 4 日召开的全军政治工作会议上，萧华作了《贯彻执行军委扩大会议决议，继续为创造四好连队而斗争》的报告，对全军开展的“‘四好’连队、‘五好’战士”运动提出六个方面的要求，即以毛泽东思想为指针，大抓活的思想教育；做好军事训练中的政治思想工作；加强管理教育，培养三八作风；搞好物质文化生活；加强党支部的战斗堡垒作用；改进政治指导员的工作方法。这次会议把“四好”“五好”内容更为具体化，便于基层干部战士掌握执行。

全军开展“四好”连队、“五好”战士运动的头几年，强调按照“四好”标准，全面建设连队。各级党委积极帮助连队制订建设计划，各部队在创“四好”连队的实际工作中，都较好地体现了全面加强连队建设的思想。在连队和战士中，形成积极创“四好”连队，争当“五好”战士，学先进，争当先进的比、学、赶、帮竞赛热潮，推动了部队的各项工作。

“四好”“五好”运动由于受到“左”的思想影响，也出现了一些偏差。在政治思想工作中，林彪强调“四个第一”；在政治工作和其他工作的关系上，1964年底林彪提出“突出政治”之后，强调以“政治思想好”“一好”带动其他“三好”，政治思想好的内容上也突出了“阶级斗争”“兴无灭资”等“左”的理论。在运动后期，形式主义和锦标主义有所滋长。1971年九一三事件后，这项持续10余年的运动终止。

（五）开展学习雷锋、好八连等英模的活动

20世纪60年代初，人民解放军在加强部队政治思想建设，开展树立共产主义道德风尚和实践全心全意为人民服务宗旨等活动，涌现出雷锋、好八连等一大批先进模范个人和集体。

雷锋是沈阳军区工程兵某团运输连班长，是在新中国成长起来的一名共产主义战士。他工作勤勤恳恳，认真学习，一心为公，干一行、爱一行，甘做革命的“螺丝钉”，为人民做了大量好事。雷锋出身贫苦，7岁成为孤儿，他感恩共产党，热爱社会主义。1958年参加工作后，3次被评为先进生产者，18次被评为标兵，5次被评为红旗手。他1960年入伍后，多次立功，被评为模范共青团员、优秀士兵。1962年8月不幸因公牺牲，年仅22岁。雷锋用年轻的生命实践了他自己立下的把有限的生命投入到无限的为人民服务当中的誓言。

1963年2月9日，总政治部向全军发出关于开展宣传和学习雷锋活动的通知，指出：全军干部战士要认真学习雷锋爱憎分明、永不忘本的坚定无产阶级立场；全心全意为人民服务、做永不生锈的螺丝钉的工作态度；艰苦朴素、克勤克俭、毫不利己、专门利人的共产主义高尚品德；以钉子精神努力学习毛泽东著作，自觉接受党的教育，严格要求自己，认真改造自己的好学上进的精神。为了配合全军学习雷锋的活动，《解放

军报》发表了《雷锋日记摘抄》和雷锋事迹。

3 月 5 日，《人民日报》和《解放军报》同时发表毛泽东“向雷锋同志学习”的题词，随后，又发表了刘少奇、周恩来、朱德、陈云、邓小平、董必武等党和国家领导人的题词。党和国家领导人的题词，指出雷锋是我国社会主义建设时期新一代的光辉榜样。

在中共中央和中央军委的号召下，全军迅速掀起了学习和宣传雷锋活动的热潮，广泛、深入地宣传雷锋先进事迹。雷锋不仅是人民解放军的楷模，也成为全国人民学习的榜样。部队的广大官兵也都决心以雷锋为榜样，处处以国家和人民利益为重，从革命需要出发，党叫做什么就做什么。学雷锋，见行动，部队中见义勇为、助人为乐的好人好事层出不穷，蔚然成风。

在开展学雷锋活动的同时，全军还开展了宣传学习“南京路上好八连”活动。南京军区某部八连自 1949 年 6 月进驻上海市南京路后，在 14 年的时间里，虽居热闹繁华的南京路，但始终保持着人民解放军的全心全意为人民服务和艰苦朴素的优良传统，谦虚谨慎，戒骄戒躁，身居闹市，一尘不染，热心为人民服务，深受广大市民的赞扬，被上海人民称为“南京路上好八连”。

1963 年 4 月 8 日，总政治部在批转总政青年部《关于部队学习雷锋活动情况报告》中，指出：“在某种意义上讲，好八连是一个集体的雷锋。雷锋和好八连是对部队进行共产主义思想教育的活教材。”报告把学雷锋和学好八连的活动结合在一起，要求部队在开展学雷锋活动的同时，也要向“南京路上好八连”学习，争创像好八连一样的先进集体。4 月 25 日，国防部发布命令，授予八连以“南京路上好八连”的荣誉称号。8 月 1 日，毛泽东主席专门写下《八连颂》一诗，歌颂好八连的先进事迹，号召全军各部队向八连学习。

20 世纪 60 年代前期，人民解放军还先后宣扬了欧阳海、王杰、谢臣、麦贤得和武汉军区“硬骨头六连”、广州军区“南海前哨钢八连”、沈阳军区“学习毛主席著作模范红九连”、“神枪手四连”等一大批先进集体和个人。开展这些宣传和学习活动，提高了全军干部战士的思想觉悟，促进了基层各项建设，部队精神面貌焕然一新，“雷锋精神”和“好八连精神”成为社会主义建设时期军队思想道德建设的宝贵精神财富。

三、进行防敌突然袭击准备和备战整军

进入20世纪60年代初，国际局势动荡加剧，中国安全环境日趋恶化。根据新的变化，中共中央、中央军委先是提出落实积极防御战略方针，进行防敌突然袭击准备；继而提出“备战整军”方针，指导全军加强战备工作。

（一）对战争形势的判断和军事战略方针及作战指导思想的进一步明确

在1960年1月中旬的中共中央上海会议和1960年初中央军委扩大会议上，林彪传达了毛泽东对战争的分析：大的战争、原子战争，还是两种可能，一种是打不起来，一种是打得起来。目前这两种可能主要的是打不起来。然而，只要帝国主义存在，战争的威胁就依然存在。根据这一判断，中共中央、中央军委指出，在和与战两种可能中，我们在准备上应以后者为主。必须“在加紧经济建设的同时，还要加强国防建设，提高国防力量的质量”①。

1961年后，中国的国家安全形势日趋严峻：1961年5月，美国在老挝和越南南方发动“特种战争”②，并于次年成立“美国驻越南军事援助司令部”，至1962年11月，其在越南南方的特种部队已达1.1万余人，将驻泰国的部队增加到5000余名，企图将印度支那地区变为遏制中国的

① 《叶剑英军事文选》，解放军出版社1997年版，第437—438页。

② 特种战争，又称“非常规战争”或“次有限战争”。它是1961年初美国肯尼迪政府提出的，旨在亚、非、拉一些国家推行的一种战争形式，即由美国出钱、出武器，并派出军事顾问，训练当地军队，并由当地军队承担主要作战任务。

军事战略基地，在南面对中国的安全构成严重威胁。在北面，苏联在中苏关系恶化后，开始在边境上对中国增加压力，侵占有争议的地区。继1960年在新疆博孜艾格尔山口附近地区挑起第一次边境事件后，1962年春，又发生了新疆伊犁、塔城、阿勒泰地区6万边民外逃事件。苏联开始向中苏边境增派军队，边防军在边境上不断挑衅。在西面，印度当局拒绝中国政府谈判解决边界问题的主张和两军脱离接触、避免发生边境武装冲突的建议，向中国境内推行“前进政策”，试图以武力抢占争议地区。与此同时，美国加大对台湾当局经济、军事支援，向台军提供先进的飞机、舰艇，建立导弹基地，台军频繁对大陆实施陆上、海上、空中袭扰活动，在岛内进行“反攻大陆”动员，积极准备对大陆进行军事冒险行动。

根据上述形势，中国领导人对战争的威胁作出判断，认为，在三五年内，中国面临打局部战争的可能性较大，局部战争有可能演变成大的战争。1962年5月底，中央军委领导在军委战略研究小组会上谈到，从当前敌人的备战活动情况看，有很多迹象表明有仗打。几个方向，敌国外患主要是美国帝国主义。我们各种工作的基点要放在敌人“打”的上面，要在军事上、军工生产上动员起来。

在1960年1月召开的扩大会议上，中央军委强调，在未来战争中，应坚持和遵循毛泽东提出的积极防御战略方针和关于反击、追击的战略思想，实行“北顶南放”① 方针。应以从图们江到鸭绿江的东北地区和山东（包括连云港）半岛为我国的设防重点，坚守沿海的重要岛屿，特别是五大群岛（外长山、内长山、舟山、万山、海南岛）。“北顶”，即把敌人顶住，坚守防御，大量地消耗敌人，并伺机反攻和追击。“南放”，即采取“诱敌深入，聚而歼之”的作战方针。

（二）明确国防建设基本原则，制订八年建设规划

1960年初，中央军委召开扩大会议，在研究落实毛泽东积极防御战

① “北”指从图们江到鸭绿江的东北地区、山东半岛及连云港地区，“南”指华南地区。

略方针中，提出要贯彻毛泽东关于正确处理经济建设与国防建设关系的思想，对若干具体问题进行了研究，提出了建设的具体原则和要求。一是在发展经济的基础上，发展国防建设事业，在经济条件许可的范围内，发展国防建设事业。不但要建立一个独立完整的现代经济体系，而且也要建立一个独立完整的现代国防工业体系。二是要把国防建设纳入国家建设的统一规划之中，由国家统一平衡，计划安排。机场、场地、仓库、工厂、基地、工事等重要工程项目的建设，投资300万元以上的，由国家计划安排，300万元以下的，由军队协调地方安排。三是国防建设设施，要平战结合，军民两用。四是经济建设和国防建设工程项目都要注意防敌突然袭击，特别是防敌原子、导弹等远程兵器的袭击。五是武器装备上“两弹为主，导弹第一”，大力发展新式飞机、舰艇和无线电电子技术。六是兵源准备上，要大力发展空、海军和特种兵；大力发展民兵，建立战争动员基础。

根据对战争形势的判断，为准备战争，中共中央、中央军委组织制订“八年（1960—1967）组织编制和武器装备规划”。

关于组织编制，规划提出平时与战时相结合，平时主要是为战时扩编打下基础，陆海空三军均编制必要数量的满员部队，其余部队实行平时简编的编制，凡战时不易组编的机构，平时应注意打基础，对不易征召、培养的技术人员，平时应多培养、多储备；凡平时不需要而战时容易组建的机构和容易动员补充的人员，平时应少编或不编；组建部队要结合装备的可能；逐步组编成独立、完整的战区；进一步研究三军的后勤供应体制，研究以“块块”为主，按区供应，使“条条”与“块块”相结合的问题；根据培养、储备干部的任务和勤俭办校的方针，把当前需要和长远规划、学校训练和在职培养结合起来；改进组织编制；把加强机关与精简机构的原则结合起来，在组织编制上，力求精干和减少层次。

关于装备规划，提出根据八年内国家经济发展情况和国防工业的可能，为进一步提高人民解放军现代化水平，并为战争初期扩编打下基础。前三年内，遵循加强国防工业基本建设和多建、多试、少购、少产的军工生产与装备工作原则。后五年，随着国家经济力量、科学技术的发展和基本上建成独立完整的国防工业体系，人民解放军现代化的水平大力提高，现代建设大为加快。规划提出全军建设发展的重点是：保证尖端，大力发展特种技术部队；首先加强空军，尽可能地加强海军和陆军各技术兵种。各军种、兵种的重点是：陆军以技术兵种部队为重点，尽可能地加强各技术兵部队的扩大基础。步兵主要是逐步地适当裁减数量，提高质量，逐步向机械化方向发展，提高机械化水平，加强部队的火力、突击力、防护力和机动力。空军以高速高空歼击航空兵和地空导弹部队为重点，相应地加强轰炸航空兵和其他地面防空力量，以及必要的空降部队的基础。海军以潜艇、快艇（主要是大、中型导弹潜艇和导弹快艇）和岸舰导弹部队为重点，适当地发展相应的水面舰艇、海军航空兵以及必要的陆战部队的基础。

这个规划于 1960 年 9 月由军委扩大会议通过。但当时正值三年困难时期，1961 年 1 月，中共中央召开八届九中全会，确定了缩短工业战线、放慢基本建设速度和“调整、巩固、充实、提高”的方针，军队方面也决定把八年组织编制和武器装备规划推迟三五年甚至更长时间后执行。

（三）进行防敌突然袭击准备和军事演习

1959 年 12 月，中央军委提出防敌突然袭击问题。中央军委认为，根据第二次世界大战德军采取先发制人、突然袭击的闪击战略取得了战争初期主动的情况，美国等帝国主义国家在未来战争中，也必将首先使用原子武器、导弹等新式武器，向中国的政治、军事、经济中心，重要工矿、军事工业、交通枢纽、主要后方基地等战略目标，实施集中的、连续的突击，企图陷中国于混乱和瘫痪状态，为尔后实施进攻创造条件。因此，对于帝国主义这种战略思想和手段，必须加以充分的研究和防范。在 1960 年初的中央军委扩大会议上，中央军委领导专门研究贯彻积极防御战略方针和防止敌人突然袭击问题。1961 年 8 月 12 日，总参谋部下达《关于加强防止敌人突然袭击工作的规定》，提出：各大军区、各军兵种均要建立防敌突然袭击工作小组，专门研究敌突然袭击情况和防敌突然袭击的措施。

9 月，总参谋部和各军区、军兵种相继成立“防止敌人突然袭击工作小组”，具体指导全国全军“防突”工作，督促落实全国人防工程建设等工作。在总参谋部和各军区组织下，开始构筑纵深首脑机关防护工程，军区和重要省领导机关指挥防护工程。确定重要居民区和重要机关单位构筑防护工程。

1961 年 1 月初，遵照中央军委和总参谋部指示，北京、沈阳、武汉、南京、福州、广州、昆明等军区部队开始担负战备值班任务。9 月 14 日，总参谋部下达《关于加强防空作战指示》，调整高射炮兵部队机动作战的部署；空军在几个主要作战方向上组建指挥机构，指定歼击机等部队担负战备值班。

依据反突击、反空袭斗争方案，全军加强防敌陆上袭击、海上袭击、空中袭击三种样式的研究和演练。1961 年，陆、海、空军军以上指挥机关和师以上干部，进行了反空袭理论集训。沈阳、北京、南京、福州、广州、武汉等军区进行了军区、军、师三级首长、机关携带通信工具反空袭、防突袭演习；昆明、成都、内蒙古、新疆等军区，组织进行了在敌空袭情况下的紧急疏散和反空降演习；济南军区组织在敌空袭情况下的岛屿防御现地演习；其他军区组织了反空袭图上作业或首长机关演习；全军陆军军、要塞区和大部分省军区及海空军，参加了所在军区组织的演习或单独组织演习。总参谋部和有的军区，为配合防突袭研究，编印了帝国主义国家发动战争实施突然袭击和对其反突袭的战例。

（四）备战整军调整编制体制，提高现代化水平

进入 1962 年，国际形势风云激荡，美、苏对抗和美国“两个半战争”政策①越发凸显。美、苏加勒比海导弹危机和台湾岛上国民党当局猖狂叫嚣“反攻大陆”，即是这个政策的影子。中共中央、中央军委认为，

---

① 两个半战争，即在欧洲同苏联以及在亚洲同中国各打一场大战，在其他地方对付规模不大的所谓“紧急情况”打一场大战。该政策是约翰·肯尼迪政府制定的“灵活反应战略”、建立“多样化”军事力量的核心。

在三五年内，中国面临打局部战争的可能性大，局部战争有可能演变成大的战争。1962年2月28日，周恩来在中央军委常委会上提出：敌人在扩军备战，我们不扩军，是搞整军备战，通过整军，动员备战。第一，整训结合。值班师要满员、齐装、全训。第二，兵农结合，亦兵亦农。每省给一个师作为民兵骨干，可以研究。第三，军经结合。军队的编制装备，国防工业，要和经济基础相适应，不要走在前头。第四，今明结合。即今天和明天结合。今天的计划就是“整军备战”。第五，自力更生。[①] 周恩来的讲话，得到军委常委的一致赞同，确定把“整军备战”作为当前军事工作的方针和制订编制的依据。但由于处在相对和平时期，国家有关部门和各省、市、区对保证军工生产的许多问题没能形成统一认识，战备动员、国防生产工作进展较慢。毛泽东了解此事后，将“整军备战”改过来叫“备战整军”，[②] 号召全党、全国、全军积极行动起来，通过动员备战，实现整军，促进各项战备工作的落实。

1962年2月至5月，中央军委召开编制装备会议，提出要在军事上、军工生产上进行充分准备，以应付各种事变的发生。军委编制装备会议后，全军展开整编工作。

机关是这次整编裁减的重点，大部机关减少副职领导和非战斗人员及公勤人员。军委、总部、军区、军兵种体制基本没变。

陆军的精简整编。会议确定军以下部队的编制原则为，要做到既适合于进攻，又适合于防御，并着重于进攻；既适合于山地，又适合于平原，并着重于山地；既适合于白天，又适合于夜间，特别要适合于夜间；既适合于战斗，又适合于运动。由此确定了“四轻四重”的编制原则，即：南方轻一些，北方重一些；前方军区轻一些，后方军区重一些；下面轻一些，军以上重一些；机关轻一些，连队重一些。前三条指装备，后一条指人员。关于整编的方案，在既不突破总定额，又尽量保持现有的军、师、团机构，一方面充实连队，另一方面多保存一些特种兵的原

① 《周恩来军事文选》第4卷，人民出版社1997年版，第426页。
② 《周恩来军事文选》第4卷，人民出版社1997年版，第436页。

则下进行整编。大力精简机关和学校，以此员额来充实部队。据此，陆军编制甲种步兵师和乙种步兵师，确定南方师和北方师的编制和装备配备。加强步兵部队中的炮兵、装甲兵、工程兵等技术兵种部（分）队数量。海岛、边防部队取消架子连、营，齐装满员。至 1965 年初，陆军达 338.5 万人，保持 31 个军部 95 个机动师，18 个地面炮兵师、7 个高射炮兵师、14 个独立团，装甲兵达 3 个师又 10 个团共 6 万余人；铁道兵根据承担的任务，由 11 万人扩编到 37 万余人；工程兵 4 个建筑师 99 个独立团共 43.9 万人。

海军。海军是发展的重点，1960 年前后，组建了川岛、蓬莱水警区，5 月 11 日，中央军委批准以青岛基地为基础组建北海舰队，下辖旅顺、威海基地，青岛、蓬莱水警区，潜艇、快艇、驱逐舰大队和舰队航空兵等部队。1963 年 4 月 9 日，中央军委提出“建设一支精干的、有战斗力的海军”方针。毛泽东指示要认真贯彻这一方针。1964 年 1 月至 8 月，海军在整编调整中，先后组建了威海、长涂、海坛等水警区。至此，海军发展到 9 个舰艇支队共 65 个舰艇大队，7 个航空兵师共 16 个航空兵团，共有战斗舰艇 416 艘。

空军。从 1960 年至 1965 年，先后组建了一批歼击航空兵师。1961 年 3 月，陆军第十五军军部及第四十四、第四十五师改编为空降兵部队，6 月，空降兵第十五军成立；7 月 1 日，中央军委批准空军 6 月 20 日提出的实行基地化的建议；1962 年 10 月底，完成了基地化的调整工作。1965 年 2 月 15 日，中央军委批准空军编制，空军共 43 万余人，编组 10 个军部共 50 个师，其中 36 个航空兵师、3 个空降师、1 个地空导弹师、10 个高射炮兵师，装备各型飞机 4300 架，其中战斗机 2500 架。

特种兵建设。保留了军委、军区直属特种兵部队，共炮兵 25 个师另 9 个团，工程兵 4 个师 35 个团，通信兵 16 个团，防化兵 6 个团另 5 个营。继 1959 年 7 月组建第一个地地导弹营后，1960 年 3 月组建第二个地地导弹营，同时，军委炮兵领导机关成立技术部，负责地地战略导弹部队的建设和管理。1961 年后，在一些军区组建了地地导弹营，成为地地战略导弹部队发展的基础。1960 年 4 月，将独立无线电技术勤务营扩建为无线电技术勤务团。

备战整军中，对军事院校进行了两次较大调整，1964 年底，全军院校 107 所。

（五）建立平战结合的后勤保障体制

1960 年后，总后勤部根据未来战争对后勤建设的要求，研究提高现代条件下作战后勤保障能力问题，实行了两项重大举措：一是按未来战争要求和战场设计，规划和建设战略和战役后方基地；二是实行划区供应保障体制。

建设后方基地自 20 世纪 50 年代中期即开始酝酿，1959 年 11 月总后勤部向中央军委上报了建设后方基地的初步意见。1960 年 3 月全军后勤工作会议对战略后方基地和战役后方基地作了全面部署，开始进入勘察实施和建设阶段。1962 年 5 月，总后勤部贯彻中央军委战略研究小组组长刘伯承的意见要求，力求在战略和战役后方基地、战役和战术后方基地之间，在战时通过兵站运输线能联结起来，做到相互衔接，互相支援，在全国构成一个后方基地网。

后方基地的组成，主要包括领导机构、各种仓库与修理机构、医院，以及各种后勤分队等。战役后方基地领导机构统称军区后勤分部（平时编制 80 至 100 人），战略后方基地领导机构统称总后勤部某地办事处(平时编制 150 至 200 人)。仓库与修理机构主要包括油料、弹药、武器、汽车器材、军需仓库以及汽车修理和军械修理机构等。其中三分之一建在战略后方基地位置，三分之二建在战役后方基地区域（包括分基地，海、空军场站)。基地的后勤分队，包括警卫、通信、建筑、运输等，平时只编配一定数量人员，战时根据需要适当扩编。至 1964 年底，先后组建成白城、大同、西安、衡阳、重庆、西宁 6 个办事处（战略后方基地)，沈阳、北京、济南、福州、广州、昆明、新疆、西藏等 26 个战役后方基地。至 1965 年底，各军区分别在延吉、清源、安江、丰台、石家庄、枣庄、莱阳、繁昌、金华、鹰潭、龙岩、兴宁、衡阳、桂林、普洱、枣庄、通化、遵义、天津、沈阳、益都（兵站改)、皖北（兼兵站）等地建立了后勤分部即战役后方基地领导机关。①

1961年8月29日，总参谋部、总后勤部决定：依托后方基地网的建设，在各大军区建立后勤分部，实行划区供应。② 1964年1月4日，总后勤部下达的《划区供应方案（草案）》，全国除西藏、内蒙古军区外，共划分为37个供应区。凡在供应区的部队（包括陆、海、空军），通用物资由后勤分部（或直属后勤部）实行统一供应。至1965年，划区供应开始在全军实行。

（六）加强岛屿战备建设

按照积极防御战略及“北顶南放”方针和反击、追击作战指导思想，岛屿在未来反侵略战争中，是人民解放军制止敌人登陆、打击敌人、依托岛屿实施反击的重要依托。1963年2月11日至3月12日，总参谋部、总政治部、总后勤部在福州召开有沿海军区、警备区、要塞区、陆军军，海军舰队、基地，军区空军和军兵种及总部有关部门负责人参加的岛屿战备工作会议。会议遵照周恩来的指示，讨论关于对付国民党军企图向东南沿海地区扩大袭扰的问题，着重研究了粉碎袭扰破坏活动的部署。与会人员还到有关岛屿现地研究设防问题。会议对岛屿战备建设若干问题逐个进行研究，统一思想、统一认识，确定了岛屿战备建设一系列问题。

关于沿海和岛屿地区陆海空三军和公安部队的指挥关系，会议确定，各地区的海军（舰队、基地、水警区、巡防区），应由海军和合成军队（军区、警备区、要塞区、守备区）实行双重领导。驻在岛上的陆、海、空军的独立单位（如岸炮、雷达、侦察、气象等），应由派出单位和守岛部队双重领导。对海、空军参加海上、空中战役和执行某项独立任务，以及抗登陆作战、举行地区性陆海空三军联合演习、遂行各种日常战斗

---

① 自1961年8月起至1980年止，先后成立39个后勤分部，分部数量在以后的精简整编中又作了调整。

② 参见《当代中国》编辑部：《当代中国军队的后勤工作》，中国社会科学出版社1990年版，第630页。

勤务活动（巡逻、护渔、护航、抢险救灾和打击小股匪特偷袭登陆）等，确定了统一组织指挥的级别权限。

关于守岛部队的组织编制，会议规定按照精简机关、减少层次、充实连队、加强火力和机动力量、因岛制宜、因任务制宜的原则进行编组，领导机关必须精干，战斗分队按守备、炮兵、步兵三种类型编组。

关于设防岛屿工程构筑，会议强调继续贯彻“中、小、短”① 的方针，搞好防护设施、工程伪装、观察所、火力点、道路、仓库、码头、水源、野战工事等工程配套和对现有工程的维护保养，并提出了守岛部队的装备、通信联络、部队训练、侦察保障、气象保障、民兵建设等战备建设的具体意见。

会后，总参谋部、总政治部、总后勤部联名向中共中央、中央军委上报了《关于岛屿战备工作业务会议的综合报告》《关于岛屿防御作战指导原则》两个文件。6 月 25 日，中共中央批复军委，同意这两个文件。

岛屿战备会议后，4 月，中央军委批准下发《海岛建设工作纲要》《岛屿部队后勤建设规划要点》，进一步明确岛屿部队后勤建设的基本原则：一是岛屿部队后勤建设要适应“长期坚守、独立作战”方针的要求；二是按照陆、海、空军合成作战的要求和军用与民用相结合的原则，统一规划建设岛屿各项后勤设施；三是贯彻勤俭节约的方针，有重点有步骤地落实好岛屿后勤建设。至 1965 年，守岛部队的营房、仓库、码头等设施，已能满足需要，给水、照明问题已基本解决，医疗救治能力有了加强，一二线岛屿的粮食、弹药、医药、油料等主要物资储备，已达到可坚守一定时间作战的需要。

（七）贯彻民兵工作“三落实”

东南沿海紧急战备期间，沿海 159 个县（市）、2347 个公社和 365 个有居民的岛屿，建立、健全了军民联防组织，有力地配合了紧急战备行动任务。1962 年 6 月，毛泽东在中南地区视察时，听取广州军区领导

① 指坑道工事的规模。

的工作汇报。毛泽东指出："民兵工作要做到组织落实、政治落实、军事落实①；民兵武器要修理好。天上掉下来的、地下冒出来的，怎样对付，要有些办法。"②

为了贯彻毛泽东关于民兵工作"三落实"的指示，从1962年冬至1963年春，全国各地组织学习《民兵工作条例》，全面展开对民兵组织的整顿工作。国防委员会副主席、军委人民武装委员会主任徐向前指示："全国大规模的社会主义教育运动，是解决民兵工作三落实的最好时机。""省军区、军分区干部也要大批下去，尤其是主要领导干部一定要下去，抓第一手材料指导工作。"③ 1964年1月23日，总政治部发出《关于省军区、军分区、县市人民武装部积极参加社会主义教育运动的指示》，在政治整顿中，各地各民兵组织结合形势任务和民兵思想实际，编印大量教材，进行政治教育；各地区针对青年特点，举办政治夜校，建立俱乐部、文化室，开展读书、读报，请老革命讲优良传统，增强了民兵的文化素质，提高了民兵组织的凝聚力。在抓军事落实中，各级应大力组织民兵开展军事训练。1964年6月1日，总参谋部发出《关于在民兵中开展神枪手活动的通知》。1964年夏，民兵训练中涌现出的思想好、技术精的"尖子"，参加了各省、区举办的民兵大比武。

在调查研究的基础上，总参谋部、总政治部于1962年9月在北京召开广东、福建、浙江、江苏、山东、河北、辽宁沿海七省民兵工作座谈会；1962年11月，在成都召开有成都、昆明、内蒙古、新疆、西藏军区和云南、甘肃、青海等省军区参加的少数民族地区民兵工作座谈会；1963年四五月间，分别在北京、武汉、上海等地召开城市民兵工作座谈会；1964年3月，在福州召开沿海岛屿渔民、民兵对敌斗争会议。针对这些地区不同特点，研究讨论不同地区的民兵建设和开展军事斗争等问题。

---

① 简称民兵工作"三落实"。

② 《毛泽东军事文集》第6卷，军事科学出版社、中央文献出版社1993年版，第393页。

③ 《徐向前同志对民兵工作的指示》，1964年11月22日。

几次民兵专门会议后，全国的民兵建设以“三落实”为目标，得到很大加强。1964 年 10 月，中央军委常委会议同意徐向前提出的“民兵工作应以班、排、连为基础”“民兵主要还是搞基层”的重要建议。根据中央军委的指示，总政治部号召在全国广泛开展创造民兵工作“三落实”先进单位活动，各中央局和各军区先后表彰了一些既有光荣斗争历史，又有新的贡献的民兵先进单位，有力地推动了全国民兵建设。

民兵工作“三落实”，是毛泽东根据中国民兵建设的经验和和平时期民兵工作的实际提出来的，既是民兵工作的指针，又是民兵建设的标准。

四、自力更生，发愤图强，发展“两弹一星”和武器装备

1959 年 6 月，苏共中央致信中共中央，以苏联正与美、英等西方国家进行禁止核试验的谈判为由，决定暂缓按协定向中国提供原子弹的教学模型和图纸资料。紧接着，至 1960 年 8 月底，苏联召回在中国工作的各行业各领域特别是军事领域工作的专家和顾问。在这种情况下，中共中央和毛泽东坚定研制尖端武器的决心，采取了各种措施，取得了令世人瞩目的成就。

（一）中共中央提出在外援中断情况下发展国防科技的方针

1959 年 7 月，中共中央开会研究苏联撕毁合同后，中国尖端武器上马还是下马的问题。中共中央决定：自己动手，从头摸起，准备用八年时间把原子弹研制出来。中央军委在 1960 年初的扩大会议上，进一步明确了国防工业建设方针和“两弹为主”，导弹第一，并大力抓携带导弹的新式飞机、舰艇以及无线电电子技术的研究和制造，“少产、少购、多建、多试”等原则。确定按照“三、五、八”的步骤，即三年突破尖端，按照苏联已经供给的资料，仿制各种导弹，争取自己设计并试制几种导弹，以及制造无线电设备，基本解决新材料；五年大体上形成体系；八

年基本上达到独立完整。

1960年七八月，中共中央在北戴河召开工作会议，再次重申发展国防科学技术的决心。毛泽东说："要下决心，搞尖端技术。赫鲁晓夫不给我们尖端技术，极好！如果给了，这个账是很难还的。"[①] 会议提出"埋头苦干，发愤图强，自力更生，奋勇前进"的发展方针。根据中央的决定，一机部提出"1960—1962年国防工业三年发展计划"；二机部提出"三年突破，五年掌握，八年适当储备"的目标，争取5年内（1960年至1964年）制成原子弹。1960年4月至12月，主管国防科技工作的军委副主席聂荣臻、主管国防工业的军委副主席贺龙组织召开国防工业会议，研究落实的措施。

（二）调整领导机构，形成国防科研和生产体系

1959年11月，根据贺龙的建议，经中共中央批准，中央军委于12月1日发出成立国防工业委员会的通知，负责领导和全面规划国防工业工作。贺龙、聂荣臻、李富春、薄一波、罗瑞卿、萧劲光、刘亚楼、赵尔陆、张爱萍、宋任穷、王鹤寿、彭涛、柴树藩、方强等为国防工业委员会委员，贺龙任主任，方强任秘书长。[②] 同时，成立国防工业委员会办公室（简称国防工委办公室），下设海军、空军、炮兵、装甲兵、工程兵、铁道兵、防化兵、通信兵、秘书、调研等10个组。

1961年8月，周恩来在北戴河听取国防工委工作会议情况汇报时，提出在国务院设立国防工业"口"的问题。11月8日，中共中央发出通知，决定成立国防工业办公室（简称国防工办），罗瑞卿兼任主任，赵尔陆任常务副主任。同时，撤销国防尖端五人小组。国防工办作为国务院的国防工业口，在党内向中央书记处和中央军委负责，直接管理二机部、

---

① 《建国以来毛泽东军事文稿》下卷，军事科学出版社，中央文献出版社2010年版，第100页。

② 1960年9月，中共中央决定国防工业从一机部分出，成立第三机械工业部（简称三机部），张连奎任部长。1961年1月，国防工委与三机部合署办公，孙志远任三机部部长。

三机部和国防科委所属范围的工作。国防工办下设原子能、航空、电子、导弹、兵器、造船、基建、新技术协作配套、综合计划等 9 个业务局。[①] 国防工办成立后，即作为国防工业委员会和国防科学技术委员会的第一线办事机构。1963 年 9 月，国防工业委员会撤销，其业务合并到国防工办。此后，各省、市、自治区也于 20 世纪 60 年代中期成立了管理国防工业的相应机构，形成了从中央到地方的国防工业管理系统。

（三）成立中央专委，组织“两弹”攻关

1961 年 11 月 14 日，张爱萍、刘西尧向中共中央、中央军委提出《关于原子能工业建设的基本情况和亟待解决的几个问题的报告》，报告说，经过对研制一线深入考察，认为只要国家进一步加强组织协调，集中力量组织攻关，安排好所需仪器、设备和原料、材料的研制、生产，“在 1964 年制成核武器和进行核试验是可以实现的”。报告对“两弹”研制等情况的分析得到毛泽东、刘少奇、周恩来、邓小平等中央领导的肯定。1962 年 9 月，二机部专门向中共中央写出报告，提出争取在 1964 年，最迟在 1965 年上半年爆炸中国第一颗原子弹。中共中央、毛泽东批准了这个计划。原子弹的研制进入全面攻坚阶段。

1962 年 10 月 19 日，刘少奇在中共中央政治局常委会上提出，中央应成立专门负责此项工作的专门委员会。据此，10 月 30 日，国防工委办公室主任罗瑞卿向毛泽东、中共中央呈送《关于成立专门委员会加强对原子能工业领导的报告》，报告提出，实现原子弹爆炸，这是全国科学技术和工业生产水平的集中表现，绝非哪一个部门所能单独办到的。因此，除二机部本身要做艰苦努力外，还必须取得各工业部门、科学研究单位的密切配合，以及全国在人力、物力和财力上的大力支援。建议在中央直接领导下成立一个专门委员会，加强对原子能工业的领导，随时检查、督促计划执行情况，并在人力、物力和财力上进行具体调度，及时解决

---

① 1969 年 12 月 22 日，中共中央决定撤销国务院国防工业办公室，成立军委国防工业领导小组。

在研究设计和生产建设中所遇到的问题。

11 月 3 日，毛泽东在报告上批示："很好，照办。要大力协同做好这件工作。"[①] 11 月 17 日，中共中央直接领导下的十五人专门委员会（简称中央专委）[②] 成立。中央专委会主任由国务院总理周恩来担任，成员有贺龙、李富春、李先念、聂荣臻、薄一波、陆定一、罗瑞卿 7 位副总理和赵尔陆、张爱萍、王鹤寿、刘杰、孙志远、段君毅、高扬等国务院和中央军委有关部门负责人。12 月 14 日，中共中央发出通知，要求国务院各有关部委和各省、市、自治区，都要坚决贯彻执行中央专委的决定，大力支援原子弹研制工作。

中央专委成立后，卓有成效地组织了全国大协作和"两弹"攻关。1962 年至 1963 年，国家经委主任薄一波先后两次召集国家计委、国家经委、国防工办、国防科委和有关工业部负责人，研究尖端武器研制所需材料。中央专委和二机部动员了国防科研部门、中国科学院、工业部门、高等院校和地方科研部门的技术力量，组成了全国规模的协作网，26 个部委、20 多个省区、1000 多个单位组成最强的技术力量，安排研制生产原子弹及导弹所需特殊材料、部件和配套产品 2 万余项。与此同时，"两弹"攻关的科研院所专家组织技术攻关，各项技术取得突破性进展：在钱三强、何泽慧等领导下，分别解决了中子源的包装和最终检验技术，并于 1962 年底研制出符合核武器要求的中子源装料。惠钟锡、祝国梁等科技人员解决了线路设计等一系列难题，掌握了同步引爆装置的设计技术。在郭永怀、龙文光等的主持下，开展了核装置结构研究，到 1962 年取得预期结果。在彭桓武、邓稼先和周光召等专家的主持下，1963 年 3 月提出第一颗原子弹的理论设计方案。在王淦昌、陈能宽等的主持下，解决了爆轰物理试验研究中的一些关键技术问题，进一步验证了原子弹的理论设计。在赵尔陆、钱三强、裴丽生等的组织协调和王承书、吴征

---

① 《建国以来毛泽东文稿》第 10 册，中央文献出版社 1996 年版，第 212 页。

② 1965 年 3 月 2 日，中共中央作出扩大十五人专门委员会的决定，中央十五人专门委员会也随之改称中共中央专门委员会，仍简称"中央专委"。后来，"中央专委"成员多次调整。

铠、钱皋韵等专家的指导下，原子弹装料高浓缩铀和相关核部件生产技术于 1964 年初取得突破。毛泽东得知原子弹研制突破了许多重大关键技术后，非常高兴。2 月 6 日，毛泽东在会见李四光、钱学森、竺可桢等科学家时，赞扬他们在原子弹研究中取得的成绩。

从 1962 年起，国防科委即进行原子弹试验的准备工作。1964 年 4 月 17 日，中央专委成立以张爱萍为总指挥的核武器试验指挥部。5 月底，试验场地准备工作全部完成。9 月下旬，毛泽东、刘少奇、周恩来专门研究了原子弹的爆炸时间问题。毛泽东说：原子弹是吓人的，不一定用，既然是吓人的，就早响。10 月 16 日 15 时，中国在西北核试验基地罗布泊进行了首次塔式原子弹爆炸试验，获得圆满成功。

原子弹爆炸试验成功，是中国人民增强国防实力取得的重大成就。中国政府随即发表《中华人民共和国声明》，指出：“中国进行核试验，发展核武器，是被迫而为的。中国政府一贯主张全面禁止和彻底销毁核武器。”“中国发展核武器，是为了防御，为了保卫中国人民免受核战争的威胁。中国政府郑重宣布，中国在任何时候、任何情况下，都不会首先使用核武器。”①

原子弹塔爆成功后，1965 年 5 月 14 日，李源一、于福海机组驾驶经改装的飞机投下 1 枚原子弹，核航弹试验爆炸成功。下一步，即是以导弹为运载工具，实现导弹核武器研制成功的目标。

早在 1960 年底，中国已仿制成功苏制 P-2 型近程导弹。随后，开展研制中近程导弹。1965 年 4 月，完成了可用于实战的中近程地地导弹。1966 年 10 月中旬，两次“两弹”结合的“冷”试验（弹头不装核装料）获得成功。1966 年 10 月 27 日 9 时 9 分，导弹核武器试验获得圆满成功。这一成就，表明中国有了可用于实战的核导弹，标志着中国国防科技发展进入一个新阶段。

（四）常规武器由仿制走向自行研制

国防工业的科研水平和生产能力，是实现武器装备自行研制、生产，

---

① 转引自《人民日报》，1964 年 10 月 17 日。

实现国产化的先决条件。在武器装备仿制阶段，中国就十分注意在苏联的帮助下，培养一支自己的国防科研队伍，建立起自己的军事工业。在人才培养上，逐步建立 10 所国防科技高等院校。[①] 在引进技术的同时，中国十分强调要做好“消化、吸收”工作。在基础工业建设上，进行了大规模的新建和扩建。至 20 世纪 60 年代前期，中国已建立了门类基本齐全的国防科研机构。1960 年 12 月，中共中央批准组建航空、舰艇、军用电子学三个研究院。1962 年 1 月，三个研究院列入军队编制，分别称国防部第六、第七、第十研究院。同时，根据补齐常规武器缺口的需要，有目的、有重点地加强军工厂的建设。经中央军委批准后，总参谋部、总后勤部、各军兵种陆续组建和扩建了一批其他研究院（所），增设部分试制工厂和中间工厂。至 1964 年，全军共有国防科学技术研究院 12 个，独立研究所 16 个，总人数达 13 万多人，其中科技人员 5 万多人，初步形成一支有实力的国防科技队伍。全军各类军工厂达到 200 多家。1964 年后，根据中央加强战备、建设“三线”的指示，全军新建一批军工企业，为独立自主发展武器装备准备了更加充实的物质条件。

至 20 世纪 60 年代中期，人民解放军常规武器装备自行研制比例逐年提高。陆军装备主要有：六三式枪械系列，六三式、六四式、六五式炮兵装备系列，六二式、六三式坦克和装甲战车系列。到 1965 年底，步枪、冲锋枪、机枪全部国产化，炮兵装备国产化达 85%。军用飞机方面，先后研制成功歼-5、歼-6、歼-6Ⅲ、轰-五、强-5 型飞机，所用材料国产率达 90%以上。海军舰艇方面，仿制成功苏 33 型、苏 31 型潜艇，21 型、24 型导弹快艇，25 型鱼雷快艇，自行研制成功 26 型鱼雷快艇、65 型护卫舰等以及海军炸弹、鱼雷、舰炮等装备。各种地地、地空、空地、舰舰、岸舰导弹研制成功。防化、侦察、通信、后勤等装备自行研制率和国产化取得的成绩更大。

---

① 1961 年 2 月，中共中央决定，将哈尔滨工业大学、北京航空学院、北京工业学院、南京航空学院、成都电信工程学院、西北工业大学、上海交通大学等 7 所国防工业高等院校划归国防科委领导；此前，哈尔滨军事工程学院、西北军事电信工程学院和南京炮兵工程学院已划归国防科委。

在自力更生、发愤图强方针指引下，人民解放军陆、海、空和特种兵的主要武器装备自行研制和发展取得巨大成绩。据统计，截至1965年，经国务院军工产品定型委员会批准定型的500多项产品中，完全自行设计的已经达到50%以上。通过自行研制，人民解放军武器装备走向系列化、配套化，现代化水平和整体作战能力显著提高。

五、粉碎台湾当局“反攻大陆”企图，打击窜犯袭扰活动

（一）中共中央提出和平解决台湾问题新方针和粉碎台湾当局“反攻复国”企图

从1955年周恩来提出解决台湾问题的两种可能方式后，台湾当局一直顽固坚持“反攻复国”政略和战略，拒绝与大陆和谈。在这种形势下，中共中央领导人一方面准备以武力解放台湾，一方面不放弃争取和平统一祖国的努力。1960年，中共中央提出解决台湾问题、实现祖国统一的“一纲四目”方针。一纲：台湾必须统一于中国。四目：(1) 台湾回归祖国后，除外交必须统一于中央外，当地军政大权，人事安排悉委于蒋，对陈诚、蒋经国等人亦悉听蒋意见重用；(2) 台湾所有军政及经济建设一切费用不足之数悉由中央拨付；(3) 台湾的社会改革，可以从缓，必须条件成熟并尊重蒋的意见，协商解决后进行；(4) 双方互约，不做破坏对方团结之举。

这一时期，由于中苏关系破裂，国际上出现一股反华逆流。中国国内遇到经济上暂时困难，台湾当局认为此时正是“反攻大陆”的极好机会。1960年2月20日，蒋介石在台北召开的一届三次“国民大会”上，竭力鼓吹“六年内完成反攻大业”。1961年1月，肯尼迪入主白宫后，宣布了他的对华政策三条原则：承认台湾为中国的合法政府；拒绝承认中

华人民共和国；拒绝中国进入联合国。在这种情况下，台湾当局对大陆和平方针不屑一顾，反而加剧“反攻大陆”准备。1962 年初，台湾当局成立了以蒋介石、陈诚为首的决策机构“最高十人小组”（即“反攻行动委员会”）。台湾当局根据蒋介石的指令，提前进行下年度的“现役征集”，并对台湾的各种轮船、渔船和车辆，进行动员编组，下令征收“国防临时特别捐”；对部队进行政治教育，要求士兵发扬“献身精神”，在每一个士兵的皮带上刻上“光复大陆”字样；还从日本购进大量血浆。整个台湾岛，弥漫着强烈的战争气氛。

中共中央、中央军委认真分析面临的军事斗争形势。1962 年 4 月下旬，中央军委领导在编制装备会议上，根据台湾当局准备窜犯大陆的征候，提出作好应付可能发生战争的准备。5 月下旬，中共中央、中央军委对东、西两个方向的军事斗争作了具体部署。毛泽东说，在西面中印边境军事斗争上，要坚持和平解决中印边界问题的方针，创造稳定的中印边境。同时指示要采取措施，积极开展反蚕食斗争，并做好“两手”准备。对东南沿海方向，中共中央、中央军委决定进行紧急战备行动。指出：我们要准备敌人来，准备打仗。要从各方面准备好。同时要搞政治攻势，揭露敌人的阴谋。

毛泽东和中共中央、中央军委决定运用灵活的斗争策略，以各种手段“示形于敌”。在 5 月 30 日中央军委研究粉碎国民党军登陆窜犯时，毛泽东即指示：“根据目前情况必须准备，准备好了，国民党军不来也没有坏处。山东、浙江、福建、江西、广东整个地区都要准备。如今年国民党军来进攻，就不让他上来，这样对我们比较有利。”“对敌人进行政治攻势，是警告他反攻大陆是幻想。南下的部队可以公开行动，就是要叫蒋介石知道，目的是破坏他的进攻，推迟其行动。”① 6 月 10 日，中共中央发出《关于准备粉碎蒋匪帮进犯东南沿海地区的指示》，指出蒋匪帮很可能在最近期间即台风季节前后，对福建省和闽、粤、浙接合部地区

---

① 转引自《中国人民解放军军史》编写组编《中国人民解放军军史》第 5 卷，军事科学出版社 2011 年版，第 315—316 页。

发动一次二三十万人的登陆战，妄图在大陆上建立一块反革命根据地，作为他实行反革命复辟的立足点。指示号召：“全党、全国人民必须警惕起来，从各方面作好准备，决不让美蒋这一罪恶阴谋得逞。如果蒋匪帮敢于来犯，就坚决、全部、彻底、干净地消灭它。”指示强调：我们准备好了，敌人也可能不敢来，不管敌人来与不来，我们都要认真地充分地作好准备，在思想上、工作上都要放在打的上面，决不可有丝毫的侥幸心理。

遵照中央军委命令，人民解放军调整了东南沿海地区的兵力部署，指定 33 个步兵师，10 个炮兵师（含 4 个高炮师），2 个铁道兵师，3 个坦克团，5 个工程兵团进入紧急战备。此外，从全军其他部队和公安部门、国营农场中，动员约 10 万老兵补充预定参战部队。7 月 2 日前，9 个战备值班师及特种兵部队公开南下，进入福建、浙东地区指定地域。海、空军的部署作了相应的调整：海军各型舰艇 180 余艘，各型飞机 150 余架进入战备；空军 15 个师 30 个团、1 个防空导弹营、3 个高炮师，各型作战飞机 680 余架进入战备；海、空军部队并以部分兵力进入东南沿海地区。总后勤部及沿海各军区组织了 5 个后勤分部，投入战时后勤保障的准备。

沿海地区可以说是进行了一次准备应付全面战争的大演练。226 万民兵投入训练和紧急战备，海岸线和凡是有部队设防的岛屿，都实行军民联防。从中央到省市各级、各部门均采取了有力的措施，党、政、军、民密切结合，全力以赴，及时快速地解决组织支前、民兵参战、兵力动员、军工生产、粮秣筹集、运输安排等问题。为统一战时军、民运输，保障部队和战备物资输送，以铁道部、交通部、总后勤部、铁道兵司令部、军事交通部组成了鹰潭军运司令部，并从全国 16 个省、市，22 个铁路局调集了棚、板车 1.86 万辆投入战备运输。东南沿海各级党政部门，迅速按战时要求组织了支前机构，安排 10 万基干民兵作为预备补充兵员。闽、粤、浙、赣地区军事机构，为民兵补充各种枪 3 万余支（挺），配合部队展开战备工作，担负输送物资、抢修维护道路、警戒等任务。全国大部省区和各大军区都迅速组织支前和军用物资筹措机构，优先、快速地组织紧急战备物资的筹措和调运，铁路部门迅速调整运输计划，优先保证战备物资的运输。除总部在鹰潭设立了运输指挥部外，福州军区与福建省统一了铁路、水路的组织指挥。

毛泽东和中共中央、中央军委从实际出发，将过去既定的“诱敌深入，聚而歼之”的作战方针，改为“顶，不让敌人上来”的作战方针。据此，沿海各军区进一步加强沿岸、海岛的工事构筑。至6月下旬，岛屿和沿海要点工事基本完工，大部分已构成以坑道为骨干与火力点和野战工事相结合的阵地体系。为保障部队和重武器装备的机动，福州军区组织民工赶修闽清—德化段纵深横向公路，前线部队还在沿海自行修筑一些急造军路。空军在沿海重点机场进行抢修准备，海军勘测舰艇待机位置，加强必要的锚地设施。各部队对各通信台、站和线路进行抢修和检修，采取了加强措施。

美国白宫决策者对台海两岸再度出现的紧张局势早已密切关注，对两岸情势做了一番研究和估计后，得出以下结论：(1) 大陆内部面临严重的经济困难，但远未达到国民党声称的“民怨”“一触即发”的程度，没有什么可靠的证据显示国民党可以借此时机一举“统一中国”。(2) 如果美国卷入这一事件，势必陷入与中国的长期战争。(3) 中国在福建沿海大量集结兵力，主要在于戒备、防范台湾国民党军对大陆可能采取的军事行动，而再次主动进攻金、马的可能性不大。1962年3月14日，美国远东事务助理国务卿伊尔斯尔访问台湾，与蒋介石会谈，他发表谈话说，“无论共产党政权是否摇摇欲坠，美国都不支持‘国民政府’反攻大陆”。

紧急战备期间，毛泽东和中共中央把军事斗争同国际政治外交斗争紧密结合起来，通过外交途径和利用各种宣传机器，充分揭露美国推行侵略战争政策和侵略中国领土台湾、在台湾海峡危险的玩火行为。在中国强大的政治外交和宣传攻势下，美国在外交场合不得不公开表态，不支持蒋介石“反攻大陆”。在东南沿海紧急战备行动中，显示了中共中央的坚强领导和大陆军民团结一心的巨大力量，对台湾当局起到了有力的震慑作用。在这种形势下，台湾当局被迫放弃大规模军事冒险计划。

（二）打击台湾国民党军小股武装窜扰活动

台湾当局“反攻大陆”阴谋被粉碎后，为扩大反动政治影响，维系其民心士气，蒋介石在1962年国民党八届五中全会上提出：“现阶段光复大陆的总方针是掀起大陆人民的反共高潮”，要以“策进大陆反共革命的实际行动作为军事反攻的先期作战”。从这种策略出发，台湾当局令其军队改变对大陆的袭扰方式，对大陆沿海地区展开小股武装袭扰行动。

美国为了利用台湾国民党军牵制大陆的军力，减弱越南方面来自中国对美国的压力，支持台湾国民党军继续以小股武装实施窜扰行动。从1960年开始，美国对台湾的军事援助明显加大，重武器装备包括大型军舰和先进飞机甚至飞弹也慷慨地提供给台湾。在大量军援运抵台湾的同时，美国与台湾国民党军频繁举行针对中国大陆的军事演习。从1962年秋开始，台湾当局加剧对大陆进行武装窜犯和袭扰行动。

人民解放军加强沿海地区的军民联防和全国要地防空力量，陆续部署并形成四道防线：第一道是海上防线，以海军舰艇为骨干，与海上武工队和民兵配合；第二道是海岸防线，以守备、公安部队为骨干，民兵积极配合，加强对海岸的警戒、巡逻和对港口船只的检查、管理；第三道是陆地防线，以民兵为主，解放军机动分队及时驰援，迅速歼灭潜入纵深地区的武装特务；第四道是隐蔽斗争防线，以公安部门为主，依靠民兵和人民群众配合，严密掌握社情动态，加强治安保卫工作。四道防线形成了分工明确、密切协同，从海上到陆地，从前沿到纵深，从公开到隐蔽的反国民党军窜扰的天罗地网。大陆军民密切配合，联合打击窜入大陆的台湾国民党军武装特务，粉碎了美国和台湾当局的阴谋。

1. 粉碎陆上小股武装登陆窜扰。

1962年秋，美国与台湾当局的特务机关“中美联合情报中心”和台湾当局“国防部情报局”，共同制定了代号为“海威”“班超”的袭扰计划，企图在广东沿海地区开辟“游击走廊”。10月初至12月初，9股特务在广东沿海一些县区登陆。美国特务机关“海军辅助通信中心”配合国民党军派出P-2V间谍飞机1架，侵入广东阳江地区上空，把在冲绳岛等地受过专门训练的 1 股国民党武装特务空投到大陆，这些特务刚一着陆和上陆，就遭到解放军和民兵的歼灭性打击。到 12 月，广东沿海军民共消灭了从海上登陆和空投的台湾国民党武装特务 9 股计 172 人。

1963 年 6 月至 10 月，国民党军小股武装窜扰活动最为频繁，窜扰范围扩大到华东、华南沿海各省。中央军委总参谋部召开海防、边防作战会议，总结搜剿小股特务武装的经验。从 1963 年 10 月至 1965 年 1 月，解放军、公安部队和民兵密切协同，共歼灭窜入大陆的武装特务 40 股 594 人，击沉和缴获各型登陆船艇 24 艘。①

2. 打击海上窜扰。

台湾国民党军先后制订了“武装涉透”、“两栖突击”和“海狼艇”的“海上突击”等海上袭扰行动计划。人民解放军遵照中央军委“把匪特放上陆来打，海上打输送船”的指示，积极开展海上围歼行动。从 1962 年至 1965 年，解放军海军先后歼灭国民党军小股武装 47 股，部分歼灭和击溃 13 股，共击沉特务船 9 艘、“海狼艇” 3 艘，击沉舢板、胶舟 6 只，缴获特务船 7 艘、“海狼艇” 2 艘，毙敌 100 余人，俘 316 人。②

在小船小艇袭扰活动连遭打击的情况下，1965 年下半年，台湾国民党军决定使用大型战斗舰艇参加袭扰活动，以鼓舞连遭失败失落的士气。人民解放军海军针对国民党军作战企图，制定了放至近岸、协同突击、一一击破的作战方案，后取得“八六”海战和“崇武以东”海战的重大胜利。

8 月 5 日 6 时许，国民党海军大型猎潜舰“剑门”号和小型猎潜舰“章江”号，由台湾左营隐蔽出航，企图输送特务到福建南部沿海地区突击袭扰。“剑门”号原是美制扫雷舰，排水量为 1250 吨，航速为 20 节，装有 76.2 毫米以下口径火炮 10 门。“章江”号是美制小型猎潜舰，排水量为 450 吨，航速为 18.5 节，配有 76.2 毫米以下口径火炮 10 门，是当

① 参见《当代中国》丛书编辑部：《当代中国军队的军事工作》（上），中国社会科学出版社 1989 年版，第 340 页。

② 参见《当代中国》丛书编辑部：《当代中国军队的军事工作》（上），中国社会科学出版社 1989 年版，第 348—349 页。

时比较先进的军舰。南海舰队得到台湾国民党军派出的两艘猎潜舰出航的情报后，立即令汕头水警区护卫艇第四十一大队护卫艇 4 艘、快艇第十一大队鱼雷艇 6 艘组成突击编队，以 161 号炮舰和快艇十一大队 5 艘鱼雷艇为支援兵力，指挥员分别是汕头水警区副司令员孔照年和参谋长王锦。5 日 21 时至 24 时，人民解放军参战各编队舰艇，分别起航，驶往歼敌地区。

6 日 1 时 42 分，“剑门”“章江”两舰凭其火炮射程远，先机向解放军护卫艇开炮，人民解放军各艇借敌炮射击火光向敌舰猛烈开火。人民解放军海军突击编队连续两次突击和抵近射击，压制了敌舰炮火，将敌两舰分开。敌舰“剑门”号一面还击，一面向东规避。解放军 4 艘护卫艇紧紧咬住“章江”号，从 500 米与敌同航向射击，直打到 100 米以内，“章江”号中弹起火，慌忙逃窜。人民解放军海军突击编队第 598 号、601 号艇加速冲击堵击，611 号艇勇猛追打“章江”舰。但这时 611 号艇正好位于己方艇队与“章江”号舰之间，在猛烈的炮火中，误被己方炮弹击中，接着又被“章江”号击中，人员伤亡过半，3 部主机被打坏，前舱进水。但 611 号艇仍坚持战斗。轮机兵麦贤得头部被弹片击中，失去知觉。当他苏醒后，以惊人的毅力顽强坚守在主机旁边。在前面堵击“章江”号的 601 号艇，也中弹 4 发。艇长吴广维头部中弹倒在指挥位置上，还连连喊“打!”直到英勇牺牲。王瑞昌立即接替指挥，继续战斗。敌舰“章江”号在人民海军艇队的攻击下，此时已遍体鳞伤，失去抵抗能力，起火爆炸，于 3 时 33 分沉没于东山岛东南约 24.7 海里处。人民海军突击编队第 611 号艇自航返回基地。①

击沉“章江”号后，人民海军编队于 3 时 43 分，对“剑门”号实施攻击。5 时 10 分接敌后，各舰队集中火力猛烈射击，“剑门”号当即中弹起火。5 时 20 分，解放军编队快艇第二梯队在高速护卫舰的掩护下，接敌 2 至 3 链施放鱼雷，命中 3 条，“剑门”号随即沉没。

---

① 参见《当代中国》丛书编辑部：《当代中国海军》，中国社会科学出版社 1987 年版，第 381—383 页。

此次战斗，历时 3 小时 43 分，击沉国民党海军军舰 2 艘，击毙国民党军少将胡嘉恒以下 170 余人，生俘“剑门”舰舰长王蕴山以下 33 人。人民解放军海军战中亡 4 人、伤 28 人，损伤护卫艇和鱼雷快艇各 2 艘。战后，国防部通令嘉奖参战部队，授予麦贤得战斗英雄荣誉称号；海军授予 611 号护卫艇、119 号鱼雷艇“海上英雄艇”“英雄快艇”称号。中共中央、中央军委高度评价这次海战的胜利。8 月 17 日，毛泽东、刘少奇、周恩来、邓小平等领导接见了“八六海战”部分作战有功人员。

国民党军不甘心失败，于 11 月 13 日再次派出护航炮舰“永昌”号和大型猎潜舰“永泰”号进至崇武以东海面，进行窜扰活动。海军福建基地决定由护卫艇第二十九大队、三十一大队高速护卫艇 6 艘和鱼雷快艇第三十一大队鱼雷艇 6 艘，组成战斗编队，由海坛水警区副司令员魏垣武指挥；福建指挥所派 4 艘护卫艇在 15 海里处担任警戒，派 3 艘护卫艇在西洋岛以东钳制来援敌舰。周恩来总理专门指示：要抓住战机，集中兵力先打一条；要近战，发扬英勇顽强的战斗作风；争取天亮前撤出战斗。①

13 日 22 时 16 分，人民解放军舰艇编队由东沙屿出击。23 时 33 分于崇武以东海面接敌，编队指挥员下令减速，集中火力向“永泰”号射击。“永泰”号受伤后快速逃窜。编队指挥员随即下令鱼雷艇群攻击“永昌”号，从 23 时 52 分至 14 日零时 21 分，解放军海军作战编队的鱼雷艇群 3 个组冒着猛烈炮火，先后出击 5 次，发射多枚鱼雷，均因阵位不佳和“永昌”号频繁规避，未能取得战果。周旋多时后，零时 30 分，解放军作战编队鱼雷艇第三组 145 号艇再次进入战斗航向。为不失去战机，艇组指挥员下令“单艇相继攻击”，145 号艇随即发射两枚鱼雷，“永昌”号尾部命中一雷，当即失去机动能力，开始下沉。解放军护卫艇趁机抵进到 150 米至 50 米，以 37 毫米炮和 75 米毫米无坐力炮向其水线部位猛烈射击，最终将“永昌号”击沉。人民解放军海军部队取得了海上作战的又一次重大胜利，击沉国民党“永昌”号护航炮舰，击伤“永泰”号大

---

① 参见《当代中国》丛书编辑部：《当代中国海军》，中国社会科学出版社 1987 年版，第 387—389 页。

型猎潜舰，俘其 9 人。

台湾当局派遣武装特务袭扰大陆屡次受到重创，此后不得不逐渐减少袭扰活动。

3. 粉碎空中窜扰活动。

这一时期，美蒋策划派遣台湾国民党军小股武装在陆上、海上实施窜扰同时，为侦察大陆军事情报，也加强了空中侦察窜扰的频率。特别是派遣先进高空战略侦察机对大陆实施侦察的次数显著增加。人民解放军对窜入大陆的美蒋高空战略侦察机同样给予了有力打击。

美国为了使台湾国民党军牵制人民解放军的力量，也不惜为其提供先进的飞机。如：RF-101 型飞机，是美国制造的超音速战斗侦察机，侦察设备比较完善，可实施垂直和倾斜照相。1959 年，美国开始为国民党空军装备这种飞机。台湾国民党空军白天驾驶该型飞机对大陆沿海实施侦察，1960 年 1 月至 1961 年 7 月，先后 9 次窜入大陆汕头、晋江、龙田、路桥等沿海地区上空进行侦察。由于每次都采取 100 米至 150 米低空隐蔽出航，行动诡秘，大陆难以掌握其行踪。该型飞机对大陆实施窜扰一年多，人民解放军空军都没能将这种飞机击落。再如国民党空军使用的用于对大陆纵深夜间窜扰的 B-17G 型和 P2V-7 型飞机，这两种飞机装有当时较先进的通信导航和电子侦察设备，航线曲折多变，既能在暗夜作低空飞行，又可实施电子干扰，破坏对方截击雷达和炮瞄雷达的跟踪瞄准。美国 1957 年就为台湾国民党空军装备了这两种飞机，1961 年后又不断改进，加装电子仪器，安装新的回答式电子干扰设备。这两种飞机对大陆窜扰活动时间较长，曾窜入大陆福建、江西、湖南、湖北、河南、山东、河北、陕西、山西等 9 个省，解放军空军共起飞歼击机 18 架次拦截，均未获战果。此外，美国还提供国民党军白天使用战略侦察机，先是 RB-57 型，后是 U-2 型飞机，等等。美国简直把中国大陆当作新式飞机的试验场，台湾国民党空军成了美国新式先进飞机的试飞员——实际地进行战斗试验。

面对台湾国民党空军驾驶美制先进飞机窜扰大陆的活动，人民解放军及时调整防空部署，加强防空力量，加强情报报知系统。空军、海军航空兵和高炮部队明确分工，密切配合，通过实战掌握敌机活动规律，不断采取对策和摸索打法，取得经验。从1960年开始，解放军不断取得击落窜入大陆的美蒋先进侦察机的战绩。其中有些战例，在世界防空作战史上也是史无前例的。

1961年8月2日9时，设在闽江口的地面观察哨首先发现国民党空军1架RF-101型飞机，贴着海面飞向福州机场。严阵以待的高炮五七二团和五〇三团一营，抓住战机，集火猛烈射击，不到3分钟，这架飞机中弹着火，少校分队长吴宝智跳伞后被俘虏。

1961年11月6日，国民党空军使用P2V-7型飞机对大陆进行夜间窜扰侦察。在辽东半岛设伏的防空高炮部队，在探照灯部队的巧妙配合下，将1架入窜侦察的P2V-7型飞机击落，创造了灯、炮协同作战的战例。

1963年6月19日晚，国民党空军1架P2V-7型飞机，从浙江沿海地区入陆内窜。20日零时18分，飞机窜至江西新干地区上空，航空兵第二十四师副大队长王文礼奉命驾驶米格-17波爱夫型飞机升空截击，P2V-7型飞机施以干扰，王文礼雷达一片迷茫无法辨明目标，地面指挥员及时引导他进行跟踪。当距离敌机500米至300米时，王文礼重新发现目标，P2V-7型飞机发现跟踪迅速下降在山谷中飞行，有时凭借先进性能故意对着山头直飞过去然后迅速转弯，企图诱使跟踪追击的王文礼来不及躲避撞上山头。王文礼沉着机智，在强烈的干扰下将飞机减至小速度在夜幕中紧追不舍，几次丢失目标又几次追上去重新发现目标。他抓住有利时机开炮，将这架国民党空军飞机击中使之坠毁在山谷中。

1964年6月11日夜，解放军海军航空兵第四师独立五大队飞行员陈根发和石振山机组，在山东半岛地区采取以飞机空投照明弹照明、歼击机飞行员进行目视攻击的方法，又击落一架国民党空军P2V-7型飞机。

1964年12月18日14时左右，东海舰队航空兵雷达发现一架台湾国民党空军飞机正窜入浙江路桥以东150公里处。人民解放军海军路桥基地指挥所令歼-5型飞机2架起飞至大陈、狼山一带佯动，令海军航空兵第四师副团长王鸿喜驾驶新型国产歼-6型飞机隐蔽进入战区占领有利位置。发现目标后，王鸿喜驾机直冲过去，3炮齐射，打得RF-101型飞机尾部冒出一团黑烟，一头向大海栽去。翌年 3 月 18 日，空军航空兵第十八师副大队长高长吉驾驶歼-6 型飞机，在汕头又击落一架 RF-101 型飞机。

人民解放军地空导弹部队打击台湾国民党军高空战略侦察机，是防空作战史上最为精彩的战例。从 1958 年开始，国民党军空军使用美制 RB-57 型飞机对大陆纵深地区进行侦察。2 月 18 日，人民解放军海军航空兵第四师第十团中队长胡春生和飞行员舒积成，驾驶歼-5 型飞机，在山东半岛上空击落 RB-57A 型飞机 1 架。不久，国民党空军改用性能更先进的 RB-57D 型飞机窜入大陆纵深实施侦察。该型飞机飞行高度 1.9 万米，人民解放军装备的飞机飞行高度有限，多次起飞攻击均未获战果。为有效保卫大陆空中安全，人民解放军加速建立了一支地空导弹部队，1959 年 10 月 7 日，部署在首都地区的地空导弹第二营，击落窜入北京东南地区上空的国民党空军 RB-57D 型高空战略侦察机 1 架，开创了世界防空作战史上使用地空导弹击落敌机的先例。RB-57D 型飞机被击落后，国民党空军停止对大陆实施高空侦察两年零三个月之久。1962 年后，国民党空军派美国为其装备的更为先进的 U-2 型高空战略侦察机对大陆纵深实施侦察。为对付这种飞行高度达 2 万米以上的战略侦察机，人民解放军迅速组建了几个地空导弹部队，巧妙部署机动设伏。经过几年艰苦斗争，取得击落 U-2 型飞机 5 架的战果。

国民党空军驾驶美国为其装备的先进飞机实施的窜扰行动，不论其白天来还是黑夜来，不论窜入大陆沿海还是内地，都遭到沉重打击。1968 年以后，台湾国民党空军飞机对大陆的侦察窜扰活动基本停止。

六、中印边境自卫反击作战

1962 年 10 月至 11 月，在印度不顾中国政府和军队的极大克制忍让，顽固拒绝中国和平解决中印边界问题主张，并决意使用武力侵占中国领土的情况下，中国人民解放军被迫实施了中印边境自卫反击作战。

1. 中国政府和平解决中印边界问题的努力。

中印边界全长约1700公里（不含原中锡边界），习惯上分为东、中、西三段。整个边界从未正式划定，但自古以来，双方政府和边民遵守着一条历史形成的传统习惯线。19世纪末20世纪初，英帝国主义侵略中国西藏、新疆，制造了中印边界问题。

1913年4月至1914年7月，英印殖民当局策划召开有中国政府代表、西藏地方政府代表、英印当局代表参加的西姆拉会议。会上，英国代表麦克马洪用红蓝铅笔沿喜马拉雅山脊划了一条线，要中国代表和西藏代表接受这条线为中国西藏同印度的边界线。这条线将中国同印度的边界线由传统习惯线向北推了100多公里，面积达9万多平方公里。中国政府代表拒绝后，麦克马洪以5000条枪、50万发子弹，答应帮助西藏地方政府赶走汉军、支持西藏独立为诱饵，以秘密换文的方式，骗取西藏地方政府代表在条约上签了字。中国历届政府发表声明，严正指出西姆拉条约是非法的、无效的。在中印边界西段，英国殖民主义者为达到控制新疆、制止俄国势力南下的目的，自1846年至1899年间，先后进入中国西藏阿里地区和新疆阿克赛钦地区勘测，先后炮制了约翰逊线、约翰·阿尔达线、马继业—窦纳乐线，企图将中印西段边界由喀喇昆仑山向东推进至昆仑山，但这也只是英印当局企图侵略该地区的图上设想。

在印度独立前，英印当局对这些地区并未派兵占领和实施行政管辖。1947年印度独立后，派兵逐步向北推进。特别是1950年后，乘新中国全力抗美援朝之机，派兵陆续侵占了东段的9万平方公里中国领土，并于1954年宣布成立“东北边境特区”；至1959年，印方哨所推进至“麦克马洪线”南侧。1954年至1959年，印度又派兵侵占了中印边境中段的巨哇、曲惹、什布奇山口一些地区，桑、葱莎、波林三多以及乌热、香扎、拉不底等地，共2000多平方公里中国领土。由于印度政府坚持英国企图划定的边界即是中印之间边界，并派兵占领了这些地方，从而制造了中国和印度之间的边界“争议地区”。①

---

① 参见中国人民解放军军史编写组编《中国人民解放军军史》第5卷，军事科学出版社2011年版，第331—332页。

20 世纪 50 年代，对于印度的行径，中国政府由于抗美援朝，集中力量打破美国对中国在军事、经济、外交上的全面封锁，无暇西顾，仅通过外交途径对印度提出交涉和照会，发表声明等。1959 年，西藏反动上层发动的武装叛乱迅速被人民解放军粉碎，印度制造西藏“独立国”战略企图化为泡影，于是，尼赫鲁总理给中国总理写信，要中国承认“麦克马洪线”是合法边界线，并称“麦线”也应进行必要的修正，“麦线”以北一些中国控制的地区要点应划归印度；西段中国控制的 3 万多平方公里中国领土也应给予印度。这一无理要求当然遭到中国政府的拒绝。在这种情况下，印度便制定了一个“前进政策”，派兵向中国领土推进，于 1959 年 8 月 9 日和 10 月 21 日先后制造了朗久、空喀山口边界武装冲突事件。

为和平解决边界问题，中国政府进行了不懈努力。两次边境事件后，中国政府提出：双方军队从实际控制线各自后撤 20 公里，实行隔离。印度当局拒绝后，中国政府指示边防部队在双方实际控制线中国一侧单方面后撤，并规定在距实际控制线 30 公里内不打枪、不巡逻、不平叛、不打猎；在 20 公里以内不打靶、不爆破、不演习。1960 年 4 月，中国总理周恩来率陈毅等赴印度新德里，积极倡导通过谈判和协商解决边界问题。

然而，中国政府所做的一切努力，没有得到印度方面的响应。从 1961 年开始，印度派遣军队大肆向中国境内推进，建立据点，蚕食中国领土，企图乘中国遭受严重自然灾害、军事重点在东南沿海地区应付美国支持下的蒋介石集团“反攻大陆”行动，以及中苏关系逐步恶化、国际上掀起反华恶浪之机，以军事手段实现领土要求。特别是 1962 年 4 月后，印度在中印边境西段的武装蚕食行动达到肆无忌惮的程度。

面对印军不断向中国境内蚕食推进，中国边防部队在迫不得已情况下恢复了巡逻。但印军毫不收敛，加剧蚕食行动。有的哨所设在中国哨所对面，有的推进至中国哨所侧后和后方。在这种严峻局势下，中共中央和毛泽东主席提出“决不退让，力争避免流血，犬牙交错，长期武装共处”反蚕食二十字方针。同时指示西藏、新疆边防部队坚持不打第一枪的原则，继续呼吁印度政府以两国友谊为重，放弃使用武力，通过谈判解决边界问题。但印度政府置若罔闻，至 9 月底，印军在中印边境西段中国领土上设立据点达 43 个，有的据点深入中国境内 20 余公里。

2. 决策和实施反击作战。

10 月 5 日，印军在东方军区之下，成立了一个专门同中国作战的新军团——第四军，10 日，印军向中印边境东段中国尺冬哨所攻击，再次制造了流血事件。12 日，尼赫鲁宣称：他已下令把中国军队从塔格拉山脊“清除掉”。至中旬，印军在中印边境东段集结了 1 个军部、1 个师部、3 个旅部共 15 个步兵营 2.2 万余人兵力；在西段，集结了 6 个步兵营共 5600 余人兵力。

为了维护国家领土主权和尊严，创造和平稳定的中印边境，中共中央、中央军委决定对印度军队的进攻予以坚决反击。10 月 6 日，总参谋部传达毛泽东指示：“假如印军向我进攻则要狠狠地打他一下，除东线西藏作准备外，西线也要配合。如他进攻，不仅要打退，还要打狠打痛。”10 月 17 日，中央军委下达了《歼灭入侵印军作战命令》。

遵照中央军委的命令，西藏、新疆边防部队分别成立了由西藏军区司令员张国华和新疆南疆军区司令员何家产负责的东、西线指挥所，指挥西藏、新疆边防部队于 10 月 20 日开始，对入侵中国领土的印军实施了坚决有力的自卫反击作战。反击作战分为两个阶段。

第一阶段自 10 月 20 日始至 28 日止。中国边防部队在中印边境东段西藏的克节朗、达旺地区，西段新疆阿克赛钦地区的加勒万河谷、红山头、巴里加斯等地，同时对入侵印军进行反击作战。主要作战方向在东段的克节朗地区，西段予以配合。

印军部署在克节朗地区的兵力，为第四师战术司令部率第七旅，阿萨姆步兵第五营和炮兵、工兵各一部，共 4 个步兵营 3000 余人。

10 月 20 日 7 时 30 分，西藏军区前指指挥藏字四一九部队、第十一师主力、山南军分区第一团和第二团、炮兵第三〇八团一部、工兵第一三六团一部，针对克节朗地区印军部署前重后轻、翼侧暴露、正面宽、纵深浅等特点，采取两翼开刀、侧后迂回、分割包围、各个击破的战法，集中主要兵力，向印军第七旅左右两翼发起攻击，迅速攻占枪等、卡龙、克宁乃、沙则等要点；以一部兵力在山南军分区协同下，向该印军正面扯果布、邦冈丁攻击，一部兵力向左侧后章多迂回攻击；昌都、山南、林芝军分区各以一部兵力对当面之敌实施反击，配合主要方向作战。反击作战部队克服高山、峡谷、密林等天然障碍，以勇猛的攻势行动，迅速攻克了印军在克节朗地区的重要据点。印军大部被歼，一部溃逃。攻占克节朗地区后，中国反击作战部队遵照中央军委不受非法的“麦克马洪线”约束的命令，乘胜发展进攻，至 23 日进占达旺。此战，收复了“麦克马洪线”以南达旺河以北部分中国领土，歼灭印军第七旅共 1897 人（其中毙敌 832 人，俘 1065 人），俘获印军第七旅旅长达尔维准将，缴获一批武器装备。①

在东线发起反击同时，西线新疆边防部队康西瓦指挥所指挥第四师、步兵第二团、骑兵第三团、阿里支队、工兵第一〇九团第一营等部，对侵入加勒万河谷、红山头等地印军据点发起攻击，配合东线作战。边防部队在高山缺氧、气候严寒的边境地区，对入侵印军据点实施强攻，经过 1 小时战斗，全歼守敌。而后，反击作战部队乘胜扩大战果，向班公湖两岸、巴里加斯等地区转用兵力。战至 28 日，清除侵入中国境内的印军据点 37 个，歼灭印军 296 人。至此，第一阶段反击作战胜利结束，为而后的军事、政治外交斗争创造了极为有利的条件。

在东段克节朗地区作战取得胜利的形势下，为缓和严重的局势，10 月 24 日，中国政府发表声明，提出停止冲突、重开谈判、和平解决边界问题的三项建议，并命令东线反击作战部队停止追击。11 月 4 日，周恩来又写信给尼赫鲁，希望印度当局对中国政府的三项建议作出积极响应。

然而，印度当局拒绝了中国政府的和平建议，宣布全国进入紧急状态，进行战争动员，公开向美、英、苏等国乞求军事援助，向东、西段边境地区调集 4 万余人的兵力，决心再度向中国边防部队发动进攻。侵

---

① 参见中国人民解放军军史编写组编《中国人民解放军军史》第 5 卷，军事科学出版社 2011 年版，第 335 页。

入中国西藏山南地区之西山口、昌都地区及瓦弄等地和中印边境西段的印军，不断对中国边防部队实施炮击，并于11月14日、16日在中印边境全线向中国边防部队发动猛烈进攻。为实现边境的和平与安宁，中央军委决定，再次对入侵印军实施反击作战。

第二阶段自11月16日开始至21日止。

在东线西山口—邦迪拉方向，印军第四师战术司令部指挥5个旅共1.5万余人，沿达旺至邦迪拉公路两侧成线式布防，重点防守西山口；在邦迪拉以南，印方部署第四军主力作为机动部队。

西藏军区前指遵照中央军委的命令，集中藏字四一九部队、第十一师主力（第三十二、第三十三团）、第五十五师、山南军分区4个连，炮兵第三〇八、第三〇六、第五四〇团，步兵第一三〇、第一三四两师的高炮营，工兵第一三六团5个连，铁道兵第二十四团大部及其他勤务分队，共2.2万余人的兵力，采取大纵深迂回包围、多路穿插的战术，围歼该印军。中国西藏边防部队针对印军“铜头、锡尾、背紧、腹松”的部署特点，一部兵力攻击西山口打敌之头，一部兵力向申隔宗、略马东地区攻击击敌之背，一部兵力迂回至德让宗、邦迪拉之间切敌之尾。11月18日，对印军形成了多路攻击态势，将印军切成数段。战至11月19日，攻占邦迪拉，残敌仓皇溃败，西藏边防部队随即展开搜剿、追击作战，于21日全部清除了西山口—邦迪拉方向的印军据点。

在东线瓦弄方向。西藏边防部队第五十四军第一三〇师、配属第一三四师3个炮兵连、第一三五师高炮营、第五十四军高炮营第四连，在昌都军分区第一五三团等部（分）队的配合下，于16日对印军第十一旅发起反击，从右翼方向直插瓦弄扎公，经两个小时激烈战斗，夺占瓦弄扎公，分割歼灭了入侵印军；左翼部队在察隅河东岸向侵占“80高地”等的印军发起反击。战至16日17时许，驱逐了入侵瓦弄地区的印军，进驻瓦弄。夺占瓦弄后，西藏边防部队主力就地转入搜剿，一部继续向南反击，21日进至金古底，逼近传统习惯线。

在中印边境东段中部地区，西藏山南、林芝军分区派出一部兵力，拔除印军据点16处，歼敌一部。

西线新疆边防部队，自 11 月 18 日至 20 日，清除了班公洛地区的印军侵略据点。

中印边境自卫反击作战，历时 1 个月。在西段，清除印军设在中国境内的所有 43 个侵略据点；在东段，进到了非法的“麦克马洪线”以南靠近中印边境传统习惯线地区。整个作战，全歼印军 3 个旅，重创印军 3 个旅，另歼印军 5 个旅的各一部，共毙印军 4800 余人，俘印军 3900 余人；缴获各种炮 300 余门，飞机 5 架，坦克 9 辆，汽车 400 多台，各种枪 6400 余支（挺），各种枪、炮弹药 400 余万发，其他军用物资一批。①

自卫反击作战取得胜利后，为促进中印边界问题和平解决，表明中国政府绝不以武力解决边界问题的诚意，中国政府于 11 月 21 日发表声明，决定在中印边境全线主动停火，主动后撤。从 12 月 1 日至 1963 年 3 月 1 日，东线中国边防部队全部撤至 1959 年 11 月 7 日中印双方实际控制线中国一侧 20 公里以北地区。随后，中国政府又向印度政府交还了大批战缴物资，释放了全部战俘。中国政府的这一实际行动，再一次证明了中国政府和平解决边界问题的诚意，赢得了世界上广大爱好和平的国家和人民的高度赞扬。

中印边境自卫反击战，是一场“军事政治仗，或者叫作政治军事仗”②。它融军事、政治和外交斗争于一体，各种矛盾错综交织，斗争极其复杂。毛泽东和中共中央、中央军委从战略全局出发，灵活运用军事、政治、外交斗争手段，体现了高超的斗争艺术，不仅取得军事上的胜利，维护了国家领土主权，也取得了政治、外交斗争的主动；不仅有力地打击了印度侵略者，也回击了国际反华势力；不仅赢得了中印边境的稳定，也给台湾国民党军以有力的震慑。

中印边境自卫反击作战，是在特殊高原地区进行的一场较大规模的

① 参见中国人民解放军军史编写组编《中国人民解放军军史》第 5 卷，军事科学出版社 2011 年版，第 337 页。

② 毛泽东在张国华向出席中央工作会议人员汇报中印边境自卫反击作战情况时的插话，1963 年 2 月 19 日。

反侵略作战，是一场局部战争。该地区人烟稀少、物资匮乏、远离内地，东部山高林密，西部高寒缺氧，自然地理条件极其恶劣，作战行动和后勤保障十分困难。西藏、新疆边防部队在作战中发扬吃苦耐劳、英勇顽强的战斗作风，以超乎常人的毅力和意志，克服一个又一个难以想象的困难，攀高山越深谷，冒风雪战严寒，转战千里，创造性地运用穿插分割、包围迂回传统战法，胜利地完成了保卫祖国领土主权的作战任务，创造了高原严寒条件下实施反击作战的典型战例。反击作战中，涌现出了“阳廷安班”和王忠殿、罗光燮、张代荣、吴元明、肖明生、陈代富、张映鑫、周天喜、司马义·买买提、庞国兴等英雄集体和个人。

中印边境自卫反击作战，得到了全国人民特别是西藏、新疆各民族人民积极有力的支援。人民群众为反击作战部队带路，输送物资，运送和抢救伤员，修路架桥，为反击作战的胜利作出巨大贡献。

七、中缅勘界警卫作战

1950 年解放西南时逃往缅甸边境地区的国民党军残部，在 50 年代初回窜云南边境地区，遭到人民解放军沉重打击后，于 1953 年 11 月至 1954 年 5 月将大部兵力撤往台湾。至 1957 年 6 月，逃缅国民党军残部仅剩 3800 余人。1958 年 8 月底，残匪总指挥柳元麟奉台湾当局命令，率 1400 余人回窜袭扰边界地区，昆明军区组织 5 个公安边防团各一部兵力对其进行堵击和围剿，歼敌一部，余敌逃回缅北老巢。

1959 年，台湾当局乘西藏地区发生武装叛乱之机，指使逃缅残匪积极准备进犯云南边境地区，企图在该区煽动武装叛乱。云南边境地区的匪情和边境军事斗争形势，引起了中共中央领导人的重视。5 月 4 日，毛泽东阅关于蒋介石指示逃缅蒋军在中国边境扩大骚扰，以配合云南、西藏等地的叛乱活动的一则情报，于晨 5 时指示黄克诚：“（一）第三件情报应发给云南省委、军区并转有关地区各级党政军直至基层干部，引起警惕，准备应付可能的变乱；（二）指示云南省委、军区立即加强有关地区的工作，派得力人去各地调查情况，研究对策，千万不可马糊大意，轻易相信下面太平无事的书面报告。军委亦应派员去云南布置对策。”①

云南省委和昆明军区调查了解情况，研究对策。5 月 5 日，中央军委作出关于加强边防对敌斗争的部署，并派副总参谋长杨成武赴云南检查指导工作。昆明军区遵照中央军委和总参谋部的指示，调整边防部署，命令各边防部队制定和修改反窜扰作战方案。针对逃缅残匪活动特点，云南边防部队组织 10 多支游动作战小分队，在人民群众配合下，摸清窜扰残匪活动路线。1959 年 1 月至 5 月云南边防部队共实施 7 次反小股袭扰战斗，歼灭入窜的国民党残匪 29 人。

1960 年 7 月，台湾国民党当局帮助逃亡缅北的残匪建成孟百了机场，将一支 400 人的特种作战部队空运至缅北，并向逃缅残匪空运大批武器装备，扩充残匪实力。至 11 月，其兵力达 8300 余人，编为 1 个总部、5 个军部、18 个师以及孟百了守备区和西盟军区。该残部整编后，制定了向云南边境地区窜扰计划。

1960 年 1 月，中国与缅甸签订中缅边界问题协定和《中缅友好和互不侵犯条约》。从下半年开始，中缅边界联合委员会开始进行中缅边界的勘察和树立界桩工作。为保证勘界树界桩工作顺利进行，清除影响两国边界和平安宁的匪患，根据中缅边界联合委员会警卫问题专门小组双方的协议，对盘踞在靠近中缅边境地区对勘察、树界桩工作有威胁的国民党军残匪，由中缅双方部队共同负责加以围歼清除。

对这次中缅两军联合作战，中国政府高度重视。战前，国务院总理周恩来，外交部长陈毅，军委副主席贺龙、聂荣臻等，对作战、外事等政策问题多次作出重要指示。昆明军区司令员秦基伟在北京受领任务后，两次上报作战方案。中央军委指示昆明军区：这次出境作战，国际影响很大，只准打好，不准打坏；要打歼灭战，不打击溃战；作战的兵力部

① 中共中央文献研究室编《毛泽东年谱（一九四九——一九七六）》第 4 卷，中央文献出版社 2013 年版，第 37 页。

署，应以孟马、三岛、孟瓦、孟盲等为重点。11 月 5 日，昆明军区组成前方指挥所，由云南省军区副司令员黎锡福、第十三军副军长崔建功分别任正副指挥。人民解放军参战兵力共 5 个团又 1 个营。11 月 17 日，周恩来要求所有参战部队，不论在任何情况下，都要坚决不准超出边界 20 公里线以外地区作战；在战斗中应发挥最大的主观努力，力求做到不伤害缅甸边民；情况如有新的变化，我军作战行动时间需要变更时，必须事先征得缅方同意并达成协议后才能行动。总参谋长罗瑞卿亲自到昆明参加作战会议。11 月 22 日，中国人民解放军和缅甸国防军下达联合作战命令。据此，参战部队先后两次出境作战。

1960 年 11 月 22 日至 1961 年 1 月 20 日，实施第一次作战。作战地区正面宽 300 公里，纵深 20 公里。人民解放军采取迂回包围、搜捕聚歼的战术手段，歼灭 22 个据点之敌 467 人。

1961 年 1 月 25 日，根据缅甸方面请求和中缅双方协议，在第一次作战线以南规定地区发起第二次作战。人民解放军以奔袭和清剿相结合的手段，打掉了盘踞在巴西里、叭坎亮、索永、南昆、孟百了等地的柳元麟残匪总部，歼灭 274 人，其残部近 3000 人被驱散。2 月 9 日，中缅勘界警卫作战胜利结束，人民解放军全部撤回境内。

人民解放军昆明边防部队经过两次与缅军联合作战，捣毁了逃往缅甸边境地区的国民党军残匪老巢，协助缅甸方面收复了该残匪盘踞 10 余年 3 万多平方公里的地区，基本完成了中央军委赋予的作战任务，保障了中缅联合勘界的顺利进行。①

---

① 1960 年 10 月 1 日《中缅边界条约》正式签订，1961 年 10 月 13 日《中缅边界议定书》正式签订。

第六章
全面反侵略战争准备展开和努力维护军队、国家的稳定

进入 20 世纪 60 年代中期，美国侵越战争升级，战火烧到中国南邻；中苏两国关系彻底破裂，边境军事形势紧张加剧。中共中央、中央军委根据国际形势和国家安全形势的发展变化，判断中国面临着南、北两个方向的军事威胁，必须做好打全面反侵略战争的准备。正值此时，由于中国主要领导人对国家政治状况作了错误的估计，认为党和国家已面临资本主义复辟的现实危险，因而必须发动一场“政治大革命”。这场起名为“文化大革命”的运动，使国家陷入一场内乱。在国家安全形势十分严峻和国内“文化大革命”内乱的形势下，中国共产党领导人民解放军，一方面扎实进行各项战备工作，部署和实施各项反侵略战争准备；一方面维护和保持军队的高度集中统一，努力维护军队和国家的稳定，指导军队在干扰中进行各项建设。

一、准备“早打、大打、打核战争”指导思想的确立

（一）国家面临的严峻安全形势和毛泽东及中共中央的判断

1964 年 8 月 4 日，美国制造了“北部湾事件”（美国称“东京湾事件”），接着对越南民主共和国进行突然袭击，连续轰炸了越南北方的义安、鸿基和清化地区，还调集在台湾地区的大批舰艇，云集在越南民主共和国的海面。1965 年 2 月开始，美国对越南北方进行大规模的持续轰

炸。3 月，美军地面部队进入越南，由此，越南战争开始演变为以美军为主体，以“南打北炸”为特征的局部战争。4 月，侵越美军地面部队人数达到 8 万余人，到 1966 年底，驻越美军达到了 38.5 万余人。[①] 美国的军事行动，旨在扶植南越傀儡政府，消灭越南北方建立的越南民主共和国及越共领导的北、南方武装力量，将整个越南变为围堵“共产主义南下”的“藩篱”和军事基地，继续构建对中国的“新月形包围圈”。美国的行动，严重威胁了中国的国家安全。

与此同时，由于中苏两党论战，两国关系走向全面破裂。苏联从政治、经济、军事上对中国全面增加压力。在撤走援华全部专家，断绝一切经济、军事援助后，1963 年 7 月，苏联同蒙古国签订了针对中国的《关于帮助蒙古加强南部边界防务的协定》，蒙古南部边界是中蒙边界，此举不言而喻。根据协定，苏军开始在中蒙边境地区派驻兵力，包括战略火箭军及轰炸机等远程打击兵器，修建导弹基地等。1960 年后，苏方开始向中国境内推进巡逻线，在中国境内修建军事设施，阻止中国边防部队执行正常巡逻任务，在中苏两国未定边界派兵巡逻和建立哨所，等等。鉴于此，中苏双方于 1964 年开始进行边界谈判。但苏方不顾中方充分的历史事实根据，无理地坚持把边界线向中国领土上推进。

毛泽东和中共中央、中央军委认识到国家安全受到威胁的严重性，多次分析面临的战争形势，以很大的精力思考和部署反侵略战争准备问题。毛泽东认为，我们主要是防备美国帝国主义发动对我国的侵略战争，同时，对苏联也要有所注意。

1964 年 6 月 16 日，毛泽东在观看全军大比武汇报表演后，召开中央政治局常委和各中央局第一书记会议，毛泽东指出：“地方党委要搞军事。由大区领导，各省要作个计划，包括民兵、军工厂、修理厂。”省委第一书记要懂军事，“不搞军事了！一旦发生战争，就会手忙脚乱。”“各省要搞民兵、地方部队，省、地、县都要搞，不要靠中央，不要只靠几百万解放军。这么大的国家，这样长的战线，不靠，你就会打主意了。”

---

① 参见时殷弘：《美国对越南的干涉与战争》，世界知识出版社 1993 年版，第 212 页。

“要把民兵好好整一下，一个组织，一个政治，一个军事。”[①] 7月2日，毛泽东与周恩来、彭真、贺龙、杨成武等谈军事工作和战略问题时，提出天津、北京地区要搞三道防线，同时指出，不能只注意东边，不注意北边，只注意帝国主义，不注意修正主义。“有事不能全靠中央和军委，各省要准备自己管自己。有人说怕敌人不来用不上，不是浪费吗？那不对，一定要搞，准备好了敌人可能不来，准备不好敌人就可能来”。[②]

1964年8月6日晨，毛泽东在审阅谴责美国侵犯越南民主共和国的《中华人民共和国政府声明》稿时指示：“要打仗了，我的行动[③]得重新考虑。”[④] 8月13日，毛泽东同邓小平、彭真、康生、伍修权在北戴河会见越南劳动党中央第一书记黎笋时，对越南的反侵略战争部署提出建议，指出：“美国要出兵，进攻越南北方，这不是一个师、两个师的问题。在朝鲜战争时，美军最多时达到七个师，都是满员的，一个师一万五千人，共十万余人，加上空军、海军等，总共有几十万人。美国要在越南北方登陆，没有几十万兵是不行的。”“中国也要作准备，敌人认为只打你们不动我们不利。”[⑤] 10月5日，毛泽东在会见越南民主共和国总理范文同时说：“我们准备美国打进中国大陆。但要打，它也要利用蒋介石、南朝鲜帮助，单是美国人是不会来的。我们不怕。还是这个办法，在沿海建工事，也准备它打进来。中国领土相当大，它想到哪里就让它到哪里，这个办法比较好。”“我们和它打游击战，可以吃掉的就吃，要想吃掉它就要把它引进国境。”“一小口一小口地吃，就可以嚼烂了。”“我看和美

---

① 《建国以来毛泽东军事文稿》下卷，军事科学出版社、中央文献出版社2010年版，第229—230页。

② 《建国以来毛泽东军事文稿》下卷，军事科学出版社、中央文献出版社2010年版，第243页。

③ 指毛泽东原来计划的骑马沿黄河、长江进行考察的行动。

④ 中共中央文献研究室编《毛泽东年谱（一九四九——一九七六）》第5卷，中央文献出版社2013年版，第382页。

⑤ 中共中央文献研究室编《毛泽东年谱（一九四九——一九七六）》第5卷，中央文献出版社2013年版，第385—386页。

国、日本这样的国家打，只有用这个办法。”①

1965 年 3 月 22 日，周恩来向毛泽东汇报中共中央政治局常委会议情况，谈到东南亚形势的发展有几种可能性。毛泽东说：“要准备今年、明年、后年打仗。”② 4 月 14 日，中共中央发出加强备战工作的指示，指出：“美帝国主义正在越南采取扩大战争的步骤，直接侵犯越南民主共和国，严重地威胁了我国的安全。……我们还要准备对付美帝把战火引到我们的国土上来。中央认为，在目前形势下，应当加强备战工作。在全党县委以上的干部中，应当加强备战思想，密切注意越南战局的发展。要估计到敌人可能冒险。我们在思想上和工作上应当准备应付最严重的情况，准备对付美帝轰炸我国的军事设施、工业基地、交通要地和大城市，以至在我们的国土上作战。我们必须把情况设想得严重一些，把备战工作做得充分一些，特别是在重要的军事设施、工业基地、交通要地和大城市，要切实做好对付敌人空袭的准备。我们对小打、中打以至大打，都要有所准备。这样，对我们只有好处，没有什么坏处。只要我们做好一切准备，无论出现什么情况，我们就立于不败之地，胜利是一定属于我们的。”指示稿还对具体备战措施和各级领导需要注意的事项提出了要求。③

1965 年 5 月 21 日，总参谋部在刘少奇、周恩来、朱德等领导人在接见参加全军作战会议人员时的指示纪要中提出：第一，要立足于准备早打、大打、从各方面来打，我们准备好了，敌人就不敢轻易来打，就有可能争取推迟战争，甚至战争打不起来。第二，要从战略上考虑问题，处理好经济建设和国防建设的关系。第三，备战工作要有重点，现在必须搞好工事，搞好部队的武器装备。可以先从部队抽一点力量去搞工事。

---

① 《建国以来毛泽东军事文稿》下卷，军事科学出版社、中央文献出版社 2010 年版，第 270 页。

② 中共中央文献研究室编《毛泽东年谱（一九四九——一九七六）》第 5 卷，中央文献出版社 2013 年版，第 487 页。

③ 参见《建国以来毛泽东文稿》第 11 册，中央文献出版社 1996 年版，第 359—360 页。

第四，要从军事思想、物质基础和军队的政治工作三方面做好打仗的准备。①

毛泽东对我国面临的战争形势的分析，以及对未来反侵略战争的准备，对实施反侵略战争应遵循的战略指导方针等，都进行了深入的思考。这些思想，是指导全党全军全国人民进行反侵略战争准备的根本指导方针。

（二）准备“早打、大打、打核战争”战略思想的提出

随着战争准备的进行，中共中央、中央军委提出了准备“早打、大打、打核战争”的战略指导思想。1964 年六七月间，毛泽东指示做好对付美国对我发动全面战争的准备时，提出要从各方面做好准备，准备敌人使用原子武器。这样才主动，才有备无患，才比较可靠。8 月中旬，毛泽东在中共中央书记处会议上，提出要准备帝国主义可能发动侵略战争，立足于最困难情况加强战争准备工作。1965 年 4 月 12 日至 5 月 31 日，中央军委在北京召开全军作战会议。刘少奇、周恩来、林彪、邓小平参加了会议。会议认真研究毛泽东关于战略问题的指示，提出：打与不打，要放在打的准备上；美国和苏联是否会联合起来侵略中国，要准备苏联参战；打不打原子弹，要放在打原子弹的准备上；迟打还是早打，要准备早打。会议强调，要立足于最坏的可能，做最坏的打算。7 月 15 日至 28 日，总参谋部、总政治部召开民兵工作会议，贯彻落实毛泽东关于民兵工作“三落实”等问题。会议提出：“美帝国主义正在疯狂推行侵略政策和战争政策，侵越战争的赌注越下越大，加快‘逐步升级’，策划扩大新的冒险行动。”我们必须“以临战的姿态，加紧做好战争准备，立足于打，准备早打、大打，准备打常规战争，也准备敌人把核战争强加在我们头上。”9 月 18 日至 10 月 12 日，毛泽东在中共中央工作会上指出，现在不单是加强战备，战争实际上已经打起来了，我们要准备大打，准备美国投原子弹，打世界大战。根据毛泽东的指示，9 月 19 日至 21 日，刘

① 《建国以来毛泽东军事文稿》，第 11 册，中央文献出版社 1996 年版，第 311 页。

少奇、周恩来、邓小平、罗瑞卿等召开中央军委座谈会，研究了国内外形势的发展及其可能出现的与战争有关的问题，进一步明确了立足于早打、大打、打核战争的战略指导思想。

准备“早打、大打、打核战争”的战略指导思想，是中共中央、中央军委对战争形势作出最坏估计、为应付最困难的情况而作出的。准备“早打、大打、打核战争”的战略指导思想，第一次提出了立足于独立作战、应付两面作战等重要思想，对新中国成立以来在中苏友好同盟基础上的战略指导思想进行了重大调整。准备他们对我早打，强调战备工作做得越快越充分越好，我们不是战争的发动者，美帝国主义随时都有可能对中国发动侵略战争，特别是在中国从道义上和军事上实施援越抗美后，美国对中国发动侵略战争行动的危险性越来越大，因此必须准备他们明天就可能对我发动战争，打得准备越早越好。准备他们对我大打，即准备美国联合蒋介石集团和日本、韩国对我发动战争，同时又准备苏联在北边同时行动，这种大打的全面战争可能性也是不可预测的，必须做好这种最坏的准备。准备他们对我打核战争，是做发生最严重情况的战争准备，美国在朝鲜战争和台海危机中几次对中国威胁使用核武器，美国还准备联合有关国家一同摧毁中国核基地，战争一旦打起来，原子战争的可能性就存在。因此，中共中央、中央军委提出这一战略指导思想，从经济建设、国土防空、全民防御、军事设施建设等各方面，按这一指导思想进行准备，是根据战争可能性和实际提出来的。以后的大规模的大、小三线建设，全国性的各大、中、小城市展开的大规模挖洞工程（能防原子、防化学、防生物武器，能打、能藏、能生活的地下防护工程），即是这一战略思想的具体落实。20 世纪 60 年代中期和 70 年代末，中国整个国民经济建设中都贯彻了这一思想。这一思想的提出，对全面加强战备建设、防止外国侵略起到不可忽视的作用。同时由于在战争判断上过于强调战争不可避免的一面，以临战姿态加强战备工作，从而给军队长远现代化建设和国家经济建设造成了一定的负面影响。

二、实施大规模三线建设工程

（一）三线建设工程的决策

在加强备战中，中央仍强调把防备敌人远程空袭兵器的突然袭击作为战争准备的重中之重，并随着安全形势的发展，防突袭准备的深入，把防护准备由军事上扩展到国家经济建设的方方面面。早在 1961 年初及在 6 月召开的军委扩大会议上，中央即强调：根据对于未来战争中敌人对我实行战略性的突然袭击，特别是从空中来的包括原子、导弹、化学细菌武器和战略空降等的突然袭击的估计，对于我国国防工业的布局，对于战略和战役的后方基地（包括各种仓库和医院位置）的选定，对于国民经济中厂、矿建设的布局，交通线路的选定，以及坚持“山、散”原则的要求等，应进行统一的规划和安排，其中属于政府部门的应向政府有关部门提出必要的建议。

1960 年 1 月中央军委扩大会议提出要做好防敌突然袭击准备，特别是防备敌原子、导弹等远程兵器对我国重要目标实施突然袭击后，全国展开了首脑机关防突然袭击防护工程建设。在战争威胁不断加剧的形势下，总参根据中央和毛泽东的指示，对国民经济重要目标、重要工业企业、交通枢纽、大型水库等易遭袭情况展开调研。通过调研，总参谋部作战部于 1964 年 4 月 25 日向中共中央、中央军委呈报了《关于国家经济建设如何防备敌人突然袭击的报告》。报告说：我们对国家经济建设如何防备敌人突然袭击问题专门进行了调查研究，发现的问题是很多的，有些情况还相当严重。主要是：工业过于集中，全国 14 个百万以上人口的大城市，集中了约 60％的主要民用机械和 52％的国防工业；大城市人口多，大部分位于沿海地区，易遭空袭；主要铁路枢纽、桥梁和港口码头，一般多在大、中城市及其附近，易遭敌人轰炸破坏；所有水库的紧急泄水能力都很小，一旦遭到破坏，将酿成极大灾害。报告建议由国务院组织一个专案小组，根据国家经济的可能情况，研究采取一些切实可行的积极措施。

这份报告引起毛泽东和中共中央、国务院的高度重视。国务院立即成立了专家组，组织调研。此时，中共中央、国务院正在研究制定第三个五年计划。1964 年 5 月 15 日至 6 月 17 日，中共中央在北京召开会议，讨论第三个五年计划的初步设想、第三个五年计划期间农业发展等问题。毛泽东虽然此时还没看到总参作战部的报告，但对国家安全和准备反侵略战争、防备敌人突然袭击，特别是对国民经济建设如何应对未来反侵略战争等，早就进行着战略筹谋。5 月 27 日，毛泽东在中南海菊香书屋主持召开中共中央政治局常委会议。毛泽东主要提出两个问题，一个是对三线建设注意不够，一个是对基础工业注意不够。会前，毛泽东曾指出：农业、国防是拳头，基础工业是屁股，要使拳头有劲，屁股就要坐稳。会议期间，毛泽东从存在着新的世界战争的严重危险的估计出发，提出把全国划分为一、二、三线①的战略布局，下决心搞三线建设。② 毛泽东说：第一线是沿海，包钢到兰州这一条线是第二线，西南是第三线。在原子弹时期，没有后方是不行的。前一个时期，我们忽视利用原有的沿海基地，后来提醒，注意了。最近这几年又忽略“屁股”（基础工业）和后方了。

6 月 8 日，毛泽东在中共中央工作会议讲话中，再次严肃地谈到三线建设问题。并指出各省抓紧建设自己的一、二、三线。毛泽东说：“假使敌人占领了我们的地方，怎么办？我们一个省能不能打游击战争？我看各省都可以打。”他针对要求各省搞生产轻武器和弹药的小型军工厂说：

---

① 一、二、三线，是根据中国地理区域划分的，一线是指沿海和北部、西部边境地区；三线指云、贵、川、湘西、鄂西、陕、甘、宁、青、豫西、晋西等地区；介于一线和三线中间的地区，属于二线。三线又有大小之分，西南、西北为大三线，中部及沿海地区省区的腹地为小三线。

② 参见中共中央文献研究室编《周恩来年谱（一九四九——一九七六）》中卷，中央文献出版社 1997 年版，第 643 页。

“讲了几年了，都没搞起来。打起仗来，不能等二、三线给你送去。每个省都有一、二、三线嘛！军工部署也要考虑一下，只搞大的不行。每个省，就是讲沿海的广西、广东、福建、浙江、江苏、山东、河北、辽宁，还有黑龙江，那是对修正主义的，都要搞点地方的，属于地方所有的军工厂。现在地方不搞军事了，反正中央包了，打起仗来怎么办？子弹、轻武器、炸药，武装民兵都不够。打起仗来，要搞地方部队，第一、二线的省都要搞。不然，事情一来，措手不及。第二线就是湖南、湖北、安徽、江西、吉林、河南、山西、宁夏。敌人可以空降，但总是孤立的，到二、三线总是困难的。一打起仗来，准备打烂，准备丢掉城市，各省都要有办法。”①

8 月 12 日，毛泽东看到了总参作战部的报告，批示道：“此件很好，要精心研究，逐步实施。国务院组织专案小组，已经成立、开始工作没有？”② 8 月 19 日，李富春、薄一波、罗瑞卿向中央和毛泽东主席呈报了《关于国家经济建设如何防备敌人突然袭击问题的报告》，报告中说：根据主席对总参作战部报告的批示，我们召集有关方面负责人开了会，大家一致认为，主席的指示和作战部的报告极为重要，是我国战略防御的一项重大措施，必须认真对待，努力做好。会议决定：第一，在国务院成立专案小组，建议由李富春、李先念、谭震林、薄一波、罗瑞卿、谢富治、杨成武、张际春、赵尔陆、程子华、谷牧、韩光、周荣鑫 13 人组成，李富春任组长、薄一波、罗瑞卿任副组长。第二，各个方面的防备措施，除作战部提的四条外，还应包括大专学校、科学研究、设计机构、仓库、机关、事业单位等，以及城市、矿山的人防措施。各有关方面，都必须按照主席指示的“精心研究，逐步实施”的原则，尽快进行研究，并应注意以下几点：(1) 一切新的建设基础，不在第一线，特别是 15 个一百万人口以上的大城市建设。(2) 第一线，特别是 15 个大城市的现有

① 《建国以来毛泽东军事文稿》下卷，军事科学出版社、中央文献出版社 2010 年版，第 225 页。

② 《建国以来毛泽东军事文稿》下卷，军事科学出版社、中央文献出版社 2010 年版，第 258 页。

续建项目，除明年、后年即可完工投产见效的以外，其余一律要缩小规模，不再扩建，尽早收尾。（3）在第一线的现有老企业，特别是工业集中的城市的老企业，要把能搬的企业或一个车间，特别是有关军工和机械工业的，能一分为二的，分一部分到三线、二线；能迁移的，也应有计划地有步骤地迁移。（4）从明年起，不再新建大中水库。（5）在一线的全国重点高等学校和科学研究、设计机构，凡能迁移的，应有计划地迁移到三线、二线去，不能迁移的，应一分为二。（6）今后，一切新建项目不论在哪一线建设，都应贯彻执行分散、靠山、隐蔽的方针，不得集中在某几个城市或点。报告还对各项工作具体分工提出了建议。报告还提出，恢复人民防空委员会，仍由周恩来总理任主席，由谢富治任秘书长（原由罗瑞卿任秘书长），日常工作由公安部负责。①

8 月 17 日和 20 日，毛泽东又在中共中央书记处会议上两次讲话，提出三线建设问题。8 月 20 日，毛泽东在北戴河听取薄一波关于计划工作的汇报时，着重谈了在中央的战略方针下工业的重新布局问题。他说：现在沿海搞这么大，不搬家不行。你搞到二线也好嘛！二线包括湘西、鄂西、豫西、山西、陕西、江西、吉林、内蒙，四川、云南、贵州是三线，都可以搬去嘛！要好好地研究、吸取斯大林的经验教训，一不准备工事，二不准备敌人进攻，三不搬家，这就是教训。沿海各省都要搬家。迟搬不如早搬。一线要搬家，二线、三线要加强。中央工作会议开过好久了，成昆路仍然没有落实，不着急的样子。湘黔、滇黔、川黔三条路，搞了几年了，没有影子。成昆路要两头修，滇黔路也可以两头开工，还可以更多的点开工……②

根据毛泽东和中共中央的指示和意见，9 月 5 日，中共中央书记处发出通知，要求调整一线，集中力量建设三线，责成国家计委、经委尽快成立专门小组，抓紧落实三线建设。10 月 30 日，中共中央批准并下发国

---

① 《建国以来重要文献选编》第 19 册，中央文献出版社 1998 年版，第 133—134 页。

② 中共中央文献研究室编《毛泽东年谱（一九四九——一九七六）》第 5 卷，中央文献出版社 2013 年版，第 391—392 页。

家计委提出的《1965 年计划纲要（草案）》。《纲要》提出，争取时间，积极建设三线战略后方，决定从 1965 年起，用 10 年至 15 年时间，在纵深地区建设起一个工农业结合、为国防和农业服务的比较完整的战略后方工业基地。

1965 年 6 月 16 日，毛泽东听取余秋里关于编制第三个五年计划和长远规划问题汇报时指出：第三个五年计划“必须立足于战争，从准备打仗出发，把加强国防放在第一位，加快三线建设，改变工业布局，发展农业，大体解决吃、穿、用，加强基础工业和交通运输，把屁股坐稳”。“总而言之，第一是老百姓，不能丧失民心；第二是打仗；第三是灾荒。计划要考虑这三个因素。”① 同年 8 月 23 日，周恩来在国务院第 158 次全体会议上，将毛泽东上述谈话的意思概括为“备战、备荒，为人民”。② 9 月 18 日至 10 月 12 日，中共中央在北京召开工作会议。正式通过了“三五”计划的基本方针，并确定三线建设总的目标是：要采取多快好省的办法，在纵深地区建立起一个工农业结合的、为国防和农业服务的比较完整的战略后方基地。

（二）三线建设工程的实施

1964 年 8 月 19 日，李富春、薄一波、罗瑞卿在给毛泽东《关于国家经济建设如何防备敌人突然袭击问题的报告》中，即提出三线建设的初步原则，即：一切新的建设，不在第一线；在第一线的现有老企业，特别是工业集中的城市的老企业，能一分为二的，分一部分到三线、二线；能迁移的，也应有计划有步骤地迁移。今后，一切新建项目不论在哪一线建设，都应贯彻执行分散、靠山、隐蔽的方针。国防工办于 8 月中旬召开会议，拟定了国防工业建设三线的初步方案：第一，采取“分、搬、缩、停”的办法，有计划有目的地向战略后方转移。分，即老单位（包

---

① 《建国以来毛泽东军事文稿》下卷，军事科学出版社、中央文献出版社 2010 年版，第 316 页。

② 参见《中国人民解放军军史》编写组编《中国人民解放军军史》第 5 卷，军事科学出版社 2011 年版，第 397—398 页。

括工厂、科研机构、学校）要和专业化调整、技术改造、建设地方军工厂及合理布局结合起来，一分为二、一分为三，分一部分到三线去。搬，即能够搬的坚决搬到三线去。缩，即续建项目除确实是急需而又能够较快见效的，应缩小规模，利用已建成的工程组织生产。停，即一线地区除了受资源限制的项目外，一律不再新建其他项目，其他项目坚决停下来。第二，压缩原在一线使用的投资四分之三，作为 1965 年三线建设和一线搬家费用，争取在 1964 年和 1965 年将东北、南京等地区现有的工厂，搬一部分到三线地区。第三，组建勘察组，到三线地区选择国防工业的厂址，提出具体布局规划。遵照国防工办确定的原则性意见，11 月，由总后勤部组织召开了全军工厂管理工作会议，依据“分”“搬”的办法具体提出军队三线建设要求。

在加强全国性“大三线”建设的同时，对“小三线”建设也进行了规划部署。1964 年 10 月 18 日，广东省委向中央和中南局提出《关于国防工业和三线备战工作的请示报告》，提出加速地方军事工业建设；从前沿城市中迁建部分民用工业到三线去；加强国防公路和国防通讯网建设；做好物资与分为建设；加速后方农业和山区经济的发展；适当加强三线的文教和卫生建设。毛泽东于 22 日将报告批请刘少奇、周恩来、邓小平、彭真和罗瑞卿各同志传阅，在批语中说，请周总理找其他同志谈一下，“是否可以将此报告转发第一线和第二线各省，叫他们也讨论一下自己的第三线问题，并向中央提出一个合乎他们具体情况的报告。无非是增加一批建设费，全国大约需十五亿左右，分两、三年支付，可以解决一个长远的战略性的大问题。现在不为，后悔无及。”① 各省市接到中央转发的广东省的报告和毛泽东的指示，纷纷作出大小三线建设规划和部署意见。10 月 29 日，以中共中央名义向全国下发了《关于加强一、二线的后方建设和备战工作的指示》，11 月 3 日，毛泽东批示“照发”。这个指示对“小三线”建设提出具体的意见和要求，主要是：(1) 各省、地区建设一批地方军工厂，包括枪支、子弹、地雷、手榴弹和炸药等轻武

① 《建国以来毛泽东军事文稿》下卷，军事科学出版社、中央文献出版社 2010 年版，第 273 页。

器的制造厂。(2) 从大城市搬迁一些必要的配套工厂到省、区自己的后方，并且在后方相应地建设一些小煤矿、小电厂和必要的修配工厂。(3) 搞好现有的公路、桥梁、渡口和通信线路，新建或者改建一些运输、通信设施和边境上的江河护岸工程。(4) 修建一批储备粮食、原盐、汽油等战略物资的仓库。(5) 加强一二两线后方地区的农业建设，特别是山区建设。(6) 迁建或者新建一些必需的医院和学校。(7) 省委和军区领导机关加强防护工程建设。①

根据中共中央提出的意见和要求，经初步调查研究，国防工办、总参谋部、国家计委、经委、财贸部和财政等部门研究决定，于1965年初明确提出小三线建设的规划和布局。

1965年2月26日，中共中央、国务院发布《关于西南三线建设体制问题的决定》，决定成立西南三线建设委员会，以加强对整个西南三线建设的领导。3月29日，中共中央发出《关于西南三线建设委员会组成人员的批复》，同意以李井泉为主任，程子华、阎秀峰为副主任。1965年9月，彭德怀任西南三线建设委员会副主任。西北三线建设，由中共中央西北局刘澜涛、王林、安志文、宋平负责。工业、交通系统的三线建设安排由国家经委、国家计委负责，铁路枢纽的防备措施由铁道部负责，国防工业的安排由国防工办负责。

大规模三线建设自1965年开始。1964年、1965年两年时间，工业交通系统安排内迁一线地区的工厂109个，在西南、西北扩建、续建和新建大中型项目300余项，其中钢铁14项、有色金属18项、石油工业2项、化学工业14项、化肥10项、铁道工程26项，以及交通、民航、水利、森工、纺织、轻工、建材等关键项目。1965年占同期基本建设投资总额的43.4%，大中型项目占48%，其中攀枝花钢铁联合企业和成昆铁路是三线建设中最重要的两大项目。② 1965年至1980年，中国在13个省、自治区展开三线建设，投资总额近2050亿元，几百万人力，安排几

---

① 参见《中国人民解放军军史》编写组编《中国人民解放军军史》第5卷，军事科学出版社2011年版，第399—400页。

② 参见国务院原三线办公室秘书长、国防科工委原三线办公室主任于锡涛文：《加快三线建设的启动和调整改造》，《纵横》2014年第5期。

千个建设项目。三线建设十几年，取得重大成就：在国防科技工业方面，建立了雄厚的生产基础和一大批尖端科研试验基地。主要包括以重庆为中心的常规兵器工业基地体系，分布在四川、贵州、陕西、鄂西北等地的航空工业基地。在交通运输方面，先后建成了一批重要的铁路、公路二线和支线，主要有川黔、贵昆、成昆、湘黔、阳安、太焦、焦枝等 10 条干线，加上支线和专线，共新增铁路 8046 公里，占全国新增里数的 55%，三线地区铁路长度由占全国的 19.2%提高到 34.7%。在基础工业方面，建成了一大批机械工业、能源工业、原材料工业重点企业和基地。1965 年至 1975 年，三线地区建成的机械工业大中型项目共 124 个，初步形成了重庆、成都、贵阳、汉中、西宁等新的机械工业基地。能源工业方面，兴建了贵州六盘水地区和陕西渭北地区的煤炭基地，湖北的葛洲坝水电站，甘肃的刘家峡、八盘峡水电站项目。钢铁工业方面，建成了大型钢铁企业 984 个。① 三线建设的重大成就之一是国防科技工业，包括核、航空、航天、兵器、船舶、电子六个行业，累计投资 193 亿元，初步建成了具有相当规模、门类基本齐全、科研生产教育相结合的国防科技工业体系。战略武器的科研、生产和试验设施，大部分都建在了三线地区，常规武器的生产能力占到全国的一半以上。

三线建设是一次大规模的经济备战，为抵御外国侵略作了必要的准备，对维护国家安全起到不可低估的作用。三线建设改变了中国经济发展不合理的布局状况，为西部经济的发展奠定了极其有利的基础。三线建设，是毛泽东和中共中央的伟大的战略眼光和正确决策，是中国共产党领导中国人民的伟大创举，具有深远的战略意义。

为实施三线建设，人民解放军铁道兵、工程兵进行了大量扩编，1966 年又组建了基本建设工程兵。1966 年 4 月 20 日，中央军委决定，铁道兵拨 8 万人的建制部队归工程兵建制领导，其余部队整编后与铁道部的基建工程队合并为铁道兵部队，业务上归铁道部领导。至 1970 年，铁

---

① 转引自张启华等：《中华人民共和国史简编》，当代中国出版社 1997 年版，第 222—223 页。

道兵的总兵力比 60 年代初期增加近 3 倍，共 15 个师达 40 余万人。

三、“三北”防御工程建设

在部署反侵略战争准备中，毛泽东还同中共中央、中央军委有关领导人研究军事战略方针、判断敌人的进攻（登陆）地点、进攻主要方向、作战指导思想等问题。1964 年 7 月 15 日，毛泽东同周恩来、彭真、贺龙、陈毅、罗瑞卿、杨成武等人说，我看主要有两个问题，第一个战略问题，敌人从哪里来；第二个战略问题，就是要搞地方武装。1965 年 6 月 16 日，毛泽东在杭州听取计划工作汇报时强调：“一个国家打仗，这么大国家，纵不是像日本人那样长驱直入，也要给它一些味道，才会给我们机会打大胜仗。我看，就是怕它不进来，它只在边沿上搞一下，那就实行许世友的建议，在边沿上把它整下去。还是要诱敌深入才好打。人家得不到好处不行，那样就不能诱敌深入。”“诱敌深入，它进来之后，也要集中力量打歼灭战。”“斯大林格勒之战也算是诱敌深入，但我看他不是自觉地诱敌深入，而是被迫的。”① 1966 年 2 月，毛泽东在同中共中央军委副主席兼秘书长叶剑英和代总参谋长杨成武谈话时说：“诱敌深入，过去灵，过去对日本灵，现在在越南不灵了。敌人不会轻易长驱直入，要做两手准备。它不深入怎么办？在抗美援朝战争中，诱敌深入第一阶段灵，第二阶段就不灵了。”“不管怎样，我们在第一线总得顶几个月，使后方有所准备。”“利用城市打，也是个办法。采取斯大林格勒的办法。总不能把城市空起来，上海人口七百万，搬到哪里去！工厂要搬出一些。沿海城市要多修几层工事，它突破一层，还有一层。还要注意城市翼侧的设防。战争开始，可以采取这个方针，打几个月，看情况再

① 《建国以来毛泽东军事文稿》下卷，军事科学出版社、中央文献出版社 2010 年版，第 314—315 页。

说。美国搞空降，只能搞近距离的空降，远距离的空降，它没有把握，力量也不行。”①

1965年4月28日、29日，毛泽东在听取贺龙、罗瑞卿、杨成武汇报作战计划等问题时，指出，在“纵深要地，有山的要打点洞子，没有山的要堆点山，做点工事，堆他百把个就解决了问题。当然，修工事、堆山也可能像法国的马其诺防线一样无用。世界上的事情总是那样，你准备不好，敌人就来了；准备好了，敌人反而不敢来。我们不要学蒋介石那样，让日本人长驱直入，很快就打到南京、武汉、长沙；不要学斯大林那样，让希特勒长驱直入，一下就逼到莫斯科、列宁格勒。所以，我们一定要搞三道防线，不能让敌人长驱直入。”“战争初期该顶的地方要顶，但是有些地方也别顶得太久，有时要放，要使敌人感到有味道，要使敌人取得点胜利，为了消灭它，得放它进来。顶是争取时间，争取半年、一年，诱敌深入，然后消灭它。”② 毛泽东强调：“在纵深地区，都要准备敌人空降，都要有防空降的准备。……所以这些纵深要地，有山的要打点洞子，没有山的要堆点山，做点工事。要防止敌人向纵深空降，不能让敌人长驱直入。”③

在反侵略战争准备和部署上，毛泽东对整个反侵略战争的战争指导、打法，都作了详细的思考和部署。毛泽东提出的“诱敌深入”的战略方针及作战指导思想的基本精神是：把敌人放进来，在我国国土上作战，充分利用有利的地形即地理优势，发挥我人民战争的伟力，减弱敌国远程打击、原子导弹等现代化先进武器装备的威力，发挥我之特长，不断地消耗敌人，最后实施反击、追击作战，将敌驱出我之国土。

按照毛泽东的战争指导方针，必须做好防御工事，才能奏效。根据

---

① 《建国以来毛泽东军事文稿》下卷，军事科学出版社、中央文献出版社2010年版，第334—335页。

② 中共中央文献研究室编《毛泽东年谱（一九四九——一九七六）》第5卷，中央文献出版社2013年版，第492页。

③ 《建国以来毛泽东军事文稿》下卷，军事科学出版社、中央文献出版社2010年版，第308页。

毛泽东提出“不能只注意东边，不注意北边，只注意帝国主义，不注意修正主义”，要加强西北、华北、东北地区工事建设，大青山（内蒙古地区）要做工事，新疆要挖坑道，黑龙江也要做的指示，中央军委在部署东南沿海和南部防御的同时，决定对“三北”地区也进行重点设防，并对“三北”地区的防御工程建设进行了规划和部署。9 月 24 日，中央军委向中共中央、毛泽东主席报送了《贯彻战略方针问题的报告》，决定在东北、华北和西北地区展开坑道工事建设。12 月，总参谋部制定《对 1965 年国防工程任务安排的建议》，提出：1965 年全军的施工重点，除继续完成省、市以上首脑防御工程和岛屿的设防工程外，必须集中主要力量构筑北京、济南、南京军区的第一道防线的重点工程和沈阳、内蒙古、新疆军区的要点工程。建议还提出“三北”防御工程建设要全面贯彻重点设防、重点守备的方针，建立以坑道为骨干的永备工事，要求工事和洞库工程要能够防原子、防化学、防生物武器袭击。

根据总参谋部的部署，1964 年 5 月至 7 月，北京军区政治委员廖汉生、副司令员郑维山以及新疆党政军有关领导联合对新疆地区进行了勘察，9 月下旬至 11 月上旬，罗瑞卿、杨成武及北京军区领导杨勇、廖汉生、郑维山等，分两路对华北地区进行了勘察。10 月初至 11 月初，沈阳军区和内蒙古军区组织对中苏、中蒙边境的内蒙古自治区东部、东北三省的 6 个专区进行了勘察。经过两地勘察，在总参谋部的组织下，制定了作战计划，研究确定了防御工程建设规划。规划本着“重点设防、重点守备”的原则，在距离边境一定的纵深内，选择有利地形，采取卡口子的办法，组织大纵深的要点式防御，进行阵地防御工程、屯兵洞库工程、作战物资洞库工程等规划和建设。

经中共中央、中央军委批准，1964 年 9 月 18 日，总参谋部向总后勤部、各军区、海军、空军、铁道兵、工程兵、通信兵发出《关于扩编工程建筑部队和铁道兵部队问题》的通知，决定在扩编的 40 万工程兵、铁道兵中，抽调一部分给东北、华北和西北地区，以保证和加强“三北”阵地防御工程建设。10 月，中共工程兵委员会发出《关于加强战备，加速完成国防工程建筑任务的决议》，号召全体指战员和工程技术人员，增强责任感，以“施工就是打仗，工地就是战场”的战斗姿态，积极投入到国防工程施工中去。

从1965年开始，工程兵和北京、沈阳、兰州、新疆、内蒙古等军区抽调大批部队及物力投入“三北”防护工程建设。1965年11月29日至12月18日，工程兵在北京召开全军国防工程会议，研究落实工程建设的有关问题。会议根据“准备早打、大打、打核战争”的战略思想，就设防方向、设防重点、工事位置等问题，进行深入的讨论研究。会议提出，防御工事建设必须正确处理好全局与局部、重点与一般、前沿和纵深的关系。重点方向上的要点工程，战时来不及做的，平时一定要先做好。这次会议对“三北”阵地防护工程做了战术和技术上调整和修改。1966年1月，总参谋部召开小型作战会议，进一步研究和调整了“三北”设防等问题。①

“三北”防御工程贯彻毛泽东“诱敌深入”、发挥人民战争伟力、打歼灭战思想，遵循“重点设防、重点守备”原则组织实施。经过了近20年的建设，“三北”防御工程不断配套完善，形成了多道抗击大规模入侵的防御阵地。主要有卡口制路的要点式防御工程，守备部队坚守防御坚固或野战阵地防御工程，制止敌人宽正面、高速度、大纵深突击的反坦克为主的阵地工程，机动作战部队战役反击工程，反空降工程，战略、战役后方仓储洞库工程，特种武器阵地工程。“三北”防护工程一般依托山势等有利地形构筑，可以屯兵，储藏粮、弹、水，组织后勤保障和通信联络，构成能打能藏的阵地工程。战争发生时，担负坚守防御作战任务的部队可依托这些工事和阵地，迟滞和消耗敌人，阻止敌人长驱直入，掩护国家转入战争状态和战役、战略预备队的展开。“三北”防御工程规模之浩大，持续时间之长，是中国反侵略战争准备史上前所未有的。“三北”防护工程的构筑，增强了人民解放军反侵略战争能力，并对遏制战争起到了威慑作用。

---

① 《中国人民解放军军史》编写组编《中国人民解放军军史》第5卷，军事科学出版社2011年版，第405—406页。

四、在“文化大革命”中努力维护军队和国家的稳定

20 世纪 60 年代中期后，军队建设受到“左”的思想的严重影响，先是林彪提出“突出政治”，把轰轰烈烈的全军大比武活动压了下去，继而批判罗瑞卿所谓资产阶级军事路线。不久，“文化大革命”运动开始，军队建设受到严重干扰和冲击。在“左”的指导思想严重影响和“文化大革命”不断深入发展并走向动乱形势下，人民解放军遵照中共中央、中央军委指示，在紧跟国家政治形势、进行正面教育的同时，努力保持军队的高度集中统一，担负起维护国家稳定的重任。

（一）“突出政治”的大力推行和批判罗瑞卿“资产阶级军事路线”

正当全军群众性练兵活动轰轰烈烈向前发展之际，国防部长林彪派叶群等人到基层“蹲点”，搜集比武中的问题，并抓住大比武运动中出现的一些诸如“拼凑尖子”等问题大做文章，说大比武是“搞锦标主义、形式主义”“弄虚作假”，冲击了学习毛主席著作活动，是推行“资产阶级军事路线”“方向有些偏”。1964 年 11 月 30 日，林彪在全军组织工作会议上，提出“一定要突出政治”。12 月 29 日，林彪又召见总政治部领导，指出“‘四个第一’不落实”，并说这是带有全军性的问题。他强调：“现在出现了不好的苗头，军事训练搞得太突出，时间占的太多，军政工作比例有些失调，冲击了政治。”“军事训练、生产等如果和政治工作发生了矛盾，要给政治工作让路”，“时间上谁让谁的问题，基本上要确定一个原则：让给政治。”“军事训练、生产等可占用一定时间，但不应冲击政治，相反，政治可以冲击其他”，从而全盘否定了大比武。林彪还提出：1965 年的工作要“突出政治”，今后两三年不要搞全军性的比武，军区、军、师大规模的比武也都不搞。

许多军队领导对林彪的评议表示了异议。1965 年 1 月上旬，在北京召开的第八次扩大的中央军委办公会议上，各军区、各军兵种领导在会议讨论发言中，指出大比武是人民解放军抓军事训练最好的时期，带动了其他各项工作，成绩是主要的，方向是对的。同时，政治工作也落到了实处，事故下降，获得了军政双丰收。总参谋长罗瑞卿在会上说：一方面“不要犯单纯军事观点和单纯技术观点的错误，一方面必须把政治思想工作落实到军事训练和其他各项工作之中，使各项工作都过得硬”。会后，针对林彪“政治可以冲击一切”的论调，罗瑞卿说，如果单纯政治好，别的都不好，垮下来，这种政治恐怕不能算好政治，是空头政治，“政治也不能乱冲一气”。罗瑞卿对“突出政治”的不同意见和解释，引起了林彪的极大不满，林彪认为是不“捧他”“跟他”，欲置罗于死地而后快。为排除阻力，他派叶群到杭州向毛泽东诬告罗瑞卿“反党、反毛主席”，说“大比武活动”是个大阴谋，诬陷罗瑞卿“妄图夺取兵权”，反对“突出政治”是“逼林彪让贤”。林彪还授意吴法宪、李作鹏等人写揭发材料。① 12 月 2 日，毛泽东在一份报告中批示：“那些不相信突出政治，对于突出政治表示阳奉阴违，而自己另外散布一套折衷主义（即机会主义）的人们，大家应当有所警惕。”② 12 月 8 日至 15 日，中共中央在上海召开政治局常委扩大会议，对罗瑞卿进行了背靠背的揭发批判，随后便解除了他的总参谋长职务。接着，在全军开展了对罗瑞卿所谓“资产阶级军事路线”的批判。通过这次批判，大比武遭到彻底否定。12 月 29 日，中央军委任命第一副总参谋长杨成武任代总参谋长；1966 年 1 月 8 日，中共中央决定，增补陈毅、刘伯承、徐向前、叶剑英为中央军委副主席。5 月 23 日，中共中央决定叶剑英兼任军委秘书长。

1965 年 12 月，全军召开政治工作会议，贯彻林彪的“突出政治五项原则”，随后《解放军报》连续发表数篇关于“突出政治”的社论，对

---

① 参见国防大学党史党建政工教研室编著：《中国人民解放军政治工作史》（社会主义时期），国防大学出版社 1989 年版，第 234 页。

② 中共中央文献研究室编《毛泽东年谱（一九四九——一九七六）》第 5 卷，中央文献出版社 2013 年版，第 545 页。

“政治要落实到业务中去”的观点加以批判，把“突出政治”当成军队各项工作的总方针和必须恪守的原则。1966 年 8 月，林彪指示以军委名义颁发了《关于改革部队军政教育时间比例的决定（草案）》，使政治教育时间占部队工作时间的 50%，军事训练时间大大压缩，全训部队军事训练时间也仅占 40%。并规定，其他工作如果与政治教育发生了矛盾，都要给政治教育让路，使“突出政治”在时间上、制度上得到保证。从此，“突出政治”被置于全军工作的“统治地位”，使政治工作脱离实际的偏向越来越严重。这种片面的“突出政治”，大大削弱了政治工作在军队建设中的威力和作用，政治工作的威信受到严重损害。

“突出政治”在全军贯彻执行，给军队建设带来严重危害。军事训练受到了冲击，轰轰烈烈的群众性大练兵活动被压了下去。全军从此大减军事训练时间，大砍军事训练科目，废止了军事、政治、后勤、科研等业务、技术考核的标准以及一些条令条例和规章制度；在院校，否定了以教学为中心的方针。

此后，“突出政治”成为考察一切工作的首要标准，并成为考核和选拔干部的“首要条件”。对各级干部以是否“突出政治”进行“排队”审查，对在大比武运动中涌现出来的尖子，进行排挤以致严厉批判。许多干部、战士因怕戴上“单纯军事观点”、走“白专道路”、“不关心政治”的帽子而不敢热心抓军事、学业务，不敢搞科研，严重影响了部队军政素质的提高。

（二）“文化大革命”开始对军队的影响和稳定军队的努力

在大力推行“突出政治”和批判罗瑞卿“资产阶级军事路线”同时，党内意识形态领域的斗争也不断升温。1965 年 11 月《文汇报》发表《评新编历史剧〈海瑞罢官〉》文章，掀起了对思想文化领域的批判运动。1966 年 2 月 2 日至 20 日，江青在上海主持召开部队文艺工作座谈会。会议形成并上报毛泽东和中央的座谈会纪要中说：“十多年来，文化战线上存在着尖锐的阶级斗争”，文艺界“被一条与毛主席思想相对立的反党反社会主义的黑线专了我们的政”，号召“要坚决进行一场文化战线上的社会主义大革命，彻底搞掉这条黑线”。纪要经毛泽东修改，题目改为《林彪同志委托江青同志召开的部队文艺工作座谈会纪要》，4 月 10 日以中共中央文件的形式批转全党。紧接着，1966 年 5 月 4 日至 26 日，中央政治局召开扩大会议，对彭真、罗瑞卿、陆定一、杨尚昆进行揭发批判，停止了他们的职务。会议于 5 月 16 日通过《中国共产党中央委员会通知》，通知要求全党“高举无产阶级文化革命的大旗，彻底揭露那批反党反社会主义的所谓‘学术权威’的资产阶级反动立场，彻底批判学术界、教育界、新闻界、文艺界、出版界的资产阶级反动思想，夺取在这些文化领域中的领导权”，同时“批判混进党里、政府里、军队里和文化领域的各界里的资产阶级代表人物，清洗这些人”，称他们是“一批反革命的修正主义分子”。这个被后来称为“五一六通知”的“文化大革命”纲领性文件，标志着全国轰轰烈烈的“文化大革命”的开始。根据这个通知，在思想上展开对资产阶级反动思想的批判，在组织上夺取资产阶级分子的领导权。实际上，运动是从文化领域开始，迅速转向了政治领域。

“文化大革命”初期，人民解放军指战员怀着对党和毛泽东的信赖、崇敬，听从党中央和毛泽东的号召，认真学习文件，积极投入这场运动中。人民解放军担负着保卫国家安全的职能，必须保持高度集中统一和稳定，保证正常的执勤、战备和训练任务，特别是当时担负着较重的援越抗美任务。为此，中央军委和总政治部于 5 月 25 日和 6 月 15 日发出《关于执行中央 5 月 16 日通知的通知》和中共中央批准的《关于部队开展社会主义文化大革命运动几项措施的请示报告》，对贯彻执行中央“五一六通知”提出要求：要积极参加批判资产阶级的反动思想，向反党反社会主义的黑线开火；在连队和师以下战斗部队着重进行正面教育，凡是确定要夺权的军以上机关和个别单位要经上级党委批准，可以采用贴大字报、开批判会等形式；军队一律不准上街游行，一般不参加地方的批判大会、声讨大会。为领导军队“文化大革命”的开展，根据总政治部通知要求，总政治部设立了军队文化革命小组①及文化革命办公室，各大军区、各军种也在党委领导下设立文化革命小组及其办公室等，各人民武装部门在地方党委统一领导下，发动民兵积极参加和保卫“文化大革命”。6 月 24 日，总政治部转发《当前社会上无政府主义思潮对部队的影响和克服办法的报告》，要求各级干部做好政治思想工作，保持部队的团结与巩固。7 月下旬，全军文革小组作出军队院校的“文化大革命”运动由各院校党委领导的规定，同时提出军队指挥院校学员在“文化大革命”中与连队相同，规定只准在军兵种院校范围内、不准在军兵种院校范围外进行串连等。这些通知、要求和规定等，保持了军队的总体稳定和各项执勤、战备、训练秩序，保证了各项任务的进行和完成。

1966 年 8 月 1 日至 12 日，中共八届十一中全会通过了《关于无产阶级文化大革命的决定》（简称“十六条”），会议期间的 8 月 5 日，毛泽东发表了《炮打司令部——我的一张大字报》。会议号召运用“四大”(大鸣、大放、大字报、大辩论)，斗垮“走资本主义道路和当权派”，“批判资产阶级反动学术权威”，“批判资产阶级和一切剥削阶级的意识形态”。中共八届十一中全会尚未闭幕，16 日，林彪即召集各大单位负责人，对军队的“文化大革命”作出部署，提出要贯彻“十六条”，“军、省军区、军区、军种、兵种、院校和总部机关，开展一次轰轰烈烈的‘文化大革命’。检查是不是高举毛泽东思想伟大红旗；是不是突出政治；是不是有革命干劲（包括作风）。”“军以上机关的‘文化大革命’，大体从今年 9 月份开始，用两三个月的时间，采取‘四大’形式。”“整个运动大致分辩论鸣放、重点批判、整改建设三个阶段。”

8 月 23 日，林彪主持召开军委常委会议，听取了总政治部负责人关于全军“文化大革命”情况的汇报。林彪说：“9 月、10 月、11 月大闹三个月”，“三个月以后再大罢大升”，“没有对立面，就斗不起来，斗不深刻，斗不生动”。这次会议还对调一批人到重点单位当联络员、强调军队

① 军队文化革命小组，由总政治部副主任刘志坚任组长。1967 年 1 月初刘志坚被打倒后，11 日军队文革小组改组，徐向前任组长，江青任顾问，萧华、杨成武、王新亭、徐立清、关锋、谢镗忠、李曼村任副组长。

不能当地方“黑帮分子”的“防空洞”等问题作了决定。会议还要求，军以上党委搞两个班子，以主要力量抓“文化大革命”运动，还要有一个班子抓日常工作等。

根据林彪的指示，军队自9月开始，在军区、省军区、军级领导机关和所有院校、科研单位等，展开轰轰烈烈的以“四大”为主要形式，以批判学术权威、查整领导干部为主要内容的运动。由于“文化大革命”的形式是“四大”，进而开展夺权斗争，必然导致法制瘫痪，政令不通，社会秩序混乱。在军队，军以上机关和各院校虽然强调“文化革命”要在党委领导下，但“四大”的矛头是指向领导的，党委领导必然受到冲击。全军各院校和军区及大部分省军区机关、一些军以上机关，“四大”轰轰烈烈，学习外军的条令条例和研究外军的资料被销毁，许多单位发生批斗、揪斗领导干部的现象，各院校一些知名教授和学术权威遭到批判和批斗，教学秩序混乱。一些院校成立造反组织，挖黑线，揪斗所谓走“资本主义道路的当权派”，一些学生造反组织到处串联，目无组织纪律，目无领导，不仅机关办公和院校教学秩序被严重破坏，一些总部、军区、军级机关组织战备、训练、执勤等正常工作被严重干扰和冲击。军队院校“文化大革命”已难以有组织地进行，院校党委对运动的领导被取消，师生由学生头头组织大串连，冲击当地军区机关，有的向北京串连，会同北京军队院校冲击总部机关，揪斗军队领导人。11月，进入北京的军队院校师生达10万余人，有的师生冲击国防部，冲击中南海。

1967年1月6日，上海发生所谓“一月风暴”，全国“文化大革命”进入夺权阶段。刘少奇、邓小平遭到公开批判。1月10日，由全军文革小组副组长关锋、中央文革小组成员王力等起草，经江青报林彪批准的军队报纸宣传要点，提出要“彻底揭穿军内一小撮走资本主义道路的当权派”。1月14日，《解放军报》社论公开了这一口号，次日，《人民日报》予以转载。这样，“揪军内一小撮”口号流毒全国全军。此前，“抓穿军装、拿枪杆子的刘邓路线”已经在江青授意下，由王力、关锋、戚本禹等“文化大革命”运动的头头们组织军队和地方大专院校开始。1966年12月21日，被免除职务的罗瑞卿被关押。24日，在工人体育馆召开批判大会，罗瑞卿的腿被摔断无法走上台，造反派就用筐把他抬拖上台，残肢拖地、血迹斑斑。军队领导人萧向荣、梁必业、王尚荣、陈鹤桥、史进前被陪斗，被批斗者脖子上挂着沉重的木牌，名字被打上红叉，低头弯腰坐“喷气式”。12 月 27 日，江青、戚本禹指使红卫兵将彭德怀从成都抓回北京关押，彭德怀不断遭到批斗。1967 年 1 月“揪军内一小撮出笼”后，军队院校和高层机关伙同地方大专院校冲击和揪斗总部、军区、省军区及军分区领导人的事件肆无忌惮，在地方兼任领导职务的老帅和将军们更难逃劫难。1967 年 1 月 20 日，贺龙及夫人被隔离审查。1 月 21 日，海军副司令员、南京军区副司令员兼东海舰队司令员陶勇中将被迫害致死。军委、各总部、各大军区、军兵种领导人遭到批判、围攻和揪斗；总部和军兵种等军事机关受到冲击，各大军区和一些省军区、军分区（警备区）以及少数军、师机关也被冲击。有的军兵种机关和省军区机关造反派，对军队领导肆意诬陷、揪斗；有的把闯过战争年代枪林弹雨的老将军关押、隔离，进行人身侮辱，许多人被迫害致死；有的以施工生产为主的部队和工改兵的部队，同地方造反组织相勾结，揪斗原企业老干部；有的发生武斗，迫害致死和自杀事件时有发生。

对于上海“一月风暴”后，全国掀起的造反组织对各级政府进行夺权、批斗领导人、到处串联的行为及全国陷入严重混乱的局面，特别是军队院校师生也会同地方院校进行造反、串连、鼓噪夺权、冲击军事机关，老一辈革命家深深忧虑，他们极力采取措施，稳定局势。11 月 13 日，总政治部召集北京和来京军队院校学员等共十万人在北京工人体育场举行大会，周恩来总理和陶铸副总理出席，军队领导人陈毅、贺龙、徐向前、叶剑英、萧华、杨成武以及各总部负责人参加，四位元帅在会上先后讲话。陈毅等几位老帅对学生冲中南海、占领国防部的举动，提出严厉的批评。11 月 29 日，全军文革小组再次安排陈毅、徐向前、叶剑英等接见军队院校师生，即首都体育场第二次十万人大会。会上受中央文革小组江青等授意，在会场四周贴满批几位老帅 11 月 13 日讲话的大标语。大会上，陈毅说：“不要把工作有错误、缺点的也当成黑帮、当成走资本主义道路当权派去斗，要区别，不同对待。”“我们应该弄清思想，团结同志，共同对敌。要团结百分之九十五以上的干部。”① 叶剑英严肃地指出：军队院校培养学生有重要意义，但少数人不守纪律，住大房子、摆阔气、坐小汽车，破坏解放军优良传统。一小撮人煽动一部分群众到毛主席办公的地方猛冲、猛打，这行吗？这些人如果不改，就是废品，将来不能用。冲击国防部是个大错误。他苦口婆心地劝说学生们回校闹革命，搞好本单位的斗、批、改。老帅们等老一辈革命家的讲话表态，对“文化大革命”造反、夺权和随意揪斗领导干部、冲击军事机关等，表明了鲜明的态度，对一些错误做法进行的公开批评，对稳定局势、引导方向起了一定的作用，对狂热的军队院校青年学生泼了一盆冷水，使他们思考和明辨是非。

老一辈领导人还利用军委会议、政治局会议等各种会议，严厉批评迫害人身权利破坏法纪的无政府行径和做法，同这些行为的支持者林彪、江青一伙进行针锋相对的斗争。1967 年 1 月 11 日，叶剑英在政治局会议上严肃地说：地方越乱，军队越要稳。不然，敌人乘虚而入怎么办？他说：全国 13 个军区，有 7 个军区在搞运动，全军 157 所院校都在搞运动，到处在军队抓反动路线的代表人物，目标就是抓各个军区、军种兵种的领导人。三个总部，总后瘫痪了，总政几乎瘫痪，总参部分瘫痪。海军瘫痪了，空军瘫痪了。凡瘫痪的单位，所有的办事机构、会议室、招待所全部被占领。现在空军指挥部只好转移到战备工事中去。如果全国空中有什么事，指挥中断了，事情谁去办！他严肃地说：内忧必然引起外患，稳定军队是党和国家的根本利益！② 1 月 19 日下午至 20 日上午，叶剑英、聂荣臻在有各总部、各大军区、各军兵种主要负责人参加的中央军委扩大的碰头会上，同中央文革小组江青、康生、陈伯达鼓吹军队要同地方一样搞“文化大革命”等的说法，进行了激烈争论和斗争，强调军队要稳定。此事件后来被称为“大闹京西宾馆事件”。2 月 11 日和 16 日，在周恩来主持的怀仁堂中央碰头会议上，政治局委员谭震林、陈毅、

---

① 《陈毅传》编写组：《陈毅传》，当代中国出版社 1991 年版，第 603 页。
② 叶剑英传记组：《叶剑英传》，当代中国出版社 1995 年版，第 574、580 页。

叶剑英、李富春、李先念、徐向前、聂荣臻等领导人，再次对中央文革小组的错误做法提出严厉批评，痛斥他们踢开党的领导，随意残酷地整老干部，强调必须保持军队的稳定。这次事件，被江青、康生等人诬蔑为“二月逆流”。

在老帅们等老一辈革命家的努力下，特别是毛泽东赞同不能冲击军事机关，军队要保持稳定这一总的方向。老帅们利用机会面对面向毛泽东汇报，表达稳定军队、不能冲击军事机关、不能乱揪斗军队领导人的意见。1月22日，毛泽东接见参加军委碰头会议人员，徐向前汇报说：造反派“要揪谁就揪谁”，“我们军委在开会，有些人到京西宾馆，要抓许世友”。毛泽东对这些现象表示气愤。许世友提问：“戴高帽子是对地富反坏的，为什么对自己人也戴?”毛泽东说，这些做法用来对待共产党的干部，是不好的。第二炮兵李天焕报告：“我们现在根本不能工作，要求主席允许我们工作。”毛泽东说：“要允许工作，不能过头了，不能搞逼供信。”毛泽东同意不能冲击军事机关的意见，批评“一犯错误就不得翻身”是“一股风”，批评体罚、侮辱人格等不文明的斗争方式，要求搞好团结，保护一些老干部。同时，毛泽东又要求军队干部在受委屈中取得经验教训，在“文化大革命”中立新功。①

在老帅们等老一辈革命家的努力抗争下，1967年1月14日，中共中央下发《关于不得把斗争锋芒指向军队的通知》，强调军队担负备战和保卫国防的任务，不许任何人、任何组织冲击人民解放军的机关。1月18日，中央军委下发《关于各军区开展文化大革命步骤问题的决定》，强调一定要保持军队的稳定，各大军区、省军区机关运动必须分期分批进行，不要与地方同时展开，规定济南、南京、福州、武汉、广州、新疆、昆明7个军区推迟或暂停“文化大革命”。1月28日，经毛泽东批准颁布中共中央军委八条命令。命令要求：必须坚决支持真正的无产阶级革命派；所有军队人员必须坚守岗位；提倡文斗，反对武斗；外出串连的军队人

① 《当代中国》丛书编辑部：《中国人民解放军》（上），当代中国出版社1994年版，第234—235页。

员迅速返回本地区；不许冲击军队领导机关；不准冲击军队战备系统和保密系统；军以上机关分期分批进行“文化大革命”，军以下部队进行正面教育；各级干部要严格管教子女。

2 月 8 日至 2 月下旬，中央军委相继发出《关于外出串连人员限时返回本单位的通知》《关于军以上领导机关文化大革命的几项规定》《关于军队夺权范围的规定》《关于执行中央军委〈关于军以上领导机关文化大革命的几项规定〉的补充规定》等文件。这些规定，明确军队可以夺权的范围只限于学院学校（机要学校、尖端技术学校、飞行学校等除外）、文艺团体、体工队、医院（军区以下野战医院等除外）；军队领导机关必须保持严密的、完整的指挥体系，总部、各军种、各兵种、各大单位的造反总部、联络站等应一律撤销；高等军事学院、政治学院、后勤学院 3 所高等指挥学院，以及军事科学院暂停“文化大革命”运动，转入“支左”工作。这些规定，对于稳定军队，特别是恢复军一级单位的正常工作秩序，起到了积极作用。① 整个“文化大革命”期间，军队整体上保持了高度集中统一的组织指挥系统，全军除所属工厂、企业和极个别单位成立过革命委员会外，均保持了党委领导的组织体系。

在全国“文化大革命”不断深入发展及动乱的形势下，特别是军委几位老帅等领导人有的被隔离审查、有的“靠边站”，全国仍发生了一系列冲击军事机关、揪斗军队领导人等事件。如 1967 年 5 月 13 日驻京部队文艺单位及院校发生的“五一三武斗事件”。武汉发生的“七二〇事件”。7 月下旬的“砸烂总政阎王殿”事件，总政 40 多名副部长以上干部被批斗，767 名干部被立案审查，17 人被迫害致死，造反派给总政领导人戴上大小“阎王”的帽子，给其他干部戴上“判官”“牛头马面”“小鬼”帽子；1968 年 3 月 22 日，林彪、江青一伙制造了所谓“杨、余、傅”事件，等等。林彪、江青集团指使造反派批斗、揪斗军区、省军区和军以上机关及一些院校领导人，有的遭政治、历史审查，有的被隔离交代问

---

① 《中国人民解放军军史》编写组编《中国人民解放军军史》第 6 卷，军事科学出版社 2011 年版，第 16 页。

题，随意诬陷、诽谤老革命干部成风，组织上动辄罢官、免职，有的遭受精神和肉体折磨、摧残。1967 年 7 月 19 日，彭德怀元帅被北京航空学院红卫兵批斗，被打断肋骨；7 月至 9 月，受到军队和地方院校、机关 20 万人大会多次批斗，被强迫坐“喷气式”和游街示众，1974 年 11 月 29 日含冤离世。1969 年 6 月 9 日，贺龙元帅被迫害致死。康生还为江青开列名单，使人民解放军众多将领遭迫害。“文化大革命”期间，人民解放军中将以上被点名的有 37 名；在人民解放军制造的冤案使 8 万多人遭到诬陷、迫害，1169 人被迫害致死。①

1967 年 8 月 17 日，根据中央文革小组决定，由空军司令员吴法宪、林彪办公室主任叶群（林彪妻子）、总后勤部部长邱会作、海军政治部主任张秀川组成四人小组，由吴法宪负责，负责驻京机关、部队的“文化大革命”运动。9 月 24 日，中共中央、中央文革小组决定将四人小组改为军委办事组，增加中央军委常委、代总参谋长杨成武为军委办事组成员，并任组长，空军司令员吴法宪任副组长。“杨、余、傅”事件后，1968 年 3 月 25 日，军委办事组改组，由新任总参谋长黄永胜、空军司令员吴法宪任正副组长，叶群、海军副司令员李作鹏、总后勤部部长邱会作为成员。此后至 1971 年九一三事件前，中央军委常委会停止工作，军委办事组代行军委常委会职责。

（三）军队执行“三支两军”任务

1967 年上海“一月风暴”后，全国进入“夺权”阶段，国家陷入“打倒一切”“全面内乱”局面。地方党政机构组织被所谓的“无产阶级造反司令部（指挥部）”夺权接管，地方各级党组织和政府机关陷于瘫痪或半瘫痪状态，公安、检察、法院等机关失去或基本失去作用，工矿企业停产或半停产，社会陷入混乱，局势难以控制。1 月 21 日，毛泽东在安徽省军区请示是否同意派部队维持批斗省委负责人的会场、支持造

① 参见《当代中国》丛书编辑部：《中国人民解放军》（上），当代中国出版社 1994 年版，第 229 页。

反派要求和行动的报告上批示："应派军队支持左派广大群众。""以后凡有真正革命派要求军队支持、援助，都应当这样做。所谓不介入，是假的，早已介入了。此事似应重新发出命令，以前命令作废。"林彪批示："完全赞成主席的方针，全军必须支持革命左派广大群众。"1月23日，中共中央、国务院、中央军委、中央文革小组发布《关于人民解放军坚决支持革命左派群众的决定》，决定重申了毛泽东的意见，明确：以前关于军队不介入地方"文化大革命"以及其他违反上述精神的指示，一律作废。

2月19日，毛泽东在一个批示中要求军队分期分批对大学、中学、小学高年级学生实行军训，实现"复课闹革命"。二三月间，周恩来提议对广东、云南、江苏省实行军管，得到毛泽东批准。3月13日，周恩来在军队军以上干部会议上讲话中宣布：陷于瘫痪、半瘫痪状态的单位，被坏人篡夺了领导权的单位，边防、沿海、交通要道（码头、铁路局、海港）、专政机构、机密要害部门、国防企业事业单位，都应实行军事管制。根据上述批示、指示，3月19日，中央军委发出《关于集中力量执行支左、支农、支工、军管、军训任务的决定》，要求军委各总部、各军兵种机关开展的"四大"在3月底左右暂告一段落，"除了照顾战备、援外和必需的工作外，视情况抽调三分之一，二分之一，甚至三分之二的人员，立即投入支左、支农、支工、军管、军训的工作"。

根据中共中央、中央军委的决定，从1967年4月起，人民解放军陆续派出大批干部、战士，脱离部队日常工作到地方"三支两军"，人数先后达280万人次，在地方保持"支左"人数最多时达95万人。为加强对"三支两军"工作的组织领导，4月3日，中央军委设立支左办公室、支工支农工作办公室、军管工作办公室，三个办公室人员由总部机关抽调干部组成，分别由萧华、杨成武、叶剑英主持。军训工作由总参谋部、总政治部分管，不另设办公室。全军师以上机关均设立了"三支两军"办公室（或指挥部）。

"三支两军"工作，中心是"支左"。然而，谁是"革命左派"，依据什么标准确定"左派"，在当时条件下是一个很难判定的问题。解放军指战员对地方情况不熟悉，按照人民解放军的优良传统，军队一般支持普通人民群众，支持党员多、老工人多、干部多、比较注意政策的群众组织，对那些对老干部乱揪乱斗，是权就夺、是干部就斗表现激进且行为极端的“组织”持冷淡态度。而中央文革和有关支持“左”派的规定，要求解放军要“坚决支持和援助无产阶级革命‘左派’”的“夺权斗争”。这样，一开始，解放军的“支左”就陷入矛盾之中。在许多单位，“支左”工作不可避免地形成支一派压一派，如果不支持林彪、江青把持的中央文革及其下属亲信们圈定的“左派”，就会受到批评，甚至受处分。如果两派都不支持，就被批评为“和稀泥”。4 月 6 日，中共中央转发《中央军委关于保护造反的各种群众组织的命令》（即军委“十条命令”）①，中共中央先后对安徽、内蒙古、山东、福建、四川、甘肃、广东、湖南、江西、河南、吉林等省、自治区“支左”工作提出要求，否定了这些地区前一段的“支左”工作。如 4 月 13 日，宣布内蒙古军区“支左”犯了方向、路线错误，决定改组内蒙古军区；山东省革命委员会成立后，张春桥、姚文元说济南军区和山东省军区“支左”犯了方向性、路线性错误，济南军区、山东省军区领导向“革命群众”作了公开检查。

根据中央文革小组要求，军队“支左”工作被迫检讨、转向。解放军“支左”工作组（或称军宣队）必须旗帜鲜明，这样，支一派压一派使地方派性斗争更加激化。有的造反组织把矛头指向军队，冲击军事机关、同“支左”部队发生矛盾甚至冲突事件不断发生。1967 年 6 月至 9 月，全国发生围攻殴打解放军事件 40 余起。至 10 月，全军“三支两军”人员伤亡共 2.77 万余人（重伤 4100 人，亡 220 人）；其中干部伤亡 780 人（其中亡 9 人、重伤 333 人）。②

9 月以后，军队的“支左”工作转变为“支左不支派”，促进各个群众组织的“革命大联合”，成立各级革命委员会。一大批“支左”解放军

---

① 命令主要内容是：不准开枪，不准随意捕人，不准任意把群众组织宣布为反动组织，对过去冲击军事机关的群众概不追究，等等。

② 参见《中国人民解放军军史》编写组编《中国人民解放军军史》第 6 卷，军事科学出版社 2011 年版，第 23 页。

干部参加到省、市、县、区，甚至工厂、企业的三结合革命委员会。据统计，“支左”解放军人员担任县以上革委会第一、第二把手的有5000余人，担任委员的有近5万人。一些高级干部或在军队兼职的高级干部参加了中央国家机关和各省、市、自治区的革命委员会。

支工。1967年初，夺权运动造成工矿企业停工、停产，工业生产陷入混乱。3月3日，毛泽东在沈阳军区的一个报告上批示：“军队不但要协同地方管农业，对工业也要管。”3月18日，中共中央在《给全国厂矿企业革命职工、革命干部的信》中宣布：“党中央决定，人民解放军大力协助地方，支持工业生产工作。”根据中共中央、中央军委决定，全军陆续派出数万人的毛泽东思想宣传队，到8000多个厂矿、企业，深入宣传毛泽东“抓革命、促生产”的指示，动员厂矿企业恢复生产。军队还派出整连、整营，参加工业生产建设，1967年至1968年，全军支工人数年均达十几万人，到1972年，仍有四五万人。① 人民解放军参加了许多重点工程的建设，参加铁路、公路新线的修筑，派出人员、机械到车站、码头突击装卸、运输，解决压车、压船、压港问题，在矿山顶班采煤、采矿。军队支工和派出部队参加工业生产建设，使一些停工、停产的厂矿企业恢复生产，不仅挽救了国民经济迅速下滑的趋势，而且同工人打成一片，使工厂企业混乱的局面得以改变，减少了“文化大革命”对工业生产带来的损失。

支农。1967年2月23日，根据周恩来的指示，中央军委向全军发出《关于军队大力支援地方抓好春耕生产的指示》。自此，人民解放军陆续派出军宣队［或支农支队（大队）］达73.9万官兵进驻农村，领导、参加恢复生产。第二季度，人民解放军每天支农人数在50万人以上。仅1968年，全军共抽出116个团、119个营、2666个连，进驻1236个县（市）的社、队，动用汽车2万多辆、各种机械800多台、马车3000辆，支援的人民公社、农场达1.5万多个。

---

① 《中国人民解放军军史》编写组编《中国人民解放军军史》第6卷，军事科学出版社2011年版，第26页。

军管。“文化大革命”的混乱局势，严重危及一些核心要害部门的安全。1967 年 1 月 11 日，中共中央发出关于广播电台和银行由人民解放军军管和保护的指示。此后，中共中央、国务院、中央军委陆续发出指示，对粮食、物资仓库，民用航空系统、交通系统、铁路系统、公安系统，大庆油田和一些厂矿企业，国防工业部门和国防科研院所，国务院工交、财贸、农林、卫生等部门，机密要害部门，国家机关一些部门，沿海大部分港口，全国渔业公司，大型水利水电工程，近 50%的银行，53%的报社，7 个省及 25 个大中城市、19 个专区和 176 个县，等等，实行军管，以保证这些部门的工作照常进行，工矿企业能够正常进行生产，维护公铁路交通运输秩序、护路和保障交通安全。4 月 3 日，军委常委会确定，成立中央军委军管工作办公室，由军委副主席叶剑英领导，科研系统由军委副主席聂荣臻领导，国防工办系统的军管工作，由军委常委粟裕领导。至 1967 年 5 月底，全国实行军管的单位达 7752 个，警卫保护单位 2145 个，执行军管任务的官兵达 14.4 万人。[①] 军管的形式有两种，一种是建立军事管制委员会或成立军管小组。军管会或军管小组负责军管单位及地区的全面工作，维护社会治安，恢复生产，建立正常工作秩序。同时，实现各派群众组织的大联合，建立三结合的革命委员会。另一种是派出军管代表或一定数量部队进驻，负责保护单位安全。对上述单位和部门实行军管，是“文化大革命”极端混乱情况下，不得不采取的一种应急措施。这对维护国家整体稳定、保证工矿企业恢复生产、维护人民生产生活秩序和财产安全、保护国家安全，起到了重要作用。

军训。1966 年 12 月 31 日，中共中央、国务院发出《关于对大中学校革命师生进行短期军政训练的通知》。通知说，毛泽东在接见全国革命师生时，向林彪多次提出：“派军队干部训练革命师生的方法很好。训练一下和不训练大不一样。这样做，可以向解放军学政治，学军事，学四个第一，学三八作风，学三大纪律八项注意，加强组织纪律性。驻京部

① 《中国人民解放军军史》编写组编《中国人民解放军军史》第 6 卷，军事科学出版社 2011 年版，第 29—30 页。

队派干部训练革命师生的经验很好，很有成效，应当在全国推广。”① 遵照毛泽东主席的指示，从1967年开始，军队派出素质好的干部战士，分期分批对全国大中学校的师生进行了一次普遍的军政训练。训练一般安排20天。3月7日，毛泽东在天津延安中学的一个报告上批示：军队应分期分批对大学、中学和小学高年级实行军训，并且参与关于开学、整顿组织、建立三结合领导机关和实行斗、批、改的工作。全军各部队均承担了驻地各大专院校、中学和小学高年级的军训工作。有的部队派出干部战士到学校训练师生；有的还根据上级指示组成军宣队进驻学校，参与组织领导学校的“文化大革命”运动和军训。到1968年第二季度，全国接受军训的学校达1.17万余所。组织学生进行军训，对于加强学生的组织纪律性，进行政治教育和人民解放军优良传统教育，灌输正确的人生观、价值观，进行国防教育加强战备观念，都起到了一定的好作用。

“三支两军”工作至1972年8月结束。人民解放军执行“三支两军”任务，持续时间之长，数量之大，范围之广，影响之深，在军队史上是空前的。在“文化大革命”陷入最混乱、最复杂的情况下，“三支两军”维护了社会稳定，减少了工农业生产和人民生命财产的损失，在可能的范围内减轻了“文化大革命”造成的破坏。但是，在“文化大革命”全局性“左”的错误中，人民解放军执行这样的任务，既没有思想准备，又缺乏地方工作经验，特别是受到林彪、江青集团的干扰，使得这项工作难免发生许多错误，遗留许多问题，这也给部队的思想、作风和组织建设及军队和地方的关系带来一些消极后果。

（四）“文化大革命”对军队建设的损害

虽然在军队老一辈领导人的努力下，“文化大革命”运动中军队保持了高度集中统一的组织系统，师以下作战部队进行正面教育不搞“四大”，保持了稳定，保证了执勤、训练、保卫重要目标、进行备战等工作

① 中共中央文献研究室编《毛泽东年谱（一九四九——一九七六）》第6卷，中央文献出版社2013年版，第27页。

和秩序，保证了保卫边防安全和援越抗美行动的进行，但是，由于全国整体上处于动乱局面，运动对军队的损害仍是十分严重的。

“文化大革命”中，党对军队绝对领导的制度、体制遭到干扰。在党对军队绝对领导的根本原则和根本制度方面，军队坚决听从党中央和毛泽东的领导和指挥，坚持了各级党委领导的组织系统，保证了军队掌握在党和人民手里。但是，林彪、江青两个集团，极力控制和插手军队。“文化大革命”中，军委 7 位副主席，有 6 位被关押、受审或靠边站；军委办公会议人员除邱会作外基本被打倒或受审查，已有名无实。军委办事组 1967 年 8 月成立后，开始主管全军的“文化大革命”工作，性质类似于军委办公会议。1968 年 3 月，根据毛泽东的指示，原来的中央军委停止工作，由中央军委办事组代替军委行使职权。军委办事组在中央军委主席毛泽东、副主席林彪直接领导下，直接领导指挥各总部、各军兵种以至全军部队，处理军队日常事务①，基本上控制了军队的指挥权。江青集团也极力插手军队事务，张春桥、王洪文先后担任了军队高级领导职务，在军队内培植自己的势力。他们公然违背党关于建立和领导集中统一的武装力量的原则，组织了独立于军队系统之外的第二武装——民兵指挥部。党对军队绝对领导的体制和制度，在毛泽东和老一辈革命家的坚持下，没有根本性动摇，但林彪、江青两个集团对这一制度的干扰，相当一段时间把持着军队事务处置权，安插自己的亲信，极力掌握军队一定的领导权的指挥权，这是十分危险的。

在政治上，林彪一伙大力推行“突出政治”，把“政治第一”推向极端甚至令人恐惧的程度。政治好，军事工作和其他工作都好，把政治工作摆到高于一切、大于一切、可以冲击代替一切的地步。一旦被扣上不“突出政治”的帽子，就会轻者做检查、遭批判，重者受到组织处理。“文化大革命”中的政治，大搞无产阶级专政下继续革命理论学习，大学阶级斗争理论。“无产阶级专政下继续革命理论”学习班、学哲学学习班、“讲用会”、“批判会”成为部队“中心工作”，假、大、空盛行。“突

① 军委办事组体制延续了 3 年半时间，1971 年 9 月九一三事件后废止。

出政治”的恶果是树立“精神万能”，精神可以代替训练，代替先进武器，代替熟练的业务、技术。几年的空头政治，对军队建设影响十分深刻，使政治工作本身也严重脱离实际、脱离群众，政治工作本身也受到严重损害。“突出政治”贯彻到提拔使用干部上，以是否“突出政治”为标准考察和考核干部，那些善于投机钻营、耍嘴皮子的人得到重用，给军队建设造成持续的损害。

在军队长远发展上，由于国家较长时间处于“文化大革命”状态，军队正常的发展规划建设被迫中断。加上当时反侵略战争准备等备战工作突出，应付现实威胁成为这一时期中心的中心，长远规划和建设被冲淡或搁置一边。按理，在当时备战十分突出的形势下，军队为了应付战争和进行战争准备，军事素质和武器装备应是比平时上升得快才比较合乎规律，但在这一时期，解放军武器装备却拉大了与发达国家的距离。这一方面是因为国防科技战线主要突击尖端，常规武器研制要么被“文化大革命”冲击，要么即是贯彻“人民战争”思想，大量生产（包括各省建设生产步枪、手榴弹工厂）步枪等现有一般武器，要么即是夸大“人民战争”的作用，搞“精神万能”，片面理解和宣传“劣势装备战争胜优势装备之敌”思想。这种思想理论上的“左”和错误认识，对军队发展的负面影响是十分大的。

在体制编制上，由于执行“三支两军”，军队职能严重泛化。一般的师、团机关均配了两套班子，大量部队派出支农支工军管军训，不仅妨碍了军队战斗力的提高，而且造成军队严重臃肿膨胀。到1969年底，军队员额达631万人。

在教育训练上，突出抓军事训练被视为单纯军事观点。部队紧跟“文化大革命”形势，把学习文件当作重中之重，加上大力“突出政治”，军事工作放在了次要位置，军事训练和战备工作被冲击。1967年开始“三支两军”后，部队正常的军事训练基本停止。1966年8月，根据林彪的指示，中央军委颁发部队军政教育时间比例规定，政治教育时间一律占部队工作时间的50%；军事训练时间，全训部队为40%，半训部队20%，生产部队10%。还规定：其他工作如果与正当教育发生矛盾，要给政治教育让路。一些部队干部为了做好战备工作，因地制宜地开展一些基础训练和“三五枪”“三五弹”的练兵活动。1967 年至 1970 年，全军基本没搞军以上规模的军事演习，诸军兵种合同作战演习更没进行过。“文化大革命”中遭受最严重破坏的是院校教育。1969 年整编时，军队院校由 125 所减为 43 所，指挥院校全部被撤销。由于批判所谓“旧的教育制度”，大批教材、教令、作战条令被废止和销毁，院校和部队存在着“训无大纲，教无教材，训练无器材、弹药无保障，学无条令，验无标准”的问题。

在正规化建设方面，“文化大革命”中，条令条例被置于可有可无的境地。有人把正规化同教条主义、形式主义混同起来，加以否定和批判，致使许多规章制度废弛，正规化没人提了。过度强调所谓“无产阶级纪律的自觉性”，致使部分战士纪律松懈，个别单位特别是“文化大革命”初期的院校和高层机关，无政府主义严重，不服从领导，不遵守制度规定。在军队老一辈领导人的努力下，军队努力保持正常的生活、执勤、战备秩序，特别是师以下作战部队坚持“三大纪律、八项注意”同时，坚持基本工作制度和秩序，但在部分院校和文体单位，这种状况一直到林彪集团覆灭，才有大的改变。

五、战备牵引下，新兵种的组建和部队调整扩编

为了准备战争和加强军队现代化建设，人民解放军组建了新的现代化兵种和执行特殊任务的兵种部队，从理顺关系出发调整有关部队的组织体制，增建、调整了一些特种兵部队，组建了一大批地方部队。

（一）组建第二炮兵

随着中国核武器和导弹事业的发展，将战略导弹部队作为一个独立的军种（兵种）的条件已经成熟。建立独立的战略导弹部队，使其成为

实现积极防御战略任务的重要核打击力量，使其建设、部署、调整，特别是作战，高度集权于中央军委，协同其他军（兵）种作战或独立地打击敌人的重要目标。为此，中共中央、中央军委决定组建中国人民解放军战略导弹部队。1966年6月6日，中央军委决定组建战略导弹部队领导机关。根据周恩来的提议，这支新的兵种命名为“中国人民解放军第二炮兵”。7月1日，中国人民解放军第二炮兵领导机关在北京成立，设司令部、政治部、后勤部，后增设科技部。该机关以刚刚撤编的公安部队领导机构为基础，与军委炮兵管理战略导弹部队的机构合并编成，向守志为司令员，李天焕为政治委员。8月29日，组建第二炮兵第三〇五、第三〇六工程指挥部。第二炮兵组建后，首先大力展开导弹作战基地建设。1964年至1969年，先后组建和改建了6个导弹作战基地。到1969年底，原在中央军委炮兵建制内的导弹部队及其院校和相应的训练、研究机构，陆续归隶第二炮兵建制。70年代后，第二炮兵迅速发展，1971年开始装备中程导弹核武器。

（二）组建基本建设工程兵

20世纪60年代中期，在毛泽东关于加强战备、准备打仗的指示指导下，国家基本建设规模迅速扩大，任务繁重。特别是三线建设工程，工程任务艰巨，工程宏大，多建设在偏远山区，施工和生活条件艰苦。为了解决地方施工队伍家属拖累大、施工队伍跨区调动困难等矛盾，根据有关部门建议，1966年3月30日，中共中央批转国家建委党组《关于施工队伍整编为基本建设工程兵试点意见的报告》。7月，中央军委转发《关于施工队伍整编为基本建设工程兵试点中几个问题的请示报告》，对施工队伍整编组建为基本建设工程兵一些具体问题作出了规定。8月1日，基建工程兵正式组建。当年，即在国务院冶金、建工、煤炭、水电、化工、交通等部的直属施工队伍中整编组建了5个支队（相当于师）、4个大队（相当于团），共9.8万人。基建工程兵不计入军队实力，受国务院和中央军委双重领导，党政工作受驻地军区、省军区领导和指导。国家建委设立基本建设工程兵办公室，国务院有关部委设立相应的机构，负责基建工程兵的调度指挥。

中共中央、国务院、中央军委十分关心这支特殊部队的建设，为其制定了“劳武结合，能工能战，以工为主”的建设方针。根据国家建设规模和施工任务的扩大，以及这支队伍在执行国家大型工程建设中显示出的优越性，这支队伍也不断扩大。1971年，铀矿地质勘探部队整编为基本建设工程兵；1973年后，相继组建了水文地质普查部队；1975年，北京地下铁道工程建设部队改为基本建设工程兵，同时人民解放军工程兵、空军、第二炮兵等单位的工程建筑部队，改编为基本建设工程兵。1978年4月，基本建设工程兵领导机构成立，同时成立了基本建设工程兵冶金、煤炭、石化、水电、水文地质、二机、北京市指挥部，接着又建立了黄金部队和通讯部队及指挥部。至1980年，基建工程兵发展到32个支队和8个相当支队（师）级的单位，154个团及17个相当团级的单位，建立了5所技术学校，人数最多时达48.2万余人。

基本建设工程兵成立后，承担了大量国防建设工程和国家基本建设工程。17年中，基建工程兵部队为国家建成大中型项目及重要单项工程160多项。在国防工业工程建设方面，先后承担了一批大型国防工程建设项目的施工。这些工程项目主要分布在川、黔、湘、鄂、豫、陕等省区，有陆、海、空军的常规兵器工业建设项目，有国防尖端武器工业建设项目，还有航空航天基地工程建设项目等。在战备交通建设方面，基本建设工程兵承担了修筑和改造渡口市（今攀枝花市）三线公路、秦岭山战备公路、民（河）门（源）国防公路、青新公路、中（国）巴（基斯坦）喀喇昆仑公路，整修青藏公路和川藏公路等任务，累计修建公路里程3500余公里。国防战备公路工程大多环境恶劣，条件艰苦，仅在修建中巴、秦岭、川藏、青藏、天山5条公路中牺牲的官兵就达351名，伤残累计1000多名。在冶金工程建设方面，基本建设工程兵先后担负和参加了长城钢厂、酒泉钢铁公司、首都钢铁公司、马鞍山钢铁公司、新疆乌鲁木齐钢厂建设工程和鞍山钢铁公司、本溪钢铁公司扩建改造工程，还担负了河北唐山钢铁公司的震后重建修复任务。在煤矿建设方面，承担了贵州省盘县煤矿，陕西省韩城桑树坪煤矿，河南省平顶山煤矿，辽宁省铁法煤矿，山西省古交、大同、阳泉煤矿，江苏省大屯煤矿，山东省鄂庄煤矿，内蒙古霍林河露天煤矿等共 9 个省、自治区的 12 个矿区的矿建任务。在石油化工建设方面，基本建设工程兵参加和担负了大庆、大港、任丘油田的基建等施工任务，担负建成四川泸州天然气化工厂、湖北省化工厂和化肥厂、辽阳石油化学纤维总厂、南京烷基苯厂等国家大型重点工程。在水利电力工程方面，水电部队转战全国 13 个省、市、自治区，承担了四川映秀湾、江西万安、广西天生桥水电站和潘家口水库水利枢纽工程建设，参加了长江葛洲坝工程的初期建设和引滦入唐等项工程，支援了青海龙羊峡、甘肃白龙江、吉林白山等工程的勘探和建设。在水文地质普查、勘探方面，基本建设工程兵担负了 15 个省区雪线以下最艰苦地区的 198 万平方公里的普查任务，铀矿地质矿山部队翻山越岭，勘探铀矿资源，共完成面积 30.7 万平方公里，为国家探明大量铀矿工业储量；黄金部队在全国 16 个省区进行黄金地质勘探和基建施工，平均每年向国家提交 30 吨的黄金储量。在城市市政建设方面，基本建设工程兵担负了北京地下铁道、首都机场、北京中央首脑工程、北京二环路建设工程及科研院所、院校公共建筑和大批住宅建筑等工程任务，还在山东济南、江苏南京、辽宁鞍山等地建成一批工业和民用建筑工程。唐山地震后，基本建设工程兵在完成抢险救灾任务后，担负了唐山钢厂、开滦煤矿抢修抢建恢复生产，以及居民住宅的建设任务。从 1979 年起，基本建设工程兵逐步调集 2 万余人，参加了深圳特区建设，先后完成了 160 多个单项工程任务，被誉为特区建设的“拓荒牛”、主力军。

1982 年 8 月，根据国民经济调整和国家体制、军队体制改革的要求，中共中央、国务院、中央军委作出撤销基本建设工程兵的决定，1984 年，大部分部队完成撤销。基本建设工程兵存在 18 年，为国家基本建设作出了巨大贡献。

（三）组建地方部队

1964 年 6 月 16 日，毛泽东说：“各省要搞民兵，要搞地方部队，省、地、县都要搞，不要靠中央，不要只靠几百万解放军，这样大的国家，这样长的战线。要把民兵工作好好整顿一下，一个组织，一个政治，一个军事。”以后又强调：打起仗来，要搞地方部队，第一、二线的省都要搞。不然，事情一来，措手不及。根据毛泽东的指示，为贯彻“诱敌深入”、打人民战争的反侵略战争战略指导思想，从 1964 年 10 月开始，特别是 1966 年至 1968 年，在总参谋部的组织下，组建了大批地方部队。地方部队称某某省军区独立某师，根据中央军委总参谋部命令，全国大部分省均建立了独立师，有的省建立了 2 个独立师。独立师大部分由原公安部队改编，有的由原陆军师改隶。至 70 年代中期，全国独立师总数达 30 多个。1980 年后，独立师大部分撤销。

此外，这一时期，其他部队也作了一些调整。1966 年 4 月 20 日，中共中央决定撤销公安部队，将其 36.8 万人统一整编为中国人民解放军，共整编为 25 个独立师、1 个警卫师、1 个警备师和 2 个独立团。1967 年 5 月和 1968 年 12 月，分别将内蒙古军区和西藏军区改为省级军区。根据战备的需要，1969 年开始，陆续将中央气象局、国家测绘局、中央调查部、民航、国防科学技术研究领导机构、邮电部电信部分、国家体育运动委员会等部分国家机关与军队相应部门合并，归军队领导；国家海洋局划归海军领导。① 这一时期，空军和电子对抗部队有所加强。

六、采取措施排除干扰，发展国防尖端技术和武器装备

原子弹和导弹核武器爆炸成功后，二机部继续执行经毛泽东批准的中央专委关于发展核武器的报告计划，即争取 1968 年进行氢弹试验，接着进行氢弹武器化工作，力争于 20 世纪 70 年代中期实现为战略导弹配上核弹头。七机部赵尔陆等领导组织该部科学技术委员会拟制了在 1965 年至 1972 年的 8 年时间里，研制出中近程（改进型）、中程、中远程和

① 1973 年后，这些部门又陆续脱离军队或分开重建。

洲际4种地地导弹计划，同时发展战术导弹，在发展弹道式导弹技术的基础上发展卫星运载火箭；六机部提出争取1972年第一艘核潜艇下水试航计划；中科院提出争取1970年左右发射人造卫星发展计划。中央专委于1965年2月、3月、8月，先后批准了上述计划。与此同时，在聂荣臻主持下，国防工办、国防科委制定了国防科技第三个五年（1966年至1970年）计划（简称国防科技“三五”计划）。聂荣臻强调：“三五”期间国防科技的发展方针应是奋发图强，循序渐进，迎头赶上。国防尖端技术要进一步突破，常规武器也要从仿制、改进，适时地转入自行研制，尽快研制出部队急需的新式武器装备。国防科技“三五”计划确定的主要任务是：继续下大力突破国防尖端技术，同时认真解决急需的常规武器装备。国防尖端要重点突破氢弹技术，同时积极研制地地战略导弹。常规武器以陆军武器为发展重点，陆军武器发展以防空武器和反坦克武器为重点，军用飞机发展以歼击机为重点，海军舰艇发展以潜艇为重点，军事电子技术发展以保障进一步突破国防尖端技术为重点。①

“文化大革命”开始后，国防科技战线这个科学家云集的系统成为重灾区，国防科技“三五”计划的执行受到严重干扰。在国防科技系统，很多科学家是怀着报效祖国的爱国赤子之心，在中华人民共和国成立后毅然归国，加入到国防科技队伍之中的。有一大批科学家在中苏友好时期，到苏联留学深造后归国。然而，在“文化大革命”打倒、批判反动学术权威的口号下，一些科学家和科学工作者、教授等，被打成反动学术权威受到冲击，有的受到批斗，有的遭到“特嫌”审查。国防生产企业受动乱形势影响，生产急速下降。如1967年计划成批生产6种导弹1086发，地面设备21套，但上半年只完成4种149发，只占全年计划的14%，地面设备无一齐套交付。1968年，国防工业各部计划投资约13亿元，但上半年仅完成投资10%。② 军委办事组把持中央军委大部权力后，

① 参见谢光主编《当代中国的国防科技事业》上，当代中国出版社1992年版，第83—85页。

② 参见《中国人民解放军军史》编写组编《中国人民解放军军史》第6卷，军事科学出版社、中央文献出版社2011年版，第49页。

直接插手国防科技工作。在 1969 年 12 月制定国防科研、生产第四个五年计划（1971 年至 1975 年）时，不顾实际地要求战略武器和航天技术“前三年赶上，后两年超过”世界发展水平，对常规武器的发展也提出了高指标、大计划。仅 1971 年即安排研制飞机达 20 多种；要求 5 年内把 14 种航天器送上天，平均每年得发射 9 颗卫星。[1] 不经论证的盲目计划，造成了国防科研工作“遍地开花，无处结果”的严重后果，致使一些常规武器生产质量下降，很多武器装备长期不能定型。

在这种严重局势下，周恩来、陈毅、李富春、徐向前、聂荣臻、叶剑英等中共中央、国务院、中央军委领导人，努力排除干扰，采取一系列保护和促进措施，推动国防科技事业的继续发展，并取得了明显成就。罗瑞卿被撤销职务后，周恩来直接主持了中央专委办公室和国防工办的工作。1966 年底，动乱影响到氢弹研制协作任务的进展，根据叶剑英的提议，中央军委发布了“特别公函”，明确指出研制氢弹是中共中央和毛泽东主席批准的重要任务，要求各有关单位必须赶制仪器设备并按时完成；1967 年又为核潜艇的研制发出“特别公函”。为保护导弹试验顺利进行，叶剑英为运送导弹的列车发了“特别护照”，使其按时抵达试验基地。

为保证科技人员免受冲击，集中精力完成任务，周恩来和老帅们尽全力给予保护。1966 年 6 月，周恩来针对有人诬蔑国防科技部门执行修正主义路线，批判“科研十四条”时，周恩来明确指出，聂荣臻主持制定的“科研十四条”是经中共中央批准的，是正确的；中华人民共和国成立以来国防科技事业执行的是一条正确的方针，取得了巨大成就。周恩来还利用一切场合和会议强调国防科研只许促进，不许影响，并以中共中央、国务院的名义多次发出通知，要求维护正常的科研、生产秩序。聂荣臻提出试验基地不搞“四大”，只搞正面教育，他多次请毛泽东签发许多重要文件、电报，仅 1967 年 3 月至 11 月，仅发给二机部有关厂、矿和研究院的电报就有 23 件，明确指出这些单位是国家绝密工厂，要“保

---

[1] 参见谢光主编《当代中国的国防科技事业》上卷，当代中国出版社 1992 年版，第 86 页。

证绝对安全，保证工厂稳定生产”。在核试验基地受到冲击时，毛泽东于1967年10月30日签发电报，重申该基地只搞正面教育，不准冲击。为保证科研人员的安全和不受冲击，集中精力搞科研，周恩来把二机部研制某项目人员集中到安全地方保护起来，用飞机把承担卫星某部件研制任务的四机部10所技术人员接到北京搞科研。周恩来、陈毅、叶剑英、聂荣臻等领导人，不断指示国防科委、国防工办、二机部等，要保护好科技专家。周恩来还要求七机部等单位，列出必须重点保护的科技专家和技术骨干的名单；对国防科技系统被抄家、遭批斗的科技专家，要求有关部门严肃处理，该道歉的道歉，该赔偿的赔偿，认真做好善后工作。

为了稳定和扭转国防科技工业部门许多单位瘫痪或半瘫痪的局面，聂荣臻向周恩来请示后，于1967年3月向中共中央写了《关于军事接管和调整改组国防科研机构的请示报告》，提出对6个国防工业部实行军管的建议，毛泽东批示：“总理照办”。中共中央、国务院、中央军委随即发布了对各国防工业部实行军管的决定。不久，又成立国防工业军管小组，粟裕任组长，王树声、向仲华任副组长，此后，国防工业科研、生产部门大部实行了军管。从1971年9月林彪集团覆灭到“文化大革命”结束，国防科技工业又连续进行了两次整顿。

在周恩来等老一辈革命家特别是老帅们的努力下，国防科技战线排除林彪、江青反革命集团的干扰，大力维护科研和生产秩序，采取各种措施，使国防科技事业得以在艰难的环境中持续地发展，也取得了一些令人瞩目的重大成就。

氢弹爆炸试验成功。1967年6月17日，空军飞行员驾驶轰6型飞机准确将一枚氢弹投掷试验场上空，中国首次全当量氢弹空爆试验成功，中国战略核武器又增添了新的力量，实现了毛泽东“搞一点原子弹、氢弹，我看有十年功夫完全可能”的预言。

第一颗人造卫星上天。从20世纪50年代末起，中国科学院在张劲夫、竺可桢、裴丽生和科学家钱学森、赵九章等组织领导下，为探空火箭和人造地球卫星研制做了大量工作。1969年末进行的第三级固体火箭与卫星接试车和1970年1月进行的一、二两级火箭飞行试验，均获得成功。1970 年 4 月 24 日，中国第一颗人造地球卫星发射成功。到 1976 年底，中国又陆续成功地发射了一颗科学实验卫星、两颗返回式遥感卫星和三颗技术试验卫星，并对返回式遥感卫星成功地进行了回收。这些卫星发射的运载火箭研制成功，促进了地地战略导弹技术的发展。

中远程地地导弹和核潜艇研制成功。1967 年 5 月 26 日，中程地地导弹发射成功；1970 年 11 月 15 日，中国自行研制的液体中远程地地导弹发射成功。1971 年 8 月和 1974 年 4 月，中国研制的第一艘鱼雷核潜艇，相继完成了系泊试验和航行试验。1974 年 8 月 1 日，中央军委发布命令，第一艘核潜艇——“长征一号”正式编入海军战斗序列。核潜艇装备部队，使中国海军的综合作战能力产生了质的飞跃。

常规武器装备的发展也取得一定进展。根据国防现代化建设和援越抗美斗争的需要，国务院、中央军委继续以打飞机、打坦克、打军舰为重点，制定了发展常规武器的各项方针、政策，使常规武器的发展，由仿制和自行研制并举，逐步转向以自行研制为主，并取得了一定进展。陆军装备方面：60 年代末至 70 年代，多种反坦克武器如改进型 40 火箭筒、红箭-73 反坦克导弹研制成功并装备部队，研制成功轻 75 毫米、82 毫米无坐力炮及反坦克炮破甲弹，车载 75 式 105 毫米无坐力炮系统等。82 毫米、100 毫米、120 毫米迫击炮，130 毫米加农炮性能得到提高并研制了新型。1974 年，69 式中型坦克设计定型，59 式坦克大批量装备部队，淘汰了苏式 T-34 型坦克。防空武器改进了高射火器，研制成功 85 毫米、37 毫米高射系统，1966 年底，红旗 2 号地空导弹武器定型。空军装备方面：歼-6 型飞机列装后，又改型为歼侦-6 型、歼教-6 型、歼-6Ⅲ和歼 6-甲型飞机，成为多种作战用途飞机。1967 年，歼-7 型飞机定型生产，歼教-5 型飞机大量生产并相继装备部队。1967 年，改进的国产轰-5 型轰炸机装备部队。1969 年，强-5 型强击机和航程更远、载弹量更大的轰-6 型轰炸机开始装备部队。这些飞机的相继服役，及其地面辅助设备的相应发展，大大增强了人民解放军空军的作战能力。海军装备方面：1965 年，海军列入国防科技“三五”计划中研制的主要战斗舰艇有 20 余种。1965 年 12 月和 1966 年 8 月，仿制的中型常规动力潜艇和常规动力弹道导弹潜艇建成，此后成批量生产。1966 年 12 月，导弹快艇建造成功交付海军使用。1971 年 7 月，自行研制的中型常规动力潜艇建造成功下水。1971 年 12 月，航速高、航程远、火力强的 051 型驱逐舰编入海军建制序列。70 年代初与 60 年代初相比，舰艇数量和吨位分别增长了 63% 和 71%，人民解放军拥有的快艇中有 1/4 是导弹快艇，海上战斗能力大大提高。[①] 1967 年 8 月，仿制的第一代舰舰导弹上游 1 号定型生产，1974 年海鹰 1 号岸舰导弹定型。

电子通信装备取得新的进展。为保证国防尖端技术发展需要，1965 年底，四机部、中国科学院、七机部等科研、生产部门严密组织，精心研制，1967 年 9 月，为氢弹武器化研制成功运算速度每秒 11.5 万次的 109 丙型大型计算机。1971 年，又研制成功每秒 28 万次的 320 大型晶体管计算机。1973 年，研制成功运算速度每秒 100 万次的 655 型计算机。此间，还为各种导弹、运载火箭和卫星的研制、试验提供了 108 乙型、717 型、154-1 期和 2 期无线电弹道测量和安全控制系统，为核潜艇研制提供了数字式指挥仪、雷达、超长波通信和瞬间大功率超高速通信等设备。此外，研制成功大型相控阵雷达、超远程跟踪雷达等军事电子装备，还开展了为远洋测量船配套的测量、通信、导航设备的研制工作。同时，部队的电子通信装备也抓紧研制。1969 年珍宝岛事件后，毛泽东批准了加速国防通信建设的计划，周恩来要求师以下通信装备要实现半导体化、小型化。国防工办、国防科委立即作了部署，将野战小型化通信装备、无线电保密设备和新型军用航空、航海电台等研制任务，作为战备急需项目紧急安排落实。经过 10 余年努力，陆、海、空通信装备的配套状况大为改善，提高了部队通信整体水平。

上述成绩，是在“文化大革命”严重干扰情况下，在周恩来、聂荣臻等领导人努力保护国防科技战线的科技人员，努力保护科研、生产下取得的。如果没有“文化大革命”，取得的成绩会更大。但总的看，这一

① 谢光主编《当代中国的国防科技事业》上卷，当代中国出版社 1992 年版，第 111—123 页；军事科学院军事历史研究所：中国人民解放军军史编写组编《中国人民解放军军史》第 6 卷，军事科学出版社 2011 年版，第 63—65 页。

阶段的国防科技水平，特别是飞机、舰艇、电子技术等常规武器的水平，与世界发达国家的差距再次拉大。

七、反对美国侵略战争政策，实施援外军事行动和保卫国家领空

20 世纪 60 年代中期，美国对印度支那的武装干涉升级，扩大越南侵略战争，不仅加剧了印度支那地区的紧张局势，而且严重威胁中国的安全。1965 年至 1973 年，中国政府应越南、老挝两国政府的请求，派出支援部队，修建铁路、公路、机场等国防工程，进行保护越北重要交通线运输安全及保卫施工部队空中安全的防空作战。与此同时，中国防空部队进行了保卫国家领空的作战，对入侵中国领空的美军飞机给予有力打击。

（一）援越抗美

1964 年 8 月 4 日，美国借口其军舰在北部湾遭越南民主共和国海军攻击，即所谓“北部湾事件”，开始大肆轰炸越南北方，并进一步派遣地面部队进入越南南方直接参战，把“特种战争”升级为以美军为主体的、“南打北炸”的局部战争。

早在 1962 年夏，为援助越南南方人民抗击美国侵略，中共中央、中国政府就决定无偿给越南提供各种枪 9 万支。随着战争规模扩大，中国无偿提供的军事援助也不断增加。1965 年春，越南劳动党中央委员会第一书记黎笋、政府副总理兼国防部长武元甲受越南劳动党主席胡志明委派，率党政代表团到达北京，请求中国扩大对越南的援助，并向越南派出支援部队。4 月 8 日，中共中央副主席、中华人民共和国主席刘少奇同越方领导人会谈，就中国向越南提供军事援助问题达成协议。根据协议，中国人民解放军于 1965 年 5 月至 1973 年 8 月，先后派出防空、工程、铁

道、后勤等部队 23 个支队和海军扫雷工作队（12 艘扫雷艇、4 艘保障艇）共 32 万余人，到越南北方担负防空作战、国防工程建设和扫雷等任务。

修建、维护铁路。中国帮助越南在河内以北地区修建的铁路工程项目共有 100 余个，主要项目有：改建北线和中线，扩建数十个站段和隧道等保障设施，新辟迂回线；新建克（夫）太（原）线；新建铁路战备工程。工程于 1965 年 6 月开工，1970 年完成。共计在河内以北地区修建铁路正线 117 公里、铁路桥 30 座、隧道 14 条，改建铁路正线 362 公里，抢修铁路战备工程正线 98 公里，新建、扩建各种铁路站段 20 个。中国援越部队第一支队还担负了河内以北总长 554 公里的 4 条铁路干线反空袭抢修工作。美机对 4 条干线投弹达 28.8 万枚，高峰时，平均每公里投弹 9.6 吨，对桥梁、车站投弹每米达 4.4 吨和 1.3 吨。第一支队抢修被美机炸坏的铁路设施达 1778 处次，拔除定时炸弹 3100 余枚，修复铁路约 157 公里、通信线路 1420 对，完成土石方 55 万立方米。

构筑友谊公路。1965 年 9 月开始，担负筑路任务的有第四、第五、第六支队等共约 8 万人。在中越边境修建、改建友谊 1 号、3 号、7 号、8 号、10 号、11 号、12 号公路等，总长 1211 公里，其中新建 664 公里，改建 547 公里；公路桥 305 座（6954 米），涵洞 4441 座（4.6838 万米）。1970 年 6 月完成全部工程。

构筑国防工程。中国后勤部队第二、第七支队，于 1965 年 6 月 9 日和 1966 年 12 月 15 日入越，进入越南东北沿海岛屿和红河三角洲地区构筑永久性国防工程，完成的主要工程计：坑道 239 条（总长 2.5 万余米），掘开式永备工事 149 个，外炮场 138 个，海底通信电缆 15 条计 103 公里，永久性道路和施工道路 171 公里、桥梁 14 座、涵洞 21 个、码头 9 座。中国一个通信工程大队修建通信设施，共通信工程线路 330 杆公里，挂线 894 对公里，安装 4 座载波电话站。

修建机场和飞机洞库。越南北方原有机场不能起降喷气式飞机，中国支援部队第七、第三支队，先后帮助修建了安沛机场及安沛、内排两个现代化机场的飞机洞库。内排机场的洞库工程 1968 年 9 月 16 日开始施工，1969 年 11 月 5 日提前竣工。安沛机场及洞库工程于 1965 年 1 月开始施工，削平大小山丘 58 座，于 1969 年 5 月底竣工。

担负防空作战和掩护援越部队施工。担负防空作战和掩护援越部队施工等任务，共对空作战 2153 次，击落美机 1707 架，击伤 1608 架。

扫雷和修建输油管线。1968 年侵越美军停止了对越南北方的轰炸。1972 年 5 月，美军对越南北方重要港口及内河航道布设水雷，实行海上封锁，切断越南北方接受外援物资和对越南南方支援的运输线。为开通中越间隐蔽的海上航线，中国南海舰队奉命调集各型扫雷艇 12 艘、保障艇 4 艘，于 1972 年 5 月 28 日开始，分 5 批入越，执行扫雷任务，疏通了海防、鸿基、锦普等重要港口的航线。同时帮助越南铺设野战输油管线，中国派出 8000 多人次部队和民兵，配备大批机械、车辆，为越南铺设了 5 条野战管线，计 159 公里，自 1972 年 6 月至 1976 年 6 月，共向越南输油 130 万吨。

在执行援越任务中，中国援越部队有 4200 余名指战员负伤，1070 余名指战员牺牲并安葬在越南的土地上，为越南人民抗美救国战争胜利献出了鲜血和生命。1968 年 5 月 13 日，越美两国政府在巴黎开始谈判。11 月 1 日起，美军停止轰炸和炮击越南北方。经中越两国政府商定，中国防空、工程、铁道、后勤等部队于 1970 年 7 月 9 日前全部撤离越南。1973 年 8 月，海军扫雷工作队在越南东北沿海完成扫雷任务后，亦撤离越南回国。

在越南人民抗美救国战争期间，中国还无偿地向越南提供了大量军事装备和作战物资，其中有飞机 170 余架、舰船 140 余艘、坦克 500 余辆、汽车 1.6 万余辆、火炮 3.7 万余门、枪 216 万余支（挺）、枪炮弹 12.8 亿余发，并为越南军队培训了各级指挥员和各种专业技术人员 6000 余人、飞行员和机务人员 200 余人、汽车司机和修理工 1 万余人。

中国对越南抗美救国战争提供全面的军事援助，保卫了越南北方重要目标的安全，加强了越南北方的防御能力，保障了越南北方铁路、公路和重要港口、航线的畅通，为越南人民抗美救国战争取得完全胜利作出了重大贡献。

（二）援老抗美

在执行援越抗美任务期间及之前，中国还派出部队实施了援老抗美行动。1962 年至 1978 年，中国先后派出 18 个工程大队、3 个民工大队无偿帮助老挝修建公路，直接投入施工力量 7 万人、主要施工机械 2250 多台，计修建 7 条总长 822.4 公里、路面 485 万多平方米的沥青公路，桥梁 131 座，涵洞 2677 个。为保障筑路工程的顺利进行和施工人员的安全，根据老挝人民党和政府的请求及中老双方协议，中国于 1969 年 3 月至 1973 年 11 月先后派出高射炮兵第七〇五大队和第三〇二、第三〇三、第三〇四支队共 2.13 万余人，担负援老筑路工程的防空作战任务。在 4 年多的时间里，共进行防空作战 95 次，击落美军飞机 35 架，击伤 24 架。中国援老部队在施工和对空作战中有 269 人光荣牺牲。对中国人民履行国际主义义务、为老挝取得抗美救国战争胜利所作出的贡献，老挝人民党和政府曾给予高度评价。

（三）打击入侵中国领空的美军飞机

中国援越抗美期间，美国为了查明中国的军事部署和动态，加强了对中国中南、西南地区的空中侦察、袭扰活动。为保卫国家领空安全，对付美军可能的突然袭击，1964 年 8 月上旬，中央军委指示有关军区和军兵种，进入战备状态，并采取措施，加强中南、西南地区防空力量，打击入侵美军飞机。

1964 年 8 月，经毛泽东和中共中央批准，人民解放军向中南、西南地区增调了 2 个航空兵师和 1 个夜航大队、1 个高射炮兵师。指定 8 个航空兵师又 1 个团担任第二梯队。同时，在该地区增修和扩建了机场，增设了雷达、通信等保障设施。

人民解放军的防空作战准备，完全是为了保卫自己的领空不受侵犯。中央军委对防空作战做了严格规定。然而，美军飞机在对北部湾频繁侦察的同时，屡屡侵入中国海南岛上空。1965 年 4 月 8 日至 9 日，美军 F-4B型舰载战斗机多批多架，侵入中国海南岛榆林港上空，人民海军航空兵起飞 4 架歼-5 型飞机监视，未予攻击。然而，美机却连续发射数枚导弹攻击中国人民解放军的飞机。鉴于此，中央军委决定：对入侵中国领空的美机实行“坚决打击”的方针，以保卫国家领空。1965 年 9 月 20 日，美军 1 架 F-104C 型战斗机侵入中国海南岛上空，人民解放军南海舰队航空兵迅速起飞两架歼-6 型飞机截击，在与美机几十米的近距离处猛烈开炮，打得敌机凌空爆炸。10 月 5 日上午，侵越美军在出动上百架次轰炸机轰炸越南北方城镇的同时，派战斗机 3 批 13 架次侵入中国广西凭祥地区上空。12 时，当美空军 4 架 F-4C 型战斗机掩护 1 架 RA-3D 型侦察机再次侵入南宁隘店上空时，人民空军 4 架歼-6 型飞机升空迎敌，将美空军 RA-3D 型侦察机击落。1967 年，美军对越南北方实施全面轰炸，侵入中国领空的美军战斗机和侦察机次数也显著增多。仅 4 月 24 日至 5 月 1 日 8 天时间，美机就入侵广西地区上空 11 次。人民解放军空军和高炮部队，奋勇迎击入侵美机，连续击落了 5 架入侵美军飞机，其中有两架号称当时世界上最先进的 F-4B 型鬼怪式战斗机。这一战绩，受到中共中央、中央军委的高度赞扬。

从 1964 年 8 月至 1968 年 11 月，美军作战飞机入侵中国领空共 155 批，383 架次。人民解放军英勇作战，击落入侵中国领空的美军飞机 12 架，击伤 4 架。

美军派遣作战飞机侵犯中国领空同时，还使用高空无人驾驶侦察机进行侦察活动。这种飞机体积小，飞行高度可达 2 万米。为击落该型飞机，人民解放军空军认真研究其飞行特点，加强战术技术训练，攻克爬高、动力升限、瞄准射击等技术难题。1964 年 11 月 15 日，一架美军无人驾驶飞机侵入中国雷州半岛上空，人民解放军空军立即起飞 1 架歼-6 型飞机拦截，爬高 1.75 万米向美机开炮，首开击落美军无人驾驶飞机的战例。在取得经验基础上，中国人民解放军空军、海军航空兵和地空导弹部队，又连续击落美军无人驾驶侦察机数架。从 1964 年 8 月至 1971 年 12 月，人民解放军共击落侵入中国领空的美军无人驾驶高空侦察机 20 架。

人民解放军空军、海军航空兵、防空部队，在打击美军入侵飞机的作战中，经受了锻炼和考验，胜利地保卫了祖国的空中安全，积累了丰富的防空作战经验。

第七章
全国进入临战准备和国防军队建设的艰难发展

1969年初，全国“文化大革命”继续深入开展。1968年9月全国各省（市、自治区）革命委员会相继成立，一定程度上结束了前期的大动乱局面。1969年4月中国共产党第九次代表大会召开后，按照“抓革命、促生产”的方针，国家各项工作开始逐步恢复和展开。但林彪、江青集团窃据了最高领导层许多权力，借斗、批、改运动，在许多方面继续制造着混乱。九大前后，国际形势发生了一些重要变化，中苏两国关系急剧恶化，中国领导人加重了对苏联大规模入侵的紧迫性、严重性的估计，特别是珍宝岛事件后，全军进入临战准备，全国展开中华人民共和国成立以来最大的战备高潮。

一、实施珍宝岛自卫反击战和全国战备升级

中苏两国存在着边界问题。中苏关系恶化后，苏联大规模屯兵中苏、中蒙边境地区。1960年，苏联边防军在新疆博孜艾格尔山口附近地区挑起第一次边境事件。此后，苏方不断在边境进行破坏活动。1964年2月至8月，中苏双方就边界问题开始举行谈判，中方愿意以过去的条约为基础，解决中苏边界问题，不要求收回被沙皇用枪炮威迫通过的那些不平等条约从中国攫取的150万平方公里土地。而苏方拒不承认沙皇政府同中国清政府签订的边界条约是不平等条约，致使谈判破裂。1965年2月上旬，苏联部长会议主席柯西金访华时，周恩来总理提出改善和发展

中苏关系的六点建议。然而，苏军在边界上对中国的威胁、挑衅事件不断发生。1964 年 10 月至 1969 年 3 月，边界事件达 4000 多起。特别是在东部乌苏里江界河上，苏军殴打、绑架中国边民，巡逻艇冲撞中国渔船，用水龙头冲击中国渔民事件不断发生，冲突愈演愈烈，使边境局势不断向紧张恶化方向发展。1968 年 1 月 5 日，大批苏联边防军人越过乌苏里江主航道中心线，侵入中国七里沁岛地区，用装甲车撞死中国渔民 4 人，撞伤和打伤 9 人。1968 年 8 月，以苏军为首的华沙条约组织部队对捷克斯洛伐克发动大规模突然袭击。由于苏联的霸权侵略行径，中国领导人加强了对苏联入侵的防范。

（一）珍宝岛自卫反击战

珍宝岛位于黑龙江省虎林县（今虎林市）境内，面积 0.74 平方公里。珍宝岛原与中国大陆相连，是中国一侧江岸的一部分，后因江水终年冲刷，1915 年形成江叉和小岛，但仍位于主航道中国一侧。枯水期江叉消失仍和中国陆岸相连。1964 年中苏两国举行边界谈判，苏方无视国际惯例，强称珍宝岛为苏联所有。从 20 世纪 60 年代中期开始，苏军经常上岛阻拦中国边民进岛从事生产。从 1967 年 2 月至 1969 年 2 月，苏联边防军入侵珍宝岛达 16 次之多。

1968 年 12 月 27 日，苏联边防军出动装甲车、卡车、吉普车共 7 辆，人员 75 名，公然越过中苏两国边界线乌苏里江主航道，侵入珍宝岛，武装拦截、阻挠中国边防部队执行巡逻任务，当场打伤 8 人。1969 年 1 月 4 日，苏军 30 多人侵入该岛，强迫在该岛巡逻的中国边防人员离开。1 月 6 日，苏军再次侵入珍宝岛，抓走了 2 名捕鱼的中国公民。1 月 23 日，苏军出动 76 人，携带军犬，分乘 4 辆军车，在直升机的掩护下，突然袭击了正在珍宝岛上执行正常巡逻任务的中国边防分队，打伤 20 多人，其中 9 人重伤。2 月，此类事件又连续发生了 5 起。对于苏军的多次挑衅，根据中共中央指示精神，中国边防部队一再采取克制忍让态度，未予还击。然而，苏联将中国的克制忍让态度视为软弱可欺，继续发动了武装入侵。

1969年3月2日8时40分，中国边防部队派出巡逻队，分成两个组，在珍宝岛执行正常巡逻。第一组沿着冰道抵近珍宝岛。苏军发现后，立即出动70余人，分乘2辆装甲车、1辆军用卡车和1辆指挥车，从位于珍宝岛对岸上游的下米海洛夫卡和下游的库列比亚克依内两个地方，分别向珍宝岛急进，企图阻拦中国边防人员执行巡逻任务。中国边防巡逻组当即向苏军发出警告，令其退出中国领土。苏军不但拒不撤退，反而以一部兵力向中国边防巡逻组的翼侧穿插，对中国第一边防巡逻组突然开枪射击，打死打伤中国边防巡逻人员6人。中国边防第二巡逻组听到枪声后，主动增援，并给入侵苏军以有力打击。经一个多小时的激战，击退了苏军的进攻性挑衅。战斗中，打死打伤苏联边防军60余名，击毁装甲车、指挥车、卡车3辆，击伤装甲车1辆。中国边防部队牺牲17人，伤35人。

3月4日至14日，苏军又多次侵入珍宝岛地区。15日凌晨4时许，苏军在坦克、装甲车掩护下，先后3次向守岛的中国边防部队发起猛烈进攻。中国边防部队采取集火近战的战术，发扬“一不怕苦、二不怕死”的革命英雄主义精神，顽强抗击。在长达9个小时的激战中，苏军动用50余辆坦克、装甲车，实施6次炮火急袭，均未突破中国边防军守岛部队的防御。中国边防军顶住了苏军的进攻，并将苏军打回了苏联境内。战斗中，共毙、伤苏军140人（其中击毙60人），击毁击伤坦克装甲车13辆。中国边防部队阵亡12人，伤27人。①

3月17日凌晨，苏军出动70余人，在坦克、装甲车掩护下再次侵入珍宝岛，向中国边防部队前沿阵地和纵深炮击，并在岛上铺设了1000余枚地雷，企图阻止中国边防部队登岛，以便强行拖走被炸坏的坦克。为粉碎登岛苏军的企图，中国边防部队用炮火拦阻射击。17时，苏军撤回苏联境内。至此，珍宝岛自卫反击战遂告结束。被炸坏的苏军坦克被中国边防军缴获，送到中国人民革命军事博物馆展览，成为苏联侵略中国

---

① 中国人民解放军军史编写组编《中国人民解放军军史》第6卷，军事科学出版社2011年版，第97、99—100页。

的铁证。

在这场自卫反击战中，中国边防军英勇作战，顽强地抗击苏军坦克、装甲车的连续进攻，保卫了中国的神圣领土。中央军委通令表扬珍宝岛反击战参战部队，给边防部队侦察连等 10 个单位记集体一等功，授予 10 名指战员以“战斗英雄”称号。

珍宝岛自卫反击战的胜利，沉重地打击了苏联霸权主义行径，捍卫了中国的主权尊严和领土完整。

（二）反击战后中共中央对面临战争威胁的判断和全国战备升级

珍宝岛自卫反击战后，中国领导更加加重了对苏联大规模入侵的紧迫性、严重性的估计，为应付可能的突发事件，中共中央、毛泽东主席号召加强战备，领导全国进入新中国成立以来空前的战备高潮。

珍宝岛事件刚刚结束，中共第九次代表大会召开，备战成为九大的重要议题。九大政治报告写上了“决不可忽视美帝、苏修发动大规模侵略战争的危险性。我们要做好充分准备，准备他们大打，准备他们早打。准备他们打常规战争，也准备他们打核大战。总而言之，我们要有准备。”从而使战备成为各项工作的指导方针。4 月 28 日，毛泽东在九届一中全会上指出：“过去讲过的，就是要准备打仗。无论哪一年，我们要准备打仗”。“不管他来不来，我们应该准备。”①

6 月 10 日和 8 月 13 日，在新疆裕民县塔斯提地区和铁列克提地区因苏军入侵发生了中苏武装冲突事件，苏联对中国不断发出战争威胁信号。在中苏、中蒙边境地区，苏军加紧增修空军基地和导弹基地，向边境大量增兵。1969 年夏，苏军向边境大量运输导弹、坦克、大口径火炮等装备，8 月份达 120 多列，9、10 月每月 40 多列。至 70 年代初，苏军部署在亚洲地区可用于对付中国的兵力增加到 70 多个陆军师共 100 多万人，

---

① 《建国以来毛泽东军事文稿》下卷，军事科学出版社、中央文献出版社 2010 年版，第 359 页。

2 万余辆坦克、3000 多架飞机、800 余艘舰艇，苏军不断在边境地区举行针对中国的大规模军事演习。①

对于不断加剧的紧张战争形势，6 月至 9 月，中共中央、国务院、中央军委召开一系列战备会议，研究制订反侵略作战方案。8 月 27 日，根据毛泽东提议，成立了以周恩来为首的全国人民防空领导机构。之后，各省、市、自治区也成立了相应的机构，全国随即出现了修建防空工程的高潮。8 月 28 日，中共中央发出《中国共产党中央委员会命令》，要求边疆省区的党政军民做好反侵略战争准备，随时对付苏联的武装挑衅。命令还要求克服派性，加强军民、军政团结。随后，各省、市、自治区分别召开数十万人的动员、宣传大会，并开始整顿社会秩序、疏散人员和转移物资等。9 月 10 日，军委办事组向全军发出加强战备的命令，要求全军做好防敌突然袭击的准备，“三北”地区和海（边）防第一线部队，以及要地防空部队，立即着手加强防止敌人突然袭击的措施，保持高度的戒备状态，随时应付可能的突然情况。9 月，毛泽东在审定国庆 20 周年口号送审稿中加写了一个口号：“全世界人民团结起来，反对任何帝国主义、社会帝国主义发动的侵略战争，特别要反对以原子弹为武器的侵略战争！如果这种战争发生，全世界人民就应以革命战争消灭侵略战争，从现在起就要有所准备！”②

针对不断紧张的战争形势，全国性的战备行动深入发展，人民解放军在调整部署的同时，加强临战训练和各项战争准备。而中共中央领导人，对苏联领导集团的各项决策行动，都从霸权和可能进行捷克斯洛伐克式大规模突然袭击的行动企图去分析和判断。1969 年 9 月 11 日，应苏联方面的要求，周恩来总理在北京机场会见参加越南党主席胡志明葬礼途经北京的苏联部长会议主席柯西金。中方对这一行动保持高度戒备和警惕。中国领导人分析并担心苏联有可能以谈判释放烟幕，借机对中国

---

① 参见《中国人民解放军军史》编写组编《中国人民解放军军史》第 6 卷，军事科学出版社 2011 年版，第 102 页。

② 中共中央文献研究室编《毛泽东年谱（一九四九——一九七六）》第 6 卷，中央文献出版社 2013 年版，第 266 页。

发动突然袭击。10 月 7 日，周恩来主持拟定的中国政府声明中指出：“如果一小撮战争狂人敢冒天下之大不韪，袭击中国的战略要地，那就是战争，那就是侵略，七亿中国人民就要奋起抵抗，用革命战争消灭侵略战争。”10 月 17 日，中苏谈判前三天，因“紧急战备”疏散至苏州的林彪，给在北京的黄永胜发出“紧急指示”，要求全军立即进入紧急战备状态。18 日晚，黄永胜等人即以“林副主席第一个号令”向全军下达指示。全军共有陆军 90 个师、520 个团，海军 430 余艘舰艇，空军 4100 余架飞机按照命令当夜疏散到位。这一指示和行动，使全军完全进入临战准备状态，加重了全国人民对战争迫在眉睫的认识，对全国的大规模战备产生了重大影响。1969 年底，大部分中央领导包括许多被打倒的中央领导被疏散到外地许多省市。

二、国防和军队建设在临战准备中加强

珍宝岛自卫反击战后，全军一方面调整部署，加紧实施“三北”防御阵地工程建设，区分任务，制定作战方案；一方面指示部队加强以打坦克为主的“三打三防”训练和战术技术训练，进行“三分四定”①，落实各项战备工作。

（一）调整部署，扩编部队

按照毛泽东的战略指导思想，反侵略战争实行“诱敌深入”战略方针，将敌人放进来打，发挥我人民战争威力。同时，要建立卡口制谷（路）的野战、坚固防御阵地，制止敌人长驱直入。部队按照守备部队“顶”和坚守防御，机动（野战）部队按照预定作战地区实施野战阵地防

① 三分四定，即器材装备与物资按照三分四定管理。三分，即携行、运行、后留的分开；四定，即定人、定物、定车、定位。

御和实施反击，采取各种作战形式，大量歼灭、消耗敌人，最后实施全局性反击，赢得反侵略战争的胜利。为实现“诱敌深入”，避开敌人依赖坦克集群和战略火箭军等现代兵力兵器实施宽正面、高速度、大纵深实施突击这“三板斧”，北京、沈阳军区压缩了守备兵力，如北京军区将守备兵力由45个师减为25个师另5个团（后又减少为9个师2个团）[①]，大量增加和部署机动作战兵力；空军向“三北”地区增加了5个歼击机师、2个高炮师、14个地空导弹营和7个机动雷达营，调动一批地空导弹部队和高炮部队进驻战略、战役要地。详细计划预设战场，调整部署作战兵力。

为准备战争，补充因“三支两军”造成的作战力量不足，全军进行了大量扩编。1969年，陆军新组建和改建了3个军部30个师，空军组建了2个军部、8个航空兵师和2个高射炮兵师；第三十八军改为摩托化军，这是人民解放军第一个摩托化军。1969年底，全军员额增加到631万余人。

为便于战时指挥，将内蒙古自治区东三盟［昭乌达盟（今赤峰市）、哲里木盟（今通辽市）、呼伦贝尔盟（今呼伦贝尔市）］西部的西三旗（额济纳旗、阿拉善左旗和阿拉善右旗）分别划归沈阳军区和兰州军区战区。

（二）开展“三打三防”训练和适应性训练

根据毛泽东“要准备打仗”的指示，中央军委和总参谋部加紧部署全军战备训练。1969年6月13日，中央军委办事组下发《关于加强战备训练的指示》，要求各级充分认识加强战备训练的重要性，认真抓好战备训练；要从难从严从实战需要训练部队，加强对苏美军情和当面敌人作战特点研究，结合作战方案，研究战例，进行战术作业，做到熟悉敌情、地形、任务和打法；要结合部队作战和执勤任务实际进行演练，特别是加强近战、夜战训练，苦练200米硬功夫，以我之长，击敌之短。基层干部着重提高作战指挥能力，步兵主要组织射击、刺杀、投弹，并进行

---

① 《中国人民解放军军史》编写组编《中国人民解放军军史》第6卷，军事科学出版社2011年版，第112—113页。

一些基本战术训练。专业分队，主要是练习本职专业技术。指示要求各部队加强防空、防炮、反坦克（装甲车）、反空降训练，提高攻防作战能力，研究反坦克战术技术。指示还规定，陆军战备值班部队和海防、边防部队的战备训练，可占全年1/3，“三北”部队和军种战备值班部队可多一些。1970年1月7日，中央军委办事组再次下发《关于加强战备训练的指示》，进一步强调抓紧战备训练，以打坦克、打飞机、打空降为重点，并进行防原子、防化学、防细菌的战术技术训练，同时进行必要的合练，要重视野营训练和近战、夜战训练。2月19日，总参谋部下发《要重视部队的近战、夜战训练的指示》，提出提高干部的组织指挥能力和部队夜间能走、会打能力，狠抓“三打”训练。5月5日，总参谋部发出《关于游泳训练的通知》；5月20日，又下发《关于进一步加强各军兵种协同作战的研究和训练的指示》，要求有条件的军区把陆海空协同作战训练统一抓起来，搞一些师以上首长机关演习和部队的合练。这是自“文化大革命”开始后，第一次提出协同训练问题。1971年9月，总参谋部下发加强战备工作指示，传达了周恩来提出经毛泽东批准的全训部队每年军事训练时间，步兵为90天、技术兵为120天的规定，明确要求保证战备训练的落实，提高训练质量。

在战备促动下，从1969年开始，部队军事训练逐渐恢复。但由于大量部队执行“三支两军”任务，军事训练仍受到很大影响，特别是首长机关携带通信工具的演习、军兵种合练，很难搞起来。

（三）开展野营拉练

1969年下半年开始，新疆、沈阳、济南、北京等军区，从提高部队能走、会打能力出发，组织部队进行了野营拉练。1970年2月21日，毛泽东在总参关于新疆、沈阳、济南军区野营拉练情况报告上批示：“这样训练好。”11月24日，毛泽东在北京卫戍区《关于部队进行千里战备拉练的总结报告》上批示：“全军是否利用冬季实行长途野营训练一次，每个军可分两批（或不分批），每批两个月，实行官兵团结、军民团结。”

“如不这样训练，就会变成老爷兵。”[①] 12 月 6 日，中央军委发出通知，要求全军迅速掀起冬季长途野营训练的热潮，从当年 12 月到次年 3 月，普遍拉练 2 个月。根据毛泽东和中央军委的指示，野营拉练在全军兴起，北方军区“练三九”，南方部队提出“练三伏”口号。从当年开始，全军部队各军种、兵种部队，以后发展到各机关、院校，均开展了野营拉练训练。野营拉练中，各部队把训练和战备结合起来，机关练组织指挥，部队练走、打、吃、住、藏能力，组织一定规模的战术训练和小型演习，提高部队野战生存能力、后勤保障能力。部队每到一地，发扬优良传统，帮助驻地群众大做好事，增进了军政、军民团结。全军野营训练一直持续到 1978 年。此后，各部队结合年度军事训练和演习等，自行组织长途行军、野营等训练。

三、林彪集团覆灭和国防、军队的初步整顿

（一）林彪集团覆灭

“文化大革命”中，林彪集团掌握了军队高层一大部分权力，军委办事组取代了中央军委常委的领导。林彪作为毛泽东选定的接班人，写入党的九大通过的党章总纲中。林彪在“文革”中，一方面大力推行对毛泽东的个人崇拜，一方面加紧篡党夺权活动。1969 年 10 月，经空军司令员吴法宪批准，已被任命为空军司令部办公室副主任兼空军作战部副部长的林彪之子林立果，在空军司令部成立了以他为首，有空军司令部办公室副主任周宇驰、办公室处长刘沛丰、办公室副处长于新野、7341 部队政治部副处长李伟信组成的五人小组。11 月，这个小组起名为“联合

---

① 《建国以来毛泽东军事文稿》下卷，军事科学出版社、中央文献出版社 2010 年版，第 375 页。

舰队”，在北京、上海、广州等地扩大队伍，设立秘密据点，私藏枪支、弹药、电台，进行反革命政变准备和活动。

1970 年 3 月初，毛泽东提出筹备召开四届人大和修改宪法，并提出不设国家主席。林彪把四届人大看作是他巩固权力和夺取更大权力的机会，仍然坚持设国家主席的意见，并通过自己的小圈子黄永胜、吴法宪、李作鹏等，散布设国家主席的主张。8 月 23 日至 9 月 6 日，党的九届二中全会召开，8 月 22 日下午，毛泽东再次坚持不设国家主席、不当国家主席的意见。而林彪在 23 日会议开幕后，抢先发言，大讲毛泽东天才，试图为会议定调子。在 8 月 24 日下午的分组讨论中，按照叶群的布置，陈伯达、吴法宪、叶群、李作鹏、邱会作也大讲“毛泽东天才”，说有人不赞成毛泽东当国家主席，否认毛泽东是天才，煽动不明真相的人员。与会者发言中纷纷要求把“不赞成毛主席当国家主席”的人揪出来，还有人点了张春桥、江青等人的名字。林彪集团与江青集团争夺权力的斗争公开化、白热化。他们的活动，受到毛泽东的严厉批评。8 月 31 日，毛泽东写了《我的一点意见》，严厉批评陈伯达等“采取突然袭击，煽风点火，唯恐天下不乱，大有炸平庐山，停止地球转动之势”，提出“不要上号称懂得马克思，而实际上根本不懂马克思那样一些人的当”。按照毛泽东的意见，会议开始揭发批判陈伯达，吴法宪等也受到批评。会议闭幕时，中央宣布对陈伯达进行审查。会后，中央召开华北会议，揭批陈伯达，开展批陈整风。

九届二中全会上的斗争，实际上是林彪、江青两个集团长期以来争夺权力的矛盾的总爆发，引发了毛泽东采取一系列措施制约林彪集团阴谋的措施。庐山斗争林彪阴谋失败后，林立果等加紧组织反革命政变活动，在上海、广州等地组织“战斗小分队”“教导队”，对参与政变人员进行特种训练。

正当“联合舰队”紧张准备实施政变计划时，1971 年 8 月，毛泽东巡视南方，同沿途各省、市、自治区党政军负责人进行多次谈话，着重谈了庐山会议的斗争，指名批评林彪集团主要成员，指出“有人急于想当国家主席，要分裂党，急于夺权”，毛泽东还谈到，“庐山这件事，还没有完，还没有解决”，林彪对这件事“当然要负一些责任”。林彪、叶群等探听到毛泽东巡视南方的谈话，极度恐慌，他们准备实施武装政变计划，企图在毛泽东巡视途中谋害毛泽东。9 月上旬，毛泽东觉察到一些可疑情况，采取措施于 9 月 12 日提前回到北京。“联合舰队”的计划破产。

谋害毛泽东的计划落空后，9 月 12 日晚，林立果私乘 256 号专机飞抵北戴河。10 时 30 分，周恩来接到报告，了解到林立果乘飞机到北戴河后种种异常活动，引起警觉，立即下令追查擅自调动飞机之事，并命令飞机立即飞回北京。林彪、叶群、林立果于 9 月 13 日凌晨强行登机起飞北逃。13 日晨，毛泽东在中南海听取周恩来汇报林彪、叶群、林立果乘飞机出逃情况。汇报中，当飞机接近蒙古国时，有人请示是否派飞机拦截，毛泽东说：林彪还是副主席嘛，天要下雨，娘要嫁人，由他去吧！随即，批准发出全国禁空令，要周恩来召开在京政治局成员紧急会议，通报情况。毛泽东也转移到人民大会堂 118 厅暂住。13 日 2 时 30 分，林彪所乘飞机因油料耗尽，在野外迫降时坠毁在蒙古国温都尔汗附近，机上人员全部死亡。

同日 3 时，周宇驰、于新野、李伟信携带窃取的大批国家机密文件和大量美钞，在北京沙河机场劫持一架直升机外逃。毛泽东、周恩来当即指示空军派飞机拦截。这架直升机迫降在怀柔。驾驶员陈修文在飞行途中已发觉周宇驰等人的图谋，降落时被周宇驰杀害。“联合舰队”骨干分子，有的畏罪自杀，有的被捕。

9 月 13 日晚，经周恩来批准，总参谋部发出紧急战备指示。24 日，中共中央决定黄永胜、吴法宪、李作鹏、邱会作 4 人离职反省，交代问题。至此，林彪集团覆灭。

（二）军队的初步整顿

林彪集团覆灭后，1971 年 9 月 24 日和 25 日，中共中央决定由军委副主席叶剑英主持中央军委和总参谋部工作。10 月 3 日，中共中央决定：撤销军委办事组，成立中央军委办公会议，由叶剑英主持，成员有叶剑英、谢富治、张春桥、李先念、李德生、纪登奎、汪东兴、陈士榘、张才千、刘贤权，在中央军委领导下负责军委日常工作。10 月 4 日，毛泽东召集中央军委办公会议成员谈话时说：林、陈阴谋活动，蓄谋已久，目的就是要夺权。要整军，要肃清林、陈反党集团影响。讲政治讲那么多，就是不讲路线，把部队作风带坏了，要改变。军队训练也有形式主义，训练要严格要求，才能打仗，今后办公会议要研究大事，凡讨论重大问题，要请总理参加。下达指示，要用军委名义。林彪搞了几十年，军队问题不少，要肃清影响。[①] 根据中共中央、中央军委的部署，全军迅速展开清查林彪集团和肃清林彪反革命集团流毒和影响的教育，对军队各项工作展开整顿。

1. 开展批林整风，清查与林彪集团阴谋活动有牵连的人和事。

1971 年 9 月 18 日和 10 月 6 日，中共中央先后向党内高级干部、各级党委传达了林彪九一三叛国出逃事件，10 月下旬扩大传达到全体共产党员、解放军指战员和广大工人、贫下中农。1971 年 12 月至 1972 年 7 月，中共中央连续下发由中央专案组整理的《粉碎林陈反党集团反革命政变的斗争》等三批材料，揭露林彪反革命集团在中共九届二中全会前后的阴谋活动。全军立即组织传达教育。结合批林整风运动，全军官兵学习毛泽东“要搞马克思主义，不要搞修正主义；要团结，不要分裂；要光明正大，不要搞阴谋诡计”指示，揭发批判林彪阴谋活动和篡党夺权的罪行，讲清其本质。1972 年 5 月，中央军委将老帅和一些老将军们的揭发材料和揭批林彪集团座谈会发言整理下发全军，对部队进行揭批林彪反革命集团教育。1971 年至 1974 年，总部机关、军兵种、军事科学院、军政大学、国防科委、国防工办等大单位，从各个不同侧面和领域整理林彪集团破坏军队建设的罪行。这些材料，对澄清“文化大革命”以来军队建设中一些是非问题，恢复军队优良传统和作风，起到了重要教育作用。在清查工作中，对跟随林彪集团干坏事的人，受骗上当跟随其活动做过错事的人等，进行了清查，并区别不同情况做了定案和组织

① 参见中共中央文献室编《毛泽东年谱（一九四九——一九七六）》第 6 卷，中央文献出版社 2013 年版，第 409—410 页。

处理。1974年底，全军清查工作结束。

2. 解放一批老干部，调整军队领导班子，整顿各级组织。

从“文化大革命”运动发起到1971年九一三事件前，“林彪反革命集团在中国人民解放军中制造了大批冤案，使八万多人遭到诬陷、迫害，一千一百六十九人被迫害致死”[①]。10月4日，毛泽东对军委办公会议成员说：“文化大革命”，整几位老帅，是林彪搞的。陈毅同志有错误，他在华东工作是很有功的。(对叶剑英）你们那时为啥不来找我嘛，你们写写，我写上几句嘛。整他们是林、陈搞的。[②] 根据毛泽东解放老干部的指示精神，中央军委和总政治部迅速部署解放老干部工作。总政治部向中共中央政治局上报了第一批近200名大军区以上领导干部，并先后对“二月逆流”“七二〇事件”“杨、余、傅事件”等重大冤假错案进行复查，对贺龙、谭政、萧华等在“文革”中遭诬陷迫害的高级领导干部进行平反。许多人恢复工作，重新安排了领导职务。1973年邓小平恢复党组织生活并安排了工作。12月22日，中共中央决定邓小平为中共中央政治局委员、中央军委委员，参加中共中央和中央军委的领导工作。由于全国尚处于“文化大革命”运动之中，加上江青集团的干扰，平反和解放老干部工作不可能彻底进行。

结合解放老干部工作，全军进行了调整领导班子工作。1973年12月22日，经毛泽东提议，中央军委发布八个大军区司令员对调命令。1974年1月，中共中央决定由叶剑英、王洪文、张春桥、邓小平、陈锡联、苏振华组成军委六人小组，以中央军委名义展开工作，负责处理军委日常工作。接着，全军展开领导班子调整工作。中共中央、中央军委重新任命了各总部、各军区、各军兵种、国防科委、军事科学院、军政大学领导班子。

3. 恢复和发扬人民解放军优良传统，开展解放军学全国人民活动。

---

① 《中华人民共和国最高人民检察院特别检察庭起诉书特检字第一号》，载《人民日报》，1980年11月21日。

② 参见中共中央文献研究室编《毛泽东年谱（一九四九——一九七六）》第6卷，中央文献出版社2013年版，第410页。

1971年8、9月，毛泽东在外地巡视期间同各地负责人谈话时说："军队要谨慎"，"不能骄傲"，"军队要统一，军队要整顿"。"工业学大庆，农业学大寨，全国学人民解放军，这不完全，还要加上解放军学全国人民。"[①] 1972年1月1日，总政治部根据毛泽东的指示，向全军发出《认真贯彻执行毛主席关于解放军学全国人民的指示的通知》，要求全军指战员响应毛泽东的号召，自觉地向全国人民学习。认真学习和落实毛主席关于人民军队、人民战争、拥政爱民、军队要谨慎等一系列教导，发扬我军向人民学习、和人民打成一片的光荣传统；同时要教育我军干部、战士防止和克服居功自恃、骄傲自满等不正之风，牢固树立向人民群众学习的正确态度。全军指战员认真学习毛泽东"解放军学全国人民"的指示，按照总政治部的部署，对部队进行我军优良传统教育，检查各部队特别是"三支两军"部队遵守群众纪律、拥政爱民情况。"三支两军"人员检查在地方工作中尊重地方一元化领导情况和纠正"骄傲自满"情绪。1972年5月24日，中央军委向全军转发总参谋部、总后勤部关于撤出部队住用地方大专院校房屋的报告。7月22日至26日，总政治部召开各大军区、军委各直属单位群众工作部部长紧急会议，传达和学习中央关于迅速处理部队违反政策纪律问题的指示精神，研究检查整顿的措施。全军各单位立即展开清查行动，至9月下旬，共清退借用、占用地方房屋600多万平方米，土地34万亩，车辆940多台，各种机械2870多件。[②]

4. 大办教导队，恢复军事训练。

珍宝岛事件后，在战备形势促动下，全军各级对军事训练高度重视。但由于大批部队执行"三支两军"任务，军事训练受到很大影响。九一三事件后，1972年执行"三支两军"任务的部队陆续开始撤离。1972年2月6日，受中共中央之命主持军委日常工作的叶剑英在听取南京军区汇报作战设想和战备工作时说：训练问题，看来一般的方法不行，一般方

① 《建国以来毛泽东军事文稿》下卷，军事科学出版社、中央文献出版社2010年版，第377、378页。

② 《中国人民解放军军史》编写组编《中国人民解放军军史》第6卷，军事科学出版社2011年版，第182页。

法扭转不过来这个局面。现在的营长中都很少有打过仗的了，建议你们以师为单位办好教导队。师长或副师长任队长，把打过仗的团、营长都集中起来编成一个连的架子，对那些没打过仗的干部进行训练。要从单兵学起，进行示范，进行传、帮、带，把经验传给新一代，争取两年之内把连、排长轮训完。[①] 4 月 19 日，中央军委下发《关于办好教导队加速轮训部队基层干部的指示》，要求从 1972 年开始，以军或师为单位普遍兴办教导队，轮训基层干部。全军各部队迅速掀起了大办教导队的高潮，数万名有作战经验的团以上干部到教导队任职任教。1972 年，全军举办了 1800 多期轮训，培训基层干部 44%。到 1973 年，全军共办 849 个教导队，轮训基层干部 31 万多人。至 1974 年 10 月下旬，军、师两级教导队共训练干部 50 万人。基层干部经过轮训，提高了带兵、训兵能力，改变了连队普遍存在的干部想教不会教，战士想学无人教的状况。

在大办教导队推动下，各团级单位办起了训练队，训练班长和技术骨干。部队的军事训练也蓬勃开展，训练摆在了重要位置上，步兵五大技术和基础训练，各专业技术兵种基础和专业训练水平不断提高，各军种、兵种专业基础和专业技术训练全面上升。各军兵种突出“三打三防”训练，全军出现轰轰烈烈的军事训练场面。这一阶段，各级演习也逐步恢复。1973 年 10 月，总参谋部组织北京军区在张家口地区组织了打敌集群坦克研究性实兵演习，参演部队和民兵 2.1 万人，飞机 55 架，坦克、装甲车 371 辆，火炮 385 门。全军 1.32 万人观看了演习。叶剑英在演习后发出“把打坦克之风吹遍全军”的号召。各军区、各军兵种相继进行了反空袭、反空降、“三打三防”、打敌集群坦克等战役演习。

在大办教导队轮训干部的同时，根据中央军委决定，恢复和增建部分院校工作。军事院校是“文化大革命”遭到破坏的重灾区，至 20 世纪 70 年代初，军事院校被砍掉 2/3，仅存 43 所，初、中、高级院校培训体制遭到彻底破坏，军官得不到逐级培训，素质严重下降。中央军委决定

---

① 中国人民解放军军事科学院编《叶剑英年谱（一八九七——一九八六）》下卷，中央文献出版社 2007 年版，第 1014 页。

改变这种状况。1973 年 6 月 4 日，成立全军院校调整领导小组。经过调研，11 月 5 日，院校调整领导小组向中央军委建议，恢复和增建 41 所院校，其中军政院校（指挥院校）19 所，军医学校 12 所，军兵种专业技术院校 10 所。经中共中央批准，12 月 8 日中央军委将恢复增建院校的报告转发各大单位，着手院校恢复和增建工作。

（三）国防工业的初步整顿

国防科技战线围绕恢复科研、生产秩序，展开整顿。

首先是加强组织领导。中共中央部分调整了中央专委的成员，在李富春、李先念、叶剑英、余秋里等协助下，周恩来主持召开 20 多次中央专委会议，审定和部署国防科研、试验、生产任务。1972 年初，对二、三、四、五、六机部和所属各院、所、厂的领导班子进行整顿，配齐部长等领导班子成员。

其次是调整计划，扭转中央军委办事组的高指标、大计划造成的“遍地开花，无处结果”的局面。叶剑英在中央军委办公会议上强调指出，要扭转贪大求全思想，武器装备研制要缩短战线，突出重点。1972 年 3 月 4 日，中央军委国防工办提出国防工业发展原则、发展方针，提出常规武器发展重点：航空工业以歼击机为重点，积极发展中、轻型和直升机，适当地发展运输机和特种机，相应地发展教练机；造船工业以中型鱼雷潜艇和快艇为重点，积极研制核动力潜艇和中型火炮导弹舰；兵器工业以炮弹、炸药、火炮、高射武器、反坦克武器为重点，有计划地发展坦克和装甲运输车辆；电子工业实行军民结合、平战结合，首先保证军品，为工业、农业、国防、科学技术现代化服务，狠抓电子基础产品。按上述方针和发展重点，国防工办、国防科委压缩了研制项目，调整了国防科研和生产计划。

第三是整顿质量。“文化大革命”中，一些规章制度被废除，如空军司令员吴法宪观看了歼-6 型飞机飞行表演后，不经定型，便轻率作出批量生产决定。这次整顿中，周恩来提出马上恢复产品检验制度。1971 年底，周恩来委托叶剑英抓航空产品质量，1972 年上半年以国务院、中央军委发出《航空产品质量问题座谈会纪要》，总结推广沈阳地区整顿质量的经验。5 月，国务院、中央军委还颁布了《关于整顿国防工业产品质量和配套问题的指示》。9 月，遵照国务院、中央军委的指示，军委国防工办会同三、四、五、六机部对已成批生产的飞机、导弹、舰艇的配套情况进行分析，决定对已成批生产但质量存在问题的，组织认真整顿，年内优质过关。

第四是成立定型机构。1970 年 10 月，周恩来就针对边试验、边定型、边小批生产带来的问题，提出“定型合格后再小批生产，保质保量装备部队，以利战备”的要求。1971 年底，周恩来委托李先念对定型工作存在的问题组织整顿。1973 年 1 月，成立了陆军、海军、航空 3 个定型委员会。1972 年 2 月，国务院、中央军委又批准成立了军工产品定型工作领导小组，领导将 3 个定型委员会改组为海军、航空、炮兵、装甲兵、工程兵、铁道兵、通信兵、防化兵、轻武器、车辆的 10 个二级定型委员会。12 月，成立国务院、中央军委国防尖端武器定型小组。

第五是调整管理体制。1969 年，林彪集团把持的军委办事组，改变了国防科技领导体制，设置了中央军委国防工业领导小组，下设航空、电子、兵器、造船 4 个小组，分别领导三、四、五、六机部及兵器、航空、舰艇、电子等研究院及相应的试验基地、高等院校，领导小组由军委办事组领导担任，撤销了国务院国防工办，设立中央军委国防工办，二机、七机部实际上也由他们领导。1972 年 3 月，叶剑英主持召开军委办公会议，决定调整领导管理体制。1973 年 9 月，经中共中央批准，成立国务院国防工办，撤销中央军委国防工业领导小组及中央军委国防工办。1974 年 5 月，国务院、中央军委作出调整国防工业管理体制决定，撤销国防工业领导小组及其下设的航空、兵器、电子、造船 4 个小组，二、三、四、五、六、七机部由国务院直接领导，并先后将核武器、航天技术、航空、舰艇、军事通信、电子设备、电子元器件、兵器等研究院分别划归对口的国防工业部建制领导，将三机部风洞建设指挥部划归国防科委建制领导。

经过整顿，国防科技战线科研、生产形势有了明显好转，试验工作和任务得以顺利进行。

四、加强人民武装动员和人防建设

为了准备反侵略战争，民兵建设和动员工作被列为战备工作的重要内容。

（一）准备打全面反侵略战争的动员计划和民兵建设

1966年2月，军委召开会议研究制定战时动员计划问题。会议同意总参谋部关于成立战时人力动员计划领导小组的建议。领导小组组长为副总参谋长彭绍辉，副组长为总政治部副主任徐立清，成员由总后勤部、海军、空军，总参作战部、动员部，总政群工部，总后装备部人员参加。4月，战时人力计划方案工作全面展开。自1962年东南沿海紧急战备特别是全国性战备开始后，全国民兵数量呈不断上升趋势。1965年12月，全国民兵总数为1.9亿人，基干民兵9000余万人。据此，战时可动员16岁至30岁兵员5100万人。

按照毛泽东打人民战争的战略思想，在未来反侵略战争中，按照正规军、地方军、民兵三结合武装力量部署和相互配合，把入侵之敌淹没在人民战争汪洋大海之中。1969年珍宝岛事件后，全国按照打仗的要求和标准建设民兵，加强民兵“三落实”，民兵组织健全，民兵专业队伍充实，民兵军事训练加强。到1973年，全国共有民兵2亿多人，其中基干民兵1700余万人。

在全国战备行动中，全国展开民兵独立营、团组建工作。1969年4月2日，沈阳军区就组建基干民兵团（营）和黑龙江生产建设兵团值班分队问题向军委做了报告，得到军委肯定。6月18日，《军委办事组会议纪要》传达了毛泽东“战争打起来，组建地方部队，小县1个营，中县2个营，大县1个团”的指示。至当年底，东北三省和江西省基本组建了民兵独立团、营。到1974年，全国共组建民兵基干团1671个，民兵基干连51330个，组建民兵高炮、高机分队共20余万人。

为发挥人民战争的伟力，全国特别是“三北”和边境地区，开展了战斗村（镇）建设。1969年9月23日，国务院、中央军委转发了黑龙江省“三合战斗村”建设经验，给全国树立了样板。战斗村，是民兵和群众从防御战的需要出发，在村（镇）内修建掩体、暗堡、堑壕、反坦克壕，设置布雷区。在村（镇）内挖宽1米，高近2米的地道，使户户相通，家家相连。地道内修筑防守工事，防水、防毒设施，设立地下车间、粮仓、物资库和手术室。战斗村对战时的人口疏散和物资转移都做了具体安排，保证军需民用。民兵还建立了对空射击队，地面作战、侦察、通讯、工兵、后勤、保卫、消防等专业队。在战斗村的推动下，各地出现了一批战斗工厂、学校、医院、企业、街道等，做到能打、能防、能攻、能走。据黑龙江省统计，此类战斗组织全省有276个。经过一年建设，沈阳军区在边境地区、重点守备地区重要口子、交通要道、城市郊区、县以上后方基地内，建设战斗村1.04万余个。

（二）扩建、组建生产建设兵团

鉴于生产建设兵团在建设边疆、保卫边疆的特殊作用，全国大战备期间，根据中共中央、国务院、中央军委的决定和指示，生产建设兵团迅速扩大，一些省区组建了生产建设兵团。

1968年6月18日，中共中央、国务院、中央军委、中央文革下发《关于建立沈阳军区黑龙江生产建设兵团的批示》，将原东北农垦总局和省农垦厅所属的农场以及农建一师、农建二师合编为中国人民解放军沈阳军区黑龙江生产建设兵团，执行屯垦戍边任务，部署在边境地区的黑河、佳木斯、牡丹江等各战略要点，在特殊需要时抗击、歼灭入侵者。沈阳军区派3000多名现役军人充实到兵团各师、团担任领导，接收改组了93个原有的农、牧、渔场为部队建制。兵团下辖5个师共58个团另3个独立团，在几年内接收安置了全国50余万名高中、初中学生加入兵团屯垦戍边，兵团规模达70万人。根据边防斗争形势需要，兵团建立了9万余人的战备值班部（分）队，配发了各类轻重武器，修建了200公里的战备铁路和300多公里的战备公路。

1969年3月后，全国又相继组建了10个生产建设兵团。1969年4月，组建兰州生产建设兵团，编制6个师辖57个团场；同月，组建广州生产建设兵团，编制10个师辖148个团；5月，组建内蒙古生产建设兵团，编制6个师共41个团（场）另4个直属团；9月，组建江苏生产建设兵团，辖4个师共41个团；同月，组建安徽生产建设兵团，辖国营农场、茶场、林场42个；12月，组建福建生产建设兵团，辖28个团；1970年1月，组建山东生产建设兵团，辖20个团；3月，组建云南生产建设兵团，辖4个师共32个团；5月，组建浙江生产建设兵团，辖3个师共15个团；1970年，组建湖北生产建设兵团，辖3个师。后组建的生产建设兵团，一方面为了反侵略战争做准备，这种形式优于一般的民兵建设，便于管理和建设，便于战时成建制的使用；一方面的重要任务是接收安置全国各大、中城市大批上山下乡知识青年。①

（三）人民防空建设和全国大规模挖洞工程

1. 成立人防组织机构，加强人防规划和管理。

人民防空建设是全国全面战备重点和突出建设内容。中共中央、国务院、中央军委十分重视国家人民防空工作。1953年11月，即成立了周恩来任主任的中央人民防空委员会，11月10日至16日，召开了全国人民防空工作会议，对全国人防工作作了部署。1969年5月26日，毛泽东指示，要加强人民防空，并严厉批评了不重视人民防空工作的问题。8月，中共中央决定将人民防空工作由公安部移交总参谋部。8月10日，国务院、中央军委决定成立首都人防领导小组。8月27日，经毛泽东主席批准，中共中央、中央军委决定成立各级人防领导小组。人防领导小组的基本任务是：组织进行战备思想教育和防空常识教育；拟制对空防御计划并组织实施；拟制城市人口疏散计划并组织实施；组织和训练群

① 1972年9月至1975年6月，国务院、中央军委先后批复相关军区，同意撤销湖北、兰州、昆明、山东、福建、浙江、内蒙古生产建设兵团。新疆生产建设兵团撤销后又于1981年恢复，广州军区生产建设兵团移交广东省委领导。

众性的消防、救护、抢修、治安等队伍。28日，全国人防领导小组组成，由中共中央办公厅、国务院业务组、国家计委、公安部、铁道部、卫生部、北京军区、空军、海军、工程兵、通信兵、总后勤部、防化学兵部、总参作战部各1名领导组成。经毛泽东批准，由周恩来总理任全国人防领导小组组长，黄永胜（总参谋长）、谢富治（副总理）、吴法宪（副总参谋长）、阎仲川（副总参谋长）任副组长。办事机构设于总参作战部。1972年4月，全国人防领导小组副组长改由叶剑英（军委副主席）、李先念（副总理）、张才千（副总参谋长）担任。9月22日，中央军委批准总参谋部，对防止敌人突然袭击小组成员进行了调整，阎仲川任组长。10月7日，为保证遭敌突然袭击时及时、迅速、准确发出警报，全国军队和地方能立即转入战时状态，国务院、中央军委转发了《关于建立防止敌人突然袭击警报系统的报告》。向全国发出警报的权力，集中于毛泽东主席。

全国人民防空领导小组成立后，各省、市、自治区相继成立人防领导小组，省（自治区）、地辖大中城市，各大中厂矿、企业，也建立、健全了人防领导组织。各级人防领导组织建立后，在中共中央、国务院、中央军委统一部署下，在总参谋部有关部门具体领导、指导下，卓有成效地展开全国人防工作。

随着全国全面战备的深入，人防工程建设和管理工作不断加强。1977年1月31日，国务院、中央军委下发《关于进一步加强人防工程建设计划管理的通知》，强调人防工程建设要与基本建设、城市建设密切结合，人防工程建设要纳入国家和地方计划，加强管理。1978年4月4日，中共中央发出《关于加强城市建设工作的意见》，意见中要求，所有城市，特别是大中城市，都要按照平战结合、军民结合和人防工程建设与基建、城建相结合的方针，认真把人防工程建设好。所建工事，不仅战时能防备敌人空中袭击，而且平时要使其能为生产和人民生活服务。“三北”和沿海地区的重点城市，还要按照打防结合的方针，使所建工事不仅能防，而且能与敌人打巷战、地道战，坚持城市斗争。各大中城市，还要根据战时需要和城市的具体情况，在平时就要做好战时人口疏散计划，有步骤地组织训练好对空射击、工程抢险、医疗、运输、消防、治安等专业队伍，建设起战时通信警报系统。这个文件，是总结10多年经验，对人防工程建设提出的具体标准和要求。10月21日至11月4日，第三次全国人防会议召开，参会人员684人，这是人防领导小组成立以来召开的规模最大的一次会议。李先念作了《加强人民防空建设，做好反侵略战争准备》的报告。会后，国务院、中央军委颁发了《一九七九年至一九八五年全国人防工程建设规划纲要（草案）》《关于各级人民防空机构领导小组及其办事机构和有关部门的主要任务及体制编制的规定》《关于在基本建设、城市建设、农田水利建设和人防工程建设中贯彻平战结合的规定》等6个文件。这次会议，标志着人防工作进入一个新的阶段。

2. 全国大规模挖洞工程。

在全国大战备期间，最突出的人防工作是城市防空、防袭击准备，特别是全国各大、中、小城市大规模的挖洞工程。继三线建设之后，中共中央、中央军委指导全国城镇、乡村，展开大规模的挖洞工程。毛泽东在1965年1月的一次政治局常委扩大会上提出："老百姓怎么防空？就是每个房子都挖个洞，自己挖，平时当仓库，藏东西，战时飞机来了，当防空洞。最好挖些地道，这里丢炸弹，还可以跑到那里，还可以打仗。北京等各大城市都可以这样搞，分多少年完成。不然，一个原子弹打来，我们只好统统跑掉，安安稳稳让他们占领。"①

全国城镇人防工程规模宏大，与城市市政建设紧密结合。如北京地下铁道工程，包括各重要建筑、居民区建筑，规定必须有人防工程和标准，均是这一时期这一背景下的产物。城市人防工程，按能打，能藏，能生活，甚至能生产的标准建设，各厂矿、企事业、机关、学校、街道、居民，无一例外地投入到这项宏大的战备工作之中，加上组织学习"三防"等军事知识，成立各级军事组织等，成为这一时期全国大战备的重大行动和显著标志。

---

① 《建国以来毛泽东军事文稿》下卷，军事科学出版社、中央文献出版社2010年版，第292页。

旅大坑道式人防工程建设是全国人防工程建设较早城市之一。工程由“十山”“十网”构成，中央将旅大市人防战备工程作为典型推广。1971年7月24日至8月24日，全国人防领导小组召开第二次全国人防会议，与会人员参观了旅大、长春、张家口、株洲、北京5个城市的人防工程。特别着重参观了旅大市地下工程的地下医院、地下粮食加工厂、地下纺织厂、地下机械厂、地下俱乐部、地下小学等工程。从1972年至1985年，有几十个国家的元首来大连参观了这一工程。

1971年8月22日，周恩来听取全国人防会议情况汇报，审定了全国开展人防战备工作的重点城市方案，指出：全国应搞好人防工作，一是城市，二是厂矿企业，三是港口、空军基地，四是交通枢纽。8月27日，周恩来主持中央政治局会议，通过了《全国人民防空工作报告》，该报告经毛泽东批准下发。[①] 此后，全国人防工程建设进入高潮。

各省、市、自治区和各大、中城市革委会和人防领导小组，高度重视人防挖洞工程，会同当地省军区、军分区及驻军，拟制详细计划，精心组织施工，展开人防工程建设。著名的哈尔滨市人防工程，工程浩大。哈尔滨是一类重点人防城市，黑龙江省哈尔滨市领导决定修建一条贯通全市、连通山区和“五能”（能防、能打、能机动、能生活、能生产）大型机动干道工程，取名为“七三八一”工程。经6年连续施工，完成工程深21米、高6米、宽7.3米，钢筋混凝土结构干道工程11.18万平方米，主干道全长9.5公里。工程包括主干道、支干线、地铁车站、汽车引道和专项工程等。参加这项工程建设平均每天施工人数1.5万人，据哈尔滨人民防空史料记载，在大规模构筑防空工事群众运动中，哈尔滨人民从工人到机关干部，从青年学生到白发老人，打了一场气壮山河的人民战争。

北京市东城区地下城，1969年开始施工，1979年完工，分三个防御工事区，通往市区中心区、天安门和火车站等，形成了粗具规模的人民

---

① 中共中央文献研究室编《周恩来年谱（一九四九——一九七六）》下卷，中央文献出版社1997年版，第476页。

防空地道网。地道主干线距地面 8～10 米，宽 2 米，全长 30 公里，可容纳 30 万人。地下工程内有 2300 多个通风口，还设有电影院、理发室、娱乐和必需的生活设施。

1976 年 2 月 28 日，全国人防领导小组等单位发出在基建和城建中加强人防工程建设的通知。对结合基建、城建修建人防工程问题，规定了建设原则、建设标准和实施方法。从此，各大型办公楼、住宅区楼房建设，均按人防要求建设地下人防工程。

3. 城市防空、防袭击准备。

1962 年贯彻中央防备敌人突然袭击指示进行防空准备时，即开始突出民兵在城市和重要目标防空斗争中的作用。在广州、昆明等地区和一些大城市，建立了 1 万多个民兵对空射击分队，参加民兵 26 万余人。如云南省军区组织全省 7 座重要城镇、5 个主要车站、18 座铁路桥、29 座公路桥、19 座大型水库的对空防护，自 1965 年 4 月开始，组建了 154 个民兵高射连。1965 年 5 月 25 日，刘少奇在视察七机部北京 211 厂时指出："工厂里都是工人，又是民兵，装备上高射炮、高射机枪，平时做工，敌机来了，跑出去就打，自己保卫自己。"7 月召开的全国民兵工作会议，提出要充分利用现有武器，尽快地建立民兵高炮部队，加强防空训练。11 月 27 日，下发了《关于贯彻刘主席对民兵工作的指示的指示》，指出："城市、厂矿和交通枢纽等，战时是敌人空袭、破坏的主要目标。这些目标不能完全靠部队保卫，要靠自己保卫自己。对此，我们要有足够的认识，并在平时加强生产建设的同时，从思想上和组织上作好打仗准备。"自此，各省制定了民兵防空计划，对各大中城市和大型厂矿企业及机关学校等，建立防空机构，组织民兵参加消防、救护、防化、抢修、通讯等专业队伍，组织对空射击分队。如沈阳军区组织 50 万民兵参加消防、救护、防化、抢修、通讯等专业队伍，6.5 万人参加对空射击分队。北京军区组织河北、山西省中等以上城市对空射击组 3000 多个，参加民兵 8.3 万人。南京军区在上海、南京、杭州三个重点城市组建对空射击组 1300 余个，参加对空射分队、消防队、救护队、抢修队达 13 万余人。福建省确定 125 个重点保卫目标，组织了 1260 个对空射击小组，组织救护抢修专业勤务分队 8 万余人。其他军区特别是沿海地区城市，组织民兵实施防空袭规模，均在 3 万人以上。1969 年全国战备升级，全国的大、中、小城市均组建了民兵防空分队，从防原子、防化学、防细菌武器袭击和防空斗争需要出发，组建了消防、救护、防化、抢救抢修队伍。

五、西沙群岛自卫反击战

（一）西沙群岛的历史及 1974 年初的形势

西沙群岛位于中国海南岛东南约 330 公里的海域，与东沙群岛、南沙群岛、中沙群岛共同称为南海四大群岛，自古以来就是中国领土。西沙群岛由宣德、永乐两个群岛和其他岛礁组成，总面积 10 平方公里。其中，宣德群岛由永兴岛、赵述岛及石岛、东岛、北岛、南岛等岛屿组成，永兴岛面积最大，为西沙群岛的主岛。永乐群岛由甘泉、珊瑚、金银、琛航、晋卿等岛屿组成。西沙群岛地理位置十分重要，是中国与东南亚各国海上交通的必经之路。这里及南海海域资源丰富，特别是石油和有色金属等矿产资源储量丰富。

中国历代政府对这些岛屿进行了有效管辖。宣德群岛、永乐群岛就是中国政府为纪念郑和航海的业绩而命名的。第二次世界大战前，西沙群岛中的一些岛屿一度被法国占领，第二次世界大战中，被日本占据。二战结束后，中国政府接收西沙群岛及其南海诸岛。1951 年 8 月 15 日，中国外交部长周恩来就 1951 年 7 月 12 日《美英对日和约草案》一事，在《关于美英对日和约草案及旧金山会议的声明》中指出："草案又故意规定日本放弃对南威岛和西沙群岛的一切权利而亦不提归还主权问题。实际上西沙群岛和南威岛正如整个南沙群岛及中沙群岛、东沙群岛一样，向为中国领土，在日本帝国主义发动侵略战争时虽曾一度沦陷，但日本投降后已为当时中国政府全部接收。中华人民共和国中央人民政府正此声明：中华人民共和国在南威岛和西沙群岛之不可侵犯的主权，不论美英对日和约草案有无规定及如何规定，均不受任何影响。”① 此后，中国政府多次重申这一立场。

20 世纪 50 年代中期，南越政府对中国提出领土要求，并开始派兵占领了西沙永乐群岛的一些岛屿。中国政府于 1956 年 5 月 29 日发表声明，指出中国西沙群岛和其他属于中国的岛屿的主权绝不容许侵犯。1958 年 8 月，南越当局派武装部队增防甘泉岛，进而侵占了琛航岛。9 月 4 日，中国政府发表声明，重申西沙群岛是中华人民共和国领土。迫于国际舆论压力，南越当局一度将侵占甘泉、琛航、金银岛上的军队全部撤走，仅在珊瑚岛上留驻 1 个排左右兵力。1961 年后，南越海军又侵占了西沙群岛一些岛屿。至 1973 年 8 月底，南越军队已侵占了中国南沙、西沙群岛的 6 个岛屿，9 月，南越当局又非法宣布将南沙群岛的南威、太平等 10 多个岛屿划入其版图。1974 年 1 月 11 日，中国外交部发表声明，再次重申南沙群岛、西沙群岛、中沙群岛、东沙群岛是中国领土的一部分，决不容许任何侵犯中国领土主权的行为。但南越当局不顾中国政府的严正警告，于 1 月 15 日至 18 日先后派驱逐舰“陈庆瑜”号（4 号）、“陈平重”号（5 号）、“李常杰”号（16 号）和护航舰“怒涛”号（10 号），侵入西沙永乐群岛海域，对在甘泉岛附近生产的中国南海水产公司 402、407 号两艘渔轮挑衅袭扰，无理要求中国渔轮离开甘泉岛海域，并炮击飘扬着中国国旗的甘泉岛，打死打伤中国渔民和民兵多人。17 日，南越军队强占了金银、甘泉两岛。

（二）作战经过

1974 年 1 月 17 日至 20 日，中国人民解放军海军南海舰队一部与陆军分队、民兵协同，对入侵中国西沙永乐群岛的南越军队进行了自卫反击作战，粉碎了南越侵占西沙群岛的企图，保卫了中国的领土主权。

中国人民解放军海军南海舰队奉命派出猎潜艇第 73 大队所属 271、

---

① 《建国以来重要文献选编》第 2 册，中央文献出版社 1992 年版，第 403 页。

274号（称271编队）艇和扫雷舰第10大队的396、389号舰（称396编队），于17日、18日进至西沙永乐群岛附近巡逻；海南军区派出4个民兵排，随海军舰艇进驻西沙永乐群岛的晋卿、琛航、广金三岛，猎潜艇第74大队281、282号艇（称281编队）驶抵永兴岛附近，执行机动支援任务；海军组成海上指挥所，由南海舰队榆林基地副司令员魏鸣森担任编队指挥员。舰队航空兵和广州军区空军派出部分飞机支援舰艇编队行动。

18日上午，南越驱逐舰“陈庆瑜”号和“陈平重”号侵入甘泉岛附近海域，冲撞中国407号渔轮，渔轮驾驶台被毁。19日晨，南越海军“李常杰”号、“怒涛”号两艘舰由广金岛西北向中国巡逻舰艇接近；另两艘舰“陈庆瑜”号、“陈平重”号两舰由金银岛以南外海向琛航、广金两岛接近。中国海军南海舰队按照广州军区的部署，命令魏鸣森立即做好战斗准备，如敌进攻我占岛屿，编队要坚决还击，支援岛上战斗。

针对南越军舰挑衅行动，中国海军编队紧急起锚。396编队进至广金岛西北面拦截南越“李常杰”号、“怒涛”号舰；271编队进至广金岛东南海面，监视“陈平重”号、“陈庆瑜”号舰。7时许，南越4号、5号舰先后以4只橡皮舟运送40多名官兵强登琛航、广金两岛。两岛中国民兵与敌相峙，展开说理斗争。南越官兵不听劝阻，向中国民兵开枪射击。中国民兵被迫自卫，毙敌1人，伤3人。

8时25分，南越16号舰拦截中国389舰，389舰不减速、不转向，继续按原航向前进。南越16号舰慌忙转向，撞坏了中国389舰左舷栏杆。389舰向南越舰发出警告。10时22分，南越4舰同时向中国舰艇编队开炮，发起攻击，中国海军4舰接连中弹，少数人员伤亡，被迫奋起还击。271、396编队4艘军舰在吨位小、火炮射程近的情况下，采取近战战法，发挥小口径火炮射速快的优点，迅速压制了南越军舰的火力。经一个多小时激战，南越4艘军舰全部受伤，中国海军274艇也在激战中中弹，389舰中弹起火。在389舰上战斗的官兵，一面向南越军舰射击，一面抢险。在汹涌的海水从弹洞涌入弹舱和主机舱的关键时刻，身负重伤的郭玉东奋身扑向弹孔，脱下身上的呢水兵服裹在堵漏塞上，全力堵漏。漏洞被堵上了，郭玉东却保持着堵漏的姿势壮烈牺牲。因其英勇行为，郭玉东被誉为“海上黄继光”。机舱内的5名战士，在严重缺氧的情况下抢修主机，坚守岗位，全部壮烈牺牲。受伤的389舰舰体倾斜，行动缓慢，南越军舰“李常杰”号见状，掉头袭击389舰。正在389舰准备与敌同归于尽的关键时刻，396舰迅即转向，迎战南越“李常杰”号舰，掩护389号舰撤出战斗。

经1小时37分激战，被击伤的南越“陈庆瑜”号、“陈平重”号、“李常杰”号舰丢下重伤的“怒涛”号，分别向东南和西北方向逃走。南越“怒涛”号摇摇晃晃向羚羊礁方向行驶。11时49分，281、282号猎潜艇由永兴岛赶到，海上指挥所即令他们追歼敌“怒涛”号，集火近战、速战速决。12时12分，2艇追上敌“怒涛”号猛烈开火，敌舰起火爆炸，于14时52分沉没于羚羊礁以南2.5海里处。

19日，榆林要塞区守备十团3个步兵连、1个两栖侦察队和部分民兵等分队共500人，调集15艘舰艇载运登岛分队，于20日8时前分批抵达永乐群岛海域。20日9时35分，步兵分队在海军航空兵掩护下，由舰艇和渔轮输送至甘泉、珊瑚、金银三岛，发起登岛作战，至13时45分收复三岛，全歼了入侵该三岛的南越侵略军，收复了三岛。

此战，击沉南越护航舰1艘，击伤南越驱逐舰3艘，毙“怒涛”号舰长以下官兵100余人，俘南越军队少校以下官兵48人和美国驻岘港联络官1人。中方389舰重伤，274艇轻伤，牺牲274号艇政治委员冯松柏等18人，受伤67人。2月27日，中国外交部发表声明，将在西沙永乐群岛自卫反击作战中俘获的48名南越官兵和1名美国联络官全部遣返。

西沙自卫反击战，是人民解放军首次在远离大陆的领海进行的海战和收复岛屿作战。参战人民解放军指战员和民兵英勇作战，不怕牺牲，指战员智慧果敢，赢得了胜利，捍卫了国家领土主权。战区指挥部周密制定作战计划，实施集中统一指挥，实现了海军和登岛分队的密切协同；参战部队严格执行不打第一枪的政策纪律，保证政治上的主动；在装备劣势的情况下，采取灵活的战术，敢于集中兵力打近战，创造了以小舰打大舰的成功战例；战区人民积极支援作战，保证了作战的胜利。

六、抢险救灾

中国幅员辽阔，地势复杂，气候变化大，每年都有一些地区发生各种自然灾害，危及人民群众生命财产安全，给工农业生产带来严重损害。每当出现险情，中共中央、中央军委立即将抢险救灾作为首要大事，命令和组织人民解放军、民兵等为主力迅速展开抢险救灾斗争。人民解放军总是闻风而动，不怕流血牺牲，奋不顾身地保护人民群众生命财产安全，并积极配合当地政府帮助群众恢复生产，重建家园。

（一）河北、天津地区抗洪救灾

1963年8月2日至10日，河北省保定、石家庄、邢台、邯郸地区连降暴雨，一周的降雨量达500～1000毫米，有的地区高达1800毫米，是上述地区有水文记载以来罕见的一次特大洪灾。河北大地形成一条宽50公里、深达1～4米的水带，沿途河堤决口，水库崩塌，桥梁冲毁，道路中断，101个县中有2200万人受灾。洪水严重威胁天津市以及京广、津浦铁路和人民群众生命财产安全。危急时刻，总政治部紧急下发抢险救灾通知，要求驻灾区部队和其他有关部队，同当地人民紧密配合，切实做好防汛抢险救灾中的各项工作。人民解放军北京军区、沈阳军区、济南军区和海军、空军、工程兵、铁道兵等部队迅速出动11.5万余人，飞机69架，舰艇、交通艇、汽艇766艘（只），各种橡皮舟（筏）1801个，汽车830辆，各种救生器材7297件和其他物资，抗洪抢险。参加抗洪的广大官兵发扬奋不顾身、舍己救人的革命精神，哪里堤防最危险，就出现在哪里，奋勇排除险情。北京军区司令员杨勇、政治委员廖汉生等多次亲临一线视察、指挥。成百上千的官兵在洪水里肩靠肩、臂挽臂结成人墙保护堤防，有的连队连续30多个小时不下工地。某部三营机炮连驭手谢臣，在暴雨激流中不顾自身安危，在精疲力竭的情况下，仍然奋勇抢救遇难群众，直至英勇献身。谢臣被国防部授予“爱民模范”称号。经过一个半月惊心动魄的较量，终于战胜洪水。抗洪抢险中，人民解放军向灾区空投（运）食品45万多公斤、各种救生器材5.9万余件、药品近3万公斤，直接抢救出群众11万多人、牲畜1200多头（只）、粮食1200多万公斤，以及大批其他物资、器材，抢修堤坝358公里、铁路45公里、公路8500多公里、桥梁17座。洪水退去后，部队又组织工作队、医疗队，深入灾区帮助群众生产自救，重建家园，恢复生产。人民解放军的行动，得到地方政府和人民群众的广泛赞扬。在这次抗洪斗争中，谢臣等31名官兵献出生命，步兵某团第四连、坦克某师炮兵团第二连分别被中央防汛指挥部授予“防汛模范单位”和“抗洪救灾模范连”的荣誉称号，共有78个连队、3372名个人被北京军区、天津防汛指挥部等各级领导机关记功。

（二）邢台地区抗震救灾

1966年3月8日5时29分，河北省邢台发生了6.7级的强烈地震。地震波及河北6个地区70个县，给人民生命财产造成严重损失。地震发生后，陆军某师和海军、空军及河北省军区部分单位的1.7万余名官兵，火速奔赴灾情严重的隆尧、巨鹿、宁晋、南宫、新河等县救灾。22日16时11分和19分，邢台东部地区又发生6.7级和7级强烈地震。已返回营房的部队发扬不怕疲劳、连续作战的作风，再赴灾区全力以赴地展开抢救人民生命财产的战斗。当时正值早春季节，气候寒冷，不少战士手冻裂了，指头磨得流血，但谁也顾不上这些，昼夜奋战。官兵们不怕脏、不怕累，竭尽全力抢救伤员，宁愿自己挨饿受冻，把自己的大衣、棉被让给群众穿用，将饭菜送给群众吃。据巨鹿、宁晋两县不完全统计，救灾部队先后抢救群众4500人，治疗、转运伤员6370多人，救出牲口1100多头，抢挖粮食1765万公斤，搭窝棚55.2万个。空军还出动飞机63架，飞行313架次，紧急运送救灾人员850名，空运空投救灾物资106吨，运出重伤员900名。

邢台地震发生后，周恩来总理3月9日和4月1日两次亲临隆尧、宁晋、冀县、巨鹿灾区视察灾情，看望受灾群众。4 月 1 日上午，周恩来来到陆军某师驻地，要求部队深入到每个村庄，结合救灾，把党和政府的关怀与温暖送给灾区人民。这个师和河北省军区很快组织了一支万人宣传队，在中共邢台地委领导下，分成近千支小分队。在一个多月的时间里，小分队走遍了邢台地区的 17 个县（市）、322 个公社、4720 个生产大队，投入 6.1 万多个劳动日，帮助种地上千公顷，搭起简易房 2000 余间，为群众看病万余人。在部队帮助和鼓舞下，灾区人民振奋精神，发展生产，重建家园。

（三）海城地区抗震救灾

1975 年 2 月 4 日 19 时 36 分，辽宁省营口地区海城县发生 7.3 级强烈地震，大批房屋倒塌，堤坝开裂，大地喷水冒沙。震前，沈阳军区根据预报，做了防震救灾准备工作。震后，人民解放军 3.6 万人按照预定的方案迅速出动，赶赴灾区。驻辽阳和本溪的两个炮兵团、3 个步兵团，在地震发生后 6～10 个小时就赶到指定位置；在田庄台附近执行任务的 21 个连队，在没有统一指挥的情况下，几乎在同一时间赶到田庄台镇，开展救援工作。沈阳军区总医院等派出 11 个医疗队，当晚从沈阳赶到灾区。

在抢险救灾中，部队发挥了强大的突击队作用，以最快的速度把遇险群众抢救出来，把受伤群众送到后方。在短短几天里，从倒塌房屋中抢救群众 2700 多人，救治伤病员 5 万多人次。参加抢送的车辆 1400 台次。空军航空兵在 1 个月内出动飞机 254 架次，空运物资 143 吨，有力地支援了抗震救灾斗争。

为了不漏掉一个伤员，在两天多时间内，某部医院医疗队走遍海城县一个公社 16 个大队、110 个小队、近千户人家，找出 290 名受伤群众，进行精心治疗。海军为灾区派出 3 个医疗队，仅北海舰队医疗队即救护伤员 1.9 万名。

地震发生后的第 6 天，即是中国人民的传统节日春节。救灾部队为了使群众像往年一样过好春节，沈阳军区当即从营区调去帐篷 4450 顶、棉大衣7.8万件、棉衣20万套、棉被3.3万床、褥子4.4万床、棉帽6万顶、毛皮鞋6.7万双、炉子900个，还有大批药品。海军某基地送去大米5吨。许多部队把地震后做好的第一顿饭送给群众吃，架起的第一批帐篷让给群众住。震后第二天晚上下了一场大雪，气温降到零下20多摄氏度。为了不让群众挨冻，救灾部队经过几天奋战，共搭起了4.3万个简易窝棚给群众住，又修火炕。沈阳军区紧急调拨帐篷4450顶、棉大衣7.8万件、棉衣20万套、棉被3.3万床、棉帽6万顶、毛皮鞋6.7万双、炉子900个，支援受灾群众。

春节来临，部队为群众包好水饺，送去猪肉。陆军某炮兵团四营得知海城针水源街有41户回民，在大年三十这天还没有领到牛羊肉，便派人立即送去。春节过后，部队帮助灾区春耕生产，同群众一起刨粪、送肥、选种、修理农具、清理淤沙、平整土地。4月份，部队还出动2万多人，沿辽河、浑河、太子河两岸，展开抢修河堤的大会战，修补因地震而开裂的裂缝和塌陷处，有效地保障了震区人民的农业生产。

（四）驻马店地区抗洪救灾

1975年8月5日至8日，河南省中南部洪河、汝河、沙河、颍河、唐河、白河流域连降暴雨，多处河堤、水库决口，使驻马店、许昌、南阳、周口地区遭受历史上罕见的特大洪灾。数万顷农田被淹没，数百万间房屋被冲倒，铁路、公路、桥梁被毁坏，1200多万人口被困。在紧急关头，人民解放军立即出动7万余人，123架飞机，近3000辆汽车，5艘登陆艇，并组织起89个医疗队，在中共河南省委、省军区统一领导下，参加抗洪救灾。

8月8日1时30分，驻马店板桥水库垮坝，洪水以每秒6米速度冲向遂平县城。这时，中共驻马店地委主要领导正在省里开会，驻马店军分区主动挑起指挥抗洪救灾的重担，由政治委员刘肖林带领突击队前往遂平探险。突击队赶到县城南汝河边，只见1000多米宽的水面上，洪水卷着屋架、柴垛、树木和家具顺流直下。刘肖林他们冒险闯过激流到达县城。聚集在房顶上和小高地上的3万多居民看到冒险赶来的解放军，感动得流下热泪。军分区和县委副职领导及机关迅速组织群众抢险。

率先赶到遂平的某炮兵团三营迅速展开救援，与洪水展开顽强搏斗。他们在解救群众中，被特大洪峰冲散，分隔成十几处，但他们被水冲到哪里，就在那里重新组织起来，带领群众继续战斗。为了把群众救出险区，他们把电缆紧紧缠在自己身上，在水中排成一行，搀扶着群众渡过激流，转移到安全地带。该营官兵经过三天三夜奋战，共抢救出群众1600多人，转移群众8000多人。群众感动地说，“只有共产党领导的军队，才把俺老百姓的生命看得这样珍贵”。为表彰他们对人民的突出贡献，中央军委授予三营“抗洪救灾爱民模范营”称号。某部二连28人站在齐腰深的烂泥里，用肩膀垫起木板竹筏，架起一座浮桥，让群众顺利安全通过，被当地人民传为佳话。部队医疗队深入灾区抢救危重病人。为确保宿鸭水库安全，步兵某团等单位与民兵抢险队一起，在大坝上摆开战场，填土石1.5万立方米，顶住了两次洪峰的冲击，使下游人民免受灾难。中央慰问团副团长乌兰夫莅临现场，慰问水库的卫士们。

空军航空兵部队紧急出动，在复杂的气象条件下，把郑州市饭店、居民做的大饼、馒头等源源不断送往灾区。仅空投食品即达2290吨。航空兵某师出动28架飞机，在20天内连续飞行1044架次，空投物资3300吨。来自广州、南京、武汉、济南军区的4个舟桥团，驾驶折叠舟等抢运物资近万吨。折叠舟在洪水中时常被冲得打转，失去控制，他们就奋力用桨划，跳到水中推拉。坦克某师的80多名官兵，用头顶着干粮渡过5公里激流，把1.5吨干粮送到受灾最重的文城公社。陆军某军舟桥分队官兵，在抗洪抢险最紧张的7天7夜里，每天只吃一顿饭。

洪水过后，肠炎、痢疾、疟疾、结膜炎、钩体病和乙型脑炎等疫病流行，有的地区达50%。人民解放军立即派出89个医疗队深入灾区。仅济南军区14个医疗队，两个多月内，就为群众治病6.9万余人，其中危重病人230名。某野战医院第二医疗队到宿鸭湖水库，担负15公里范围内近5万人的救治任务，13天为群众治病近2万人次，抢救了14名危重病人。

据不完全统计，救灾部队共抢救转移群众34.8万余人，抢救粮食

750万余公斤、牲畜3800余头，运送物资2500多吨；出动飞机3500多架次，空投食品、药品等5400余吨，为群众治病33万人次，盖房搭棚子31万余间，安置近70万群众住宿。还支援灾区粮食600多吨，捐款4万余元，捐衣物28万多件。河南、湖北两省省军区以及其他部队为尽快恢复灾区生产，帮助群众抢种秋季作物4万余亩，收获残存粮食、蔬菜4300余吨。

此外，人民解放军铁道兵、基建工程兵部队，同民工一道，抢修京广大动脉毁坏最严重的遂平县焦庄车站102公里区段，提前在当年国庆节前夕实现通车，把国家因运输中断造成的损失减少至最低点。兰州军区还千里迢迢送来了上千匹军马，表达他们对灾区人民的关切之情。

（五）唐山抗震救灾

1976年7月28日凌晨3时42分，河北省唐山、丰南地区发生了7.8级的强烈地震，震中烈度为11度，波及北京、天津及周围的50个县。顷刻间，山崩地裂，唐山一下子变成一片废墟。数十万群众被掩埋在倒塌的房屋中，道路桥梁被毁，水电、通信全部中断。这场罕见的大地震，造成24万余人死亡，16万余人重伤；唐山城乡总计有65.6万余间、1050万多平方米民用建筑在地震中倒塌和遭到严重破坏，城、乡建筑破坏率分别为96%和91%，直接经济损失达50亿元人民币。

驻地人民解放军心系人民，在自己同样遭受重大损失的情况下，以无私无畏的精神投入抗震救灾。空军唐山场站通信连想尽一切办法，于地震后两小时沟通了与北京的联系，第一个向党中央报告了唐山的严重灾情，同时引导一架飞机载着空军某团副政委刘忽然等飞往北京，当面向党中央、国务院领导汇报了唐山震情。中共中央、国务院、中央军委根据唐山灾情，迅速作出部署，立即调动陆海空10余万大军急赴唐山。

北京军区、沈阳军区、济南军区和各军兵种的救灾大军从四面八方、日夜兼程向唐山挺进。陆军第三十八军接到抢险救灾命令时，部队正分布在11个市、县执行任务，军、师、团三级主官和大部分机关人员远离营区。负责留守的军两名领导果断命令部队从不同位置向唐山进发，边行进，边动员。他们冒着滂沱大雨，经过12个小时的急行军，先头部队于当日22时30分抵达唐山。陆军第四十军接到命令后，从300多公里外日夜兼程，紧急驰援。先头部队行至滦河岸，公路桥被震断，车辆无法通行。某师师长李德章眼看前进受阻，果断地决定自己乘车冒险通过多年未用的滦河铁路桥，为后续部队探险开路。他们涉过5条河流，闯过4座被震裂的危桥，于29日零时至31日1时，陆续全部到达灾区。震后不到24个小时，北京军区、沈阳军区、海军、空军、铁道兵、工程兵、装甲兵、基建工程兵等11个师另4个团、8个营，以及各军兵种、各大军区共派出的196个医疗队，组成共计10万余人的抗震救灾大军，携带着发电机、抽水机、推土机、通风机、运水车、救护车等，进入唐山，迅速投入救灾。

最先投入抢险工作的是驻唐山的灾区部队。他们在自己受到严重损失的情况下，尽全力抢救人民群众生命财产。由于行动及时迅速，仅占救灾兵力20%的唐山部队，却抢救出被埋压群众15800人，占部队所救人数的96%。基建工程兵某团11中队与上级失去联系主动投入抢险斗争，不到10分钟便赶到附近的郭各庄，当天就把6个村庄的群众全部救出，把11个垂危伤员送到医院。正在马家沟煤矿学习的工程兵8个单位的18名官兵，组织马家沟矿第一个抢救队。地震当日从凌晨到黑夜，从废墟堆里扒出147名遇险群众，被人们誉为抗震救灾战线上的“十八勇士”。驻唐山陆军某医院，在1200名医护人员中有400人遇难的情况下，仍担负起抢救任务，成为灾区的“一线医院”。某炮兵团卫生队28名官兵在震后8昼夜里，收治伤病群众8000余人，抢救危重伤员490人。空军某军机关和直属分队，营房全部倒塌，家属大部受伤，363人遇难，但他们顽强自救同时，还出动人员、车辆，抢救群众近2000人，收转伤员4400人。

各路大军赶到灾区后，不顾长途跋涉的疲劳和频频余震的危险，哪里有人呼救，就奔向哪里。他们硬是用一双双手扒开堆堆砖头、瓦块、钢筋、水泥板，抢救出数以万计的遇险群众。他们轻伤不下火线，常用自己的身体挡住塌落的砖石，保护人民群众的生命安全。震后第 13 天，基建工程兵汽车连吊车班班长张国安得知商业医院倒塌的楼房下可能还有幸存者，连续工作了 15 个小时，晕倒在驾驶室，醒来又继续坚持；班长李伟等 4 人用手扒掉最后断墙，终于将挤压在楼板底下 303 小时零 38 分钟的 46 岁妇女卢桂兰抢救出来。就是这样的寻找抢救，10 万大军从废墟下共救出被压群众 16400 人。由 6000 余名医护人员组成的 196 个医疗队，在缺少药品器材的情况下，克服灾区缺水、断电的重重困难，开设救护所、医疗站，收治和抢救伤员上百万人次，使大批垂危伤员在现场得到及时治疗。

空军唐山机场，在整个救灾过程中发挥了巨大作用。装有救灾人员和物资的飞机，接连不断运往唐山，每天都有 200 多架次飞机起飞和降落，最多时一天达 350 多架次。这个机场自身严重受损，许多设备被砸坏。机场指战员克服许多难以想象的困难，保证了飞机起降安全。为了提高飞机起降效率，机场果断建立左右航线，实施双向起飞，使飞机安全起降次数成倍增长。最后 14 天内，指挥调度了 13 个机种、2800 多架次飞机的起飞和降落，最紧张时两架飞机起降间隔只有 26 秒钟，所有架次都安全无差错，起降飞机超过以往 3 年的总和。1 个月内运出伤员 2 万多人，运进物资 2510 多吨，创造了中国航空调度史上的奇迹，保障了灾区救援工作的需要。

震后，为迅速恢复唐山生产，重建家园，救灾部队就地取材，昼夜突击，帮助群众搭盖简易房屋 40 余万间；许多部队想方设法安排好灾民的生活。工程兵还日夜抢修唐山钢铁厂的变电站、炼钢厂和其他重要厂矿，提前完成了修复任务。

唐山救灾部队全心全意为人民服务的精神，深深打动了唐山人民。群众说：解放军的功绩像天上的星星，看得见，数不清，永远铭记在人民心中。1977 年 4 月 30 日，中央军委为表彰抗震救灾中涌现出来的先进单位和模范人物，发布命令，授予 8 个单位和个人荣誉称号，给 10 个单位和个人记功。

抢险救灾中，人民解放军谱写了一曲曲催人泪下的爱国爱民之歌，加深了军民鱼水深情。抢险救灾斗争，不断显示着军民团结的强大力量，显示着中国共产党及党中央坚强的凝聚力、动员力，这是领导战胜一切困难和灾害的坚强核心。

七、1975 年中央军委扩大会议及军队的整顿

1971 年九一三事件后，叶剑英等中央军委领导人根据毛泽东“军队要整顿”的指示，对军队进行了初步整顿，取得了可喜的成绩，国防和军队建设开始走向正轨。在这过程中，林彪集团的覆灭，江青集团取得了中央军委和总部一部分权力。1971 年 10 月 3 日，中共中央决定撤销军委办事组，成立中央军委办公会议，叶剑英主持，张春桥成为 10 名成员之一。1973 年 8 月召开的中共第十次全国代表大会，王洪文当上了中共中央副主席，张春桥当上了中共中央政治局常委，江青、姚文元当上了政治局委员，他们结成了“四人帮”。1974 年 1 月，王洪文、张春桥成为以中央军委名义开展工作的军委六人小组成员。1975 年 1 月张春桥兼任总政治部主任。1975 年 2 月，王洪文、张春桥成为中共中央军事委员会常务委员会委员。1974 年 1 月 24 日、25 日，江青等人出于篡权需要，打着“批林批孔”的旗号，在北京连续召开驻京部队和中直机关、国家机关的“批林批孔”动员大会，并在大会上发表煽动性演说，对周恩来、叶剑英和军队领导人进行不指名的诬蔑和攻击。大会前后，江青还以个人名义，给海军、空军、国防科委、南京部队、广州部队的领导机关写信，派亲信到某部防化连送材料，积极插手军队，煽风点火破坏军队的整顿，企图要整倒一批老干部。

1974 年二三月间，王洪文、张春桥、江青在军队系统召开“批林批孔”汇报会，连续指责军队领导机关对运动领导不力，要在军队“放火烧荒”，煽动要对军队一些单位“夺权”。江青一伙还把军队作为大反“走后门”的重点，要部队官兵起来造领导干部“资产阶级法权”的反。

对于江青集团的乱军活动，毛泽东曾提出了严厉批评，说他们是“四人帮”，有操纵“组阁”的野心。5月，中共中央发出关于“批林批孔”运动政策问题的通知，重申：进行“批林批孔”运动的单位，要注意掌握党的政策，不要扩大化，对老干部不要再算老账。然而，“四人帮”的行为，使军队初步整顿难以深入进行，各项工作也只是以恢复正常秩序为主，军队建设、国防科技工作等在“加强战备，准备打仗”的口号下艰难开展。

1973年12月22日，中共中央根据毛泽东的提议，决定邓小平为中央政治局委员、中央军委委员，参加党中央和中央军委的领导工作。1975年1月5日，中共中央任命邓小平为中央军委副主席兼人民解放军总参谋长，1月10日，在中国共产党十届二中全会上，邓小平被选为中共中央副主席、中央政治局常委；17日，在四届全国人大一次会议上，邓小平被任命为国务院副总理。四届人大后，周恩来总理病重，邓小平相继主持国务院和中共中央的日常工作。邓小平受命于危难之际，在毛泽东、周恩来支持和叶剑英、李先念等的配合下，决心对被搞乱了的各条战线进行整顿。对军队的整顿，是全国各条战线整顿的开端。

（一）召开中央军委扩大会议

邓小平上任伊始，1975年1月25日，在总参谋部机关团以上干部大会上发表题为“军队要整顿”的讲话。他说，我们这个军队有很好的传统，毛泽东同志为我军建立了非常好的制度，但1959年林彪主管军队起，特别是在他主管的后期，军队被搞得相当乱，好多优良传统丢掉了，军队臃肿不堪。他强调要消除派性，加强纪律性，落实好政策。特别强调军队整顿，要安定团结。三个总部本身首先要整顿。[①] 邓小平的讲话，为军委扩大会议召开做了思想上的准备。1975年2月5日，中共中央发出通知，取消了军委办公会议，成立中央军委常务委员会，继续由叶剑

① 《邓小平文选》第2卷，人民出版社1994年版，第1—3页。

英主持军委日常工作。随即，开始筹备军委扩大会议。会议筹备阶段，王洪文、张春桥提出会议要突出政治思想工作和理论问题、批判经验主义等，还在《红旗》杂志上发表姚文元编选的《马克思、恩格斯、列宁论无产阶级专政》语录，企图干扰会议解决和整顿军队存在的若干实际问题，被邓小平、叶剑英否定。

1975 年 6 月 24 日至 7 月 16 日，中央军委扩大会议在北京召开，各总部、各军兵种、各大军区、国防科委、国防工办、军事科学院、军委直属院校的负责人共 76 人出席会议。会议遵照毛泽东关于“军队要统一”“军队要整顿”“要准备打仗”的指示，针对军队建设存在的主要问题，集中讨论了精简整编和安排超编干部两项主要议题。通过了《关于压缩军队定额、调整编制体制和安排超编干部的报告》。会议还讨论研究了如何加强军队的思想作风和组织建设，以及加强军事训练、恢复和发扬军队优良传统等问题。邓小平、叶剑英分别就军队的整顿作了重要讲话，全面系统地阐述了军队整顿的必要性、目标、任务及其伟大意义，并就整顿的具体工作作统一部署。徐向前、聂荣臻作了重要发言。

会议分析了国际国内形势特别是面临的战争形势。会议认为，世界革命和战争的因素都在增长。一方面是战争不可避免；另一方面是战争三五年内打不起来，有可能推迟。我们必须争取可能的时间，搞好工作，准备打仗。中国有必要也有可能争取更多一些时间，做好国民经济和国防建设等项工作，在国民经济发展的基础上相应发展国防力量，准备应付霸权主义可能强加给我们的战争。

关于军队的状况。会议认为，军队总的来说是好的，经得起考验。但由于林彪一伙的破坏，存在的问题很多。邓小平说：“我们军队不管是建国以前，还是建国以后到现在，总的状况是好的，是经得起考验的。我们的军队是无产阶级专政的柱石。不讲抗美援朝这些大仗，就讲珍宝岛、西沙群岛和中印边界自卫还击战这些不大的仗，在战斗中，不管派一个团、一个连也好，一个班也好，都能完成任务。这说明我们军队的传统是好的，是英勇善战的。”但是，“由于林彪一伙的破坏，军队建设中确实存在不少问题”，“我想了一下，有五个字：肿、散、骄、奢、惰。”[①] 除此之外，军队各级领导班子中有不少存在着“软、懒、散”的问题。

根据上述问题，会议明确了军队整顿的方针、政策，统一了认识，对军队全面整顿作出部署和安排。第一是“消肿”，调整编制体制。在3年内将军队总员额减少160万人，坚决把军队员额压减下来。精简机关，裁并重叠机构，安排超编干部；减少保障部队和普通兵员；一些部队平时实行简编编制，保留技术骨干和技术装备，保持一定数量的齐装满员部队，有重点地加强特种兵部队。第二是调整各级领导班子。解决软班子、懒班子、散班子的问题，纯洁组织，增强活力。第三是对国防科技和武器装备进行整顿。抓好国防科技规划和尖端武器的研制，提高常规武器质量和装备管理水平。第四，对军事训练和院校教育进行整顿。把训练放到战略位置，增建军事院校，加强对干部的教育训练，掌握现代战争知识，提高干部指挥水平和管理水平。第五，进行思想作风和纪律方面的整顿。加强思想政治建设，加强党委集体领导，加强机关建设，提高政治机关，提高政治干部的质量，反骄破满，增强党性，消除派性，加强纪律性，发扬艰苦奋斗的传统作风，加强军政、军民团结。会议特别提出，要把军事训练放在战略问题的一个重要位置上。

会上，针对军队存在的问题，邓小平强调要把军队存在的“五个字”问题联系起来考虑，协同解决。针对江青等人插手军队事务，叶剑英在7月15日的会议总结中强调：军队要坚决执行三大纪律，一切行动听指挥。他历数了林彪把持军委日常工作12年中对军队建设的干扰破坏，指出，林彪大搞山头主义、宗派主义、分裂主义，破坏军队的团结和统一；制造军政对立，破坏解放军政治工作优良传统，取消军事训练，严重削弱部队的战斗力；军队编制搞得很乱，很不适应打仗的要求。他强调，为了改变这种状况，中共中央、中央军委确定压缩军队定额，调整体制编制，这是加强军队建设、准备打仗的一项重大措施。叶剑英还针对江青一伙插手军队，利用派性乱军的行为，严肃地指出，军队需要高度的

① 《邓小平文选》第2卷，人民出版社1994年版，第15页。

集中统一，不容许任何野心家插手军队，今后未经军委同意，任何人不得在军队中发指示。他还针对解放老干部问题，强调抓紧专案处理和复查工作，作出结论。对于搞错了的，一定要甄别平反，恢复名誉。

叶剑英、邓小平两位副主席的讲话，统一了全军高级干部的思想，为军队的整顿奠定了思想理论基础。7 月 19 日，中共中央批转中央军委《关于压缩军队定额、调整编制体制和安排超编干部的报告》，以及叶、邓两位副主席的讲话。25 日，中共中央通知将两个讲话转发全党学习。这对当时全国各条战线正在进行的整顿工作起到了重要的指导作用。

这次军委扩大会议，在军队建设发展史上有着广泛而深远的影响。会议对军队建设若干重大问题统一的思想和作出的决定，特别是对林彪、江青集团一套"左"的东西的否定，起到了拨乱反正的作用。会议形成的共识和作出的决策，不但对于指导当时的军队整顿发挥了重要作用，而且对于以后的军队建设也产生了重大影响。会上提出的集中精力考虑军队长远建设，在国民经济发展的基础上发展国防力量，把军事训练放到突出的战略地位，必须消除派性增强党性，坚决克服"肿、散、骄、奢、惰"等，这些加强军队建设的思想、方针、原则，为军队的长远建设提供了有力指导。会议一定程度上遏制了"四人帮"插手军队和乱军的势头。这次会议，连同会后进行的军队整顿，对后来中国政治产生了重大影响。它以其所具有的伟大而深远的意义载入史册。

（二）军队的全面整顿

中央军委扩大会议后全军认真传达学习贯彻会议精神，在准备打仗、做好战备工作牵引下，对军队建设各项工作展开全面整顿。

1. 整顿体制编制。

1975 年军委扩大会议召开时，全军员额 610.8 万人。全军机关、学校、科研机构、医院、仓库和后勤保障部队等共有 291 万人，铁道兵、基建工程兵等工程部队达 100 万人。海军人数中舰艇部队只占 27%，空军人数中航空部队只占 29%，有些修理、服务单位也用了现役军人。由于"三支两军"，部队大部分建立两套班子。1972 年，"三支两军"干部陆续返回，机关和领导干部严重超编，全军超编干部46万人。根据中央军委扩大会议精神，整顿体制编制、安排超编干部，成为这次整顿的重点内容。1975年9月，中共中央军委批转了《压缩军队定额，调整体制编制方案》，精简整编工作在全军展开。精简整编的原则是：大力精简机关，裁并重叠机构，减少保障部队，压缩普通兵员，淘汰陈旧装备。

至1976年5月，全军总员额减少到529.9万人，安排转业干部9.9万人，成建制移交地方的地铁、工程建筑部队和县市中队共16.4万人。保留119个陆军师，分别编为50个满员（甲种）师、69个简编（乙种）师；海军精简17%，撤销上海基地和6个高炮营，新组建了几个航空兵师，达到9个航空兵师，组建了核潜艇部队，扩建常规潜艇部队和驱逐舰部队。空军精简16.4%，主要精简机关，撤销了4个军部，10个城防高炮、炮兵师部；保留了8个军区空军机关、11个空军军部，50个航空兵师及地空导弹、高炮师、空降师部队等，总人数仍达69.9万人。第二炮兵有所发展。其他兵种按计划方案实施了精简整编。按原精简整编方案，部队应减少员额160万人，保留450万人，还应减少80余万人。但1976年下半年，精简整编被迫停止。

2. 调整大单位领导班子，安排超编干部。

中央军委扩大会议后，中央军委提请党中央和毛泽东批准，组成叶剑英等6人参加的调整班子领导小组，对军委各总部、各军兵种、各大军区等25个大单位的领导班子进行了调整，压制了一些追随“四人帮”搞派性的人，把一批相对年轻的干部选进领导班子，增添了班子的活力，使组织更加纯洁。在配备领导班子同时，对全军超编干部进行了安排。这次安排超编干部任务非常重，原有超编干部46.7万人，精简整编中又精简10万余名，安排总数达近60万人。这项工作牵涉面广，政策性强，涉及军队干部切身利益，工作量和难度很大。中央军委和各大单位把这项工作当作大事抓好落实，采取增加军内副职职数、设顾问、转做研究工作和转业、复员、退休两种主要途径，进行妥善安置。

3. 把教育训练放到战略位置上。

邓小平在中央军委扩大会议鲜明地提出：“战略要研究的问题，不仅是作战问题，还包括训练。要把训练放在战略问题的一个重要位置上”。把军事训练放在战略问题的一个重要位置上，是邓小平站在军队中心任务和履行职能的高度，对军队建设和工作的精辟阐释，对当时正确处理军事与政治的关系、军事工作与政治工作的关系，起到了方向性、根本性的重要指导作用，是军队建设拨乱反正的重要核心思想。根据中央军委会议精神，军队全面加强军事训练。

一是狠抓基础训练，1975 年，全军陆军有 85 个师另 198 个团全训，占陆军师的 44.5%，海、空军作战值班部队和作战部队基本全训。军政训练时间比例全训部队 7∶3，战备值班部队 8∶2，军事训练时间加大。陆军以“三打三防”为重点，苦练五大技术和专业技术及班以下战术基础；海军加强锚泊、转移海区等训练，重点抓实际使用武器的训练，进行发射导弹、鱼雷训练，加强“三防”训练，海航部队普遍进入高级复杂科目的训练。空军航空兵加强战斗科目训练和实际使用武器装备的训练，歼击机飞行员达到两种气象作战水平的大量增加，攻击、截击、空靶、地靶、轰炸等训练架次逐年增加。全军利用野营拉练练战术技术，1975 年即有 89 个军以上机关和 30 个野战军、50 多个陆军师，海军有 8 个水警区、11 个支队，空军有 80 多个航空兵团进行野营训练。海军各型舰船 370 余艘进行航海训练，空军 1000 多架飞机进行转场飞行训练。

二是狠抓干部训练和诸军兵种协同训练和演习。各军区、军、师继续利用教导队的形式，或利用演习前进行集训，抓干部训练，提高干部现代条件下特别是原子化学条件下诸军兵种协同作战理论知识水平和组织指挥能力。全军各单位组织干部较系统地学习毛泽东军事思想，研究战例，研究近期世界几场局部战争。在学习理论的基础上，各军区、军、军兵种加大组织协同作战演习。有些部队利用带战役战术背景的野营拉练，练部队走、打、吃、住、藏能力和干部组织指挥能力。1975 年 3 月至 6 月，工程兵组织沈阳、济南、南京、广州、武汉军区共 5 个舟桥团在湖北进行首次架设长江浮桥合练演习；南海舰队组织驱逐舰、护卫舰等首次航行中沙群岛，历时 8 天，航行 1500 海里，沿途带动 6 个师以上机关、43 艘舰艇，多次进行对抗性战术演练，提高了远航作战能力。1975 年，据 11 个军区统计，共组织师以上规模诸军兵种协同作战训练 58 次，团级规模 220 次；团以上首长机关演习 90 次，实兵演习 90 余次。[①] 与此同时，全军院校训练逐步向正规化发展，加大了院校培养各级指挥员的力度。三总部还对刚刚恢复不久和新增办院校所存在的办学尚未走向正轨问题进行了大量深入的调查研究，提出《关于调整院校体制，加强干部培训的建议》《关于加强院校建设若干问题的建议》，以及恢复军事、政治、后勤学院的建议，这些建议虽然得到军委的批准，但不久因开展了“反击右倾翻案风”，而没能很好地付诸实施。

（三）国防工业的继续整顿

中央军委扩大会议后，邓小平在叶剑英、李先念等领导人的协助下，从消除动乱、整顿领导班子、促进团结入手，对国防科技工业进行了全面整顿。

一是加强国防科技工业领导力量，调整部分领导。经中共中央批准，任命刘西尧为二机部部长，李成芳为五机部部长，边疆为六机部部长，汪洋为七机部部长。1975 年 3 月，任命张爱萍为国防科委主任。4 月，在中共中央批准“常规武器十年发展规划”后，国务院、中央军委又批准组成常规武器发展领导小组，陈锡联任组长，统一领导部队装备体制和武器装备发展方向、科研、生产、定型等工作。

二是对各部进行整顿。张爱萍上任后，首先带领工作组深入七机部派性闹得最凶的单位蹲点调查研究。在组织动员广大科技人员和干部批判派性、促进安定团结的同时，按照精简型号、统一方案、集中力量、突破重点的原则，对导弹、运载火箭的研制计划进行讨论。限定七机部 7 月 1 日前停止派性活动。邓小平和叶剑英对张爱萍整顿工作给予支持，要求整顿好领导班子，建立健全科技管理体系，严格执行规章制度。5 月 25 日，毛泽东和周恩来批准了国防科委关于导弹核武器的研制规划。6 月 30 日，中共中央和毛泽东又批发了国防科委《关于解决七机部问题的

① 参见《中国人民解放军军史》编写组编《中国人民解放军军史》第 6 卷，军事科学出版社 2011 年版，第 262、265 页。

报告》。经过整顿采取有力措施，七机部形势不断好转，战略导弹、运载火箭和卫星研制取得好成绩。当年下半年，连续发射成功3颗卫星。国务院、中央军委在抓二、七机部整顿同时，对三、四、五、六机部也进行了整顿。

三是加强管理，狠抓科技产品质量。1975年8月3日，邓小平在国防工业企业整顿的讲话中指出："一定要坚持质量第一。这个问题很重要，特别是军工产品。在战场上关键时刻有几发炮弹打不响，就可能影响整个战斗。""有时恰恰在百分之一甚至百分之零点五里面，关键产品、关键零件出了问题""有几次科学试验没有成功，经过检查，并不是技术没有过关，而是那百分之一甚至百分之零点五的零部件质量没有过关"。①遵照邓小平等中央领导人的指示，国防科委从抓严格按设计图纸和技术条件生产，恢复和严格规章制度，狠抓各个管理环节入手，抓产品质量问题。为了对战术导弹的生产、研制工作进行统一管理，1975年7月，国务院、中央军委决定成立导弹工业总局（简称八机总局）。中央军委还召开了有400多个厂、所领导干部参加的大型会议，要求坚持产品质量第一的要求。遵照中共中央、国务院、中央军委指示，各企业、各厂在整顿调整领导班子同时，组织进行产品质量大检查。经过整顿，国防科技战线科研、生产出现蒸蒸日上的好形势。

这一时期军队整顿工作取得很大成绩。毛泽东支持邓小平主持党和国家工作，对全国工业进行整顿，是希望实现安定团结，把国民经济搞上去。但由于整顿中出现了否定"文化大革命"的发展趋势，江青一伙对邓小平实行全面整顿、纠正"文革"错误，恨之入骨，抓住邓小平很少提及"文化大革命"的"伟大成绩"一事，向毛泽东进行歪曲性、挑拨性的汇报。毛泽东不允许有人否定"文化大革命"，随即于1975年11月发动一场"反击右倾翻案风"运动。3月初，这场运动转为"批邓、反击右倾翻案风"。1976年2月初，中共中央向全国发出通知，称叶剑英生病，由陈锡联代替主持军委工作。中央同时决定，停止对1975年7月叶

---

① 《邓小平文选》第2卷，人民出版社1994年版，第26页。

剑英、邓小平在军委扩大会议上讲话的学习和贯彻执行。4 月 7 日，邓小平被撤销党内外一切职务。从此，“批邓、反击右倾翻案风”在全国全军展开，全国包括军队正在进行的各项整顿工作停止。

第八章
实现历史性转折

1976 年 10 月 6 日，中共中央一举粉碎了江青反革命集团，结束了持续十年之久的“文化大革命”。粉碎“四人帮”后，遵照中共中央、中央军委的部署，全军深入开展揭批“四人帮”运动，进行清理整顿，展开平反冤假错案工作，努力恢复和发扬优良传统，清除林彪、“四人帮”两个反革命集团对军队的干扰破坏，进行拨乱反正，医治“文化大革命”给军队建设造成的创伤，使国防和军队建设走上正常发展的轨道。

一、“文化大革命”结束后国防和军队建设面临的形势和任务

（一）“文化大革命”结束后国防和军队建设面临的新形势

“四人帮”被粉碎，持续十年之久的“文化大革命”结束，给军队建设健康发展带来希望。为了迅速摧毁“四人帮”势力，稳定全国局势，1976 年 10 月 12 日，中共中央政治局决定，撤销张春桥、姚文元、王洪文在上海市的党内外一切职务；张春桥、王洪文在军队的职务随之撤销。同时，中央军委在上海等地部署军队，对“四人帮”余党进行破坏活动的企图作了有效防范。1977 年 3 月 7 日，中央发出通知，宣布由叶剑英重新主持中央军委日常工作。全军热烈拥护党中央的英明决策，庆祝粉碎江青反革命集团的伟大胜利。“文化大革命”结束，国防和军队建设面临着新的形势。

在国际形势及国家安全形势方面。早在1969年，毛泽东、周恩来等领导人抓住美苏力量对比和国际新的格局的变化，对外交战略进行重新思考。为了准确判断形势，调整外交战略，毛泽东委托叶剑英、陈毅、徐向前、聂荣臻4位元帅研究国际形势和战略问题。周恩来嘱咐老帅们不要被原有的框框束缚，要作出新的判断和结论。4位老帅先后于7月11日和9月17日向中央和毛泽东呈送了《对战争形势的初步估计》和《对目前局势的看法》两份报告。报告中，他们提出苏联虽有发动侵华战争、速战速决的打算，但在政治上还下不了决心，主要是对中美可能联合存在担心。"在中、美、苏三大力量的斗争中，美对中苏，苏对中美，都要加以运用，谋取他们最大的利益"。陈毅还在报告定稿后，进一步提出打开中美关系的一些设想。通过对国际形势的深入分析和研究，毛泽东、周恩来等国家领导人形成了调整外交战略的明确思路。在新的外交战略下，中国打开了中美关系的大门，紧接着，1971年11月15日，第26届联合国大会通过恢复中华人民共和国在联合国的一切合法权利的提案。在毛泽东"三个世界"划分的战略理论指导下，中国的外交工作在"文化大革命"后期出现新的活力，出现了一个世界各大洲国家与中国建交的高潮。

根据中国的外交战略和国际战略，中国加强同广大第三世界国家的团结，争取第二世界国家，联合反对超级大国的控制和压迫；在与第一世界美苏两个超级大国的霸权主义展开斗争时，注意联合威胁较小的一方，集中力量反对更加危险的苏联霸权主义。这一战略思想和策略，改变了一个时期以来，特别是从20世纪60年代中期后应付美国和苏联南、北两个方向对中国的安全威胁和准备两个方面实施反侵略战争准备的严峻局势。"文化大革命"结束时，在中国面临的国家安全形势上，美国已于1973年开始从越南撤军，中国南部的侵略威胁解除。但是，中国和苏联在中国北部边境地区仍继续着剑拔弩张的紧张态势。苏联在中苏、中蒙边境苏联、蒙古一侧浅近纵深地区，部署着数十个师的坦克、摩步师和战略火箭部队，大量核弹头对准中国。对中国发动侵略战争或"抓一把就走"军事行动的可能没有消除。中国"三北"地区的部队继续进行构筑国防工程工事，进行战场建设和紧张的战争准备。全国性大规模战争准备如大、小三线建设，全国大、中城市的挖洞（人防）工程，民兵动员和建设等，均在抓紧进行中。总之，“文化大革命”结束后，全国进行防备苏联大规模入侵、进行全面反侵略战争准备的工作没有减弱，“准备打仗”不仅仍是军队的中心任务，也仍然是全国经济战备的重要工作之一。

“文化大革命”结束后，军队建设也面临着新的复杂形势和极其繁重的拨乱反正任务。在组织建设方面，在“文化大革命”中追随林彪、江青两个反革命集团的人，有相当一部分人仍在军队各级领导岗位上，亟须进行组织整顿和清查；在政治建设方面，“文化大革命”中，军队中一些单位党内政治生活极不正常，党的民主集中制原则和集体领导原则遭到破坏，还有一些单位闹派性、拉山头，严重败坏了军队的优良传统和作风；在军事工作方面，军事训练正规秩序还没有完全走上正轨，被破坏的院校培训体系和体制亟须尽快得到恢复。在部队管理教育方面，“文化大革命”中被废止的条令条例和规章制度，不仅需要迅速确立，而且需要根据新的形势进行修订补充和完善，必须采取措施迅速改变纪律松弛、事故和不良倾向增多的局面。在体制编制方面，各级领导机构仍然臃肿，1975 年整顿时精简整编工作被迫停顿，任务没能完成、军队规模庞大、临时性机构多、保障单位随意增加的现象没能从根本上改变。在装备建设方面，科研生产秩序虽然经过整顿部分恢复，但遭破坏的科研、生产体制，各种质量管理机构还没恢复到“文化大革命”前的水平；由于十年动乱，常规武器装备水平与发达国家差距进一步拉大，需要科技战线奋力直追，抢时间，争速度，加强质量建设，改变现代武器装备落后状况。总之，“文化大革命”结束后，国防和军队面临的形势复杂、严峻，拨乱反正工作迫在眉睫，战备工作和履行职能任务十分繁重。

（二）新一届中央军委领导产生及对国防和军队建设的部署

1977 年 7 月 16 日至 21 日，中共十届三中全会通过决议，追任华国锋为中共中央主席、中央军委主席；恢复邓小平中共中央委员、中共中央政治局委员和常委、中共中央副主席、中央军委副主席、国务院副总理、中国人民解放军总参谋长职务。8 月 12 日至 18 日，中共第十一次全国代表大会在北京召开。8 月 19 日，中共十一届一中全会选举产生了新的中共中央军事委员会，选举华国锋为中共中央军事委员会主席，叶剑英、邓小平、刘伯承、徐向前、聂荣臻为副主席，李先念、汪东兴、陈锡联、韦国清、苏振华、张廷发、粟裕、罗瑞卿为常委，杨勇、梁必业、张震为列席常委，罗瑞卿兼任秘书长，王震等 63 人为委员。1978 年 3 月 5 日，第五届全国人民代表大会第一次会议任命徐向前为国务院副总理兼国防部长。3 月 9 日，增补王震为中央军委常委。在此前后，1977 年 8 月 29 日，中共中央任命韦国清为总政治部主任；12 月 23 日，任命王平为总后勤部政治委员；1978 年 2 月 22 日，任命张震为总后勤部部长。

新一届中共中央军委领导集体组成后，领导全军迅速展开拨乱反正、医治“文化大革命”给军队建设造成的创伤、推动军队建设走向健康发展轨道等工作，对军队建设面临的新任务进行全面部署。

1977 年 3 月 24 日，中央军委召开座谈会，叶剑英作了《坚决贯彻中央工作会议精神，把揭批“四人帮”运动引向深入》的报告，对揭批“四人帮”进行了初步部署。叶剑英强调，要在揭批“四人帮”运动中，下决心把部队搞纯洁，特别要把干部队伍搞纯洁，使军队的各级领导权牢牢掌握在可靠人的手里。叶剑英号召全军：我们一定要按照毛主席关于“要准备打仗”的指示，一定要不辜负党中央的期望，加强战备，加强军政训练，加强国防工程，加强军事科学研究，加强人防建设，加强军工生产，和敌人争时间，抢速度，做好反侵略战争准备，防止敌人突然袭击。①

1977 年 8 月 23 日，中央军委召开座谈会。在会上，邓小平说：我对军队怎么搞有些设想，目标是准备大体用五年时间，按照毛主席的军事思想和路线，把军队整顿好、建设好，恢复和发扬毛主席培育的优良传统和作风。② 邓小平谈了对军队建设的设想，指出：某一个时期总有某一个时期的纲，就当前来说，揭批“四人帮”的斗争是我们的纲，一定要把这场斗争进行到底，但总要有一个时间限制。对于军队，整顿至少是

---

① 《叶剑英选集》，人民出版社 1996 年版，第 461 页。

② 中共中央文献研究室编《邓小平年谱（一九七五——一九九七）》上卷，中央文献出版社 2004 年版，第 186 页。

三五年内的纲。他强调：1975年的军委扩大会议是正确的，会议提出的关于领导班子的整顿问题，军队建设中的问题，包括精简、减少军队员额等，都是应该贯彻的。下一次中央军委扩大会议，对这些问题要加以肯定。四个现代化，有个国防现代化，军队怎样整顿，怎样准备打仗，怎样把军队搞好。解决了这些问题，才能谈到国防现代化问题。解决这些问题，首先要调整各级领导班子；要把军队的教育训练提高到战略地位；要办好院校，学习现代战争知识，学习诸军兵种联合作战；要恢复我们军队的传统作风。[①] 邓小平的讲话，统一了中央军委领导的思想认识，为中央军委全体会议作了思想准备。

1977年12月12日至31日，中央军委举行全体会议。这次会议是新的中央军委领导集体组成后的第一次全体会议。会议重点研究了整顿军队、准备打仗的问题，作出了“整军备战”的决定，并就战略方针调整和军队建设一系列重大问题作出了决定。会议强调要做好防御外敌侵略为主的作战准备，并确定对付外敌入侵，最根本的是实行人民战争，发挥三结合武装力量的威力。会议提出解放台湾是我军的光荣任务，要有计划地做好准备。会议确定：我们的战备方针是“积极防御，诱敌深入”，战争初期，最主要的是粉碎敌人战略空袭，保存我们的有生力量；制止敌人长驱直入，掩护国家转入战时体制。随后，有计划地诱敌深入到预设战场，视情况通过规模不等的运动战，集中优势兵力，各个歼灭敌人。会议讨论了整顿军队的方案和措施，通过了关于加强军事训练、院校教育、加强军队组织纪律性、保守军事机密、加速武器装备现代化、体制编制调整方案、兵役制问题等九个决定、条例文件。会议确定以三年时间进行整顿，用五年时间努力使全军的军政素质达到一个新水平，战备工作达到一个新水平，革命化、现代化达到一个新水平。[②]

叶剑英在会上阐述了治军的十项任务：把揭批“四人帮”的斗争进

---

① 中共中央文献研究室编《邓小平年谱（一九七五——一九九七）》上卷，中央文献出版社2004年版，第187页。

② 参见《中国人民解放军军史》编写组编《中国人民解放军军史》第6卷，军事科学出版社2011年版，第304—305页。

行到底；贯彻执行毛泽东战略思想，做好作战准备；整顿领导班子，加强干部队伍建设；加强党的建设，充分发挥政治工作的威力；把教育训练提高到战略地位，加强军事科学研究，提高我军军政素质；大力抓好国防科学技术研究和军工生产，加速武器装备现代化；继续搞好精简整编，改革兵役制度；坚持勤俭建军的方针，加强后勤战备建设；坚持三结合的武装力量体制，加强民兵建设；恢复和发扬人民解放军的优良传统和作风。① 叶剑英部署的十项任务，有的是对我军确立的方针原则的重新强调，有的是对过去优良传统的恢复和发扬，有的是对几十年人民解放军建设经验的总结，并根据新的形势和任务确立了新的指导思想，具有建军方向性指导作用。这些任务的部署和方针原则的确立，对于全军拨乱反正，有重要指导意义。

这次会议，是 1975 年中央军委扩大会议的继续，所提出和解决的问题之多，是许多年没有的。会议所确定的战略方针、治军任务和作出的各项决定，涉及军队建设的各个方面。正如邓小平所说："对我们军队几乎所有的领域，所有的方面，都订出了章程。"② 会议所确定的方针、任务和作出的各项决定，成为整顿军队、拨乱反正的纲领，对于从根本上纠正"左"的错误指导思想对军队建设的影响，推动军队建设的发展，具有重要的历史意义。

二、初步拨乱反正，军队建设的继续整顿和发展

（一）开展揭批"四人帮"运动

军委座谈会和军委全体会议部署确定全军第一项任务即是开展揭批

① 中国人民解放军军事科学院编《叶剑英年谱（一八九七——一九八六）》下卷，中央文献出版社 2007 年版，第 1136 页。

② 《邓小平军事文集》第 3 卷，军事科学出版社、中央文献出版社 2004 年版，第 75 页。

"四人帮"运动。运动目的是清除"文化大革命""左"的思想，把在"文化大革命"中颠倒的是非再颠倒过来，把我军几十年建设发展创造的经验和做法，确定的正确的建军方针、原则重新确立起来，使我军的优良传统得到恢复发扬。

揭批"四人帮"运动，全军按照党中央的统一部署，依据1976年12月10日、1977年3月6日和9月23日中共中央下发的《王洪文、张春桥、江青、姚文元反党集团罪证》材料之一、之二、之三，进行了揭批"四人帮"的三个"战役"。一是认清和揭批"四人帮"篡党夺权阴谋和祸国殃民的反革命罪行。二是揭批"四人帮"的反革命罪恶历史。三是从思想、理论、路线方面，揭批"四人帮"反革命集团在各方面的表现。有重点地对"四人帮"散布的各种谬论进行批判，剥掉张春桥、江青等人所谓"马列主义理论家""文艺旗手"的假面具，批判和分清被他们搞乱了的一些理论是非和政策是非，在一些重大问题上正本清源。四是清查全军同"四人帮"篡党夺权阴谋活动有牵连的人和事。首先查清"四人帮"及其余党插手军队，进行反军乱军、篡党夺权阴谋活动的重大事件，进而查清与之有牵连的人和事，最后慎重地作组织处理。1978年5月6日，中央军委转发总政治部《关于同"四人帮"篡党夺权阴谋活动有牵连的人的结论处理工作若干问题的意见》，对做好结论处理工作作出了具体规定。在清查中，严格掌握政策，分清不同情况的界限，把受"四人帮"影响说了错话做了错事，同参与"四人帮"篡党夺权阴谋活动严格区别开来，最大限度地孤立和打击"四人帮"及其一小撮罪行严重而又不肯悔改的死党。

在揭批"四人帮"清理整顿过程中，中央军委和总政治部对全军师以上单位领导班子作出较大调整，着力解决领导班子"软、懒、散"的问题。同时，领导班子人员超编超配的问题也基本得到解决。

揭批"四人帮""第二战役"后，从1977年5月开始，全军普遍进行了"十个应该不应该"教育。十个应该不应该，是叶剑英在3月24日的中央军委座谈会上作的《坚决贯彻中央工作会议精神，把揭批"四人帮"运动引向深入》的报告中提出的。即：应该不应该坚持党对军队的绝对领导？应该不应该坚持无产阶级党性，反对资产阶级派性？应该不应该继承和发扬我党我军的优良传统？应该不应该整顿军队？应该不应该严格遵守革命纪律和规章制度？应该不应该按照接班人“五项条件”[①] 搞好老中青三结合？应该不应该强调军队要稳定？应该不应该严格训练、严格要求？应该不应该坚持野战军、地方武装、民兵三结合的武装力量体制？应该不应该准备打仗？[②] 叶剑英对这十个需要解决的重要问题，首先作了肯定回答，强调要澄清是非，坚持“应该”，反对“不应该”。这“十个应该不应该”，在一系列建军的重大问题上，澄清了被“四人帮”搞乱了的思想，为全面加强军队建设指明了方向。揭批“四人帮”运动，至 1978 年底基本结束。

（二）进一步明确教育训练的战略地位

粉碎“四人帮”特别是 1977 年 3 月和 8 月召开中央军委座谈会后，“把军事训练提高到战略地位”的口号和思想在全军官兵中理直气壮地确立起来。1977 年 9 月 19 日中央军委发出通知，确定设立中央军委教育训练委员会，由军事科学院院长宋时轮任主任，总参谋部军训部为办事机构，各军区、各军兵种先后设立了教育训练领导小组。12 月召开的中央军委全体会议，通过了《关于加强部队教育训练的决定》，提出了加强部队教育训练的十项任务，重申把教育训练提高到战略地位，各级要加强对教育训练的领导，安排更多的部队全训，从实战需要出发搞好军事训练，重点抓好干部训练，建立统一的训练规章制度，搞好训练保障。《决定》提出着眼五种能力和实现“三个转变”：即部队训练要着眼于提高现代条件下协同作战能力、快速反应能力、电子对抗能力、后勤保障能力、野战生存能力；逐步实现由重点抓士兵训练到抓军官训练，由重点抓打

---

① 接班人“五项条件”：指 1964 年 6 月，毛泽东在中央工作会议上发表了关于培养接班人问题的重要讲话，即：革命接班人要懂得一些马列主义，懂得多一些更好；要为大多数人民谋利益；要能够团结大多数人，包括团结那些从前反对自己反对错了的人；有事要同群众商量，要听各种意见，反对的意见也可以让人家讲出来；自己有了错误要作自我批评。

② 中国人民解放军军事科学院编《叶剑英年谱（一八九七——一九八六）》下卷，中央文献出版社 2007 年版，第 1123 页。

步兵训练到重点抓打坦克、打飞机、打空降的训练，由重点抓打步兵训练到重点抓诸军兵种协同战役战术训练的转变。“五种能力”和“三个转变”训练标准和内容的提出，标志着我军军事训练向更高层次发展，推动了全军对现代条件下作战的研究和训练。

为加强对全军军事训练的指导，1977 年 10 月 31 日，经中央军委批准，三总部重新颁发《中国人民解放军连队基础训练方法二十条》。从总部、军兵种、各军区，到各基层单位，把军事训练作为中心任务来抓。各军区、军和各军种、兵种，以召开现场会示范、会操和集训等形式，统一训练标准。陆军把以打坦克为主的“三打三防”训练推向热潮，积极推广“三打”训练器材革新，研究打坦克武器和打集群坦克的办法，加强在原子、化学条件下的战术演习，重视抓好夜间训练。各兵种积极开展“一专多能”和“三手”(神枪手、神炮手、技术能手)活动。海军加大训练难度，开展远航训练和合成训练。1976 年 12 月 25 日，海军某潜艇率先进行远航训练，跨出第一岛链进入西太平洋，连续航行 30 个昼夜，航程 3300 余海里。空军规定飞行部队的基础训练时间不少于全年飞行总时间的 50%，重点抓好飞行技术、航空理论的基础训练和系统学习。1978 年下半年，为提高空中攻击水平，空军在组织部分老飞行团继续完成仪表、编队、特技、攻击 4 项基础飞行课目补课训练的同时，重点进行空中实弹射击、轰炸训练。10 月 12 日，在河北杨村机场进行战备训练汇报表演，共有 23 个单位、11 种机型、100 架飞机、1710 人参加，成功地表演了低空编队飞行、照相侦察、螺旋飞行、射击、轰炸、对抗空战、伞降等课目。第二炮兵逐步把训练重点从掌握导弹发射技术转到实施机动作战、合成配套与战役战术、加强机动作战训练上，努力培养部队独立发射能力。1977 年 3 月，第二炮兵组织野战阵地导弹团机动作战演习，成功发射了 4 枚中程导弹。1978 年 8 月，成功地组织完成了导弹团依靠自己力量进行中程导弹缩短发射准备时间的试验。①

---

① 《中国人民解放军军史》编写组编《中国人民解放军军史》第 6 卷，军事科学出版社 2011 年版，第 325—326 页。

从1977年开始，院校教育逐步走向正轨。1977年11月7日，中央军委批转中央军委教育训练委员会《关于调整和增建军队院校的报告》，决定全军院校在84所基础上，再增建28所，共112所。以军政大学为基础，分别组建军事学院、政治学院、后勤学院；以北京、南京军区军政干校为基础，分别升级改建为石家庄高级步兵学校、南京高级步兵学校，5所学校隶属于军委。军区、军兵种院校改建为军区步兵学校、军兵种学院及各专业技术学院（学校）等。1978年1月5日，中国人民解放军军事学院、政治学院、后勤学院分别成立，培养高级指挥干部；石家庄、南京高级步兵学校和军兵种学院也相继改建完成，培养中级指挥干部。1978年6月6日，国务院、中央军委决定将长沙工学院改建为中国人民解放军国防科学技术大学。1977年12月，中央军委全体会议通过《关于办好军队院校的决定》，提出了军队院校办学的方针、原则、目标，对学制、体制、培养目标、规章制度等作了规定。至1979年，全军院校恢复增建为116所，其中，指挥院校40所，政治院校5所，技术院校54所，飞行院校17所，恢复和形成了比较合理的院校培训体系。

（三）继续进行精简整编

1977年12月的中央军委全体会议，通过了《关于军队编制体制的调整方案》，并于1978年1月颁发全军执行。方案要求军队继续贯彻执行1975年确定的精简整编方针、原则和措施，进行体制编制调整。根据装备发展和部队任务需要，1980年以前，有重点地加强了一些部队，重点保证航空、舰艇、导弹、电子对抗等技术兵种部队的发展。其中，工程兵重点发展独立野战工兵和舟桥部队，相继建立伪装和野战给水工程部队；增建了一批电子对抗部队；恢复海军航空兵部，直辖各舰队航空兵；充实东北、华北、西北地区坚守要点的守备部队，新建一些战略储备仓库和其他必需的技术保障部队。机关及其直属单位应力求精干。铁道兵、工程建筑部队不计入军队定额。

1977年9月28日，中共中央决定，国务院、中央军委将国务院国防工业办公室列入军队编制，受国务院、中央军委领导，以军委为主；11

月14日，批准成立国防科学技术装备委员会，对国防科技和国防工业实施统一领导，张爱萍任主任。1978年10月20日，中国人民解放军军事法院恢复建制开始办公；1979年1月，军事检察院开始办公。

1978年的精简整编，由于1979年2月实施对越自卫反击作战，没能完成预定精简目标，部队进行了扩编，全军员额再次突破600万人。

在这次精简整编的同时，兵役制度进行了部分改革。1978年3月7日，第五届全国人大第一次会议通过《关于兵役制问题的决定》，决定实行义务兵与志愿兵相结合的兵役制度。从1978年起，义务兵的服役年限分别确定为：陆军部队战士三年，空军、海军陆勤部队和陆军特种技术部队战士四年，海军舰艇部队、陆军船舶分队战士五年。为保留一定数量的基层骨干和技术骨干，部分超期服役的义务兵可以改为志愿兵。11月2日，中央军委发出《中国人民解放军部分义务兵改为志愿兵的实施办法》。从1979年春季起，人民解放军开始实行义务兵与志愿兵相结合的兵役制度。

（四）召开全军政治工作会议，加强政治工作

“文化大革命”中，林彪大力推行“突出政治”，“四人帮”大搞阶级斗争，向部队指战员灌输无产阶级专政下继续革命、破除资产阶级法权理论，鼓吹极左思想，使政治工作“假、大、空”盛行，政治工作扭偏了方向，政治工作也遭到严重损害。“文化大革命”结束后，全军在揭批“四人帮”，清除林彪、江青两个反革命集团流毒和影响及其对军队建设的破坏中，正本清源，努力恢复人民解放军在战争年代和几十年革命和建设发展中形成的优良传统。各级领导和机关努力扭正和坚持军队政治工作的正确方向。

1. 召开全军政治工作会议。

1978年4月27日至6月6日，全军政治工作会议在北京召开。会议的中心议题是：研究和解决在新的历史条件下，如何恢复和发扬我军政治工作的优良传统，提高我军战斗力的问题。会议总结了中华人民共和国成立以来政治工作的经验，清算了林彪、“四人帮”破坏我军政治工作

的罪行，进一步明确了新时期政治工作的地位作用，指出了新时期政治工作的方向、任务和方法。

会上，总政治部主任韦国清作了题为《在新的历史条件下发扬政治工作优良传统，提高我军战斗力》的报告，指出了我军政治工作的任务是：高举毛主席的伟大旗帜，坚持党对军队的绝对领导，坚持用马列主义、毛泽东思想和党的路线教育部队，保持我军的无产阶级性质，领导和保证完成抓纲治军、准备打仗的任务，提高部队的战斗力，为实现新时期的总任务而奋斗。报告分析了部队在组织状况、政治思想状况、装备技术状况等方面的新变化，提出要把揭批“四人帮”的斗争进行到底，认真选拔接班人，抓好意识形态里的阶级斗争，政治工作要贯彻到教育训练等各项工作中去，培养艰苦奋斗的作风，建立考核制度，严格整顿纪律等要求。

华国锋、叶剑英、邓小平分别于5月29日和6月2日在会上讲了话。华国锋在讲话中强调政治工作要为党在新时期的总任务服务和坚持党对军队绝对领导的极端重要性。叶剑英根据人民解放军50多年的历史经验和他自己的深切体会，深刻地阐述了“政治工作过去是我军的生命线，在新的历史条件下仍然是我军的生命线”。他指出，要靠强有力的政治工作，从政治上、思想上、组织上保证党对军队的绝对领导，坚持全心全意为人民服务的宗旨，保证我军内部和外部的坚强团结，加强军事纪律和政治纪律；要靠强有力的政治工作，为实现党的纲领、路线和任务而英勇战斗，赴汤蹈火，在所不辞。他强调，“未来反侵略战争，仍然要靠毛主席教给我们的人民战争这个法宝来取胜，要充分发挥野战军、地方军和民兵三结合武装力量体制的威力，动员起亿万人民群众，陷敌于汪洋大海之中，都要由强有力的政治工作去组织发动”①。邓小平在讲话中特别阐明了坚持党的实事求是、从实际出发、理论和实践相结合的思想路线的极端重要性，批评违背实事求是的思潮。

会议讨论和修改了《中央军委关于加强军队政治工作的决议》和

---

① 《叶剑英军事文选》，解放军出版社1997年版，第698—699、704、705页。

《中国人民解放军政治工作条例》（该条例由 20 个分条例组成），中共中央于 1978 年 7 月 18 日指示同意，颁发全军遵照执行。会议还讨论修改了《中国人民解放军干部服役条例》，1978 年 8 月 18 日经第五届全国人大常委会第三次会议批准颁布执行。

《中央军委关于加强军队政治工作的决议》（以下简称《决议》）针对十年动乱所造成的破坏，结合我军的优良传统，从新历史条件下军队建设的实际出发，提出了一些新的要求：阐明了新的历史条件下人民解放军政治工作的地位和任务；提出了要完整准确地学习和掌握马列主义、毛泽东思想；强调加强组织纪律性，反对资产阶级派性和无政府主义；要求全军必须坚持和发扬全心全意为人服务、艰苦奋斗的优良传统；强调要加强教育训练、科学研究等各项任务中的政治工作。《决议》还提出要贯彻执行党的干部路线和政策，坚持三大民主、政治工作三大原则，发挥党支部战斗堡垒作用，广泛开展学雷锋、学“硬骨头六连”、航空兵一师活动，等等。

这个《决议》，由于受当时历史条件的限制，也有不少错误内容。主要是：仍然肯定“无产阶级文化大革命”，肯定“以阶级斗争为纲”的思想；对“三支两军”，只讲成绩，不讲其消极后果；继续沿用有“左”的特定含义的“无产阶级专政下继续革命”“斗私批修”等，提出用其理论武装全军指战员，作为我军政治工作的一个根本任务。决议还沿袭了历史上对刘少奇和彭德怀的错误批判。鉴于《决议》中的一些错误观点和提法以及一些规则，随着以后的拨乱反正的深入，《中国人民解放军政治工作条例》许多内容和规则也并未在部队完全认真实施，1983 年 12 月，总政治部通知全军停止执行这个条例。1987 年全军政治工作会议及其作出的《关于新时期政治工作的决定》，对 1978 年《决议》的一些观点和提法进行了更正。

2. 恢复和发扬优良传统，抓好基层，开展“三学”活动。

“文化大革命”后，恢复和发扬在“文化大革命”中遭到破坏的我军优良传统和作风，成为拨乱反正的重要内容。总政治部在 1977 年政治工作安排意见中，提出在全军广泛开展学习雷锋、学习“硬骨头六连”的群众运动。3 月，《解放军报》重新发表了毛泽东及其他中央领导人向雷锋同志学习的题词、雷锋日记选；11 月，中央军委通报表扬空军航空兵一师领导班子，号召全军各级领导班子都要向空军航空兵一师党委学习。从此，全军开展了个人学习雷锋、集体学习“硬骨头六连”、领导班子学习空军航空兵一师的“三学”活动。为促进全军“三学”活动的开展，《解放军报》连续发表社论、评论、专题报道，介绍三个典型的事迹和经验，交流一些单位开展“三学”的经验。各部队普遍开展了“学、讲、批”活动，学习中央军委《关于加强军队政治工作的决议》和关于开展“三学”活动的指示，讲三个典型的事迹和经验，批“四人帮”破坏人民解放军优良传统罪行。1979 年 8 月，总政治部发出《关于继续深入开展学习雷锋、硬骨头六连、空军航空兵一师活动的通知》，要求坚持把“三学”作为政治工作的一种方式，不搞群众运动，围绕教育这个中心，学习运用三个典型的基本经验，解决部队建设中的问题，使学习起到推动部队全面建设、促进各项任务的完成的作用。

3. 对部队进行组织纪律整顿。

进行组织纪律教育和整顿，是拨乱反正，清除林彪、“四人帮”流毒和影响的又一重要内容。1977 年 12 月 28 日，中央军委作出《关于加强军队组织纪律性的决定》，要求部队紧密联系实际学习马列关于加强组织纪律的论述，经常进行三大纪律八项注意教育，不断增强党的观念、组织观念、政策观念、法纪观念，树立人人维护革命纪律的良好风尚，严格遵守党的纪律和军队的纪律及各种条令条例和规章制度，遵守国家法律法令和政策，热爱人民群众和政府。遵照中央军委的决定，全军进行了组织纪律教育和整顿。在学习教育的基础上，各部队注重抓好部队的养成教育，通过部队训练、执行任务和日常生活，养成自觉执行条令条例和规章制度的习惯，做服从领导和严格执行命令、一切行动听指挥的模范。1978 年 9 月 25 日，中央军委发出《关于团以上各级党委成立纪律检查委员会的通知》，从组织上加强党员领导干部的组织纪律教育和违法乱纪的查处。这次纪律整顿取得良好效果。经过十年动乱，一些规章制度废弛，部队官兵有针对性地批判林彪、“四人帮”散布的谬论，清除其影响，树立了正确的组织纪律观念，在批判和肃清流毒中坚持优良传统，恢复执行条令条例和规章制度的秩序。

（五）重新确立后勤工作指导思想，整顿和加强后勤工作

“文化大革命”中，军队后勤建设偏离了正确的方向，一些正确的方针、原则和思想被搞乱或遭到批判，使体现国家财政经济方针政策的供给标准与规章制度濒于废弛，20 世纪 50 年代确立的“为国家负责、为部队负责”的后勤建设指导思想不再受到重视。在清理整顿和肃清林彪、江青两个反革命集团对军队后勤建设的影响，批判林彪集团主要成员之一、总后勤部长邱会作中，后勤系统查找了后勤工作中存在的主要问题，主要是：擅自修建楼堂馆所和计划外工程、自行招收职工、改变全军统一的标准制度、擅自购买控制商品等十个方面突出问题；查找工作实践中存在的重视上层、忽视基层、忽视连队的问题，特别是边防、海岛、高原部队吃水难、用电难、洗澡难、就医难等长期得不到解决；战备意识差，影响战备工作落实，后勤现代化、正规化建设进展迟缓等。针对这些问题，后勤系统进行后勤建设思想的拨乱反正，把被歪曲和破坏了的人民军队后勤建设指导思想端正过来。

1977 年以后，全军各级后勤部门联系工作实际，进行拨乱反正工作。1977 年 12 月，全军召开医院工作会议，重申“要把医疗工作作为经常的重要任务”，提倡刻苦钻研业务技术。空军和南京等军区后勤部召开仓库工作会议，强调恢复各种规章制度。济南、南京、福州、武汉和北京军区先后召开基层后勤建设会议，强调为部队负责、为基层服务的思想。各部队面向边防、海岛，面向基层，解决实际问题。济南军区制定的《基层后勤建设规划》，北京军区制定的《连队先进后勤工作八项标准》，经总后勤部转发全军。

1977 年 12 月召开的中央军委全体会议，把加强后勤战备建设列为军队建设的 10 项任务之一。总后勤部领导全军后勤系统，经过一年多的整顿，1978 年 4 月 28 日至 6 月 5 日，全军后勤工作会议在北京召开。这是“文化大革命”开始后召开的第一次全军后勤工作会议，近 500 人参加了

会议，中共中央、中央军委领导人接见了会议代表。总后勤部部长张震作了《高举毛泽东思想伟大红旗，整顿后勤，准备打仗》的报告，研究了后勤战备、基层建设、战备训练、科研工作和业务管理等问题，讨论了后勤战备建设三年、五年、八年规划及其实施措施，讨论了加强基层后勤建设的要求和办法，审定了部分新的供应标准和规章制度，讨论了《1978 年至 1985 年全军后勤战备建设规划纲要》。纲要根据中央军委确定的新时期军队革命化、现代化建设的总目标，将“建设一个随时能够打仗，并能保证战争胜利的现代化后勤”的军队后勤建设具体目标，进一步规范表述为“后勤组织指挥现代化、后勤技术装备现代化、补给手段现代化、医疗救护现代化、军需给养现代化和后勤管理现代化”等六个方面的内容，指明了后勤现代化建设的发展方向。

这次会议的突出成果，是在中央军委秘书长罗瑞卿的具体指导下，正式向全军提出概括的“两个面向”“两个服务”的后勤工作指导思想，即：“勤俭办一切事业，面向连队，面向基层，一切为部队服务，一切为战备服务，加速后勤革命化现代化建设”。经中央军委批准，这一思想被确立为军队后勤建设的指导思想。

从 1977 年开始，中央军委先后对总后勤部和各大军区、各军兵种后勤部的领导班子进行了重大调整。1978 年 11 月，总后勤部党委作出决定，为李聚奎、洪学智、饶正锡等 829 名干部彻底平反昭雪。在中央军委和总后勤部新的领导班子领导下，全军后勤工作在整顿中发展，在整顿中前进。在精简整编中，后勤系统编制体制进行了改革，根据实际需要，调整了机关各业务部门。全军后勤系统恢复和组建了 6 所院校，各军区恢复和组建军医学校；海军新建 1 所后勤学校、1 所军械学校；空军新建 1 所后勤学校。全军后勤院校达到 28 所，恢复到 1965 年时的水平。从总部到军区和空军、海军，恢复了培训高、中、初级指挥勤务干部和中专、大专、本科、技术干部的体制。各军区还恢复和充实了轮训干部和培训专业兵的后勤训练大队。在科研方面，恢复了油料、科技情报、基础医学等研究所，各军兵种建立了后勤科研机构，全军形成了门类齐全的后勤科研体系。

从1977年12月起，全军后勤着力整顿后勤各业务工作。12月，中央军委召开的全体会议专门通过了《关于整顿和加强军队财务工作的决定》，重申了10项财经纪律。从1977年起，在总后勤部的统一组织下，后勤各业务部门对财务、物资、工厂、基本建设、医疗卫生、军事代表等管理体制进行调整，对343项规章制度和供应标准进行清理。到1980年，重新制订或颁发的全军性后勤标准制度达73项。1977年12月，中央军委全体会议讨论通过了《关于加强军队工厂、马场、农副业生产管理的决定》，全军各级后勤部门对所属工厂、马场、农场进行了清理整顿。1978年8月，总后勤部下发了《整顿军队农副业生产的措施》，对调整全军农副业生产规模的原则、多余农场的交接、保留农场的整顿等问题，提出了意见。1978年8月，三总部联合下发《全军医院技术建设规划（1978—1985年）（草案）》，提出了实现医院革命化、现代化的目标。总后勤部研究制定了《1978年至1985年全军营区建设规划纲要》。

根据中央军委"整军备战"指示，后勤全面加强战备建设。1978年4月，总后勤部向全军后勤工作会议提交了《1978年至1985年全军后勤战备建设规划纲要》，这个文件，是从准备"早打、大打、打核战争"的战略思想出发拟制的，规定：1980年前，完成以现有兵力应付突然袭击的主要作战物资储备和技术保障准备；1982年以前，完成在大规模战争初期部队初步扩编后的主要作战物资和技术保障准备；1985年以前，基本实现后勤装备现代化，并根据战区独立作战的要求，完成后勤配套建设及大规模战争初期部队全面扩编后的主要作战物资储备和技术保障准备。依据这个规划纲要确定的目标，后勤战备建设全面展开。1978年，战役后方仓库建设完成的投资量比1977年增长12.9%。总后勤部对战备物资储备按照战略后方与战役后方、北战场与南战场的不同比例，进行调整与补充。总后勤部会同总参谋部和国家交通部门拟制了战时交通保障兵力的预定部署，并与各大单位一起落实机动部队战备输送方案。1977年4月，总后勤部转发总后勤部卫生部《关于加强后勤卫生战备工作的意见》，要求全军后勤卫生战备工作从思想、组织、技术、装备等方面做好准备。1977年10月，由总后勤部组织建设的青海格尔木至西藏拉萨的输油管线全部竣工。1978年，中央军委批准各大军区和海军、空军组建管线队，负责野战管线的铺设和作业。后勤科技成果方面，有240项科技成果在1977年11月总后勤部召开科学大会获奖；1978年3月，在全国科学大会上，又有258项军队后勤科技成果获得国家奖励。后勤装备开始逐步向自动化、轻型化、机械化方向发展。

后勤系统在各级后勤领导和机关领导下，全面加强业务建设和业务训练，提高后勤组织指挥能力和现代化保障能力。

三、实现伟大历史性转折

（一）参加真理标准讨论

“文化大革命”结束后，全军根据中共中央、中央军委的部署，进行思想理论和工作上的清理整顿，进行拨乱反正，把十年“文化大革命”被错误批判和颠倒的是非再颠倒过来，努力恢复和发扬党和军队在几十年革命斗争和建设的历史上创造和形成的优良传统和作风，使军队建设沿着正确的轨道前进，全面加强革命化、现代化、正规化建设，提高打赢未来反侵略战争特别是现代条件下战争的能力。

经过两年的清理整顿，全军拨乱反正工作取得很大成绩。然而，两年中的拨乱反正工作，总体上是在基本肯定“文化大革命”的基本前提下进行的。全军在拨乱反正中，必然涉及“文化大革命”中确定和提出的许多军队建设和军队工作方面的理论、原则、方针、政策和一些具体工作的指导。粉碎“四人帮”后，时任中共中央主席、中央军委主席、国务院总理的华国锋以为，既然要高举毛泽东伟大旗帜，就不能否定毛泽东在“文化大革命”中的重要意见和重要决定。从这种立场出发，在粉碎“四人帮”之后，就仍然必须坚持“文化大革命”中的“以阶级斗争为纲”和“无产阶级专政下继续革命”的理论。华国锋的这种思想认识集中反映在“两个凡是”的观点。1977年2月7日，《人民日报》《红旗》《解放军报》同时发表的社论提出：“凡是毛主席作出的决策，我们都坚决维护，凡是毛主席的指示，我们都始终不渝地遵循。”这种对毛泽东生前决策和指示拒绝作任何分析的观点的现象，说明长期以来“左”的指导思想还未从根本上改变。① 1977年8月12日至18日召开的党的第十一次全国代表大会，宣告历时十年的“文化大革命”已经结束，重申在20世纪内把我国建设成为社会主义的现代化强国是新时期的根本任务，产生了新的中央委员会和新一届中央领导。1978年二三月间举行第五届全国人民代表大会第一次会议，选举产生了新一届人大常委会领导和国务院领导。但这两次大会仍然肯定“文化大革命”的错误理论和实践，因而没有着手纠正“文化大革命”的错误。

“两个凡是”方针的提出在党内和全国人民中引发了议论，到底用什么样的态度对待毛泽东思想，对待毛泽东的决策和指示？2月和4月，邓小平同一些中央负责同志谈话时明确：“两个凡是”不是马克思主义。4月10日，邓小平致信华国锋、叶剑英并转党中央，提出“我们必须世世代代地用准确的完整的毛泽东思想来指导我们全党、全军和全国人民”，实际是批评“两个凡是”。1978年5月11日，《光明日报》头版发表《实践是检验真理的唯一标准》特约评论员文章，12日，《人民日报》《解放军报》等各大报纸全文转载，由此引发一场全国范围的真理标准问题的大讨论。

邓小平、叶剑英、陈云、李先念、胡耀邦、聂荣臻、徐向前、罗瑞卿等党和军队领导人都在不同场合，批评“两个凡是”，支持这场讨论。1977年8月党的第十一次代表大会召开前，聂荣臻向大会提交了《恢复和发扬党的优良传统》的书面发言，该文在9月5日《人民日报》上发表，提出要发扬我党实事求是、群众路线和民主集中制的优良传统和作风。他指出：“毛泽东本人就坚决反对把马克思列宁主义当作教条，反对

① 中共中央党史研究室著，胡绳主编：《中国共产党的七十年》，中共党史出版社1991年版，第483、484页。

把他们的学说说成是‘顶峰’‘绝对权威’”。徐向前 9 月 19 日在《解放军报》发表《永远坚持党指挥枪的原则》，强调“恢复和发扬毛主席一贯倡导的理论联系实际的革命学风，完整地、准确地领会和掌握马克思列宁主义、毛泽东思想，提高识别真假马克思主义、分清路线是非的能力”。

真理标准问题大讨论展开后，1978 年 6 月 2 日，邓小平在全军政治工作会议上发表讲话，再次阐述毛泽东关于实事求是的观点，他批评说：“我们也有一些同志天天讲毛泽东思想，却往往忘记、抛弃甚至反对毛泽东同志的实事求是、一切从实际出发、理论与实践相结合的这样一个马克思主义的根本观点，根本方法。不但如此，有的人还认为谁要是坚持实事求是，从实际出发，理论和实践相结合，谁就是犯了弥天大罪。他们的观点，实质上是主张只要照抄马克思、列宁、毛泽东同志的原话，照抄照转照搬就行了。要不然，就说这是违反了马列主义、毛泽东思想，违反了中央精神。”他强调指出：“一定要肃清林彪、‘四人帮’的流毒，拨乱反正，打破精神枷锁，使我们的思想来个大解放”。[①]

1978 年 10 月开始，人民解放军各总部、各大军区、各军兵种和各大单位党委先后组织进行真理标准问题讨论。一些单位还号召所属部队参加这一讨论。军队的理论工作者也纷纷发表文章，表达自己的观点，支持《光明日报》《解放军报》评论员文章中的观点。为使全体官兵都参加到这场讨论中，提高理论水平，端正思想路线，分清是非，1979 年下半年，根据邓小平的意见和中央军委的决定，全军普遍进行了真理标准问题讨论的补课，认真组织学习马克思主义的认识论和真理观，紧密联系实际工作，加深对党的路线方针政策的理解。通过真理标准问题讨论，全军官兵从理论上打牢实事求是、一切从实际出发、理论联系实际的思想路线，确立了实践是检验真理的唯一标准这一正确的认识和实践问题。这一讨论，对于全体官兵冲破教条主义和个人崇拜的禁锢，重新确立马克思主义思想路线，实现历史性转折，做了思想上的准备。

---

① 《邓小平文选》第 2 卷，人民出版社 1994 年版，第 114、119 页。

（二）实现历史性转折

1978 年 9 月，邓小平在视察东北三省时，在听取沈阳军区党委关于揭批“四人帮”运动情况汇报后特别谈道：“对搞运动，你们可以研究，什么叫底？永远没有彻底的事。”“通过运动主要是把班子搞好，把作风搞好，有半年时间就可以了。运动不能搞得时间过长，过长就厌倦了。”10 月 3 日和 14 日，他同一些负责同志谈话时再次强调指出：“揭批‘四人帮’运动总有个底，总不能还搞三年五年吧！”“运动搞久了，容易倦烦，还可能打击面宽了。”所以“到一定时候要转入正常”。10 月 11 日，邓小平在中国工会第九次全国代表大会致辞时更加明确地提出：揭批“四人帮”的斗争在全国广大范围内已经取得决定性的胜利，“我们已经能够在这一胜利的基础上开始新的战斗任务”。[①]这说明，邓小平此时已经考虑结束揭批“四人帮”群众运动，实现工作重点转移问题。

1978 年 11 月 10 日，中央召开工作会议，在讨论李先念在国务院务虚会上的讲话议题之前，中央政治局决定，先讨论一下结束全国范围的揭批林彪、“四人帮”的群众运动，从明年起把全党工作着重点转移到社会主义现代化建设上来的问题。实现工作重点转移，受到大家热烈拥护。会议的既定议程没有提到已经展开的真理标准讨论和党内外普遍关心的端正党的思想路线、平反冤假错案等问题，对此，许多同志很不满意。陈云等许多老一辈革命家提出当时党内外普遍关心的一些重大问题，主张彻底纠正“文化大革命”的错误，并且为一些历史冤案平反，对华国锋提出和坚持的“两个凡是”错误方针、两年来领导工作中的失误问题和恢复党的优良传统问题等，提出了中肯的批评和建议。11 月 25 日，中央政治局作出为天安门事件平反，为“二月逆流”、“反击右倾翻案风”、彭德怀、陶铸、杨尚昆和“六十一人叛徒集团案”等平反的决定。在这次中央工作会议闭幕会上，邓小平作了题为《解放思想，实事求是，团

---

① 中共中央文献研究室编《邓小平年谱（一九七五——一九九七）》上卷，中央文献出版社 2004 年版，第 383、394、399、402 页。

结一致向前看》的重要讲话，实际上为十一届三中全会提出了基本的指导思想。

1978年12月18日至22日，中共第十一届三中全会召开。会议确定：结束全国范围的大规模揭批林彪、江青两个反革命集团的群众运动。全会开始认真纠正“文化大革命”及其以前的“左”倾错误，批判了“两个凡是”的方针，果断停止使用“以阶级斗争为纲”的口号。会议作出了把党和国家工作中心转移到经济建设上来、实行改革开放的历史性决策。

以十一届三中全会召开为标志，党的历史实现了新中国成立以来的伟大转折，开启了我国改革开放历史新时期。

党的工作重点的转移，也为国防和军队建设开创新局面创造了极其有利的政治环境。在十一届三中全会召开期间和之后，中央军委相继召开会议，研究讨论党的工作重点转移后的军事工作。1978年12月20日，中央军委召开座谈会，讨论国防和军队建设重大问题。邓小平在1月2日座谈会上发言时指出：“现在全党工作重点转移，我们军队怎么转移？没有新的章程，就是好好做。”他提出1979年至1985年，要把军队臃肿的状况解决了，他肯定1977年底军委会议和1978年全军政治工作会议制定的方针是正确的，但还没有真正扎扎实实地做，要抓教育，抓作风，抓训练。徐向前在作总结讲话中指出：军队按照中央的决策，也有个转移问题，要实现军队现代化。徐向前根据军委的讨论意见，对重点转移后军队建设的任务，提出四点意见，即：继续贯彻1975年中央军委扩大会议关于整军备战的指示和贯彻1977年军委全会九个文件精神，以及1978年全军政治工作会议精神；加强领导班子建设；搞好教育训练和管理；加强和改进政治工作。

在中共中央、中央军委领导下，人民解放军认真学习贯彻十一届三中全会精神，努力开创国防和军队建设新局面，不断取得令世界瞩目的成就。

主要参考书目

《建国以来毛泽东文稿》(1－13 册)，中央文文献出版社 1987—1998 年出版

《建国以来毛泽东军事文稿》，军事科学出版社、中央文献出版社 2010 年版

《毛泽东军事文集》第 5、6 卷，军事科学出版社、中央文献出版社 1993 年版

中共中央文献研究室编《毛泽东年谱（一九四九——一九七六）》，中央文献出版社 2013 年版

《周恩来军事文选》第 4 卷，人民出版社 1997 年版

中共中央文献研究室编《周恩来年谱（一九四九——一九七六）》，中央文献出版社 1997 年版

《朱德军事文选》，解放军出版社 1997 年版

中共中央文献研究室编《朱德年谱（一八八六——一九七六）》下卷，中央文献出版社 2006 年版

《彭德怀传》编写组：《彭德怀传》，当代中国出版社 1993 年版

王焰主编《彭德怀年谱》，人民出版社 1998 年版

《叶剑英军事文选》，解放军出版社 1997 年版

叶剑英传记组：《叶剑英传》，当代中国出版社 1995 年版

中国人民解放军军事科学院编《叶剑英年谱（一八九七——一九八六）》下卷，中央文献出版社 2007 年版

《邓小平文选》第 2 卷，人民出版社 1994 年版

中共中央文献研究室编《邓小平年谱（一九七五——一九九七）》

（上），中央文献出版社 2004 年版

中共中央文献研究室编《邓小平年谱（一九〇四——一九七四）》（中、下），中央文献出版社 2009 年版

周均伦主编《聂荣臻年谱》，人民出版社 1999 年版

《张震回忆录》上，解放军出版社 2003 年版

《萧克回忆录》，解放军出版社 1997 年版

《张宗逊回忆录》，解放军出版社 1990 年版

东方鹤：《张爱萍传》，人民出版社 2000 年版

中共中央文献研究室编《建国以来重要文献选编》第 1～20 册，中央文献出版社 1993—1998 年版

军事科学院军事历史研究部：《中国人民解放军战史》第 3 卷，军事科学出版社 1987 年版

中国人民解放军军史编写组编《中国人民解放军军史》第 4—6 卷，军事科学出版社 2011 年版

军事科学院军事历史研究部：《全国解放战争史》第 5 卷，军事科学出版社 1997 年版

军事科学院军事历史研究部编著：《简明中国人民解放军战史》，军事科学出版社 1991 年版

军事科学院军事历史研究部：《抗美援朝战争史》第 1—3 卷，军事科学出版社 2000 年版

《当代中国》丛书编辑部：《抗美援朝战争》，中国社会科学出版社 1990 年版

当代中国研究所：《中华人民共和国史稿》（1—4 卷），人民出版社 2012 年版

国防大学党史党建政工教研室：《中国人民解放军政治工作史》，国防大学出版社 1989 年版

《当代中国》丛书编辑部：《中国人民解放军》（上、下），当代中国出版社 1994 年版

《当代中国》丛书编辑部：《当代中国军队的军事工作》（上、下），

中国社会科学出版社 1989 年版

《当代中国》丛书编辑部：《当代中国的国防科技事业》（上、下），当代中国出版社 1992 年版

《当代中国》丛书编辑部：《当代中国军队的后勤工作》，中国社会科学出版社 1990 年版

李云清主编《中国人民解放军后勤七十年》，解放军出版社 1999 年版

《当代中国》丛书编辑部：《当代中国海军》，中国社会科学出版社 1987 年版

《当代中国》丛书编辑部：《当代中国空军》，中国社会科学出版社 1989 年版

《当代中国》丛书编辑部：《当代中国兵器工业》，当代中国出版社 1993 年版

《当代中国》丛书编辑部：《当代中国军队的后勤工作》，中国社会科学出版社 1990 年版

《当代中国》丛书编辑部：《当代中国军队群众工作》，中国社会科学出版社 1988 年版

《当代中国》丛书编辑部：《当代中国民兵》，中国社会科学出版社 1989 年版

中国军事百科全书（第二版）：《中国人民解放军军史》（分册 1—3 册）、《中国人民解放军战史》（分册 1—3 册）、《中国人民志愿军军战史》，中国大百科全书出版社 2007 年版

杨贵华主编《中国人民解放军战史教程》（第二版），军事科学出版社 2013 年版

军事科学院军事历史研究所：《中国人民解放军的八十年》，军事科学出版社 2007 年版

《中华人民共和国军事院校发展史》编辑委员会、编写组：《中华人民共和国军事院校发展史》，军事科学出版社 2001 年版

《海军回忆史料》，解放军出版社 1999 年版

杨贵华、陈传刚编著：《共和国军队回眸》，军事科学出版社 1999 年版

柴成文、赵永田著：《板门店谈判》，解放军出版社 1993 年版

蔡佳禾：《双重的遏制——艾森豪威尔政府的东亚政策》，南京大学出版社 1999 年版

刘宋斌：《中国共产党对大城市的接管（1945—1952）》，北京图书馆出版社 1997 年版

张国星、何明：《共和国开国岁月》，中共党史出版社 2001 年版

裴坚章主编《中华人民共和国外交史》，世界知识出版社 1994 年版

中共中央党史研究室：《中国共产党历史大事记》，人民出版社 1989 年版

《杜鲁门回忆录》第 2 卷，生活·读书·新知三联书店 1974 年版

〔美〕小克莱·布莱尔著，翟志海等译：《麦克阿瑟》，解放军出版社 1983 年版

时殷弘：《美国对越南的干涉与战争》，世界知识出版社 1993 年版

刘志功、何春超主编《战后国际关系史手册》，广西人民出版社 1987 年版

本书在编写过程中，还参考了中国人民解放军历史资料丛书委员会办公室主持编写、解放军出版社出版的《中国人民解放军历史资料丛书》有关卷；参考了地方军事志有关卷，解放军档案馆藏有关档案文献资料，这里不一一列出。对有密级的资料，只作撰写中参考，不做引用。

后　记

本书主要记述1949年中华人民共和国成立后至1978年改革开放前，中国共产党领导进行的国防和军队建设历程及取得的巨大成就。按2011年版《中国人民解放军军语》释意，军事，是指一切与战争、国防、军队直接相关的事项，包括准备战争、实施战争、遏制战争、国防建设和军队建设等。而国防，是指国家为防备和抵抗侵略，制止武装颠覆，保卫国家主权、统一、领土完整和安全所进行的军事及与军事有关的政治、经济、外交、科技、文化、教育等方面的活动，是国家生存与发展的安全保障。因本书侧重于直接的军事活动，对与军事相关的诸如关于国家军事战略、国防建设近期和长远规划、从国家安全考虑的国家经济发展战略、军事外交活动、军事文化发展、全民军事教育等内容和活动等，不作为重点内容或没单列节、目专门撰写。书的主体内容主要侧重于与战争、国防、军队直接相关的建设，如中国人民解放军及其他各武装力量建设发展、国防动员建设、军事设施建设、国防交通建设、国防科技武器装备发展、边防建设以及战争和军事斗争准备和遏制战争行动，战争（作战）和军事斗争行动的实施等内容。

关于阶段划分。本书采用章节体，将1949年至1978年这30年按历史发展进程分为八章。为了符合读者阅读思维习惯和便于作者的撰写，在划分章节中，本着既符合历史发展实际进程，又照顾事件的完整性的原则，对相关同类的内容作了部分归类。这种归类主要是第一章至第三章。即为了便于了解中华人民共和国成立后至全国解放战争行动结束这段历史，将“解放全国大陆，保卫新生革命政权”作为一章，主要叙述中华人民共和国成立后进行完成解放战争后续任务、建立革命政权这一过程。将中华人民共和国成立初期（1949.10—1953.12）开始建设现代国防和合成军队内容，作为单独一章即第二章，不与第一章解放战争后续任务的作战行动相混编。这样该两章的内容时间上有所交叉。这种交叉，是作者进行分类形成的，但也是符合军事活动实际进程的。为了完整叙述抗美援朝战争，将这场战争单独作为一章即第三章。除前三章外，其他各章基本按时间为经、事件为纬的规则编写。同时，为了保持一个事件或重大活动的完整性，或后面章节不便立节或目，有些重要活动、事件内容作了向前追溯或向后延伸。

关于内容侧重。本书的内容包含军语中“国防”“军队建设”定义中的基本内容，即“一切与战争、国防、军队直接相关的事项”。根据本书书名（主题），本书以中国共产党领导实施国防和军队现代化建设为主线展开，并突出以下几个方面：一是突出各阶段中共中央、中央军委关于国防和军队现代化建设的指导理论，即战略思想、军事战略方针、重大决策，提出的重要建设方针、原则。二是突出对重要军事活动的指导、决策和实施指挥的战争、作战等重要军事斗争等。三是突出各阶段国防和军队建设重要活动，如人民解放军各项建设、国防动员建设、人民防空、民兵建设、预备役建设、屯垦戍边、经济战备建设（三线建设工程)、国防科技发展等内容。通过突出叙述上述内容，反映党领导的这支威武之师、文明之师、胜利之师在现代化道路上不断发展壮大的历程，反映 30 年中党领导国防和军队建设取得的辉煌成就，使广大读者了解人民军队由中华人民共和国成立初期单一陆军，在较短时间内即发展成为一支陆海空二炮等诸军兵种合成的、具有较高现代化水平的、具有一定打赢现代化战争能力的军队；了解新中国成立以来，中共中央、中央军委为国家安全，建设强大国防进行的不懈的艰辛的努力，以及适应时代的发展，高瞻远瞩所作出的一个个伟大的战略决策。增强全国人民自豪感和自信心，更加热爱和关心国防和军队现代化建设。同时，在叙述各重大历史事件，特别是重大决策、国防和军队建设指导思想及方针原则时，注重对事件给予一定的评述，以使读者对出现的曲折和遭受的挫折进行思考，总结经验教训，有利于国防和军队现代化建设更好更快地发展。

中国共产党领导进行的国防和军队建设史，内容丰富，在实践中形成了该阶段中国共产党完整的国防和军队建设指导理论。本书作为历史作品，主要通过描述中国共产党领导国防和军队建设发展进程中的若干事件，反映这段艰难曲折而又辉煌的历史。

在本书写作过程中，参考了老一辈革命家、高级将领的传记、回忆录和军事文选，以及官方出版的军战史著作，得到了中国人民解放军军事科学院解放军党史军史研究中心的大力支持和帮助，特别是中心主任陈传刚大校和中心原主任郭志刚大校认真审阅了书稿提纲、史实内容，严格进行保密审查和是否有不宜公开内容的审查。同时，福建人民出版社为保证此书质量和出版，认真编辑稿件、核对史实，做了大量细致的工作。在此书付梓出版之际，对上述单位和专家等表示衷心的感谢！

由于作者掌握的资料和水平有限，书中难免存在重要建设和事件内容表述遗珠之憾和其他疏漏之处，敬请读者和同行给予批评指证。

作者